无所不谈
现代汉语高级读本

Anything Goes
An Advanced Reader of
Modern Chinese

无所不谈
现代汉语高级读本

Anything Goes
An Advanced Reader of
Modern Chinese

周质平
Chih-p'ing Chou

魏华慧
Hua-Hui Wei

安琨
Kun An

王蔚
Wei Wang

Princeton University Press
Princeton and Oxford

Copyright © 2006 by Princeton University Press
Published by Princeton University Press, 41 William Street,
Princeton, New Jersey 08540
In the United Kingdom: Princeton University Press, 3 Market Place,
Woodstock, Oxfordshire OX20 1SY

Library of Congress Control Number: 2006921405

ISBN-13: 978-0-691-12766-8
ISBN-10: 0-691-12766-2

British Library Cataloging-in-Publication Data is available

The publisher would like to acknowledge the authors of this volume for
providing the camera-ready copy from which this book was printed

Printed on acid-free paper

pup.princeton.edu

Printed in the United States of America

10 9 8 7 6 5 4 3 2 1

目录

Table of Contents

序

《无所不谈》是普林斯顿大学对外汉语教研室的老师们继《事事关心》
(*All Things Considered,* 2001)之后，编写的又一本以新闻时评为主题的高级
现代汉语读本。

本书的对象是学过三年以上现代汉语的美国大学生；足够一学期每周四
课时的使用。选材主要来自海内外的中文报刊杂志。内容涉及中国改革开放
以来经济、文化、政治等多方面的变迁。

美国学生，尤其是本科生，对中国研究的兴趣大多集中在当代中国，而
所谓"当代"，往往只是"当下"或"此刻"。1949 共产党的革命，对一
般美国大学生而言，已是遥远的"上古史"。至于 1966-1976 的文化大革命
也随着他们对越战的淡忘，渐渐成了历史的陈迹。在课堂上读上个世纪的
"五四运动"、三十年代或文化大革命时期的作品，对一个二十岁上下的美
国大学生来说，是既不"及时"，也不"切身"的。我们有感于这一客观的
现实，编写了这本语言教科书。希望在读完这本书以后，学生不仅在语言水
平上有了增进，对当代中国的了解也有了相对的提高。

美国对外汉语教学界最近十几年来可以说是蓬勃发展，但无论就教学法
或教材而言，主要的发展集中在零起点的初级课程。至于高年级的课程，受
到注意的程度远远不及初级。这一现象的形成，一方面固然是"市场的需
求"不及初级对外汉语的大；另一方面则是高年级课本不仅止于"语言"，
同时也涉及到"内容"。究竟什么内容，什么文体，最适合作高级对外汉语
教材？这就成了一个见仁见智的问题，很难取得一致的看法。因此，高年级
的对外汉语教学，学生人数虽少，而教材种类的需求却远比初级课程来的
多，因此，编高年级课本就"市场"的角度而言，毋宁是吃力而不讨好的。
高年级教材在发展上没有初级来的蓬勃也就不足为怪了。

过去十几年，我们在普大所出的高级对外汉语读本中，做过多种不同的尝试。有以新闻作为主题的《人民日报笔下的美国》（*The USA in the People's Daily,* 1993）和《事事关心》，有以近现代思想史为选材对象的《中国知识份子的自省》（*China's Own Critics,* 1993），有以社会学论文和文学创作为主题的《中国的危机与希望》（*China's Peril and Promise,* 1996）、《文学与社会》（*Literature and Society,* 1999）等。每本教材都有不同的偏重，也有不同的文体。《无所不谈》为以上这一系列的教材向前推进了一步——更推向当前的中国。在文体上则以新闻报道和论说文为主。

本书在内容上不回避任何忌讳，言论自由、港台问题、经济发展与道德之消长都有专文。我们相信争议性是引起讨论的首要条件。为了教学实际的需要，每篇课文在文字上作了必要的增删。

本书课文的编排采简繁并列方式，但句型和练习部分则仅列简体。

本书出版前，曾在普大东亚系及普大北京暑期汉语培训班试用，师生反应都很热烈积极。

本书课文由周质平执笔或选定增删，生词句型和练习的编写由魏华慧、安琨、王蔚分别担任。为负责起见，在每篇篇首注明编写人的姓名。在编写过程中，黄腾宽，Christopher Magriney, John Alvin, Brian Skerratt 四位先生为我们看了部分书稿的英文注释，并提出了修改意见，舒雅丽和潘越两位老师细致地作了校对，我们谨此致谢。当然，书中如有任何错误都应由我们负责。

周质平

魏华慧

安琨

王蔚

2005 年 11 月 14 日

Preface

A continuation of *All Things Considered* (2001), *Anything Goes* is an advanced modern Chinese language textbook, focusing on newspaper commentaries, developed by the Chinese language program of Princeton University.

The book is targeted at American college students with three years or more of modern Chinese language instruction; its materials are sufficient for a semester's worth of classes that meet four times a week. Selections are primarily from local and overseas Chinese newspapers and magazines, and deal with topics related to the economic, cultural, social and political changes since the reform and opening up of China in the early 1980's.

With respect to the field of Chinese Studies, the interest of American university students is concentrated largely upon contemporary China, with *contemporary* referring often only to that which is *current* and of *this very instant*. To most American college students, for example, the 1949 Communist revolution has already become the fragment of a distant, ancient history. And as the Vietnam War slowly fades from their collective memory, the Cultural Revolution of 1966 to 1976 has also become a mere trace in the annals of history. To the typical American undergraduate, it would seem neither *current* nor *relevant* to study writings produced during the May Fourth Movement of the early twentieth century, the golden age of modern Chinese literature of the1930's, or even the Cultural Revolution. Conscious of this fact, we have compiled this textbook, in hope that through it students will not only enhance their linguistic proficiency, but also gain a deeper understanding of contemporary China.

In the past few years, we have experimented with different projects amongst the advanced Chinese language textbooks published. To name just a few, there are *The USA in the People's Daily* (1993) and *All Things Considered*, which focus on newspaper readings; *China's Own Critics* (1993), a selection of essays on modern Chinese intellectual history; and *China's Peril and Promise* (1996) and *Literature and Society* (1999), which have selections on social studies and literary works. Each of these textbooks has a different emphasis, and belongs to a different genre. *Anything Goes* is an addition to the above series that takes one step further – towards the China we see before us today.

We do not attempt to shy away from Chinese political taboos: whether it be freedom of speech, the Taiwan/Hong Kong issue, or the relationship between economic development and social morality, these seemingly intractable topics are examined in the textbook through specific selections. We believe that controversy is essential to sparking engaging and meaningful discussion. And for practical pedagogical needs, we have also done necessary editing to the words and vocabulary of selected pieces.

This textbook adopts a juxtaposing format of traditional and simplified Chinese characters, although sentence patterns and exercises after each lesson are only in the simplified. Before its publication, *Anything Goes* was field-tested in both the East Asian

Studies Department of Princeton University as well as in the *Princeton in Beijing* intensive summer program, to the warm reception of students and teachers alike.

The texts of this book were either written, or selected and edited, by Chih-p'ing Chou; the vocabulary, sentence patterns, and exercises were developed by Hua-Hui Wei, Kun An, and Wei Wang. For editorial responsibility, the name of the editor of each selection is listed. In the editing process, Teng-Kuan Ng, Christopher Magriney, John Alvin, and Brian Skerratt read and made suggestions to the English vocabulary annotations of the manuscript, while Yali Shu and Yue Pan assisted in proofreading – to these parties we express our deep gratitude. Of course, we assume full responsibility for any errors that might be found in the textbook.

Chih-p'ing Chou
Hua-Hui Wei
Kun An
Wei Wang
November 14, 2005

List of Abbreviations

本书词汇及词语例句部分使用代号如下：

adj.= adjective

adv.= adverb

abbrev.= abbreviation

conj.= conjunction

MW= measure word

n.= noun

ph.= phrase

prep.= preposition

pron.= pronoun

v.= verb

v.-o.= verb-object

无所不谈

现代汉语高级读本

Anything Goes
An Advanced Reader of
Modern Chinese

中国人的新观念

李德民

在北京，听说两件事。从这两件事里，看到中国人的一些新观念。

笔者有位 30 多岁的记者朋友，新近买了一套 140 平方米的住房。笔者问他："你买得起吗？"他回答："怎么买不起？不就 70 多万元吗！" 情况是这样的：单位原来分配给他一套 40 多平方米的住房 ，当"光棍汉"时，还够住；娶妻生子后，特别是老母亲从外地来带孙子之后，居住就十分困难了。

这间大房子要 70 万，第一笔先交 30 万，这是夫妻俩几年的积蓄和父母的资助，另外 40 万元是从银行贷的款，今后每月还贷款 4000 元。笔者又问他："还得起吗？"他说："怎么还不起！"原来那间小房子租出去，每月可收 1000 多元租金，再从二人工资中拿出 2000 多元，不就凑够 4000 元了吗？

他很感谢银行贷款。倘若不贷款，他无论如何也买不起这 140 平方米的屋子。他很骄傲地说："我才 30 多岁，就住得起领导才能住的大房子！而且，10 年之后，还清贷款，房子就是我的私有财产了。"年轻人在北京能住上大房子，这是过去连想也不敢想的事。笔者佩服他敢贷款，敢买房，更佩服他新的消费观念。

再说一件事。如今，北京两口子离婚，有些人是带着子女上

中國人的新觀念

李德民

在北京，聽說兩件事。從這兩件事裡，看到中國人的一些新觀念。

筆者有位 30 多歲的記者朋友，新近買了一套 140 平方米的住房。筆者問他："你買得起嗎？" 他回答："怎麼買不起？不就 70 多萬元嗎！" 情況是這樣的：單位原來分配給他一套 40 多平方米的住房，當"光棍漢"時，還夠住；娶妻生子後，特別是老母親從外地來帶孫子之後，居住就十分困難了。

這間大房子要 70 萬，第一筆先交 30 萬，這是夫妻倆幾年的積蓄和父母的資助，另外 40 萬元是從銀行貸的款，今後每月還貸款 4000 元。筆者又問他："還得起嗎？"他說："怎麼還不起！原來那間小房子租出去，每月可收 1000 多元租金，再從二人工資中拿出 2000 多元，不就湊夠 4000 元了嗎？"

他很感謝銀行貸款。倘若不貸款，他無論如何也買不起這 140 平方米的屋子。他很驕傲地說："我才 30 多歲，就住得起領導才能住的大房子！而且，10 年之後，還清貸款，房子就是我的私有財產了。" 年輕人在北京能住上大房子，這是過去連想也不敢想的事。筆者佩服他敢貸款，敢買房，更佩服他新的消費觀念。

再說一件事。如今，北京兩口子離婚，有些人是帶著子女上法院。在男女双方陈述离婚理由之后，孩子是判给爹，还是判给娘，孩子也有发言权。而且孩子对父母因感情破裂不得不分手，也给予充分的理解，认为是"唯一选择"，甚至是"最佳选择"，并表示自己今后对父母双方都会孝敬。法官宣判之后，双方点点头，握握手，有的还和孩子一起到饭馆吃顿饭。

这在过去，也是不敢想象的。两口子闹离婚，往往打个头破血流，不是夫妻，就是仇敌，孩子夹在中间受气。带着孩子上法院办离婚手续，这是新气象，更是新的生活观念。

这样反映中国人新观念的新鲜事，还有许多，比如，"请人吃顿饭，不如请人流身汗"，运动健身成了时尚；"宁可累死，也不闲死"，"奋斗是幸福的"等等。改革开放 20 多年来，中国人的观念正在逐步从消极转变到积极、从愚昧进步到文明。这是整个国家、整个民族正在从封闭走向开放、从贫穷走向富裕的一个缩影，是一个了不起的进步。当然，这些观念上的变化，在城市与乡村、发达地区与落后地区，在不同的人与人之间，还很不平衡，但中国人的观念将越变越新，这是个趋势。

2001 年 5 月 28 日《人民日报》

法院，在男女雙方陳述離婚理由之後，孩子是判給爹，還是判給娘，孩子也有發言權。而且孩子對父母因感情破裂不得不分手，也給予充分的理解，認爲是"唯一選擇"，甚至是"最佳選擇"，並表示自己今後對父母雙方都會孝敬。法官宣判之後，雙方點點頭，握握手，有的還和孩子一起到飯館吃頓飯。

這在過去，也是不敢想象的。兩口子鬧離婚，往往打個頭破血流，不是夫妻，就是仇敵，孩子夾在中間受氣。帶著孩子上法院辦離婚手續，這是新氣象，更是新的生活觀念。

這樣反映中國人新觀念的新鮮事，還有許多，比如，"請人吃頓飯，不如請人流身汗"，運動健身成了時尚；"寧可累死，也不閑死"，"奮鬥是幸福的"等等。改革開放 20 多年來，中國人的觀念正在逐步從消極轉變到積極、從愚昧進步到文明。這是整個國家、整個民族正在從封閉走向開放、從貧窮走向富裕的一個縮影，是一個了不起的進步。當然，這些觀念上的變化，在城市與鄉村、發達地區與落後地區，在不同的人與人之間，還很不平衡，但中國人的觀念將越變越新，這是個趨勢。

2001 年 5 月 28 日《人民日報》

词汇

听说	聽說	tīngshuō	v.	to hear of, overhear
笔者	筆者	bǐzhě	n.	the author (only refers to the author himself or herself)
记者	記者	jìzhě	n.	journalist
新近	新近	xīnjìn	adv.	recently, lately
套	套	tào	MW.	measure word for 住房
平方米	平方米	píngfāngmǐ	n.	square meter
住房	住房	zhùfáng	n.	house, residence
单位	單位	dānwèi	n.	working unit
分配	分配	fēnpèi	v./n.	to distribute, to allocate; distribution 例：~房子/工作/资源/财产
当	當	dāng	v.	to be as 例：~老师/总统/领导
光棍汉	光棍漢	guānggùnhàn	n.	bachelor
娶妻	娶妻	qǔqī	v.	to marry a woman
生子	生子	shēngzǐ	v.	to have a child
居住	居住	jūzhù	v.	to live, to reside 例：~条件/情况/环境
外地	外地	wàidì	n.	non-local, other places
带	帶	dài	v.	to bring up or care for the young
要	要	yào	v.	cost
孙子	孫子	sūnzi	n.	grandchild
笔	筆	bǐ	MW.	a sum (of money) 例：一~钱/收入/积蓄
交	交	jiāo	v.	to pay
俩	俩	liǎ	n.	two (of us) 例：我们~/夫妻~
积蓄	積蓄	jīxù	n.	savings, a sum of money
资助	資助	zīzhù	v./n.	to give financial assistance to, financial assistance
另外	另外	lìngwài	adj./adv.	additional, another; moreover
银行	銀行	yínháng	n.	bank

贷款	貸款	dàikuǎn	*v./n.*	to grant a loan; loan
还	還	huán	*v.*	to pay back, to return, to give back
租金	租金	zūjīn	*n.*	rent
工资	工資	gōngzī	*n.*	wages
凑够	湊夠	còugòu	*v.-c.*	凑 to pool together, 够 enough
感谢	感謝	gǎnxiè	*v./n.*	thank, be grateful 例：我很感谢父母对我的教导，可是我不知道应该怎么表达我的感谢。
倘若	倘若	tǎngruò	*conj.*	if
无论如何	無論如何	wúlùnrúhé	*adv.*	no matter what
骄傲	驕傲	jiāo'ào	*adj./ n.*	proud; pride
还清	還清	huánqīng	*v.-c.*	to pay off (a debt/ a loan)
私有	私有	sīyǒu	*adj.*	private-owned
财产	財產	cáichǎn	*n.*	property
住上	住上	zhù.shàng	*v.-c.*	住得起
佩服	佩服	pèifú	*v.*	to admire
消费	消費	xiāofèi	*v./n.*	to spend, spending
如今	如今	rújīn	*conj.*	nowadays 例：如今，上法院打官司离婚的中国人越来越多。
两口子	兩口子	liǎngkǒuzi	*n.*	couple
法院	法院	fǎyuàn	*n.*	courthouse 上法院, go to the courthouse
陈述	陳述	chénshù	*v./n.*	to state, to declare, statement
判	判	pàn	*v.*	to judge, to sentence
发言权	發言權	fāyánquán	*n.*	right to speak 例：离婚是你们的私事,我完全没有发言权。
破裂	破裂	pòliè	*v.*	break up, fall apart 例：感情/婚姻/关系~
分手	分手	fēnshǒu	*v.*	to break up, to split up 例：

				我跟他分手了。因为感情破裂，我们不得不分手。
给予	給予	jǐyǔ	*v.*	to grant, to offer 例：~支持/关心/理解/照顾
充分	充分	chōngfèn	*adj.*	sufficient, ample 例：~的时间/了解/支持/准备
理解	理解	lǐjiě	*v./n.*	to understand, to comprehend
唯一	唯一	wéiyī	*adj.*	the only
选择	選擇	xuǎnzé	*v./n.*	to choose, to select; choice, selection
甚至	甚至	shènzhì	*conj.*	even
最佳	最佳	zuìjiā	*adj.*	the best, the optimal
表示	表示	biǎoshì	*v.*	to show, to indicate, to express
今后	今後	jīnhòu	*adv.*	hereafter
双方	雙方	shuāngfāng	*n.*	both sides
孝敬	孝敬	xiàojìng	*v.*	to show filial piety and respect for one's parents
宣判	宣判	xuānpàn	*v.*	to declare a sentence
点头	點頭	diǎntóu	*v.-o.*	to nod one's head
握手	握手	wòshǒu	*v.-o.*	to shake hands
想象	想象	xiǎngxiàng	*v./n.*	to imagine; imagination
头破血流	頭破血流	tóupò xiěliú	*ph.*	to have one's head broken and bleeding
仇敌	仇敵	chóudí	*n.*	enemy
夹	夾	jiā	*v.*	to be placed in between 例：我的父母不喜欢我的女朋友，我夹在中间，真不知道该怎么办。
受气	受氣	shòuqì	*v.*	to be bullied
办	辦	bàn	*v.*	to do, to manage 例：~手续/离婚/事
手续	手續	shǒuxù	*n.*	procedure
气象	氣象	qìxiàng	*n.*	atmosphere, phenomenon
反映	反映	fǎnyìng	*v.*	reflect

新鲜	新鮮	xīnxian	*adj.*	new, novel
流汗	流汗	liúhàn	*v.-o.*	to sweat
健身	健身	jiànshēn	*v.*	to exercise, to keep fit 例：运动健身以后流身汗，让我一天都有精神。
时尚	時尚	shíshàng	*n.*	vogue, trend, fashion
累死	累死	lèisǐ	*v.-c.*	to be stressed-out 例：过大的压力几乎快把他累死。
闲	閒	xián	*adj.*	to be idle, unoccupied
奋斗	奮鬥	fèndòu	*v.*	to strive, to endeavor
逐步	逐步	zhúbù	*adv.*	step by step, gradually
消极	消極	xiāojí	*adj.*	passive
转变	轉變	zhuǎnbiàn	*v./n.*	to change, to transform; change 例：在北京住了两年，他对中国的看法有了很大的转变。 例：中国现在正处于从贫穷转变到富裕的过程。
积极	積極	jījí	*adj.*	active, positive
愚昧	愚昧	yúmèi	*adj.*	foolish, fatuous
文明	文明	wénmíng	*adj./ n.*	civilized; civilization
封闭	封閉	fēngbì	*adj./ v.*	closed; seal up 例：改革开放以前，中国还是一个相当封闭保守的国家。
贫穷	貧窮	pínqióng	*adj./ n.*	poor; poverty
富裕	富裕	fùyù	*adj./ n.*	rich; affluence
缩影	縮影	suōyǐng	*n.*	epitome, example
了不起	了不起	liǎobùqǐ	*adj.*	amazing, terrific, extraordinary 例：~的成就/贡献
发达	發達	fādá	*adj.*	developed 例：~国家/地区/社会
落后	落後	luòhòu	*v./ adj.*	to fall behind; lagging

| 平衡 | 平衡 | pínghéng | *v./n.* | to balance; balance |
| 趋势 | 趨勢 | qūshì | *n.* | trend, tendency |

词语解释

1. 原来　　　　　　　　　　　　at first, originally

◆ 单位原来分配他一套40多平方米的住房,当"光棍汉"时, 还够住; 娶妻生子后, ……, 居住就十分困难了。

1) 他原来只想去中国旅游十天, 没想到后来却在那儿住了十年。

2) 李先生原来没有足够的钱买房子, 后来向银行贷款, 问题就解决了。

2. 另外　　　　　　　　　　　　besides, in addition

◆ 第一笔先交30多万元, 是夫妻俩几年的积蓄和父母的资助, 另外40万元是从银行贷的款, 今后每月还贷款4000元。

1) 他这几年赚了不少钱, 不但还清了贷款, 还另外多买了两栋房子。

2) 他除了每天上中文课之外, 另外, 还上了法文和德文课。

3. 今后　　　　　　　　　　　　from now on

◆ 第一笔先交30多万元, 是夫妻俩几年的积蓄和父母的资助, 另外40万元是从银行贷的款, 今后每月还贷款4000元。

1) 有了自己的房子, 今后就不必担心没地方住了。

2) 找到一份收入不错的工作, 今后就不用再向父母要钱了。

4. 从…中　　　　　　　　　　　from

◆ 原来那间小房子租出去, 每月可收1000多元租金, 再从二人工资中拿出2000多元, 不就凑够4000元了吗?

1) 从学习不同的语言中, 我了解到不同国家的文化。

2) 每年我都从薪水中拿出一部分的钱来帮助穷人。

5. 倘若　　　　　　　　　　　　if

◆ 倘若不贷款, 他无论如何也买不起这140平方米的房子。

1) 倘若他再强迫你做骗人的事, 你就告他吧。

2) 倘若明天还下雨, 我们就取消所有的活动。

6. 无论如何　　　　　　　　　　no matter what

◆ 倘若不贷款, 他无论如何也买不起这140平方米的房子。

1) 要是没有父母的支持, 他无论如何也进不了这所好大学。

2) 贫穷虽然可怕, 但无论如何也不应该利用欺骗的方法赚钱。

7. 还/付/缴清　　　　　　　　pay off (the bill)
◆ 10 年之后，还清贷款，房子就是我的私有财产了。
1) 一般来说，中国人不喜欢贷款，他们喜欢一次付清。
2) 据说，他一共得还三百万的贷款，不知道什么时候才能还清。

8. 连想都不敢想　　　　　　something that (sb) never even dared to dream of
◆ 年轻人在北京能住上大房子，这是过去连想也不敢想的事。
1) 在工资这么低的情况下，买房子是我连想都不敢想的事。
2) 如今，计算机成了基本的家庭设备，这在 20 年前是连想都不敢想的事。

9. 给予　　　　　　　　　　to give (support, care…)
◆ 孩子对父母因感情破裂不得不分手，也给予充分的理解。
1) 对于那些无家可归的孩子，我给予充分的同情和支持。
2) 青少年最需要的并不是金钱，而是父母时时给予关心和照顾。

10.甚至　　　　　　　　　　even
◆ 孩子对父母因感情破裂不得不分手，也给予充分的理解，认为是"唯一选择"，甚至是"最佳选择"。
1) 金钱问题常常导致婚姻问题，甚至离婚。
2) 他很节俭，甚至连汽水都舍不得买。

11.宁可…也不…　　　　　　would rather…then…
◆ 宁可累死，也不闲死。
1) 我宁可去做乞丐也不做这种骗人的事。
2) 我宁可嫁给一个穷人也不要嫁给有钱的老头儿。

练习
I.　Choose the correct answer.
　1. 房子不是我自己买的，是单位【平衡，分配】的。
　2. 我想买更高档的车，可是我没【凑够钱，凑不够】。
　3. 因为负担不了贷款，一般来说年轻人【住不起，住得下来】大房子。
　4. 改革开放让中国从贫穷【走向，进步】富裕，是了不起的成就。

II. Make a sentence with the underlined expression.

1. 单位<u>原来</u>分配他一套 40 多平方米的住房 ，当"光棍汉"时，还够住；娶妻生子后，……，居住就十分困难了。

2. 第一笔先交 30 多万元，<u>另外</u> 40 万元是从银行贷的款，今后每月还贷款 4000 元。

3. <u>倘若</u>不贷款，他无论如何也买不起这 140 平方米的房子。

4. 倘若不贷款，他<u>无论如何</u>也买不起这 140 平方米的房子。

5. 年轻人在北京能住上大房子，这是过去<u>连想也不敢想</u>的事。

6. 而且孩子对父母因感情破裂不得不分手，<u>也给予充分的理解</u>。

7. 而且孩子对父母因感情破裂不得不分手，也给予充分的理解，认为是"唯一选择"，<u>甚至</u>是"最佳选择"。

8. <u>宁可</u>累死，<u>也不</u>闲死。

III. Fill in the blank.

甚至　　逐步　　还清　　想象　　新鲜　　消费　　奋斗　　趋势
贷款

在美国，拥有"信用卡"并不是什么_____事，有信用卡，代表你有信用，有了信用，银行才愿意_____给你，没有信用卡的生活是很难_____的。贷款在美国也是很普遍的_____习惯，美国人一生几乎都在为贷款_____，几乎没有能把贷款_____的人。中国经济近年来_____开放，贷款也成了一种_____，_____是一种时尚。

IV. Discussion.

1. 北京人能买房，反映了社会产生了什么变化？

2. 贷款代表着什么消费习惯？

3. 带孩子上法院，可以说是新观念吗？对孩子有什么坏处？

4. 什么是"请人吃顿饭，不如请人流身汗？"

5. "宁可累死，也不闲死"代表什么样的人生态度？

V. Composition.

1. 课本上说，"贷款"是近年来中国人的新观念。美国人对"贷款"的看法怎么样？美国人的消费习惯是什么？有什么特色？请你说一说你的看法。

2. 你认为作者对"中国人的新观念"持什么样的态度？你同意他的看法吗？

"美女经济"不应过度

李雅萍

　　近日，上海国际时装模特大赛在苏州开幕。不久，世界顶尖超级模特大赛国际总决赛，也将于十月在苏州举行。如今，各式各样与"美丽"有关的活动层出不穷，"美女经济"一词再一次成为大众焦点。

　　诚然，作为一种经济活动，"美女经济"确实有其特殊的魅力。举办类似活动的城市不但可以借此大作宣传，打响城市的知名度，更可以利用这个机会吸引成千上万的游客来观光消费。据说，第五十二届"世界小姐"总决赛给主办国带来了十二亿美元的收入。今年，中国苏州将举办具有国际影响力的世界顶尖超级模特大赛，苏州将再次有机会在国际舞台上展现自己的魅力。对苏州来说，可以说是"双赢"。

　　然而，一项正常的经济活动一旦过了度，就有"滥"的危险。当前"美女"与"经济"，有如一对双胞胎，在现代经济中形影不离。商场开幕有"形象大使"；车展有"车模"；新产品促销有"产品代言人"……大凡有"经济"的地方，都处处可见"美女"的身影。似乎没有了美女，就无法搞经济了。

　　对"美女经济"持反对意见的人士指出，在"美女经济"的活动中，"美女"是作为一种商品来推出的，人们因为"美女"

Selected & edited by :Chih-p'ing Chou
Prepared by: Hua-hui Wei

"美女經濟"不應過度

李雅萍

近日,上海國際時裝模特大賽在蘇州開幕。不久,世界頂尖超級模特大賽國際總決賽,也將於十月在蘇州舉行。如今,各式各樣與"美麗"有關的活動層出不窮,"美女經濟"一詞再一次成為大眾焦點。

誠然,作為一種經濟活動,"美女經濟"確實有其特殊的魅力。舉辦類似活動的城市不但可以借此大作宣傳,打響城市的知名度,更可以利用這個機會吸引成千上萬的遊客來觀光消費。據說,第五十二屆"世界小姐"總決賽給主辦國帶來了十二億美元的收入。今年,中國蘇州將舉辦具有國際影響力的世界頂尖超級模特大賽,蘇州將再次有機會在國際舞臺上展現自己的魅力。對蘇州來說,可以說是"雙贏"。

然而,一項正常的經濟活動一旦過了度,就有"濫"的危險。當前"美女"與"經濟",有如一對雙胞胎,在現代經濟中形影不離。商場開幕有"形象大使";車展有"車模";新產品促銷有"產品代言人"……大凡有"經濟"的地方,都處處可見"美女"的身影。似乎沒有了美女,就無法搞經濟了。

對"美女經濟"持反對意見的人士指出,在"美女經濟"的活動中,"美女"是作為一種商品推出的,人們因為"美女"而購買商品;商品也因為"美女"的促銷而價值倍增。那麼,到而购买商品；商品也因为"美女"的促销而价值倍增。那么，到底商品真正的价值是什么，反而不是消费者和商家关心的焦点了。

过度的宣传"美女"意识，对于年轻的一代会产生不良的影响。比方说，许多年轻女性，为了追求外表的漂亮，花大量的金钱进行整容手术。这些年轻女性认为，在这个处处"以貌取人"的社会里，没有美丽的外表，就等于失去了机会。"学得好不如嫁得好，嫁得好不如长得好"这样的观念在相当多的年轻女孩中存在。

更让人担忧的是"选美热"所产生的社会问题。一些社会学家认为，"选美"过分强调女性外表的美丽、性感，使两性之间的差异以前所未有的方式被强化了，不利于女性追求与男性平等的社会地位和社会分工。事实上，附着在"选美"活动中的奖金、名誉等等，不言而喻地对美女构成了诱惑。这样貌似动人的诱惑，其实是对女性的一种"软暴力"。

在如今"美女经济"已不算新鲜的情况下，如何更好地发挥它的作用，是我们不得不面对的问题。

2004 年 9 月 20 日《人民日报》海外版

底商品真正的價值是什麼，反而不是消費者和商家關心的焦點了。

　　過度的宣傳“美女”意識，對於年輕的一代會產生不良的影響。比方說，許多年輕女性，為了追求外表的漂亮，花大量的金錢進行整容手術。這些年輕女性認為，在這個處處 “以貌取人”的社會裡，沒有美麗的外表，就等於失去了機會。“學得好不如嫁得好，嫁得好不如長得好”這樣的觀念在相當多的年輕女孩中存在。

　　更讓人擔憂的是“選美熱”所產生的社會問題。一些社會學家認為，“選美”過分強調女性外表的美麗、性感，使兩性之間的差異以前所未有的方式被強化了，不利於女性追求與男性平等的社會地位和社會分工。事實上，附著在“選美”活動中的獎金、名譽等等，不言而喻地對美女構成了誘惑。這樣貌似動人的誘惑，其實是對女性的一種“軟暴力”。

　　在如今“美女經濟”已不算新鮮的情況下，如何更好地發揮它的作用，是我們不得不面對的問題。

2004 年 9 月 20 日《人民日報》海外版

词汇

美女	美女	měinǚ	*n.*	beautiful woman, a beauty
不应	不應	bùyīng	*v.*	should not 应=应该
过度	過度	guòdù	*adv.*	excessively 例:~发展/推行/影响/宣传
近日	近日	jìnrì	*adv.*	lately
国际	國際	guójì	*adj.*	international
时装	時裝	shízhuāng	*n.*	fashionable dress or costume
模特	模特	mótè	*n.*	model (of clothing, cosmetics, etc.)
大赛	大賽	dàsài	*n.*	big competition, contest
苏州	蘇州	Sūzhōu	*n.*	place name
开幕	開幕	kāimù	*v.*	to raise the curtain, to open formally with a ceremony, inaugurate
不久	不久	bùjiǔ	*adv.*	not long ago
顶尖	頂尖	dǐngjiān	*adj.*	top (figures in a certain field), finest (competitors) 例:~比赛者/模特
超级	超級	chāojí	*adj.*	super
总决赛	總決賽	zǒngjuésài	*n.*	final competition
于	於	yú	*prep.*	在
层出不穷	層出不窮	céngchū bùqióng	*v.*	emerge one after another 例:活动/问题/例子~
大众	大眾	dàzhòng	*n.*	people; the masses
焦点	焦點	jiāodiǎn	*n.*	focus
诚然	誠然	chéngrán	*adv.*	indeed, truly (use in the beginning of a sentence)
作为	作為	zuòwéi	*v.*	to regard as
确实	確實	quèshí	*adv.*	certainly, indeed
魅力	魅力	mèilì	*n.*	charm, enchantment 例:有/展现~
举办	舉辦	jǔbàn	*v.*	to hold (conference, competition, etc.)
借此	借此	jiècǐ	*conj.*	by means of
大作宣传	大作宣傳	dàzuò	*v.-o.*	advertise intensely 例:在

		xuānchuán		政治上~
打响	打響	dǎxiǎng	*v.*	make known
知名度	知名度	zhīmíngdù	*n.*	popularity or visibility (of people, city, brand, etc.); fame 例: 美国明星在世界上有很高的知名度。
成千上万	成千上萬	chéngqiān shàngwàn	*adj.*	thousands upon thousands 例:~的游客/观光客/孤儿
游客	遊客	yóukè	*n.*	tourist
观光	觀光	guānguāng	*v.*	to sightsee
消费	消費	xiāofèi	*v.*	to consume; to purchase goods and services 例:游客大量消费让商人赚了很多钱。
届	届	jiè	*MW.*	measure word for periodic events
世界小姐	世界小姐	Shìjièxiǎojiě	*n.*	Miss World
主办国	主辦國	zhǔbànguó	*n.*	host country
亿	億	yì	*n.*	hundred million
收入	收入	shōurù	*n.*	income
影响力	影響力	yǐngxiǎnglì	*n.*	influence
再次	再次	zàicì	*adv.*	once again 例:中国再次证明了在国际上的影响力。
舞台	舞台	wǔtái	*n.*	stage, arena
展现	展現	zhǎnxiàn	*v.*	to unfold before one's eyes, to show; win win situation 例:苏州的魅力展现在世人的眼前。
双赢	雙贏	shuāngyíng	*n.*	having benefits on both sides
滥	濫	làn	*adj.*	immoderate; to go overboard
有如	有如	yǒurú	*v.*	seem, be like
双胞胎	雙胞胎	shuāngbāotāi	*n.*	twin
形影不离	形影不離	xíngyǐngbùlí	*ph.*	be inseparable 例:他们的感情很好，总是形影不

				离。
商场	商場	shāngchǎng	*n.*	market place, shopping mall
形象	形象	xíngxiàng	*n.*	character projected to the public, image 例:表面上他的形象很好,实际上他却非常自私。
大使	大使	dàshǐ	*n.*	ambassador,(here) representative
车展	車展	chēzhǎn	*n.*	motor show, car exhibition
车模	車模	chēmó	*n.*	car showgirl
促销	促銷	cùxiāo	*v.*	sales promotion
代言人	代言人	dàiyánrén	*n.*	spokesperson
大凡	大凡	dàfán	*conj.*	in most cases, generally
身影	身影	shēnyǐng	*n.*	figure (of human body) 例:到处都可以看到这个模特的身影。
持	持	chí	*v.*	to hold (opinions, viewpoints)
推出	推出	tuīchū	*v.*	present to the public 例:~新产品/商品。
购买	購買	gòumǎi	*v.*	to purchase, to buy
商品	商品	shāngpǐn	*n.*	goods, merchandise
倍增	倍增	bèizēng	*v.*	double 例:价值/勇气/信心~
商家	商家	shāngjiā	*n.*	business firm, enterprise
宣传	宣傳	xuānchuán	*v./n.*	propagate, disseminate
意识	意識	yìshi	*n.*	special awareness or sensitivity, consciousness 例:阶级/种族/独立~
代	代	dài	*n.*	generation
不良	不良	bùliáng	*adj.*	bad, harmful 例:~影响/行为/习惯。
追求	追求	zhuīqiú	*v.*	to pursuit 例:~金钱/外表/成功
外表	外表	wàibiǎo	*n.*	(body) appearance

整容	整容	zhěngróng	v.	have facial or cosmetic surgery
手术	手術	shǒushù	n.	surgery
处处	處處	chùchù	adv.	everywhere
以貌取人	以貌取人	yǐmàoqǔrén		to judge people merely by their appearance
嫁	嫁	jià	v.	marry (of a woman)
存在	存在	cúnzài	v.	to exist
担忧	擔憂	dānyōu	v.	to worry 例:让人/令人~
选美热	選美熱	xuǎnměirè	n.	craze for beauty contest
过分	過分	guòfèn	adv./adj.	excessively; undue
强调	強調	qiángdiào	v.	to stress
性感	性感	xìnggǎn	adj.	sexy
两性	兩性	liǎngxìng	n.	both sexes 性=性别, sex
差异	差異	chāyì	n.	difference, divergence 例:年龄/性别/城乡~。
前所未有	前所未有	qiánsuǒwèiyǒu	adj.	unprecedented 例:~的方式/挑战/机会/成功。
强化	強化	qiánghuà	v./n.	strengthen, intensify, reinforcement
不利于	不利於	búlìyú	v.	be unfavorable to 例:过份重视选美不利于两性之间的平等。
分工	分工	fēn'gōng	n./v.	division of labor; divide the work
附着	附著	fùzhuó	v.	adhere, (here) to connect as an associated part, attach
奖金	獎金	jiǎngjīn	n.	money award, bonus
名誉	名譽	míngyù	n.	fame, reputation
等等	等等	děngděng		et cetera
不言而喻	不言而喻	bùyán'éryù	adv.	it goes without saying
构成	構成	gòuchéng	v.	to constitute, to form
诱惑	誘惑	yòuhuò	n./v.	temptation; tempt, lure
貌似动人	貌似動人	màosì dòngrén	adv.	be seemingly attractive (but actually not)

软暴力	軟暴力	ruǎnbàolì	*n.*	软: soft 暴力: violence
新鲜	新鮮	xīn.xiān	*adj.*	new, novel, fresh
发挥作用	發揮作用	fāhuīzuòyòng	*v.-o.*	to produce a marked effect
面对	面對	miànlín	*v.*	encounter (problems, challenges) 例:~问题/挑战/困难

词语解释

1. 与…有关　　　　　　　　　　A is relevant with B
◆ 如今，各式各样与美丽有关的活动层出不穷。
1) 在互联网上，你可以看到许多跟日常生活有关的信息。
2) 近年来，与犯罪有关的案例逐年增加，政府单位应该重视这个问题。

2. 不但…更…　　　　　　　　　not only…but also…
◆ 举办类似活动的城市不但可以借此大作宣传度，更可以利用这个机会吸引游客来观光消费。
1) 使用手机不但可以增加通讯的便利，更可以代表一个人的身份和地位。
2) 发展观光旅游不但可以为城市带来收入，更可以增加城市的知名度。

3. 一旦…就…　　　　　　　　　once…then…
◆ 然而，一项正常的经济活动一旦过了度，就有"滥"的危险。
1) 经济一旦不能持续发展，老百姓的生活水平就会下降。
2) 中美两国一旦发生战争，全世界的经济和政治情况立即就会受到影响。

4. 大凡…都…　　　　　　　　　mostly
◆ 大凡有"经济"的地方，都处处可见"美女"身影。
1) 大凡有勇气的知识分子，都把批评政府作为自己的责任。
2) 大凡经历过文化大革命的中国人都认为改革开放的确为中国带来了进步。

5. 反而　　　　　　　　　　　　on the contrary, instead
◆ 那么，到底商品真正的价值是什么，反而不是消费者和商家关心的焦点了。
1) 政府只重视经济发展，至于环境保护反而不是政府主要关心的问题。
2) 对现代人来说，不结婚反而更有时间和精力追求人生的理想。

6. 处处　　　　　　　　　　　　everywhere
◆ 在这个处处"以貌取人"的社会里，没有美丽的外表，就等于失去了机会。
1) 在这个处处重男轻女的社会里，女人几乎不可能争取到和男人同等的权利。
2) 在这个处处有色情陷井的社会里，年轻人很难抗拒诱惑，容易上当受骗。

(2) "美女经济" 不应过度

---

7. 不利于　　　　　　　　　　be harmful to, be unfavorable to

◆ "选美" 不利于女性追求与男性平等的社会地位和社会分工。

1) 研究发现，花过长的时间上网，不利于身心健康。

2) 中国人重男轻女的观念，不利于建立平等的两性关系。

练习

I. Complete the following dialogue with the provided expressions:

李先生：最近又有一个模特大赛要在上海举办了！

小陈：太好了！我认为上海应该多举办这样的活动，因为……

(观光，消费，知名度，宣传，魅力)

李先生：你说的有道理，可是选美比赛……

(过分，强调，美丽，反而，以貌取人)

小陈：我觉得你的想法太落伍了。在我看来，政府应该多鼓励"美女经济"。

李先生：我不同意，……。

(不利于，奖金，名誉，构成，诱惑，平等)

II. Make a sentence using the underlined expressions:

1. "选美"<u>不利于</u>女性追求与男性平等的社会地位和社会分工。

2. 然而，一项正常的经济活动<u>一旦</u>过了度，<u>就</u>有 "滥" 的危险。

3. 那么，到底商品真正的价值是什么，<u>反而</u>不是消费者和商家关心的焦点了。

4. 举办类似活动的城市<u>不但</u>可以借此大作宣传，打响城市的知名度，<u>更</u>可以利用这个机会吸引成千上万的游客来观光消费。

5. 如今，各式各样<u>与</u>美丽<u>有关</u>的活动层出不穷，"美女经济"一词又再一次成为大众焦点。

III. Fill the word in the blank:

促销，新鲜，顶尖，外表，层出不穷，开幕，存在

1. 北京大学吸引了最_____的学生就读，是中国最好的大学。

2. 近年来，犯罪问题_____，造成很严重的问题。

3. 对很多人来说，"互联网"早就不是什么_____的事情了。

4. 为了要_____产品，公司降低了商品的价格。

5. 上个星期天，一家国际时装公司举办的模特大赛在上海_____。

6. 从"整型手术热"可以看出，中国社会里_____着以貌取人的价值观。

7. 在 "以貌取人"的社会里，拥有美丽的_____是最重要的。

IV. Discussion
1. 请你为"美女经济"下定义？
2. 和一般经济型态相比，"美女经济"有什么特点？
3. "选美热"可能会带来什么问题？
4. 请你说一说"美女经济"对现代社会价值观的影响。
5. 作者对"美女经济"持怎么样的态度？

V. Composition
1. "美女经济"问题多。
2. 我爱"美女经济"。

手机公害

顾玉清

当今世界，如果说新经济的标志是因特网的话，那么新时尚的象征恐怕就是手机了。谁能想到，在短短几年之间，手机已经横扫全球，无处不在，到处都能听到电话铃声响起。80 年代的手机，也就是所谓的"大哥大"，曾经代表拥有者的身份和地位。随着技术的进步和生产成本的下降，手机才逐步大众化，成了日常用品。手机的好处是，它不仅能够使人充分享有自由，不管你身在何方，随时都能接打电话，而且满足了人的沟通与追求时尚的需要。

但是，手机也是一柄双刃剑，过度的滥用就会造成很多问题。在任何地方，你都可以发现有些人在骑摩托车或开汽车时接打手机电话，由此引发的交通事故不在少数。在剧院、会议厅和电影院，甚至教室里，手机铃声不时响起，不但干扰正在进行的活动并让人感到烦恼。除此之外，手机还会影响飞机起降的安全。总之，手机泛滥导致的一些不良后果是显而易见的。有人评论手机热，不无讥讽地形容说，等到人人手中都握有手机时，它也就差不多沦为一个"拴在野生动物身上的跟踪器了"。

现在，越来越多消费者意识到手机所引发的问题。在互联网、有线电话和公用电话等通信都相当发达的今天，人手一部手

Selected and edited by Chih-p'ing Chou
Prepared by Hua-hui Wei

手機公害

顧玉清

　　當今世界，如果說新經濟的標誌是因特網的話，那麼新時尚的象徵恐怕就是手機了。誰能想到，在短短幾年之間，手機已經橫掃全球，無處不在，到處都能聽到電話鈴聲響起。80 年代的手機，也就是所謂的"大哥大"，曾經代表擁有者的身份和地位。隨著技術的進步和生產成本的下降，手機才逐步大衆化，成了日常用品。手機的好處是，它不僅能夠使人充分享有自由，不管你身在何方，隨時都能接打電話，而且滿足了人的溝通與追求時尚的需要。

　　但是，手機也是一柄雙刃劍，過度的濫用就會造成很多問題。在任何地方，你都可以發現有些人在騎摩托車或開汽車時接打手機電話，由此引發的交通事故不在少數。在劇院、會議廳和電影院，甚至教室裡，手機鈴聲不時響起，不但干擾正在進行的活動並讓人感到煩惱。除此之外，手機還會影響飛機起降的安全。總之，手機泛濫導致的一些不良後果是顯而易見的。有人評論手機熱，不無譏諷地形容說，等到人人手中都握有手機時，它也就差不多淪爲一個"拴在野生動物身上的跟蹤器了"。

　　現在，越來越多消費者意識到手機所引發的問題。在互聯網、有線電話和公用電話等通信都相當發達的今天，人手一部手机并非十分必要，这样的态度使得手机市场出现危机。

近年来，由于手机市场持续繁荣，各大制造商都投资了大量金钱，竞争非常激烈。然而，随着消费者观念的改变和经济不景气，世界手机销售量大幅下滑，库存量大量增加，亏损数额越来越高，许多制造手机公司的股票持续下跌。为了应付这一困难局面，各手机制造商纷纷裁员或部分停产。

西方国家已经意识到"手机公害"，不少国家考虑立法禁止人们在公共场合随便使用手机，还有的国家发起了"礼貌使用手机"活动，以使人们的举止能够跟上新技术的发展。

手机是一种先进的通信工具，为人们带来了极大的便利，也间接改变了人类的生活方式。然而，如果使用者不能自觉地限制使用手机的时间和地点，就势必会对个人和社会带来很多负面影响。

2001 年 8 月 1 日《人民日报》

機並非十分必要，這樣的態度使得手機市場出現危機。

近年來，由於手機市場持續繁榮，各大製造商都投資了大量的金錢，競爭非常激烈。然而，隨著消費者觀念的改變和經濟不景氣，世界手機銷售量大幅下滑，庫存量大量增加，虧損數額越來越高，許多製造手機公司的股票持續下跌。爲了應付這一困難局面，各手機製造商紛紛裁員或部分停產。

西方國家已經意識到"手機公害"，不少國家考慮立法禁止人們在公共場合隨便使用手機，還有的國家發起了"禮貌使用手機"活動，以使人們的舉止能夠跟上新技術的發展。

手機是一種先進的通信工具，為人們帶來了極大的便利，也間接改變了人類的生活方式。然而，如果使用者不能自覺地限制使用手機的時間和地點，就勢必會對個人和社會帶來很多負面影響。

2001 年 8 月 1 日《人民日報》

词汇

手机	手機	shǒujī	n.	cell phone
公害	公害	gōnghài	n.	public nuisance
当今	當今	dāngjīn	adv.	nowadays
标志	標誌	biāozhì	n.	symbol, mark
因特网	因特網	yīntèwǎng	n.	internet
时尚	時尚	shíshàng	n.	vogue, trend 例：手机成了时尚的标志。
象征	象徵	xiàngzhēng	n./v.	symbol; to symbolize
恐怕	恐怕	kǒngpà	adv.	probably; I am afraid…
短短	短短	duǎnduǎn	adv.	brief, short 例：~几天/几年/几句话
横扫	橫掃	héngsǎo	v.	sweep through 例：~市场，/全球
全球	全球	quánqiú	n.	the whole world
无处不在	無處不在	wúchùbúzài	v.	be everywhere 例：在现代社会里，广告无处不在，对人们有很大的影响。
铃声	鈴聲	língshēng	n.	ring
响	響	xiǎng	v.	to start to ring, come out (of sound)
所谓	所謂	suǒwèi	adj.	the so-called 例:所谓的普通话就是改良过的北京话。
大哥大	大哥大	dàgēdà	n.	cell phone
曾经	曾經	céngjīng	adv.	ever
代表	代表	dàibiǎo	v./n.	represent, stand for, representative 例:手机代表一个人的身份和地位。
拥有者	擁有者	yōngyǒuzhě	n.	possessor 拥有, to possess
身份	身份	shēnfèn	n.	identity, status
地位	地位	dì.wèi	n.	one's status or position
随着	隨著	suí.zhe	conj.	accompanying , following
技术	技術	jìshù	n.	technique, technology
生产	生產	shēngchǎn	v.	to produce, to manufacture 例:~技术/成本/过程

成本	成本	chéngběn	n.	(net) cost
下降	下降	xiàjiàng	v.	to descend, to drop, to fall
逐步	逐步	zhúbù	adv.	gradually (step by step)
大众化	大眾化	dàzhònghuà	v.	to popularize
日常用品	日常用品	rìcháng yòngpǐn	n.	articles for daily use, daily essentials
好处	好處	hǎochù	n.	advantage, benefit
享有	享有	xiǎngyǒu	v.	to enjoy (right, freedom, etc.) 例:~权利/自由/待遇/生活
身在何方	身在何方	shēnzài héfāng	v.	wherever you are 例:无论你身在何方，都别忘了关心你的家人。
接打	接打	jiēdǎ	v.	接: to pick up the phone 打: to dial
满足	滿足	mǎnzú	v./adj.	to satisfy, satisfied 例:~需要/欲望/要求
沟通	溝通	gōutōng	v./n.	to connect, to link up; communication
追求	追求	zhuīqiú	v.	to pursue
柄	柄	bǐng	MW.	measure word for sword
双刃剑	雙刃劍	shuāngrèn jiàn	n.	double-edged sword
滥用	濫用	lànyòng	v./n	to abuse, to misuse 例:~权力/资源/药/武力
骑	騎	qí	v.	to ride (horse, bike, motorcycle)
摩托车	摩托車	mótuōchē	n.	motorcycle
由此	由此	yóucǐ	conj.	from this, therefore, thus
引发	引發	yǐnfā	v.	to provoke, to cause
交通事故	交通事故	jiāotōng shì.gù	n.	traffic accident
不在少数	不在少數	búzài shǎoshù	v.	more than a few, quite a few
剧院	劇院	jùyuàn	n.	theater
会议厅	會議廳	huìyìtīng	n.	conference hall
不时	不時	bùshí	adv.	frequently, at any time
干扰	干擾	gānrǎo	v./n.	to interfere, to disturb,

				interference
烦恼	煩惱	fánnǎo	*adj.*	annoying, irritating
起降	起降	qǐjiàng	*v.*	(airplane) take off and land
不良	不良	bùliáng	*adj.*	bad, harmful
后果	後果	hòuguǒ	*n.*	(bad) consequence or result
显而易见	顯而易見	xiǎn'éryìjiàn	*adj.*	obvious 例:吸烟对身体带来的危害是显而易见的。
评论	評論	pínglùn	*v./n.*	to comment on, comment
不无	不無	bùwú	*v.*	not without
讥讽	譏諷	jīfěng	*n./v.*	satire; to satirize, to ridicule
形容	形容	xíngróng	*v.*	to describe…as…
握	握	wò	*v.*	to grasp, to hold
沦为	淪為	lúnwéi	*v.*	be reduced to
拴	拴	shuān	*v.*	to tie, to fasten
野生动物	野生動物	yěshēng dòngwù	*n.*	wildlife
跟踪器	跟蹤器	gēnzōngqì	*n.*	tracker
消费者	消費者	xiāofèizhě	*n.*	customer; consumer
意识到	意識到	yìshidào	*v.*	to realize
互联网	互聯網	hùliánwǎng	*n.*	internet
有线	有線	yǒuxiàn	*adj.*	wired
公用	公用	gōngyòng	*adj.*	public
通信	通信	tōngxìn	*v./n.*	to correspond with, correspondence
发达	發達	fādá	*adj.*	developed 例:科技/技术/商业/贸易~
人手一部	人手一部	rénshǒuyíbù		everyone has one
必要	必要	bìyào	*adj.*	necessary 并非必要: not necessary
持续	持續	chíxù	*adv.*	continued, sustained
繁荣	繁榮	fánróng	*adj./ n.*	flourishing, prosperous, prosperity
制造商	製造商	zhìzàoshāng	*n.*	manufacturer
投资	投資	tóuzī	*v./n.*	to invest, investment 例:~金

				钱/时间/精神
竞争	競爭	jìngzhēng	*v./n.*	to compete, competition
激烈	激烈	jīliè	*adv.*	(competition, fight) fierce, intense 例:竞争/战况/打斗~
不景气	不景氣	bùjǐngqì	*adj.*	be in recession/ depression 例:目前的经济情况很不景气。
销售量	銷售量	xiāoshòuliàng	*n.*	sales volume
大幅	大幅	dàfú	*adv.*	drastically 例：~提高/下降/改善
下滑	下滑	xiàhuá	*v.*	decline, drop
库存量	庫存量	kùcúnliàng	*n.*	inventory
亏损	虧損	kuīsǔn	*n./v.*	deficit, a loss in business; to lose
数额	數額	shù'é	*n.*	the number, the amount
股票	股票	gǔpiào	*n.*	stocks
下跌	下跌	xiàdiē	*v.*	(price) to decline, to sag
应付	應付	yìng.fù	*v.*	to handle, to deal with 例：~情况/局面/攻击
局面	局面	júmiàn	*n.*	situation
纷纷	紛紛	fēnfēn	*adv.*	one after the other, numerously
裁员	裁員	cáiyuán	*v.*	to reduce staff
停产	停產	tíngchǎn	*v.*	=停止生产 to stop production
考虑	考慮	kǎolǜ	*v.*	to think about, to consider
立法	立法	lìfǎ	*v.*	to legislate
公共场合	公共場合	gōnggòng chǎnghé	*n.*	public place
发起	發起	fāqǐ	*v.*	to launch, to initiate 例:政府发起了"公共场合禁止吸烟"的活动。
礼貌	禮貌	lǐmào	*n./ adj.*	politeness, manners, be polite 例:他无论在什么地方，对人都很有礼貌。
以	以	yǐ	*conj.*	用来(here)

举止	舉止	jǔzhǐ	*n.*	manner, behavior
跟上	跟上	gēnshàng	*v.*	to keep up with
先进	先進	xiānjìn	*adj.*	advanced
工具	工具	gōngjù	*n.*	tool
便利	便利	biànlì	*n./ adj.*	convenience; convenient
间接	間接	jiànjiē	*adv.*	indirectly
自觉	自覺	zìjué	*v./ adv.*	consciously; be aware of , be conscious of
限制	限制	xiànzhì	*v./n.*	to limit, restriction
地点	地點	dìdiǎn	*n.*	place
势必	勢必	shìbì	*adv.*	definitely; inevitably 例：生产成本提高势必会影响销售价格。
负面	負面	fùmiàn	*adj.*	negative 例：~影响/例子/新闻

词语解释

1. 如果…那么…   if…then…
◆ 如果说新经济的标志是因特网的话，那么新时尚的象征恐怕就是手机了。
1) 如果说大学生是国家的精英，那么大学就是培养国家精英的摇篮。
2) 如果说十九世纪最伟大的发明是电灯，那么二十世纪最伟大的发明恐怕就是计算机了。

2. 随着   along/ accompanying with
◆ 随着技术的进步和生产成本的下降，手机才逐步大众化。
1) 随着污染问题日益严重，人类才意识到环保的重要。
2) 随着经济的发展，人们对产品质量的要求也越来越高。

3. 不仅…而且…   not only…but also…
◆ 它不仅使人能够充分享有自由，而且满足了人的沟通与追求时尚的需要。
1) 市场经济的开放，不仅为中国人民带来了财富，而且提高了他们的生活水平。
2) 电子邮件不仅加速了信息的流通，而且缩短了人们之间的距离。

4. 不在少数   not in a few, quite a few
◆ 在任何地方，你都可以发现有些人在骑摩托车或开汽车时接打手机电话，由此引发的交通事故不在少数。
1) 反对这项政策的人很多，但支持的人也不在少数。
2) 最近，假广告泛滥，受骗上当的人不在少数。

5. 除此之外   besides
◆ 除此之外，手机还会影响飞机起降的安全。
1) 吸烟不但对身体有害，除此之外，对你身边的人也有不良的影响。
2) 想把语言学好，只有不断地练习，除此之外，没有别的办法。

6. 等到   until
◆ 等到人人手中都握有手机时，它也就差不多沦为一个"拴在野生动物身上的跟踪器了"。
1) 领导必须尽快解决问题，等到发生冲突的时候就太晚了。

2) 等到人人都有房住，再也没有人饿死的时候，贫穷问题才算真的解决了。

7. 沦为   be degraded to

◆ 等到人人手中都握有手机时，它也就差不多沦为一个"拴在野生动物身上的跟踪器了"。

1) 互联网可以增进人们之间的沟通，然而，近年来互联网却沦为了犯罪工具。

2) 因为得不到适当的照顾，这些无家可归的孩子竟沦为童工。

8. 由于   because of

◆ 由于市场持续繁荣，各大制造商都投资大量的金钱，竞争非常激烈。

1) 由于缺乏运动和饮食过量，许多青少年都有肥胖的问题。

2) 由于中国的人口众多，因此全面发展教育有一定的困难。

练习

I. Complete the dialogue with the given expressions.

老师：手机十几年前还属于"有钱人"的玩意儿，为什么现在却成了人人都想要拥有的东西？

学生：(随着，成本，便利，满足，沟通)

老师：因为人们的需求，手机市场也就越来越大了，对不对？

学生：(意识到，持续，亏损，应付，裁员)

老师：使用手机对我们的生活会造成哪些影响？

学生：（滥用，不仅…而且，干扰，引发，负面）

II. Choose the correct answer.

1. 从某方面来说，手机【满足；满意】了人们追求时尚的需要。

2. 【过度；泛滥】使用手机会给社会带来不好的影响。

3. 拥有手机并不是【强迫；必要】的事，只是一种时尚。

4. 【由于；为了】手机成本的大幅下降，人手一机不再是稀奇的事。

III. Rewrite the following sentences using the given expression.
　　1. 大家都没想到，科技会带给人们这么大的问题。(谁也没...)
　　2. 现代人吃得多动得少，所以肥胖问题越来越严重。(随着...才...)
　　3. 手机公司裁员的原因是因为公司的股票持续下跌。（由于...）

IV. Make a sentence using underlined expressions.
　　1. <u>如果说</u>新经济的标志是因特网的话，<u>那么</u>新时尚的象征恐怕就是手机了。
　　2. <u>随着</u>技术的进步和生产成本的下降，手机才逐步大众化。
　　3. 它<u>不仅</u>使人能够充分享有自由，<u>而且</u>满足了人的沟通与追求时尚的需要。
　　4. 在任何地方，你都可以发现有些人在骑摩托车或开汽车时接打手机电话，<u>由此</u>引发的交通事故不在少数。
　　5. <u>除此之外</u>，手机还会影响飞机起降的安全。
　　6. <u>等到</u>人人手中都握有手机时，它也就差不多沦为一个"拴在野生动物身上的跟踪器了"。
　　7. 等到人人手中都握有手机时，它也就差不多<u>沦为</u>一个"拴在野生动物身上的跟踪器了"。
　　8. <u>由于</u>市场持续繁荣，各大制造商都投资大量的金钱，竞争非常激烈。

V. Discussion.
　　1. 手机为我们带来了哪些好处？又带来了哪些坏处？
　　2. 手机是"拴在野生动物身上的跟踪器"吗？
　　3. 如果你是一个手机使用者，有哪些地方是应该注意的？
　　4. 文章说，世界手机销量大幅下滑，为什么？
　　5. 如果你是手机公司的老板，面对销售量大幅下滑的趋势，你会怎么做？

VI. Composition. .
　　1. 课本上说，"手机是一把双刃剑。"这句话代表了什么样的意义？到底现代科技为人们带来了什么样的影响？请你说一说你的看法。

全面推行普通话及简体字

刘达一

自 2001 年 1 月 1 日起，中国《国家通用语言文字法》将正式施行。这部法律是中国第一部语言文字的专门法，它对"国家通用语言文字"做了明确解释，即普通话和规范汉字。

这部法律规定，凡是以普通话作为工作语言的岗位，必须说普通话，比如电台的播音员、节目主持人和影视话剧演员、教师、政府机关工作人员等，应当具备规定的普通话等级标准。公共场所、广播、影视、招牌、广告、企业事业组织名称、商品包装、说明、信息处理和信息技术产品以及汉语文出版物等用字必须使用规范汉字。

中国地域辽阔，就语言和文字来说，56 个民族有近百种语言，30 多种文字，即使相同的一种语言，也存在着不同的方言，所以语言文字的统一是件挺复杂的事。正是出于这种考虑，采纳专家的建议，《国家通用语言文字法》没有规定每个公民必须使用普通话和规范汉字，而是强调"推广"和"推行"。所以，一般人不说普通话或不使用规范汉字，不存在违法的问题。

中国教育部语言文字应用管理司的负责人说，制定《国家通用语言文字法》主要解决了 3 个问题：一是确定了普通话和规范汉字的法律地位；二是规定了公民在语言文字方面的权利和义务，

全面推行普通話及簡體字

劉達一

　　自 2001 年 1 月 1 日起，中國《國家通用語言文字法》將正式施行。這部法律是中國第一部語言文字的專門法，它對 "國家通用語言文字" 做了明確解釋，即普通話和規範漢字。

　　這部法律規定，凡是以普通話作為工作語言的崗位，必須說普通話，比如電臺的播音員、節目主持人和影視話劇演員、教師、政府機關工作人員等，應當具備規定的普通話等級標準。公共場所、廣播、影視、招牌、廣告、企業事業組織名稱、商品包裝、說明、信息處理和信息技術產品以及漢語文出版物等用字必須使用規範漢字。

　　中國地域遼闊，就語言和文字來說，56 個民族有近百種語言，30 多種文字，即使相同的一種語言，也存在著不同的方言，所以語言文字的統一是件挺複雜的事。正是出於這種考慮，採納專家的建議，《國家通用語言文字法》沒有規定每個公民必須使用普通話和規範漢字，而是強調 "推廣" 和 "推行"。所以，一般人不說普通話或不使用規範漢字，不存在違法的問題。

　　中國教育部語言文字應用管理司的負責人說，制定《國家通用語言文字法》主要解決了 3 個問題：一是確定了普通話和規範字的法律地位；　二是規定了公民在語言文字方面的權利和義務，义务包括部分公民如政府公务员要说普通话和使用规范汉字；三是对语言文字的社会使用进行管理和监督。比如一些出版物或公共场所设施的用字如广告、招牌等不使用规范汉字，将要受到警告和相应的处理。

至于方言土语和繁体字、异体字的使用问题，这位负责人说，《语言文字法》中强调了"各民族都有使用和发展自己的语言文字的自由"，并没有规定禁止使用方言和繁体字、异体字，而只是把它的使用限定在一定的范围之内。方言土语和繁体字、异体字也有其自身存在的价值，它们是一个民族文化的宝贵遗产，它们能在相当长的时间内保留下来，说明它们有存在的必要。《国家通用语言文字法》规定戏曲、影视等艺术形式中需要和出版、教学、研究中确实需要的，可以使用方言。对繁体字、异体字《国家通用语言文字法》也明确指出文物古迹、姓氏中的异体字、书法篆刻等艺术形式中需要和出版、教学、研究中需要使用的，经国务院有关部门批准的等情形，可以保留或使用繁体字、异体字。

与其他法不同，这部法律强调的不是惩罚，而是引导，不是说错了或写错了就罚，而是采用教育、引导和批评的方法。

《国家通用语言文字法》强调"国家机关以普通话和规范汉字为公务用语用字"，进一步以法律的方式明确了普通话和规范汉字的法律地位。

中国人事部去年专门发了通知，要求政府机关在招聘公务员義務包括部份公民如政府公務員要說普通話和使用規範漢字；三是對語言文字的社會使用進行管理和監督。比如一些出版物或公共場所設施的用字如廣告、招牌等不使用規範漢字，將要受到警告和相應的處理。

至於方言土語和繁體字、異體字的使用問題，這位負責人說，《語言文字法》中強調了"各民族都有使用和發展自己的語言文字的自由"，並沒有規定禁止使用方言和繁體字、異體字，而只是把它的使用限定在一定的範圍之內。方言土語和繁體字、異體字也有其自身存在的價值，它們是一個民族文化的寶貴遺產，它們能在相當長的時間內保留下來，說明它們有存在的必要。《國家通用語言文字法》規定戲曲、影視等藝術形式中需要和出版、教學、研究中確實需要的，可以使用方言。對繁體字異體字《國家通用語言文字法》也明確指出文物古跡、姓氏中的異體字、書法篆刻等藝術形式中需要和出版、教學、研究中需要使用的，經國務院有關部門批准的等情形，可以保留或使用繁體字、異體字。

與其他法不同，這部法律強調的不是懲罰，而是引導，不是說錯了或寫錯了就罰，而是採用教育、引導和批評的方法。

《國家通用語言文字法》強調"國家機關以普通話和規範漢字為公務用語用字"，進一步以法律的方式明確了普通話和規範漢字的法律地位。

中國人事部去年專門發了通知，要求政府機關在招聘公務員时，将会说普通话列为一个重要条件。不会说普通话，今后当不了官了。同时，人事部还规定公务员、教师等职业，只会说一点普通话还不行，必须达到三级和二级标准，达不到标准的将不能上岗。不过，这一做法是采取老人老办法，新人新办法。

2001 年 1 月 7 日《世界日报》

時，將會說普通話列為一個重要條件。不會說普通話，今後當不了官了。同時，人事部還規定公務員、教師等職業，只會說一點普通話還不行，必須達到三級和二級標準，達不到標準的將不能上崗。不過，這一做法是採取老人老辦法，新人新辦法。

2001 年 1 月 7 日《世界日報》

词汇

全面	全面	quánmiàn	*adv./* *adj.*	all-out, not limited or partial; comprehensive 例:~推行/禁止/攻击
推行	推行	tuīxíng	*v.*	to promote, to advocate
普通话	普通話	pǔtōnghuà	*n.*	standard Mandarin
简体字	簡體字	jiǎntǐzì	*n.*	simplified Chinese character
通用	通用	tōngyòng	*adj.*	in common use, general 例:~法律/语言/文字/货币
正式	正式	zhèngshì	*adj./* *adv.*	formal; formally
施行	施行	shīxíng	*v.*	put in force, implement, apply 例:~计划/政策
部	部	bù	*MW.*	measure word for 法律
专门	專門	zhuānmén	*adj./* *adv.*	special, specialized 例:~法律/机构/词语/技术 specifically, specially 例:~针对/通知/立法
法律	法律	fǎlǜ	*n.*	law
明确	明確	míngquè	*adj.*	clear-cut, explicit
即	即	jí	*v.*	namely, be 例: 国家目前的问题即人口问题。
规范	規範	guīfàn	*adj.*	standard, norm 例:~汉字/作法
汉字	漢字	hànzì	*n.*	Chinese character
规定	規定	guīdìng	*v.*	to regulate, to control according to a rule, principle, or law
工作语言	工作語言	gōngzuò yǔyán	*n.*	working language
岗位	崗位	gǎngwèi	*n.*	unit (in organization), a post of employment 例:工作/服务~

电台	電台	diàntái	n.	radio station
播音员	播音員	bōyīnyuán	n.	broadcaster
节目	節目	jiémù	n.	(TV, radio) program
主持人	主持人	zhǔchírén	n.	host (of a show)
影视	影視	yǐngshì	n.	movies and television
话剧	話劇	huàjù	n.	stage play
演员	演員	yǎnyuán	n.	actor or actress
机关	機關	jīguān	n.	government office or institute
应当	應當	yīngdāng	v.	should, ought to
具备	具備	jùbèi	v.	possess, be provided with
等级	等級	děngjí	n.	grade, rank, degree
标准	標準	biāozhǔn	n.	standard
招牌	招牌	zhāopái	n.	shop sign
企业	企業	qǐyè	n.	business, enterprise
事业	事業	shìyè	n.	business
名称	名稱	míngchēng	n.	name (of a thing, organization), term
包装	包裝	bāozhuāng	n./v.	wrapping, cover; to wrap
处理	處理	chǔlǐ	v.	to process (information), to handle, deal with
汉语文	漢語文	hànyǔwén	n.	Chinese language
出版物	出版物	chūbǎnwù	n.	publication
用字	用字	yòngzì	n.	diction, phraseology
地域	地域	dìyù	n.	land, region
辽阔	遼闊	liáokuò	adj.	vast (in area) 例:地域/土地~
民族	民族	mínzú	n.	race
近百种	近百種	jìnbǎizhǒng	adj.	near hundred kinds of
出于	出於	chūyú	v.	out of (concern, consideration)例:~考虑/关心

考虑	考慮	kǎolǜ	n./v.	consideration; take sth into consideration
采纳	採納	cǎinà	v.	to adopt (a method, an advice)
				例:~建议/方法/意见
建议	建議	jiànyì	n./v.	advice, to advice
公民	公民	gōngmín	n.	citizen
强调	強調	qiángdiào	v.	to stress, to emphasize
推广	推廣	tuīguǎng	v.	to popularize, spread 例:~新观念/普通话/教育
违法	違法	wéifǎ	v./ adj.	violate (law); illegal
应用	應用	yìngyòng	adj.	applied
管理司	管理司	guǎnlǐsī	n.	管理: administration, 司: department (under a ministry)
制定	制定	zhìdìng	v.	to formulate (law, rule)
确定	確定	quèdìng	v.	identify, to ascertain, confirm
义务	義務	yìwù	n.	obligation
公务员	公務員	gōngwùyuán	n.	government official
管理	管理	guǎnlǐ	v.	to manage; to supervise
监督	監督	jiāndū	v.	to supervise
设施	設施	shèshī	n.	facilities
警告	警告	jǐnggào	n./v.	warning; to warn
相应	相應	xiāngyìng	adj.	corresponding, relevant
处理	處理	chǔlǐ	n./v.	cope with, deal with, handle
方言	方言	fāngyán	n.	dialect
土语	土語	tǔyǔ	n.	local dialect, vernacular
繁体字	繁體字	fántǐzì	n.	traditional Chinese character
异体字	異體字	yìtǐzì	n.	character of variant versions
禁止	禁止	jìnzhǐ	v.	to prohibit

限定	限定	xiàndìng	*v.*	to limit
范围	範圍	fànwéi	*n.*	scope, range, extent 例:在固定的/一定的~
自身	自身	zìshēn	*n.*	itself
宝贵	寶貴	bǎoguì	*adj.*	precious, valuable
遗产	遺產	yíchǎn	*n.*	heritage
保留	保留	bǎoliú	*v.*	to retain
必要	必要	bìyào	*n.*	necessity
戏曲	戲曲	xìqǔ	*n.*	traditional opera, play
艺术	藝術	yìshù	*n.*	art
形式	形式	xíngshì	*n.*	form, shape
出版	出版	chūbǎn	*v.*	to publish
文物	文物	wénwù	*n.*	cultural or historical objects
古迹	古跡	gǔjì	*n.*	historical site, ancient relic
姓氏	姓氏	xìngshì	*n.*	surname, family name
书法	書法	shūfǎ	*n.*	calligraphy
篆刻	篆刻	zhuànkè	*n.*	carve (or engrave) characters on a seal
国务院	國務院	Guówùyuàn	*n.*	the State Council
批准	批准	pīzhǔn	*v.*	to approve, to ratify 例:国务院批准了这项新法案。
惩罚	懲罰	chéngfá	*v./n.*	to punish, punishment
引导	引導	yǐndǎo	*v.*	to guide
批评	批評	pīpíng	*v./n.*	to criticize, criticism
公务	公務	gōngwù	*adj./ n.*	official (business) ;public affairs
用语	用語	yòngyǔ	*n./v.*	term, phraseology; to word
人事部	人事部	rénshìbù	*n.*	office of personnel management, human resource
发	發	fā	*v.*	to send out, to distribute

通知	通知	tōngzhī	*n./v.*	notice, to inform 例:接到/ 发/收到~
招聘	招聘	zhāopìn	*v.*	to recruit
列为	列為	lièwéi	*v.*	to be classified as 例:政府 把经济发展列为最重要的 政策之一。
当官	當官	dāngguān	*v.*	to be an official 例:很多政 府公务员只想当官,不想 做事。
职业	職業	zhíyè	*n.*	occupation, job
达到	達到	dádào	*v.*	to achieve, to perform at a standard 例:~标准/水平/ 要求
级	級	jí	*n.*	level, grade
标准	標準	biāozhǔn	*n.*	standard
上岗	上崗	shànggǎng	*v.-o.*	to be employed, to begin work

词语解释

1. 自…起　　　　　　　　　　　from (time) on
◆ 自 2001 年 1 月 1 日起，中国《国家通用语言文字法》将正式施行。
1) 自 1980 年起，我国的人口增长得到了有效的控制。
2) 自 80 年代初期起，手机开始广泛使用，为日常生活带来了很大的方便。

2. 凡是　　　　　　　　　　　　every; any
◆ 这部法律规定，凡是以普通话作为工作语言的岗位，必须说普通话。
1) 凡是在美国出生的人，都是美国公民。
2) 凡是去过长城的人，都会对长城留下深刻的印象。

3. 出于考虑/关心/　　　　　　out of (consideration, concern)
◆ 正是出于这种考虑，采纳专家的建议，《国家通用语言文字法》强调"推
　　广"和"推行"。
1) 出于安全考虑，政府采取了严格的检查措施。
2) 联合国的行动是出于和平的目的，并没有任何政治宣传的意思。

4. 对…进行…　　　　　　　　　to carry on, carry out
◆ 对语言文字的社会使用进行管理和监督。
1) 在一定的程度上，广告的确在不知不觉中对消费者进行思想改造。
2) 学校将对那些违反校规的学生进行严厉的处罚。

5. 把…限定在…范围之内　　　to limit
◆ 《语言文字法》只是把它的使用限定在一定的范围之内。
1) 经济部门必须制订相关政策把购买价格限定在一个合理的范围之内。
2) 为了增加收入，公司应该把成本限定在一定的范围之内。

6. 将/把…列为…　　　　　　　classify/ list A as…
◆ 政府机关在招聘公务员时，将会说普通话列为一个重要条件。
1) 今年年初，政府将国内 30 所大学列为重点大学。
2) 很多大学生把上好大学、赚大钱列为人生最重要的目标之一。

练习

I. Make a sentence using the underlined expressions:

1. <u>自</u> 2001 年 1 月 1 日<u>起</u>，中国《国家通用语言文字法》将正式施行。

2. 这部法律规定，<u>凡是</u>以普通话作为工作语言的岗位，必须说普通话。

3. 正是<u>出于</u>照顾少数民族的考虑，《国家通用语言文字法》强调"推广"和"推行"。

4. 对语言文字的社会使用<u>进行</u>管理和监督。

5. 《语言文字法》只是<u>把</u>语言的使用<u>限定在</u>一定的范围之内。

6. 政府机关在招聘公务员时，<u>将会说普通话列为</u>一个重要条件。

II. Answer the following questions with given expressions:

1. 要是你想做一个电台播音员，得具备哪些条件？

   (达到，等级标准，上岗，职业，凡是)

2. 《国家通用语言文字法》有哪些规定？

   (招牌，出版物，用字，禁止，警告，招聘，列为)

3. 中国为什么要推行《国家通用语言文字法》？推行《国家通用语言文字法》以后，中国人还有没有说方言、写繁体字的自由？

   (地域，近百种，考虑，限定，违法，保留，宝贵遗产)

III. Choose the correct one:

1. (   )专家在会议上提出的建议，政府并没有＿＿＿＿。

   a.采纳   b.出版   c.惩罚

2. (   )教育部＿＿＿＿在北京市建立 10 所新大学。

   a.引导   b.批准   c.处理

3. (   )领导＿＿＿＿通知要求所有公务员必须以普通话作为工作语言。

   a.发   b.说   c.推广

IV. Discussion:

1. 中国为什么要推行《国家通用语言文字法》？

2. 《国家通用语言文字法》有哪些规定？

3. 《国家通用语言文字法》可以解决中国的那些问题？

4. 哪些人一定要说标准普通话？为什么？

5. 你认为《国家通用语言文字法》有没有存在的必要？为什么？

6. 全面推行普通话和简体字会不会带来问题？

7. 美国有没有《国家通用语言文字法》？

V. Composition:

1. 我看"全面推行普通话和简体字"。

2. 如果你是一个台湾人（或香港人），你对"全面推行普通话和简体字"会持什么样的态度？

网毒猛于虎

刘成友

　　全国开展打击淫秽色情网站专项行动，真令人高兴。目前已有一批色情网站被取缔，更有群众积极举报那些隐蔽的色情网站，要求坚决打击。人民网上有数百条网友表示支持的留言和跟帖，足见此举大快人心。一位家长深有感触："我现在根本就不敢让我的孩子上网。"一位网友慷慨激昂地说："不铲除这些毒瘤，家长不放心，社会不安定！"不少网友认为这项行动"得民心、顺民意、合国情"，"任何民族、国家都不会容忍垃圾文化，应该给人民一个干净的文化环境！"一位网友还称此专项行动为"互联网禁毒战"，何其形象和生动！

　　网络是一把双刃剑。现代人在享受它给我们提供的科技资讯和便利信息时，也经受着它带来的负面影响。不少网友恐怕都遭遇过色情网站"袭你没商量"的尴尬经历：点开页面上一个飘来飘去挥之不去的小窗口，打开一封含糊不清，地址不明的邮件或者打错一个网址，很多黄色信息和图片就向你扑来，像一个色情的魔盒，关也关不掉，甚至让电脑死机或被病毒感染。

　　色情网站败坏社会风气，污染社会环境，危害青少年身心健康，说"网毒猛于虎"一点都不为过。目前我国网民总数已达8700万，24岁以下的青少年约占网民总数的一半，其中又以高校学生

網毒猛於虎

劉成友

　　全國開展打擊淫穢色情網站專項行動，真令人高興。目前已有一批色情網站被取締，更有群眾積極舉報那些隱蔽的色情網站，要求堅決打擊。人民網上有數百條網友表示支持的留言和跟帖，足見此舉大快人心。一位家長深有感觸："我現在根本就不敢讓我的孩子上網。"一位網友慷慨激昂地說："不鏟除這些毒瘤，家長不放心，社會不安定！"不少網友認為這項行動 "得民心、順民意、合國情"，"任何民族、國家都不會容忍垃圾文化"，"應該給人民一個乾淨的文化環境！" 一位網友還稱此專項行動為 "互聯網禁毒戰"，何其形象和生動！

　　網路是一把雙刃劍。現代人在享受它給我們提供的科技資訊和便利信息時，也經受著它帶來的負面影響。不少網友恐怕都遭遇過色情網站 "襲你沒商量"的尷尬經歷：點開頁面上一個飄來飄去揮之不去的小窗口，打開一封含糊不清，地址不明的郵件或者打錯一個網址，很多黃色資訊和圖片就向你撲來，像一個色情的魔盒，關也關不掉，甚至讓電腦死機或被病毒感染。

　　色情網站敗壞社會風氣，污染社會環境，危害青少年身心健康，說 "網毒猛於虎"一點都不為過。目前我國網民總數已達8700萬，24歲以下的青少年約佔網民總數的一半，其中又以高校和中小学生居多。青少年辨别力不强，抵抗力较弱，网络色情使部分青少年有书不读，有学不上，荒废青春，引起了很多家长和老师的担忧。色情网站对成年人的毒害同样不能忽视。淫秽色情是杀人不见血的毒品，日常生活中因迷恋网络色情而思想空虚、精神萎靡、意志消沉的不在少数。

网络本身无罪，管理才是根本。色情网站为什么屡禁不止？因为它有市场，有暴利。黄色网站之所以泛滥，是因为其背后有巨大经济利益的驱动。由于这些色情网站都具有营利性质，它们与色情相关的行业之间有既深且密的利益关系，因此，打击色情网站，一个很重要的任务在于斩断这些又粗又大的利益链条。同时，还要制定切实可行的制度和法律法规，实行严格的准入制度，对涉黄传播者处以高额罚款，严惩不法之徒。有些国家在这方面有不少现成的经验值得我们借鉴，比如，管理部门可以利用高科技手段和软件对付色情信息。

欲望和性并不都是坏的，这种认识在网友中有一定的代表性。任何事物都有正反两面，人的欲望同样如此。古人说，"欲不可纵，色不可溺"，这是有道理的。对于欲望如果不能正确地引导，就会导致严重的社会问题，这绝不是什么"存在就是合理"的事。

美好的生活是健康向上、文明科学的，而绝对不是下流的，更不是害人的。政府打击的是那些淫秽色情、谋财害人、对青少年毒害甚巨的网站，而对那些健康文明的网站是鼓励和支持的。

學生和中小學生居多。青少年辨別力不強，抵抗力較弱，網絡色情使部分青少年有書不讀，有學不上，荒廢青春，引起了很多家長和老師的擔憂。色情網站對成年人的毒害同樣不能忽視。淫穢色情是殺人不見血的毒品，日常生活中因迷戀網路色情而思想空虛、精神萎靡、意志消沈的不在少數。

網路本身無罪，管理才是根本。色情網站為什麼屢禁不止？因為它有市場，有暴利。黃色網站之所以氾濫，是因為其背後有巨大經濟利益的驅動。由於這些色情網站都具有營利性質，它們與色情相關的行業之間有既深且密的利益關係，因此，打擊色情網站，一個很重要的任務在於斬斷這些又粗又大的利益鏈條。同時，還要制定切實可行的制度和法律法規，實行嚴格的准入制度，對涉黃傳播者處以高額罰款，嚴懲不法之徒。有些國家在這方面有不少現成的經驗值得我們借鑒，比如，管理部門可以利用高科技手段和軟件對付色情信息。

欲望和性並不都是壞的，這種認識在網友中有一定的代表性。任何事物都有正反兩面，人的欲望同樣如此。古人說，"欲不可縱，色不可溺"，這是有道理的。對於欲望如果不能正確地引導，就會導致嚴重的社會問題，這絕不是什麼"存在就是合理"的事。

美好的生活是健康向上、文明科學的，而絕對不是下流的，更不是害人的。政府打擊的是那些淫穢色情、謀財害人、對青少惩恶才能扬善。我们相信打击色情网站，不仅不会妨碍网络的发展，反而会使其更加健康向上、丰富多彩，在人们的生活和工作中发挥更大的作用。

2004 年 7 月 22 日《人民日报》

年毒害甚巨的網站，而對那些健康文明的網站是鼓勵和支持的。懲惡才能揚善。我們相信打擊色情網站，不僅不會妨礙網路的發展，反而會使其更加健康向上、豐富多彩，在人們的生活和工作中發揮更大的作用。

2004年7月22日《人民日報》

词汇

简体	繁体	拼音	词性	释义
网毒猛于虎	網毒猛於虎	wǎngdú měngyúhǔ	*ph.*	This phrase is derived from a Chinese saying "苛政猛于虎". The original meaning is "a harsh and oppressive government is more ferocious and fearsome than even a tiger". 网毒=网络的毒害。
开展	開展	kāizhǎn	*v.*	launch, initiate
打击	打擊	dǎjī	*v.*	to strike, to hit, to attack 例:~犯罪/色情，受到~
淫秽	淫穢	yínhuì	*adj.*	salacious, lustful 例:~书刊/言语/行为
色情	色情	sèqíng	*n.*	pornography
网站	網站	wǎngzhàn	*n.*	website
专项	專項	zhuānxiàng	*adj.*	special (plan, action) 例:~行动/计划/经费
行动	行動	xíngdòng	*n.*	action
一批	一批	yìpī	*n.*	some, 例:一批人，一批东西
取缔	取締	qǔdì	*v.*	ban (violation), prohibit 例:~色情网站；违法事件
群众	群眾	qúnzhòng	*n.*	crowd, people
积极	積極	jījí	*adv.*	actively, energetically
举报	舉報	jǔbào	*v.*	report (sth.) to the authorities 例:~色情网站/非法行动
隐蔽	隱蔽	yǐnbì	*adj.*	concealed, disguised 例:~场所/地点
要求	要求	yāoqiú	*v./n.*	ask, request
坚决	堅決	jiānjué	*adv.*	firmly, resolutely 例:~反对/赞成
人民网	人民網	rénmínwǎng	*n.*	The People .com 网=网站

数百	數百	shùbǎi	*n.*	hundreds of (people, things, etc) 例:数百人，数百条留言。
条	條	tiáo	*MW.*	measure word of message 例：五条留言
网友	網友	wǎngyǒu	*n.*	netizen; internet friends
留言	留言	liúyán	*v./n.*	short message; leave message
跟帖	跟帖	gēntiě	*n.*	follow-up comment (only for internet)
足见	足見	zújiàn	*v.*	suffice to illustrate
此举	此舉	cǐjǔ	*n.*	此=这，举=举动: action, move
大快人心	大快人心	dàkuàirénxīn	*ph.*	(usually said of a wrong being righted, justice prevailed) to give all a lift of the heart 例：警察终于抓到了这个罪犯，真是大快人心。
家长	家長	jiāzhǎng	*n.*	parents
深	深	shēn	*adv.*	deeply (touched, moved) 例:深表同情/深有感触
有感触	有感觸	yǒu gǎnchù	*v.-o.*	have thoughts and feelings
慷慨激昂	慷慨激昂	kāngkǎi jī'áng	*adv.*	impassioned, show intensified emotion
铲除	鏟除	chǎngchú	*v.*	root out, uproot, eradicate
毒瘤	毒瘤	dúliú	*n.*	malignant tumor
安定	安定	āndìng	*adj. /v.*	stable, settled; stabilize
得民心	得民心	dé mínxīn	*v.-o.*	得=得到，民心: people's will
顺民意	順民意	shùn mínyì	*v.-o.*	顺=顺从: to follow,民意: popular will
合国情	合國情	hé guóqíng	*v.-o.*	合=符合: accord with, 国情: state of a country

民族	民族	mínzú	n.	ethnic group
容忍	容忍	róngrěn	v.	condone, tolerate
垃圾文化	垃圾文化	lājī wénhuà	n.	garbage culture
称	稱	chēng	v.	address, call
互联网	互聯網	hùliánwǎng	n.	internet
禁毒战	禁毒戰	jìndúzhàn	n.	war on drugs prevention. 禁=禁止: prohibit, 毒=毒害: poison, toxin, 战=战争
何其	何其	héqí	adv.	how (to what extent or degree) 例:～有趣/生动/
形象	形象	xíngxiàng	adj./n.	vivid; image, figure
生动	生動	shēngdòng	adj.	lively, vivid
网络	網絡	wǎngluò	n.	internet
双刃剑	雙刃劍	shuāngrèn jiàn	n.	double-edged sword
科技	科技	kējì	n.	technology
资讯	資訊	zīxùn	n.	information
便利	便利	biànlì	n./adj.	convenient; convenience
信息	信息	xìnxī	n.	message, information
经受	經受	jīngshòu	v.	bear, endure
负面	負面	fùmiàn	adj.	negative 例:~影响/例子/行为
遭遇	遭遇	zāoyù	v./n.	encounter sth. bad 例: ~不幸/困难, calamity
袭	襲	xí	v.	make a surprise attach on sb
商量	商量	shāng.liáng	v.	talk sth over, to consult 袭你没商量: to hit you without your permission。
尴尬	尷尬	gān'gà	adj.	embarrassed, abashed
经历	經歷	jīnglì	n.	experience (for the past)
点开	點開	diǎnkāi	v.	click (webpage)
页面	頁面	yèmiàn	n.	webpage

飘来飘去	飄來飄去	piāoláipiāoqù	v.	drift (in the air)
挥之不去	揮之不去	huīzhībúqù	v.	cannot drive off
窗口	窗口	chuāngkǒu	n.	window
含糊不清	含糊不清	hán.hu bùqīng	adj.	ambiguous and vague
地址	地址	dìzhǐ	n.	address
不明	不明	bùmíng	adj.	unclear 例：地址/身份/~
打错	打錯	dǎcuò	v.-c.	type (sth.) wrong
网址	網址	wǎngzhǐ	n.	website address
黄色	黃色	huángsè	adj.	yellow color, which has a connotation of pornography 例:~杂志/图片/电影
图片	圖片	túpiàn	n.	picture
扑来	撲來	pūlái	v.	jump into sb's face 例:向 sb 扑来/扑去
魔盒	魔盒	móhé	n.	(Pandora's) magic box
关	關	guān	v.	turn off, close
死机	死機	sǐjī	v.	(computer) crash
病毒	病毒	bìngdú	n.	virus
感染	感染	gǎnrǎn	v./n.	infect; infection 例:被病毒~
败坏	敗壞	bàihuài	v.	corrupt, ruin
风气	風氣	fēngqì	n.	atmosphere (of society, school, etc.) 例:社会/学校~
危害	危害	wēihài	v./n.	harm, endanger; damage
一点都不为过	一點都不為過	yìdiǎndōu bùwéiguò	ph.	it did not go overboard at all 过=过分
网民	網民	wǎngmín	n.	netizen 网民=网友
总数	總數	zǒngshù	n.	total, sum
达	達	dá	v.	reach (amount, degree)例:中国网民已~八千万人。

约	約	yuē	*adv.*	about, approximately
以…居多	以…居多	yǐ…jūduō		be in the majority 例:上网的网民以学生居多。
辨别力	辨別力	biànbiélì	*n.*	ability to differentiate
强	強	qiáng	*adj.*	strong
抵抗力	抵抗力	dǐkànglì	*n.*	power of resistance
较弱	較弱	jiǎoruò	*adj.*	较: comparatively, 弱: weak
荒废青春	荒廢青春	huāngfèi qīngchūn		waste one's youth, waste one's prime time
担忧	擔憂	dānyōu	*v.*	worry, be anxious
成年人	成年人	chéngniánrén	*n.*	adult
毒害	毒害	dúhài	*n.*	poison (sb's mind) 例:毒品对青少年的危害很大。
同样	同樣	tóngyàng	*adv.*	same, similar
忽视	忽視	hūshì	*v.*	neglect
杀人不见血	殺人不見血	shārén bújiànxiě	*ph.*	able to kill without bloodshed (said of a devious act)
毒品	毒品	dúpǐn	*n.*	drug
迷恋	迷戀	míliàn	*v.*	love blindly, addict to
思想	思想	sīxiǎng	*n.*	thinking, thought
空虚	空虛	kōngxū	*adj.*	(mentally) empty 例:精神/思想/心灵~。
精神	精神	jīng.shén	*n.*	spirit
萎靡	萎靡	wěimǐ	*adj.*	listless, dispirited
意志	意志	yìzhì	*n.*	will, willpower
消沉	消沈	xiāochén	*v.*	low in spirit, depressed
本身	本身	běnshēn	*n.*	itself 例:互联网本身是无罪的。
无罪	無罪	wúzuì	*adj.*	innocent, not guilty 罪: sin
管理	管理	guǎnlǐ	*v./n.*	manage, management

根本	根本	gēnběn	*n.*	foundation, essence
屡禁不止	屢禁不止	lǚjìnbùzhǐ	*ph.*	despite the repeated bans sth cannot be stopped 屡=屡次: repeatedly, 禁=禁止, 不止=不停止
市场	市場	shìchǎng	*n.*	market
暴利	暴利	bàolì	*n.*	sudden huge profits 利=利润: profits
泛滥	泛濫	fànlàn	*v.*	spread unchecked 例:黄色网站/毒品/色情/爱滋病~。
背后	背後	bèihòu	*n.*	behind, at the back
巨大	巨大	jùdà	*adj.*	huge, gigantic
驱动	驅動	qūdòng	*v.*	drive, compel
具有	具有	jùyǒu	*v.*	have, possess
营利	營利	yínglì	*adj.*	profitable 例:~事业/机构/性质。
性质	性質	xìngzhì	*n.*	quality, nature, character
相关	相關	xiāngguān	*adj.*	affiliated, related 例:~行业/企业/机构。
行业	行業	hángyè	*n.*	business, industry
既深且密	既深且密	jìshēn qiěmì		深: deep, profound, 密: close 既…且…: not only but also
任务	任務	rènwù	*n.*	task, job
斩断	斬斷	zhǎnduàn	*v.*	cut off, block
粗	粗	cū	*adj.*	wide (in diameter), thick
链条	鏈條	liàntiáo	*n.*	metal chain, connection
制定	制定	zhìdìng	*v.*	legislate (law), create (rules)
切实可行	切實可行	qièshí kěxíng	*adj.*	realistic and feasible, achievable 例:~的计画/目标/法规/作法。
制度	制度	zhìdù	*n.*	system

法规	法規	fǎguī	n.	regulation, law
严格	嚴格	yán'gé	aaj.	strict, rigorous
准入	准入	zhǔnrù	v.	allow to sign in (website)
				准=准许: allow 入=进入: enter in
涉黄	涉黄	shèhuáng	v.-o.	涉=涉及: involve 黄=黄色: porn
传播	傳播	chuánbō	n.	to spread, to disseminate
处以	處以	chǔyǐ	v.	give (death sentence), impose (fine, penalty) 例:~罚款/死刑。
高额	高額	gāo'é	adj.	large sum (of money)
罚款	罰款	fákuǎn	n./v.	fine
严惩	嚴懲	yánchéng	v.	严=严格, 惩=惩罚, punish
不法之徒	不法之徒	bùfázhītú	n.	outlaw, rebel
现成	現成	xiànchéng	adj.	readily available, ready-made 例:~的经验/产品/食物。
经验	經驗	jīngyàn	n.	experience
值得	值得	zhídé	v.	worth 例:~参考/学习/借鉴/效法
借鉴	借鑒	jièjiàn	v.	draw a lesson from sb's experience 例:中国成功的经验值得其它发展中国家借鉴。
部门	部門	bùmén	n.	department
高科技	高科技	gāokējì	adj.	high-tech 例:~产品/技术/建筑。
手段	手段	shǒuduàn	n.	means, method
软件	軟件	ruǎnjiàn	n.	software
对付	對付	duìfù	v.	deal with, cope with
欲望	欲望	yùwàng	n.	desire 例:人人都有求知的欲望。

性	性	xìng	*n.*	sex
认识	認識	rènshi	*v./n.*	know; knowledge
代表性	代表性	dàibiǎoxìng	*n.*	representativeness 例:具有~
事物	事物	shìwù	*n.*	thing, stuff
正反	正反	zhèngfǎn	*adj.*	positive and negative
两面	兩面	liǎngmiàn	*n.*	two sides
同样如此	同樣如此	tóngyàng rúcǐ	*adv.*	same, similarly 如此=像这样
古人	古人	gǔrén	*n.*	the ancient, forefather
欲不可纵	欲不可縱	yù bùkězòng		desire must be kept under control 欲=欲望, 纵=放纵: indulge
色不可溺	色不可溺	sè bùkěnì		lust (for woman) must be kept from indulging 色=美色: woman's beauty 溺=沈溺: indulge
有道理	有道理	yǒudàolǐ	*adj.*	make sense, intelligible 例:你说的话很有道理。
引导	引導	yǐndǎo	*v.*	guide, direct
绝不	絕不	juébù	*adv.*	absolutely not
存在	存在	cúnzài	*v.*	exist
合理	合理	hélǐ	*adj.*	reasonable 例:~的要求/做法/规定
美好	美好	měihǎo	*adj.*	wonderful (life, future) 例:~的生活/未来/人生
向上	向上	xiàngshàng	*adv.*	upward, advance toward a higher or better stage 例:积极/努力/奋斗~
文明	文明	wénmíng	*adj.*	civilized 例:~人/生活
科学	科學	kēxué	*adj./n.*	scientific; science
下流	下流	xiàliú	*adj.*	dirty, obscene
谋财害人	謀財害人	móucái hàirén	*v.*	do harm to people for their

				money 谋: to plot, 害: do harm to people
甚巨	甚巨	shènjù	*adv.*	甚=非常，巨=巨大
鼓励	鼓勵	gǔlì	*v.*	encourage
支持	支持	zhīchí	*v./n.*	to support; support 例:得到/受到~
惩恶	懲惡	chéng'è	*v.-o.*	惩=惩罚，恶=不好的行为
扬善	揚善	yángshàn	*v.-o.*	make known another's good deeds
妨碍	妨礙	fáng'ài	*v.*	to hamper, to impede 例:~发展/进步/计划。
更加	更加	gèngjiā	*adv.*	much more
多彩	多彩	duōcǎi	*adj.*	colorful (of life)
发挥	發揮	fāhuī	*v.*	bring (skill, talent) into full play
作用	作用	zuòyòng	*n.*	effect

词语解释

1. 足见   suffice to illustrate

◆ 人民网上有数百条网友表示支持的留言和跟帖，足见此举大快人心。

1) 今年的犯罪率持续降低，足见政府打击犯罪的政策相当成功。

2) 喜欢吃汉堡包的中国小孩越来越胖，足见西化饮食的确对儿童健康造成了影响。

2. 任何   any

◆ 任何民族、国家都不会容忍垃圾文化，应该给人民一个干净的文化环境！

1) 任何社会都存在一定程度的问题，你不应该随便批评。

2) 任何人都免不了犯错，你为什么不能原谅他呢？

3. 在…时(在…的同时)   while, at the same time of

◆ 现代人在享受它给我们提供的科技资讯和便利信息时，也经受着它带来的负面影响。

1) 人们在追求成功时，往往忘记了健康才是人生中最重要的东西。

2) 中国在发展经济时，也提高了中国人的生活水平。

4. 一点都不为过   it is not at all exaggerated

◆ 色情网站败坏社会风气，污染社会环境，危害青少年身心健康，说 "网毒猛于虎"一点都不为过。

1) 说毛泽东是中国历史上最伟大的政治家，一点都不为过。

2) 用"世界工厂"来形容中国，我觉得一点都不为过。

5. 其中   among

◆ 目前我国网民总数已达8700万，其中又以高校学生和中小学生居多。

1) 昨天一共有5位专家接受调查，其中3位认为色情网站已经到了泛滥的地步。

2) 青少年时期的问题很多，其中以喝酒最严重。

6. 同样   equally

◆ 色情网站对成年人的毒害同样不能忽视。

1) 政府固然应该重视经济发展，但人文精神同样应该受到重视。

2) 老师上课以前得充分准备，学生同样也应该认真学习。

7. 不在少数　　　　　　　　　not in a few, quite a few
◆ 日常生活中因迷恋网络色情而思想空虚、精神萎靡、意志消沉的不在少数。
1) 不是只有欧洲人才支持这项活动，捐钱支持的美国人也不在少数。
2) 跟银行贷款的人很多，但是还不起钱的人也不在少数。

8. 之所以 A 是因为 B　　　　　the reason why A is because B
◆ 黄色网站之所以泛滥，是因为其背后巨大经济利益的驱动。
1) 出生率之所以没能提高，是因为现代的年轻女性多半都忙于工作。
2) 老百姓的生活之所以能改善，是因为外国企业的大量投资。

9. 不仅不/没…反而…　　　　　not only not….but …
◆ 我们相信打击色情网站，不仅不会妨碍网络的发展，反而会使其更加健康向上、丰富多彩，在人们的生活和工作中发挥更大的作用。
1) 实施新的政策，不仅不能改善目前的情况，反而会造成更严重的问题。
2) 你提出的这个办法，不仅没有解决我的问题，反而造成了我的困扰。

练习

I.　Make a sentence using the underlined expressions.
1. 我们相信打击色情网站，<u>不仅不会</u>妨碍网络的发展，<u>反而</u>会使其更加健康向上、丰富多彩，在人们的生活和工作中发挥更大的作用。
2. 黄色网站<u>之所以</u>泛滥，<u>是因为</u>其背后有巨大经济利益的驱动。
3. 日常生活中因迷恋网络色情而思想空虚、精神萎靡、意志消沉的<u>不在少数</u>。
4. 色情网站败坏社会风气，危害青少年身心健康，说"网毒猛于虎"<u>一点都不为过</u>。
5. 人民网上有数百条网友表示支持的留言和跟帖，<u>足见</u>此举大快人心。

6. 现代人<u>在</u>享受它给我们提供的科技资讯和便利信息<u>时</u>,也经受着它带来的负面影响。

7. 目前我国网民总数已达 8700 万,<u>其中</u>又以学生居多。

II. Fill the word in the blanks.

大快人心,慷慨激昂,丰富多彩,谋财害人,不法之徒,荒废青春

1. 据报导,有上千个色情网站被取缔,真是_____。

2. 有许多_____利用青少年辨别力不强的弱点,诱惑他们使用毒品,真是_____。

3. 青少年有书不读,有学不上,整天在外头无事可做,真是_____。

4. 领导在谈到台湾问题的时候,_____地说台湾就是中国的一部分。

5. 想要让你的生活_____,首先就是要有健康的身体。

III. Answer the following questions with given expressions.

1. 色情网站对社会有什么样的影响?

(败坏,危害,精神萎靡,意志消沉,负面,身心健康)

2. 政府应该如何打击色情网站?

(制定,实行,罚款,严惩,对付,取缔,举报,鼓励)

3. 色情网站为什么屡禁不止?

(之所以…是因为…,利益,铲除,迷恋,巨大)

IV. Discussion.

1. 政府为什么要取缔色情网站?

2. 色情网站对社会有什么样的影响?

3. 色情网站对青少年有什么样的影响?

4. 政府应该如何打击色情网站?

5. 你认为政府禁得了色情网站吗? 为什么?

6. 色情文化是垃圾文化吗?

V. Composition.

1. 网络是现代人不可少的工具,但网络的问题似乎也不少。请你谈一谈你使用网络的经验。

2. 色情网站与言论自由。

是干预性别比失衡的时候了

王淑军

"国家和全社会必须采取有力措施，促进出生人口性别比平衡。"6月28日，针对我国异常偏高的出生人口性别比问题，在当日结束的"中国大陆出生婴儿性别比不平衡专家研讨会"上，60余位国内外专家学者作出上述呼吁。

来自中、美、韩、日等国家和地区的专家学者以及联合国人口基金会和国家人口计生委等机构的代表参加了此次会议。会议指出，出生婴儿性别比及出生婴儿死亡率性别比的不平衡，意味着女童正受到不公正的待遇和伤害。从本质上讲，这是一个维护女童和妇女的权利和利益问题。

谈到中国大陆出生人口性别比升高的原因时，有专家指出，造成这一现象的根本原因是中国社会普遍存在的重男轻女、偏好儿子的社会性别观念。人们观念的改变远远落后于经济的增长和社会的发展。产生这一观念的原因很复杂，大致有经济原因(农村养老保障制度不健全，生产力落后)、文化原因(传统男权文化)以及社会性别不平等等现实因素的影响。而直接原因则主要是B超等胎儿性别鉴定技术的普及和选择性别的引产。

谈到出生人口性别比持续升高可能带来的后果时，专家指出，从长远来看，将会引起所谓的"婚姻挤压"问题。即进入婚嫁期时，

是干預性別比失衡的時候了

王淑軍

"國家和全社會必須採取有力措施，促進出生人口性別比平衡。"6月28日，針對我國異常偏高的出生人口性別比問題，在當日結束的"中國大陸出生嬰兒性別比不平衡專家研討會"上，60餘位國內外專家學者作出上述呼籲。

來自中、美、韓、日等國家和地區的專家學者以及聯合國人口基金會和國家人口計生委等機構的代表參加了此次會議。會議指出，出生嬰兒性別比及出生嬰兒死亡率性別比的不平衡，意味著女童正受到不公正的待遇和傷害。從本質上講，這是一個維護女童和婦女的權利和利益問題。

談到中國大陸出生人口性別比升高的原因時，有專家指出，造成這一現象的根本原因是中國社會普遍存在的重男輕女、偏好兒子的社會性別觀念。人們觀念的改變遠遠落後於經濟的增長和社會的發展。產生這一觀念的原因很複雜，大致有經濟原因(農村養老保障制度不健全，生產力落後)、文化原因(傳統男權文化)以及社會性別不平等等現實因素的影響。而直接原因則主要是 B 超等胎兒性別鑒定技術的普及和選擇性別的引產。

談到出生人口性別比持續升高可能帶來的後果時，專家指出，從長遠來看，將會引起所謂的"婚姻擠壓"問題。即進入婚嫁期時，一部分男青年找不到配偶。同时，还会引发包括单身男性增多、非婚性需求增加、人口拐卖等导致的一系列负面社会问题。

如何遏制出生婴儿性别比持续升高？专家们建议，在立法、执法、学校教育和舆论监督等方面加强工作，进一步消除社会性别歧视和偏见，树立"生男生女顺其自然"的新型生育观，加大对产前性别鉴定等非法行为的打击力度。在社会性别歧视仍然存在的现实环境中，应立即采取措施改善女童和妇女的处境，提高她们的社会地位，保护她们的利益，维护她们的权利。

国家人口计生委负责人指出，目前该部门已把治理出生人口性别比升高问题作为当前和今后一段时期人口和计划生育工作的大事之一。为给女孩的生存和发展创造良好的社会环境，从而促进出生人口性别比的平衡，国家人口计生委于去年启动了"关爱女孩行动"，在全国出生人口性别比较高的四个省的 11 个县率先开展试点工作，目前此项工作正在紧锣密鼓的推进当中。

国家人口计生委主任张维庆不久前提出，要把"关爱女孩行动"作为治理出生人口性别比问题的重要载体，认真组织实施。那些出生人口性别比偏高的省份和地区，要在党委、政府的统一领导下，协调各相关部门，集中开展专项治理活动，形成声势，让全社会都认识到出生人口性别比长期升高的严重危害，共同关注和解决这个问题。

2004 年 6 月 30 日《人民日报》

一部份男青年找不到配偶。同時，還會引發包括單身男性增多，非婚性需求增加、人口拐賣等導致的一系列負面社會問題。

如何遏制出生嬰兒性別比持續升高?專家們建議，在立法、執法、學校教育和輿論監督等方面加強工作，進一步消除社會性別歧視和偏見，樹立"生男生女順其自然"的新型生育觀，加大對產前性別鑑定等非法行為的打擊力度。在社會性別歧視仍然存在的現實環境中，應立即採取措施改善女童和婦女的處境，提高她們的社會地位，保護她們的利益，維護她們的權利。

國家人口計生委負責人指出，目前該部門已把治理出生人口性別比升高問題作為當前和今後一段時期人口和計劃生育工作的大事之一。為給女孩的生存和發展創造良好的社會環境，從而促進出生人口性別比的平衡，國家人口計生委於去年啟動了"關愛女孩行動"，在全國出生人口性別比較高的四個省的 11 個縣率先開展試點工作，目前此項工作正在緊鑼密鼓的推進當中。

國家人口計生委主任張維慶不久前提出，要把"關愛女孩行動"作為治理出生人口性別比問題的重要載體，認真組織實施。那些出生人口性別比偏高的省份和地區，要在黨委、政府的統一領導下，協調各相關部門，集中開展專項治理活動，形成聲勢，讓全社會都認識到出生人口性別比長期升高的嚴重危害，共同關注和解決這個問題。

2004 年 6 月 30 日《人民日報》

词汇

干预	干預	gānyù	v.	to intervene, to interfere 例:~政策/计画/经济。
性别比	性別比	xìngbiébǐ	n.	the ratio of sexes
失衡	失衡	shīhéng	v.	be unbalanced, out of balance
全	全	quán	adj.	whole (here as a suffix) 例:~社会/国家/人类。
有力	有力	yǒulì	adj.	powerful
促进	促進	cùjìn	v.	to promote, to accelerate 例:~发展/和谐/投资。
出生	出生	chūshēng	v.	to be born
平衡	平衡	pínghéng	adj.	balanced
针对	針對	zhēnduì	v.	according to, pinpoint on
异常	異常	yìcháng	adj.	abnormal, unusual
偏高	偏高	piān'gāo	adj.	(numbers, cost) to be on the high side 例:出生率/价钱/成本/性别比~。
当日	當日	dāngrì	n.	the same day
结束	結束	jiéshù	v.	end, close
婴儿	嬰兒	yīng'ér	n.	infant, baby
专家	專家	zhuānjiā	n.	expert
研讨会	研討會	yántǎohuì	n.	seminar, conference
余	餘	yú	n.	(suffix) odd, plus 例:50~元, fifty-odd dollars.
国内外	國內外	guónèiwài	n.	domestic and foreign 例:~学者/贸易/组织。
上述	上述	shàngshù	adj.	above-mentioned
呼吁	呼籲	hūyù	v./n.	to appeal
韩	韓	Hán	n.	Korea
地区	地區	dìqū	n.	area
联合国	聯合國	Liánhéguó	n.	The Union Nation
基金会	基金會	jījīnhuì	n.	foundation

计生委	計生委	jìshēngwěi	*n.*	the birth-planning committee
				计生委 is an abbrev. of 计划生育委员会。
机构	機構	jīgòu	*n.*	organization, organ
此次	此次	cǐcì	*n.*	this time
死亡率	死亡率	sǐwánglǜ	*n.*	the ratio of death
意味着	意味著	yìwèizhe	*v.*	signify, mean, imply
正	正	zhèng	*adv.*	to be in the process
				正=正在
公正	公正	gōngzhèng	*adj.*	just, fair, impartial 例:~的待遇形象/司法制度。
待遇	待遇	dàiyù	*n.*	treatment, reception
伤害	傷害	shānghài	*n./v.*	hurt, mental or physical suffering
本质上	本質上	běnzhìshàng	*adv.*	essentially, fundamentally
维护	維護	wéihù	*v.*	to safeguard, to defend 例:~权利/利益/安全。
谈到	談到	tándào	*v.*	talk about
中国大陆	中國大陸	Zhōngguó dàlù	*n.*	The Mainland China
升高	升高	shēnggāo	*v.*	(number) go up, rise 例:比例/温度/标准~。
根本	根本	gēnběn	*adj.*	basic, fundamental
重男轻女	重男輕女	zhòngnán qīngnǚ		regard man is superior to woman
偏好	偏好	piānhào	*v./n.*	prefer, preference
远远	遠遠	yuǎnyuǎn	*adv.*	far (behind, superior, etc.) 例:~落后/不如/超过。
落后	落後	luòhòu	*v./ adj.*	fall behind; undeveloped
复杂	複雜	fùzá	*adj.*	complicated
大致	大致	dàzhì	*adv.*	generally, basically

养老保障	養老保障	yǎnglǎo bǎozhàng	*n.*	retirement insurance 养老: to live out one's life in retirement
健全	健全	jiànquán	*adj.*	(system) sound 例:制度/ 社会/系统~。
生产力	生產力	shēngchǎnlì	*n.*	productivity
男权	男權	nánquán	*n.*	male power
现实	現實	xiànshí	*adj./ n.*	practical; reality
因素	因素	yīnsù	*n.*	factor
直接	直接	zhíjiē	*adj./ adv.*	direct; directly 例:~影响/ 造成/说明/接触。
B 超	B 超	B chāo	*n.*	ultrasound
胎儿	胎兒	tāi'ér	*n.*	fetus, embryo
鉴定	鑑定	jiàndìng	*v.*	to appraise, to authenticate
技术	技術	jìshù	*n.*	technique, skill
普及	普及	pǔjí	*v.*	popularize, make popular 例:教育/技术/知识~。
引产	引產	yǐnchǎn	*n./v.*	induced labor, induce labor
持续	持續	chíxù	*v.*	continue, persist
从长远来看	從長遠來看	cóngcháng yuǎnláikàn		from a long-term point of view
所谓	所謂	suǒwèi	*adj.*	so-called
挤压	擠壓	jǐyā	*v.*	to press 婚姻挤压: marriage squeeze of marriageable age
婚嫁期	婚嫁期	hūnjiàqī	*n.*	
配偶	配偶	pèi'ǒu	*n.*	spouse
单身	單身	dānshēn	*adj.*	single
非婚	非婚	fēihūn	*adj.*	non-marital
性需求	性需求	xìngxūqiú	*n.*	sexual demand
拐卖	拐賣	guǎimài	*v.*	to kidnap and sell 例:~儿 童/少女。
一系列	一系列	yíxìliè	*n.*	a series of

负面	負面	fùmiàn	*adj.*	negative　例:~影响/例子/形象。
遏制	遏制	èzhì	*v.*	to restrain　例:~犯罪/贪污
建议	建議	jiànyì	*v./n.*	suggest; suggestion
执法	執法	zhífǎ	*v.*	enforce the law; law-enforcing 例:~单位/部门
舆论	輿論	yúlùn	*n.*	public opinion　例:政府应该重视社会舆论。
监督	監督	jiāndū	*v./n.*	supervise; supervision
消除	消除	xiāochú	*v.*	to dispel (doubts, prejudice), to clear up (confusion)　例:~歧视/偏见/疑虑/困难
歧视	歧視	qíshì	*n./v.*	discrimination; discriminate　例:受到/遭到/被~
偏见	偏見	piānjiàn	*n.*	prejudice
树立	樹立	shùlì	*v.*	to establish
顺其自然	順其自然	shùnqízìrán		let nature take it course 例:感情是不能勉强的,只能顺其自然。
新型	新型	xīnxíng	*adj.*	new　例:~生育观念/汽车。
生育观	生育觀	shēngyù guān	*n.*	生育: give birth and raise a child. 观=观念: opinion, viewpoint
加大	加大	jiādà	*v.*	to increase; to enlarge (space, size)
产前	產前	chǎnqián	*adj.*	prenatal　例:~检查/性别鉴定
力度	力度	lìdù	*n.*	strength　加大力度: to strengthen
立即	立即	lìjí	*adv.*	immediately, right away 例:~改善/采取措施/行动

77

改善	改善	gǎishàn	*v.*	to improve
处境	處境	chǔjìng	*n.*	situation (usually unfavorable)
提高	提高	tígāo	*v.*	to raise, to enhance 例:~地位/工资/出生率
保护	保護	bǎohù	*v.*	to protect
该	該	gāi	*n.*	(here) that
部门	部門	bùmén	*n.*	department
治理	治理	zhìlǐ	*v.*	to bring under control, govern
作为	作為	zuòwéi	*v.*	to be as
当前	當前	dāngqián	*adj.*	current, nowadays
今后	今後	jīnhòu	*adv.*	hereafter 例:经济问题将是中国今后面临的最大课题。
计划生育	計劃生育	jìhuàshēngyù	*n.*	birth-planning, birth control
大事	大事	dàshì	*n.*	big goal, big thing
生存	生存	shēngcún	*v.*	to live, to survive
促进	促進	cùjìn	*v.*	to promote
启动	啟動	qǐdòng	*v.*	to initiate (action), to start (machine)
关爱	關愛	guān'ài	*v.*	to care and love
女孩	女孩	nǔhái	*n.*	girl
行动	行動	xíngdòng	*n./v.*	action; take action
省	省	shěng	*n.*	province
县	縣	xiàn	*n.*	county
率先	率先	shuàixiān	*adv.*	take the lead/ initiative 例:~提出/进行/实施/采取
试点	試點	shìdiǎn	*n.*	pilot point
紧锣密鼓	緊鑼密鼓	jǐnluómìgǔ	*adv.*	mount intense publicity for an undertaking
推进	推進	tuījìn	*v.*	advance, progress in development

当中	當中	dāngzhōng	adv.	(sth, plan) be in the progress
				例:这个计画正在进行当中。
主任	主任	zhǔrèn	n.	chairman or director of an office or institution
张维庆	張維慶	Zhāng Wéiqìng	n.	person's name
载体	載體	zàitǐ	n.	carrier or vehicle
认真	認真	rènzhēn	adv.	seriously 例:~工作/实施/推展
组织	組織	zǔzhī	v./n.	organize; organization
实施	實施	shíshī	v.	to implement (plan) 例:~计划/政策
党委	黨委	dǎngwěi	n.	(communist) party committee
统一	統一	tǒngyī	adv./n.	centralized, unified; unite 例:~领导/进行/计划
协调	協調	xiétiáo	v./n.	to coordinate
相关	相關	xiāngguān	adj.	associated, relative 例:~部门/信息/事项
集中	集中	jízhōng	v.	focus, concentrate
专项	專項	zhuānxiàng	adj.	specialized, special 例:~行动/活动/计划
声势	聲勢	shēngshì	n.	momentum
长期	長期	chángqī	adj.	long-term
关注	關注	guānzhù	v.	pay close attention to

词语解释

1. 是…的时候了　　　　　　　(now) it's the time to…
◆ 是干预性别比失衡的时候了。
1) 是认真组织实施计划生育政策的时候了。
2) 是好好打击色情网站的时候了。

2. 针对　　　　　　　　　　focus on, pinpoint on (sth)
◆ 针对我国偏高的出生人口性别比问题，专家学者作出上述呼吁。
1) 针对我国日益严重的环境污染问题，专家学者提出了新的改善方案。
2) 在今天的会议上，领导将针对政府官员贪污腐化的问题发表谈话。

3. 来自　　　　　　　　　　come from
◆ 来自中、美、韩、日等国家和地区的专家学者参加了此次会议。
1) 在大城市里打工的廉价劳动力，多半是来自农村的流动人口。
2) 每年夏天，来自世界各地的学生都会到北京参加短期语言训练班。

4. 意味着　　　　　　　　　imply, mean, show
◆ 出生婴儿性别比及出生婴儿死亡率性别比的不平衡，意味着女童正受到不公正的待遇和伤害。
1) 房屋的价钱越来越高意味着老百姓买房子将越来越困难。
2) 单身女性晚婚的现象意味着女性对婚姻的要求提高了。

5. 从本质上讲　　　　　　　essentially
◆ 从本质上讲，这是一个维护女童和妇女的权利和利益问题。
1) 违法犯罪的多半是青少年，从本质上讲，这还是一个教育问题。
2) 从本质上讲，造成性别比失衡现象的主要原因在于中国人有重男轻女的观念。

6. 从长远来看　　　　　　　from a long-term point of view
◆ 专家指出，从长远来看，将会引起所谓的"婚姻挤压"问题。
1) 从长远来看，中国当前最重要的问题是人权，不是经济。
2) 从长远来看，计划生育政策会导致一系列的社会问题，政府应该立刻设法解决。

7. 在…的环境中　　　　　　under…circumstances
◆ 在社会性别歧视仍然存在的现实环境中，应立即采取措施改善女童和妇女的处境。

(6)是干预性别比失衡的时候了

---

1) 在竞争日益激烈的环境中，保持不断学习的精神是很重要的。

2) 在变化迅速的环境中，现代人必须面对许多挑战。

8. 把……作为　　　　　　　　view/regard …as…

◆ 要把"关爱女孩行动"作为治理出生人口性别比问题的重要载体，认真组织实施。

1) 青少年把进美国最好的大学作为人生的目标。

2) 中国政府把提升整体经济，改善人民生活作为国家主要的任务。

练习

I. Make a sentence using the underlined expressions:

1. <u>针对</u>出生人口性别比问题，专家学者作出呼吁。

2. <u>来自</u>中、美、韩、日等国家和地区的专家学者参加了此次会议。

3. 出生婴儿性别比，<u>意味着</u>女童正受到不公正的待遇和伤害。

4. <u>从本质上讲</u>，这是一个维护女童和妇女的权利和利益问题。

5. 专家指出，<u>从长远来看</u>，将会引起所谓的"婚姻挤压"问题。

6. <u>在现实环境中</u>，应保护她们的利益，维护她们的权利。

7. 要把"关爱女孩行动"<u>作为</u>治理出生人口性别比问题的重要载体，认真组织实施。

II. Answer the following questions with given expressions:

1. 中国为什么有性别比失衡的问题？

   (重男轻女，偏好，养老保障，传统，性别鉴定)

2. 人口性别比持续升高，可能带来什么后果？

   (配偶，拐卖，负面，不平等)

3. 政府应该如何治理人口性别比持续升高的问题？

   (消除，歧视，改善，采取，立法)

III. Fill the word in the blank:

促进，异常，偏好，大致，舆论，建议，立即

1. 政府实行的新政策，受到社会_____的反对，可见老百姓并不支持政府的政策。

2. 中国向来有重来轻女的观念，因此出现了性别比不平衡的_____现象。

3. 中国人_____生男孩的现象，跟传统文化观念、社会经济现状有关。

4. 为了_____性别比平衡，政府应该采取有效的措施，鼓励新型的生育观念。

5. 由于政府加大打击的力度，色情网路泛滥的情况_____得到了改善。

6. 专家_____，只有认真组织并实施计划生育政策才能有效解决中国的人口问题。

IV. Discussion:

1. 婴儿性别比不平衡表示社会出现了什么问题？

2. 中国大陆为什么有人口性别比持续升高的问题？造成此一现象的原因为何？

3. 人口性别比持续升高可能会带来什么问题？

4. 政府应该如何解决性别比失衡的社会难题？

5. 美国有没有这样的问题？为什么？

V. Composition

1. 我看中国的性别比失衡的现象。

2. 经济情况的改善能不能改变人们传统重男轻女的看法？

中国婚恋新状况
宽容非婚同居 婚外恋并不普遍

雨丝

今年 4 至 6 月，全国妇联在国内展开"全国家庭道德状况问卷调查"。在这份调查报告中有许多引人注意的变化，其中最值得注意的是，我国民众已在一定程度上接受婚前性行为、婚外性行为、非婚同居、试婚等现象。

严肃合法的两性关系一直是中国婚姻道德体系的重要组成部分。改革开放以后，来自西方文化的婚恋观传入我国，并逐渐有了一定的影响。婚外恋虽然没有媒体渲染得那么普遍，但也非常严重。这是全国妇联第一次坦然接受问题的存在，并且指出了严重性。

对于一些人津津乐道的"试婚"现象，60%的被调查者表示反对，城乡居民对于试婚的态度大体接近。进一步的分析表明，在总体否定试婚的情况下，教育水平较高者对试婚更能持宽容或接受的态度。

70%的被调查对象否定非婚同居，但有不少比例的人认为"只要当事人自愿，别人就不应该干涉"，持这种态度的在城市达到 20.1%，在农村也达到 18.1%。

有些人，特别是年轻人认为婚前同居只是一个时间问题，因

Selected & edited by :Chih-p'ing Chou
Prepared by: Hua-hui Wei

中國婚戀新狀況

寬容非婚同居　婚外戀並不普遍

雨絲

今年 4 至 6 月，全國婦聯在國內展開"全國家庭道德狀況問卷調查"。在這份調查報告中有許多引人注意的變化，其中最值得注意的是，我國民衆已在一定程度上接受婚前性行爲、婚外性行爲、非婚同居 、試婚等現象。

嚴肅合法的兩性關係一直是中國婚姻道德體系的重要組成部分。改革開放以後，來自西方文化的婚戀觀傳入我國，並逐漸有了一定的影響。婚外戀雖然沒有媒體渲染得那麽普遍，但也非常嚴重。這是全國婦聯第一次坦然接受問題的存在，並且指出了嚴重性。

對於一些人津津樂道的"試婚"現象，60%的被調查者表示反對，城鄉居民對於試婚的態度大體接近。進一步的分析表明，在總體否定試婚的情況下，教育水平較高者對試婚更能持寬容或接受的態度。

70%的被調查對象否定非婚同居，但有不少比例的人認爲"只要當事人自願，別人就不應該干涉"，持這種態度的在城市達到 20.1%，在農村也達到 18.1%。

有些人，特別是年輕人認爲婚前同居只是一個時間問題，因为他们最终会走向结婚，因此未婚同居并不是不道德的。这种观点在农村也有不少支持者，调查者认为，这与农村这些年来存在的婚姻实际情况有关。此外，有较高教育文化程度者对未婚同居持宽容的态度，也使得这个现象越来越普遍。

改革开放以来，婚外恋、第三者问题一直是婚姻家庭领域和传媒探讨的热门话题，然而，这种讨论并没有给出一致的褒贬结论。

调查显示，中国城乡居民总体上对婚外恋持否定态度，占被调查者的 3/4。尽管如此，仍有部分人认为婚外恋可能是找到了纯真的恋情，不一定危害已婚者的家庭，但更多的人从现实生活中看到了如果让婚外恋无节制发展可能对家庭造成的伤害。

专家指出，总体上婚外恋远没有想象中那么普遍，但是这并不等于说，婚外恋的现象不严重。在一夫一妻的婚姻制度下，婚姻之外的恋情本身就不可能处于主流地位，婚外恋现象严重与否，是一个相对概念。我们不可以忽视当前这种现象的严重程度以及对我国家庭婚姻生活领域的影响。

近 70%的被调查者认为，夫妻一方如果发生了婚外恋，应努力挽回，还有 20%表示坚决要离婚。可见，在对待婚外恋问题上，多数人持较为理性的态度，主张挽救危局，这种现实的、较为宽容的观点，与近年来社会对这一现象的探讨和引导有关。

南京东南大学哲学与科学系教授陈爱华女士认为，中国正处爲他們最終會走向結婚，因此未婚同居並不是不道德的。這種觀點在農村也有不少支持者，調查者認爲，這與農村這些年來存在的婚姻實際情況有關。此外，有較高教育文化程度者對未婚同居持寬容的態度，也使得這個現象越來越普遍。

改革開放以來，婚外戀、第三者問題一直是婚姻家庭領域和傳媒探討的熱門話題，然而，這種討論並沒有給出一致的褒貶結論。

調查顯示，中國城鄉居民總體上對婚外戀持否定態度，佔被調查者的 3/4。儘管如此，仍有部分人認爲婚外戀可能是找到了純真的戀情，不一定危害已婚者的家庭，但更多的人從現實生活中看到了如果讓婚外戀無節制發展可能對家庭造成的傷害。

專家指出，總體上婚外戀遠沒有想像中那麼普遍，但是這並不等於說，婚外戀的現象不嚴重。在一夫一妻的婚姻制度下，婚姻之外的戀情本身就不可能處於主流地位，婚外戀現象嚴重與否，是一個相對概念。我們不可以忽視當前這種現象的嚴重程度以及對我國家庭婚姻生活領域的影響 。

近 70%的被調查者認爲，夫妻一方如果發生了婚外戀，應努力挽回，還有 20%表示堅決要離婚。可見，在對待婚外戀問題上，多數人持較爲理性的態度，主張挽救危局，這種現實的、較爲寬容的觀點，與近年來社會對這一現象的探討和引導有關。

南京東南大學哲學與科學系教授陳愛華女士認爲，中國正處于一个家庭道德新旧转换的年代。随着经济水平和文化教育程度的提高，传统家庭道德中的一些糟粕，如把性当成忌讳、夫权至上等观念，已为现代人所摒弃。

然而健康有序的家庭道德新风尚仍没有形成，不少年轻人受到西方文化的影响，认同没有法律保障的两性关系。陈爱华说，单凭自然情感而结合的性是不健康的而且也是无知的。只有符合社会的法律制度、道德传统的情感，才是真正完美、有责任有担当的爱情。

2002 年 9 月 21 日 《人民日报》海外版

於一個家庭道德新舊轉換的年代。隨著經濟水平和文化教育程度的提高，傳統家庭道德中的一些糟粕，如把性當成忌諱、夫權至上等觀念，已爲現代人所摒棄。

然而健康有序的家庭道德新風尚仍沒有形成，不少年輕人受到西方文化的影響，認同沒有法律保障的兩性關係。陳愛華說，單憑自然情感而結合的性是不健康的而且也是無知的。只有符合社會的法律制度、道德傳統的情感，才是真正完美、有責任有擔當的愛情。

2002 年 9 月 21 日 《人民日報》海外版

词汇				
状况	狀況	zhuàngkuàng	*n.*	condition
宽容	寬容	kuānróng	*v.*	to tolerate
非婚	非婚	fēihūn	*adj*	non-marital
同居	同居	tóngjū	*v.*	to cohabit
婚外恋	婚外戀	hūnwàiliàn	*n.*	extramarital affairs
妇联	婦聯	fùlián	*n.*	中国妇女联合会 woman's association
展开	展開	zhǎnkāi	*v.*	to launch, to develop 例: 展开活动/调查
问卷调查	問卷調查	wènjuàn diàochá	*n.*	questionnaire
引人注意	引人注意	yǐnrénzhùyì	*v./adj.*	to catch the attention; eye catching
民众	民眾	mínzhòng	*n.*	the general public
接受	接受	jiēshòu	*v.*	to accept, to take 例:~看法/观点/建议/行为
婚前	婚前	hūnqián	*adj.*	premarital
性行为	性行為	xìng xíngwéi	*n.*	sexual intercourse
婚外	婚外	hūnwài	*adj.*	extramarital
试婚	試婚	shìhūn	*v.-o.*	trial marriage
严肃	嚴肅	yánsù	*adj./n.*	strict, serious; seriousness 例:~态度/关系
合法	合法	héfǎ	*adj.*	legal 例:他的行为不合法，缺乏合法性。
两性	兩性	liǎngxìng	*n.*	both sexes
道德	道德	dàodé	*n.*	morality
体系	體系	tǐxì	*n.*	system
组成	組成	zǔchéng	*v.*	to form, to compose
部分	部分	bùfen	*n.*	part, portion
传入	傳入	chuánrù	*v.*	introduce to, introduce from 例:茶叶从中国传入欧洲。

媒体	媒體	méitǐ	*n.*	media
渲染	渲染	xuànrǎn	*v.*	to play up, to exaggerate
坦然	坦然	tǎnrán	*adv.*	to be calm and composed
存在	存在	cúnzài	*n./v.*	existence; to exist
指出	指出	zhǐchū	*v.*	to point out
严重性	嚴重性	yánzhòng xìng	*n.*	seriousness
津津乐道	津津樂道	jīnjīnlèdào	*v.*	to take delight in talking about
城乡	城鄉	chéngxiāng	*n.*	城市和乡村
居民	居民	jūmín	*n.*	residence
大体	大體	dàtǐ	*adv.*	generally, mostly
表明	表明	biǎomíng	*v.*	to make known, to indicate
总体	總體	zǒngtǐ	*adv.*	overall
否定	否定	fǒudìng	*adj./v.*	negative; to negate
水平	水平	shuǐpíng	*n.*	standard 例:教育/生活/~
持	持	chí	*v.*	to hold (an attitude)
态度	態度	tàidù	*n.*	attitude
对象	對象	duìxiàng	*n.*	object; target 例:调查/结婚/研究~
比例	比例	bǐlì	*n.*	proportion
当事人	當事人	dāngshìrén	*n.*	the person(s) involved, litigant
自愿	自願	zìyuàn	*adv.*	willingly, voluntarily
干涉	干涉	gānshè	*v.*	to interfere, to intervene
达到	達到	dádào	*v.*	to achieve, to reach
最终	最終	zuìzhōng	*adv.*	finally, ultimately
走向	走向	zǒuxiàng	*v.*	walk toward
结婚	結婚	jiéhūn	*v.*	to get married
观点	觀點	guāndiǎn	*n.*	viewpoint

实际	實際	shíjì	*adj.*	practical 例:~情况/做法/看法
第三者	第三者	dìsānzhě	*n.*	home wrecker, third party
领域	領域	lǐngyù	*n.*	field, the domain 例:婚姻/专业/政治~
传媒	傳媒	chuánméi	*n.*	the media
探讨	探討	tàntǎo	*v.*	to search into, to probe into
热门	熱門	rèmén	*adj.*	hot, popular 例:~话题/行业 例:婚外恋这个话题很热门。
一致	一致	yízhì	*adj./adv.*	in tune, in agreement with
褒贬	褒貶	bāobiǎn	*v.*	褒: to praise 贬: to criticize
结论	結論	jiélùn	*n.*	conclusion
占	佔	zhàn	*v.*	to occupy, to make up (a portion, percentage) 例:支持婚前性行为的占绝大多数。
纯真	純真	chúnzhēn	*adj.*	pure, innocent
恋情	戀情	liànqíng	*n.*	romance, love affair
危害	危害	wēihài	*v.*	to jeopardize, to endanger 例:~社会/家庭/健康
已婚	已婚	yǐhūn	*adj.*	married 已=已经
现实	現實	xiànshí	*n.*	reality, fact
节制	節制	jiézhì	*v.*	to be moderate, to control
伤害	傷害	shānghài	*v./n.*	to injure, to harm; harm 例:婚外恋可能对家庭带来伤害。婚外恋伤害家庭。
想象	想象	xiǎngxiàng	*v.*	to imagine, to fancy
等于	等於	děngyú	*v.*	to be equal to
一夫一妻	一夫一妻	yìfūyìqī	*n.*	monogamy
本身	本身	běnshēn	*n.*	itself

处于	處於	chǔyú	v.	to be in (a situation)
主流	主流	zhǔliú	n.	mainstream
地位	地位	dìwèi	n.	position, status
相对	相對	xiāngduì	adj.	relative
概念	概念	gàiniàn	n.	concept, conception
忽视	忽視	hūshì	v.	to neglect
当前	當前	dāngqián	adj./ adv.	current; currently
近	近	jìn	adv.	nearly 例: 近80%的受访者支持这个看法。
一方	一方	yìfāng	n.	one side
挽回	挽回	wǎnhuí	v.	to reverse or salvage a situation
坚决	堅決	jiānjué	adv.	firmly, resolutely
对待	對待	duìdài	v.	to deal with (a problem), to treat (sb)
较为	較為	jiàowéi	adv.	comparatively, relatively 例: ~理性/宽容/支持的态度
理性	理性	lǐxìng	adj.	rational 例:~的态度/决定/看法
主张	主張	zhǔzhāng	v./n.	to hold a view, in favor of; opinion or idea
挽救	挽救	wǎnjiù	v.	to save, to rescue
危局	危局	wēijú	n.	dangerous or critical situation
引导	引導	yǐndǎo	v./n.	to guide; guidance
南京	南京	Nánjīng	n.	place name
东南	東南	dōngnán	n.	southeast
哲学	哲學	zhéxué	n.	philosophy
科学	科學	kēxué	n.	science
系	系	xì	n.	department
陈爱华	陳愛華	ChénÀihuá	n.	person's name
女士	女士	nǚshì	n.	madam

转换	轉換	zhuǎnhuàn	v.	to transform, to switch
年代	年代	niándài	n.	age, years, time
糟粕	糟粕	zāopò	n.	waste or useless matter
忌讳	忌諱	jìhuì	n.	taboo
夫权至上	夫權至上	fūquán zhìshàng	n.	the supremacy of the husband's authority
摒弃	摒棄	bìngqì	v.	to abandon, to get rid of 例:~观点/看法/作法
健康	健康	jiànkāng	adj./n.	healthy; health
有序	有序	yǒuxù	adj.	to be orderly
风尚	風尚	fēngshàng	n.	the fashion, trend
认同	認同	rèntóng	v./n.	to identify oneself with; identification 例:~看法/价值观/观点
保障	保障	bǎozhàng	v./n.	to ensure, to guarantee
单凭	單憑	dān píng	v.	to rely upon only one thing 单=单单: only, 凭: rely on
自然	自然	zìrán	adj./adv.	natural; naturally
结合	結合	jiéhé	v.	(here) to get married, to associate, to combine
无知	無知	wúzhī	adj./n.	ignorant, innocent
符合	符合	fúhé	v.	to conform to 例:~制度/规定/风俗习惯
制度	制度	zhìdù	n.	system, mechanism
完美	完美	wánměi	adj.	perfect, flawless
担当	擔當	dāndāng	n./v.	to take on, undertake
爱情	愛情	àiqíng	n.	love

词语解释

1. 在一定程度上　　　　　　　　　　　to a certain extent
◆ 我国民众已在一定程度上接受婚前性行为、婚外性行为、非婚同居、试婚等现象。
1) 老百姓在一定程度上赞成加入世界贸易组织。
2) 我在一定程度上同意你的看法。

2. 持…态度　　　　　　　　　　　　　hold…attitude
◆ 在总体否定试婚的情况下，教育水平较高者对试婚更能持宽容或接受的态度。
1) 多数人对于战争都持否定的态度。
2) 你对婚前性行为持什么样的态度？

3. 然而　　　　　　　　　　　　　　　however
◆ 改革开放以来，婚外恋、第三者问题一直是婚姻家庭领域和传媒探讨的热门话题，然而，这种讨论并没有给出一致的褒贬结论。
1) 关于这个话题我们已经讨论了很久，然而，还是没有得出任何结论。
2) 医生用尽所有的方法给他治疗，然而，他的病仍然很严重。

4. 尽管如此　　　　　　　　　　　　　nevertheless
◆ 尽管如此，仍有部分人认为婚外恋不一定危害已婚者的家庭。
1) 尽管如此，我还是原谅了他。
2) 吸烟会导致死亡，尽管如此，仍然有很多人愿意这样做。

5. 远　　　　　　　　　　　　　　　　far more/less
◆ 专家指出，总体上婚外恋远没有想象中那么普遍。
1) 他的中文水平远超过一般的学生。
2) 中国目前的经济发展水平远比你想象中的高。

6. 与否　　　　　　　　　　　　　　　whether… or not
◆ 婚外恋现象严重与否，是一个相对概念。
1) 事业成功与否，得看你付出多少努力。
2) 无论他幸福与否，都和我没有关系。

7. 处于　　　　　　　　　　　　to be situated in (situation; age; etc.)
◆ 中国正处于一个家庭道德新旧转换的年代。
1) 现代人正处于一个科技高度发展的时代。
2) 我目前处于失业的状态。

练习

I. Choose the right answer

1.( )政府____了一次关于城市婚姻的问卷调查。

　　a.展开　　　b.发达　　　c.发生

2.( )不管你赞成___，我都要跟女朋友同居。

　　a.是否　　　b.是不是　　c.与否

3.( )中国城市的发展___比农村的好得多。

　　a.远　　　　b.好　　　　c.多

4.( )老百姓对于试婚的态度____接近，并没有太大的差别。

　　a.一点　　　b.整个　　　c.大体

5.( )令人意外的是，这是政府第一次____接受媒体的批评。

　　a.坦然　　　b.当然　　　c.显然

II. Answer the following questions with the words provided

1. 大部分的中国人对试婚的态度是什么？

　　(持…态度，一定程度上，接受，合法)

2. 一般人不赞成试婚的原因是什么？

　　(观点，危害，道德，伤害)

3. 要是你的丈夫/妻子发生了婚外恋，你会怎么做？

　　(挽回，坚决，宽容，然而，态度)

III. Read the following paragraph and answer the questions

　　近年来大学生同居的现象越来越普遍，已经不再是新鲜事了。据报导，在全国各大城市的大学中，学生租房同居的现象都或多或少地存在着。在许多大学的校园附近，最近出现了一些"大学生村"，其中有不少就是"异性同居族"聚集的地方。对于这个现象，各界褒贬不一。有人认为年轻人赞同性自由和性解放，是受了欧美文化的影响，可说是一种进步；也有人认为这种毫无节制的两性关系不利于维持社会秩序。

　　由于历史的原因和受传统因素的影响，我国的性教育一直处于比较落后的状态，不仅中小学生，就是大学生也很少接受这方面的教育。大学生开始进入"同居时代"，从某些方面来说，并不是一件坏事。至少这些年轻人愿意打破传统，体验新的生活。

1.　What's the main idea of this paragraph?
2.　Do you support the author's opinion? Why?

IV. Discussion

1. 课本上说，中国近年来对非婚同居持较宽容的态度，你同意这个说法吗？

2. 美国人对非婚同居、婚外恋的态度是什么？

3. 婚外恋或婚外关系对社会和家庭有什么样的影响？

4. 书上说，中国目前的婚恋新状况是受了西方的影响，你同意吗？

V. Composition

1. 调查显示，美国的离婚率逐年提高。你认为造成这种情况的原因是什么？说一说你的看法。

2. 婚前同居越来越普遍，很多人宁愿同居也不愿意结婚，这样的看法有什么好处？对社会可能造成什么影响？

中国入世与传媒

潘耀明

中国的"入世"对中国文化，尤其是对中国的传媒，会产生怎样的冲击？大陆的传媒是否会打开大门欢迎国际传媒机构？在全球化潮流推动下，中国报业、广播业等是不是国际商家的投资所在？投资的可能与风险有多大？像这样的问题，都是人们关心的。不但商人关心，其实文化人、知识分子也关心。

我们认为中国在"入世"后的贸易战中，在传媒这方面，只会有一些表面的竞争，实际上在短期内不会有什么改变。外国传媒可做些生意，但不可期望太高。

中国传媒市场是个大金矿，仅广告费收入现在一年可达人民币800亿，近十年增长幅度达 35%。尽管这样，市场的潜力还远没有开发，中国广告占 GDP 的比重仅为0.79%，离发达国家2%的水平还差得多。

从长远说，机会是有的，中国在"入世"后正逐步形成全方位的对外开放新格局，传媒业不能老是站在格局外面，哪怕是慢一些，惰性强一点儿，也得慢慢跟着形势走，有些进步。但是，应该看到，传媒的开放与改变绝对不同于其它事业。这是因为，中国传媒不仅是一般的国有化事业，而且是党直接管的"党有化"事业。因此，它虽然也有市场性格，但更重要的是，它又

Selected & edited by: Chih-p'ing Chou
Prepared by: Wei Wang

中國入世與傳媒

潘耀明

中國的"入世"對中國文化，尤其是對中國的傳媒，會產生怎樣的衝擊？大陸的傳媒是否會打開大門歡迎國際傳媒機構？在全球化潮流推動下，中國報業、廣播業等是不是國際商家的投資所在？投資的可能與風險有多大？像這樣的問題，都是人們關心的。不但商人關心，其實文化人、知識份子也關心。

我們認為中國在"入世"後的貿易戰中，在傳媒這方面，只會有一些表面的競爭，實際上在短期內不會有什麼改變。外國傳媒可做些生意，但不可期望太高。

中國傳媒市場是個大金礦，僅廣告費收入現在一年可達人民幣800億，近十年增長幅度達35%。儘管這樣，市場的潛力還遠沒有開發，中國廣告佔GDP的比重僅為0.79%，離發達國家2%的水平還差得多。

從長遠說，機會是有的，中國在"入世"後正逐步形成全方位的對外開放新格局，傳媒業不能老是站在格局外面，哪怕是慢一些，惰性強一點兒，也得慢慢跟著形勢走，有些進步。但是，應該看到，傳媒的開放與改變絕對不同於其他事業。這是因為，中國傳媒不僅是一般的國有化事業，而且是黨直接管的"黨有化"事業。因此，它雖然也有市場性格，但更重要的是，它又有有意识形态的性格。政府是肯定对它格外敏感的。根据这一事实，完全可以判断，在中国言论自由、新闻自由问题没有解决之前，中国传媒的性质和基本模式不可能有很大的改变。别的事业可以展开自由竞争，但传媒领域是离不开行政和意识形态的控制的。至于什么时候中国会解除行政的控制，甚至开放传媒市场，那不是一个经济问题，而是一个中国决策者要不要给予新闻自由、出版自由、言论自由的问题，脑子想不通，手是不会放下的。不放心怎么可以放手？

不过，有心在中国传媒业开掘黄金的人也不必太悲观，因为随着经济的大发展，随着人的欲望增高，中国的决策者总有一天会意识到，欲望这个魔鬼，没有传媒的监督是不行的，而从上到下的各级官员，有传媒的眼睛看着、监督着也是好事，至少可以先抑制腐败。传媒充当党的喉舌，只为党唱颂歌，不承担民间道德监督的功能恐怕不行。如果想清楚这一点，传媒也开放，那么，在商家们庆祝可以开掘金矿的时候，知识分子和其它文化人也会庆祝中国的自由梦终于开始实现。

2002年5月23日《民报》

意識形態的性格。政府是肯定對它格外敏感的。根據這一事實，完全可以判斷，在中國言論自由、新聞自由問題沒有解決之前，中國傳媒的性質和基本模式不可能有很大的改變。別的事業可以展開自由競爭，但傳媒領域是離不開行政和意識形態的控制的。至於什麼時候中國會解除行政的控制，甚至開放傳媒市場，那不是一個經濟問題，而是一個中國決策者要不要給予新聞自由、出版自由、言論自由的問題，腦子想不通，手是不會放下的。不放心怎麼可以放手？

不過，有心在中國傳媒業開掘黃金的人也不必太悲觀，因為隨著經濟的大發展，隨著人的欲望增高，中國的決策者總有一天會意識到，欲望這個魔鬼，沒有傳媒的監督是不行的，而從上到下的各級官員，有傳媒的眼睛看著、監督著也是好事，至少可以先抑制腐敗。傳媒充當黨的喉舌，只為黨唱頌歌，不承擔民間道德監督的功能恐怕不行。如果想清楚這一點，傳媒也開放，那麼，在商家們慶祝可以開掘金礦的時候，知識份子和其他文化人也會慶祝中國的自由夢終於開始實現。

2002年5月23日《民報》

词汇

入世	入世	rùshì	v.	to join the World Trade Organization
世贸组织	世貿組織	Shìmàozǔzhī	n.	World Trade Organization, short form of 世界贸易组织
传媒	傳媒	chuánméi	n.	media
产生	產生	chǎnshēng	v.	to bring about, to emerge; 例：~问题/矛盾/冲击
冲击	沖擊	chōngjī	n./v.	assault, to assault, to pound
是否	是否	shìfǒu		whether it is...=是不是
欢迎	歡迎	huānyíng	v./n.	to welcome; welcome
国际	國際	guójì	adj./n.	international
机构	機構	jīgòu	n.	institution
全球化	全球化	quánqiúhuà	v./n.	to globalize; globalization
潮流	潮流	cháoliú	n.	tide, trend
推动	推動	tuīdòng	v.	to push forward, to promote, to give impetus to
报业	報業	bàoyè	n.	newspaper industry
广播业	廣播業	guǎngbōyè	n.	broadcasting industry
商家	商家	shāngjiā	n.	business people, business circles
投资	投資	tóuzī	v./n.	to invest; investment
所在	所在	suǒzài	n.	where someone or something is
风险	風險	fēngxiǎn	n.	risk, hazard
商人	商人	shāngrén	n.	businessman, merchant
文化人	文化人	wénhuà rén	n.	intellectual
贸易	貿易	màoyì	n.	trade, business
表面	表面	biǎomiàn	n.	surface, appearance
竞争	競爭	jìngzhēng	n./v.	competition; to compete
短期	短期	duǎnqī	adj.	short-term
期望	期望	qīwàng	v./n.	to expect, to wish; expectation
市场	市場	shìchǎng	n.	market

金矿	金礦	jīnkuàng	*n.*	gold mine
仅	僅	jǐn	*adv.*	only, merely
广告	廣告	guǎnggào	*n.*	advertisement
收入	收入	shōurù	*n.*	income
达	達	dá	*v.*	to reach, to amount to
人民币	人民幣	rénmínbì		the Chinese currency (RMB)
亿	億	yì	*n.*	one hundred million
幅度	幅度	fúdù	*n.*	range, scope, extent
尽管	盡管	jǐnguǎn	*conj.*	even though, in spite of, despite
潜力	潛力	qiánlì	*n.*	potential, latent capacity
远	遠	yuǎn	*adv.*	by far, far and away
开发	開發	kāifā	*v.*	to develop, to open up, to exploit 例：~潜力/智力/资源
占	佔	zhàn	*v.*	to constitute, to account for, to occupy
比重	比重	bǐzhòng	*n.*	proportion
发达	發達	fādá	*adj.*	developed, advanced
从长远说	從長遠說	cóng cháng yuǎn shuō		in the long run, to see or consider from a long term point of view
逐步	逐步	zhúbù	*adv.*	gradually
形成	形成	xíngchéng	*v.*	to form, to come into being
全方位	全方位	quánfāngwèi	*adj./ adv*	overall, all-round, comprehensive
对外开放	對外開放	duìwàikāifàng	*v.*	to open to the outside world
格局	格局	géjú	*n.*	structure, pattern, setup
哪怕	哪怕	nǎpà	*conj.*	even, even if, no matter how
惰性	惰性	duòxìng	*n.*	laziness, inertia
形势	形勢	xíngshì	*n.*	situation, circumstances
绝对	絕對	juéduì	*adv.*	absolutely, definitely
事业	事業	shìyè	*n.*	career, undertaking; industry

不仅	不僅	bùjǐn		not only=不但
国有化	國有化	guóyǒuhuà		state-run, nationalized
直接	直接	zhíjiē	*adj./ adv.*	direct; directly
党有化	党有化	dǎngyǒuhuà		Party-owned, Party-run
性格	性格	xìnggé	*n.*	characteristics, nature, temperament
意识形态	意識形態	yì.shíxíngtài	*n.*	ideology
肯定	肯定	kěndìng	*adv./ adj./ v.*	certainly, definitely; positive; to affirm, to regard as positive
格外	格外	géwài	*adv.*	particularly, extremely, exceptionally
敏感	敏感	mǐngǎn	*adj.*	sensitive
事实	事實	shìshí	*n.*	truth, fact
判断	判斷	pànduàn	*v./n.*	to judge, to decide, judgment
新闻	新聞	xīnwén	*n.*	news
解决	解決	jiějué	*v.*	to resolve
性质	性質	xìngzhì	*n.*	nature, character
基本	基本	jīběn	*adj.*	basic, fundamental
模式	模式	móshì	*n.*	model
展开	展開	zhǎnkāi	*v.*	to launch, to carry out; to unfold;例：~讨论/进攻
领域	領域	lǐngyù	*n.*	field, domain, realm, territory
行政	行政	xíngzhèng	*adj./ n.*	administrative; administration
控制	控制	kòngzhì	*v./n.*	to control; control
至于	至于	zhìyú	*conj.*	as for; as to
解除	解除	jiěchú	*v.*	to remove, to relieve, to get rid of;例：~控制/顾虑/武装
甚至	甚至	shènzhì	*conj. /adv.*	to go so far as to, even to the extent that
决策者	決策者	juécèzhě	*n.*	policy maker
给予	給予	jǐyǔ	*v.*	to give, to render 例：~支持/考虑
出版	出版	chūbǎn	*v.*	to publish

脑子	腦子	nǎo.zi	n.	brain, mind
想通	想通	xiǎngtōng	v.	to straighten out one's thinking
放心	放心	fàngxīn	v.	to set one's mind at rest, to feel relieved
有心	有心	yǒuxīn	v.	to have a mind to, to set one's mind on
开掘	開掘	kāijué	v.	to dig, to open up
黄金	黃金	huángjīn	n.	gold
悲观	悲觀	bēiguān	adj.	pessimistic
随着	隨著	suí.zhe	prep.	following, along with, in pace with
欲望	欲望	yùwàng	n.	desire, wish, lust
意识到	意識到	yì.shídào	v.	to realize, to figure out
魔鬼	魔鬼	móguǐ	n.	devil, demon, monster
监督	監督	jiāndū	v./n.	to supervise; supervision
从上到下	從上到下	cóng shàng dào xià		from top to bottom
各级	各級	gèjí	adj.	all levels, each and every level
官员	官員	guānyuán	n.	government official
抑制	抑制	yìzhì	v.	to restrain, to control
腐败	腐敗	fǔbài	n./ adj.	corruption; corrupt
充当	充當	chōngdāng	v.	to serve as, to act as, to play the part of; 例：~喉舌/证人/傀儡
喉舌	喉舌	hóushé	n.	mouthpiece
颂歌	頌歌	sònggē	n.	eulogy, songs of praise
担任	擔任	dānrèn	v.	to hold the post of
民间	民間	mínjiān	n./ adj.	folk, non-governmental, among the people
功能	功能	gōngnéng	n.	function
庆祝	慶祝	qìngzhù	v.	to celebrate
终于	終於	zhōngyú	adv.	eventually, finally, in the end
实现	實現	shíxiàn	v.	to fulfill, to bring about 例：~愿望/理想

词语解释

1. ...等   ..., and so on; ..., etc.

◆ 中国报业、广播业等是不是国际商家的投资所在?

1) 我去年在中国参观了长城、故宫等古迹。

2) 去中国念书,你不必担心衣食住行等问题。

2. 在短期内   in a short time; in the short term

◆ 在传媒这方面,只会有一些表面的竞争,实际上在短期内不会有什么改变。

1) 美国的经济在短期内不会有大的改善。

2) 人口过多的问题不可能在短期内解决。

3. 从长远说 (看)   in the long run; from a long-term point of view

◆ 从长远说,机会是有的...

1) 中国的改革带来了许多问题,但是从长远看,改革的政策是正确的。

2) 生意上的欺骗也许能带来短期的好处,但从长远说会破坏商家的信誉。

4. 不同于...   different from...

◆ 传媒的开放与改变绝对不同于其它事业。

1) 目前在中国已经有许多不同于以前的地方。

2) 年轻人对流行音乐的态度往往不同于上一代人。

5. 格外   especially; all the more

◆ 传媒虽然也有市场性格,但更重要的是,它又有意识形态的性格。政府肯定是对它格外敏感的。

1) 这件事关系到大家的利益,所以处理时得格外小心。

2) 刚下过雨之后,空气显得格外新鲜。

6. 离不开   cannot be separated from…; cannot live without…

◆ 别的事业可以展开自由竞争,但传媒领域是离不开行政和意识形态的控制的。

1) 生命离不开空气和水。

2) 一个演员要是想成名,就离不开媒体的宣传。

7. 至于+topic, comment　　　　　　　　as for...; as to...

◆ ...传媒领域是离不开行政和意识形态的控制的。至于什么时候中国会解除行政的控制，甚至开放传媒市场，那不是一个经济问题...

1) 我来美国的目的是念书，至于结婚，我还没考虑过。

2) 那位教授只会教书，至于做生意，恐怕成功不了。

8. 想得通/想不通　　　　　　　　can/cannot straighten out one's thinking

◆ 脑子想不通，手是不会放下的。不放心怎么可以放手？

1) 我的建议都是为了大家好，为什么大家反而指责我？我想不通！

2) 改革初期，很多人想不通为什么研究原子弹还不如卖茶叶蛋挣钱多。

9. 有心+VP.　　　　　　　　to have a mind to...

◆ 有心在中国传媒业开掘黄金的人也不必太悲观...

1) 我有心大学毕业以后继续念研究所。

2) 这对夫妇有心买一所房子，但是他们看过的房子都不合适。

10. 意识到...　　　　　　　　to realize

◆ 随着人的欲望增高，中国的决策者总有一天会意识到...

1) 早在五十年前，已经有人意识到人口过多的严重后果。

2) 多数人都意识不到自己的缺点。

练习：

I. Choose the correct answer.
1. 中国改革开放以后，许多地方＿＿＿＿＿＿＿了激烈的竞争,这是以前没有的。
        a.形势   b.形成   c.期望
2. 人们一直担心这个地方的安全，上个月可怕的事＿＿＿＿＿＿发生了。
        a.总是   b.基本   c.终于
3. 我＿＿＿＿＿＿上美国最好的大学念书，可惜我的家庭太穷了。
        a.有心   b.欲望   c.放心
4. 这两个问题的＿＿＿＿＿＿＿不同，不能比较。
        a.性格   b.性情   c.性质

II. Provide an appropriate noun to make meaningful verb-object phrases.

产生＿＿＿＿＿＿	解决＿＿＿＿＿＿	展开＿＿＿＿＿＿
解除＿＿＿＿＿＿	抑制＿＿＿＿＿＿	充当＿＿＿＿＿＿
担任＿＿＿＿＿＿	庆祝＿＿＿＿＿＿	开发＿＿＿＿＿＿

III. Paraphrase the following words in your own words in Chinese, and create a sentence in Chinese for each word.
1. 不仅 :
2. 仅有 :
3. 逐步 :
4. 格外 :
5. 是否 :

IV. Make a sentence using the underlined expressions.
1. 在传媒这方面，只会有一些表面的竞争，实际上<u>在短期内</u>不会有什么改变。
2. <u>从长远说(看)</u>，机会是有的...
3. 传媒的开放与改变绝对<u>不同于</u>其它事业。
4. 别的事业可以展开自由竞争,但传媒领域是离不开行政和意识形态的控制的。<u>至于</u>什么时候中国会解除行政的控制，…那不是一个经济问题，而是…
5. <u>有心</u>在中国传媒业开掘黄金的人也不必太悲观...
6. 随着人的欲望增高，中国的决策者总有一天会<u>意识到</u>，欲望这个魔鬼，没有传媒的<u>监督</u>是不行的。

V. Answer the following questions using the words and phrases given.

1. 你知道不知道在美国政府官员中男性和女性的比例是多少？白人和少数民族的比例呢？这个比例会不会有很大的改变？

（A占B的…%；…分之…；在短期内）

2. 你觉得中国会不会实现言论自由？

（从长远看；随着…的发展/开放/深入，…）

3. 你认为台湾经济的发展和大陆的发展有没有关系？为什么？

（A离得开/离不开B；比重为…%；格外…）

VI. Expand and rearrange the following groups of words into coherent sentences.

1. 事业/新闻/敏感/判断/
2. 脑子/想通/肯定/腐败
3. 国际/潮流/推动/欢迎/潜力
4. 发掘/市场/投资/风险

VII. Discussion topics.

1. 中国"入世"对美国有没有影响？
2. "全球化"有什么好处，有没有坏处？
3. 你对美国的传媒有什么看法？
4. 你愿意不愿意在传媒业工作？为什么？
5. 怎样才能当一个好记者(journalist)？

VIII. Composition.

请你拿这篇文章的观点去采访一些中国人，看看他们的想法是什么，然后写一篇小报告。

中国第一代独生子女开始谈论婚嫁

张周

吃麦当劳长大、现代意识强烈、曾被称为"小皇帝"的中国第一代独生子女开始谈论婚嫁了。他们用自己的方式让中国传统婚恋观念和家庭模式悄悄地改变了。

1979 年出生的张小姐在去年举行了婚礼，与她同年龄的朋友把她"不可思议的重大举动"看作是"一时冲动而为"。在中国传统社会中，20 岁左右结婚生子是天经地义的事，也是传宗接代的责任，超过这个年龄的未婚者会被认为是"异类"。而现在，"异类"的帽子却被这些年轻人送给了过早结婚的人。

上世纪七十年代末，中国为缓解沉重的人口压力，出台了一项具有深远意义的人口政策——提倡一对夫妇只生育一个孩子。1979 年，第一批 610 万孩子领取了独生子女证，这是中国历史上首次出现如此大范围的一个家庭只生养一个孩子的现象。

由于中国首次出现的独生子女在成长中有时表现得有些"过于自我、追求享受、害怕吃苦"，外界曾经忧心忡忡地给他们戴上了"小皇帝"的帽子。

小王是这群庞大的"小皇帝"队伍中的一员，他今年大学毕业，因才华出众被天津一家中加合资保险公司光大永明人寿保险有限公司录用。虽然与女友相恋 3 年，但他并不急于结婚。他认

中國第一代獨生子女開始談論婚嫁

張周

　　吃麥當勞長大、現代意識強烈、曾被稱為"小皇帝"的中國第一代獨生子女開始談論婚嫁了。他們用自己的方式讓中國傳統婚戀觀念和家庭模式悄悄地改變了。

　　1979 年出生的張小姐在去年舉行了婚禮，與她同年齡的朋友把她"不可思議的重大舉動"看作是"一時衝動而為"。在中國傳統社會中，20 歲左右結婚生子是天經地義的事，也是傳宗接代的責任，超過這個年齡的未婚者會被認為是"異類"。而現在，"異類"的帽子卻被這些年輕人送給了過早結婚的人。

　　上世紀七十年代末，中國為緩解沉重的人口壓力，出臺了一項具有深遠意義的人口政策——提倡一對夫婦只生育一個孩子。1979 年，第一批 610 萬孩子領取了獨生子女證，這是中國歷史上首次出現如此大範圍的一個家庭只生養一個孩子的現象。

　　由於中國首次出現的獨生子女在成長中有時表現得有些"過於自我、追求享受、害怕吃苦"，外界曾經憂心忡忡地給他們戴上了"小皇帝"的帽子。

　　小王是這群龐大的"小皇帝"隊伍中的一員，他今年大學畢業，因才華出眾被天津一家中加合資保險公司光大永明人壽保險有限公司錄用。雖然與女友相戀 3 年，但他並不急於結婚。他認为"没有事业和物质基础的婚姻终将摇摇欲坠"，他把自己的结婚年龄规划在 28 岁。

事实上，中国新一代年轻人更愿意将婚姻看作一种生活方式的选择，他们可以根据自己的经济实力、感情需要等选择自己的婚期和伴侣，婚姻的内容与形式也发生了巨变。

小王计划以旅游的方式来办自己的婚礼，"如果资金充足，我们对去国外享受异域浪漫情调充满期待。"在他看来，中国传统的大摆宴席的方式显得老套，而且过分张扬。

当然，这并不表示中国年轻一代不再看重婚姻的形式，相反，他们更强调新鲜、刺激，有纪念意义。比如蜜月旅行、婚纱摄影、水下结婚、跳伞婚礼等。

有专家认为，中国社会向来重视婚姻最简单的外在形式，即婚姻的存在，而忽视婚姻的重要内容，即婚姻质量、婚姻里的人是否幸福。社会和工作单位往往联手对个人施加道德和行政压力，这客观上造成了不幸福的婚姻继续存在。

近 10 多年来，随着个人空间的相对增大和生活水平的相对提高，西方生活方式的影响，使这一代年轻人在对婚姻的外部构成非常讲究的同时，更追求其内在的质量，一旦发现不合适就要离婚，他们不愿意因为道德的压力而把自己约束在婚姻之中。

中国第一代独生子女所受束缚和压力小，自由度大，他们在為"沒有事業和物質基礎的婚姻終將搖搖欲墜",他把自己的結婚年齡規劃在 28 歲。

事實上,中國新一代年輕人更願意將婚姻看作一種生活方式的選擇,他們可以根據自己的經濟實力、感情需要等選擇自己的婚期和伴侶,婚姻的內容與形式也發生了巨變。

小王計畫以旅遊的方式來辦自己的婚禮,"如果資金充足,我們對去國外享受異域浪漫情調充滿期待。"在他看來,中國傳統的大擺宴席的方式顯得老套,而且過分張揚。

當然,這並不表示中國年輕一代不再看重婚姻的形式,相反,他們更強調新鮮、刺激,有紀念意義。比如蜜月旅行、婚紗攝影、水下結婚、跳傘婚禮等。

有專家認為,中國社會向來重視婚姻最簡單的外在形式,即婚姻的存在,而忽視婚姻的重要內容,即婚姻質量、婚姻裏的人是否幸福。社會和工作單位往往聯手對個人施加道德和行政壓力,這客觀上造成了不幸福的婚姻繼續存在。

近 10 多年來,隨著個人空間的相對增大和生活水平的相對提高,西方生活方式的影響,使這一代年輕人在對婚姻的外部構成非常講究的同時,更追求其內在的質量,一旦發現不合適就要離婚,他們不願意因為道德的壓力而把自己約束在婚姻之中。

中國第一代獨生子女所受束縛和壓力小,自由度大,他們在婚姻面前无需"挤",也用不着"逃"。

2003 年 11 月 3 日《人民日报》

婚姻面前無需'擠'，也用不著'逃'。

2003 年 11 月 3 日《人民日報》

词汇

第一代	第一代	dìyīdài	*n.*	first generation (of single child)
独生子女	獨生子女	dúshēngzǐnǚ	*n.*	only child
谈论	談論	tánlùn	*v.*	to discuss; to talk about
麦当劳	麥當勞	màidāngláo	*n.*	McDonald's
现代意识	現代意識	xiàndàiyì.shi	*n.*	modern mentality
强烈	強烈	qiángliè	*adj.*	strong 例：~责任感/现代意识
曾	曾	céng	*adv.*	have already 曾经 例：我~见过他。
称	稱	chēng	*v.*	to call sb. … 例：我们称他为小王。
皇帝	皇帝	huángdì	*n.*	emperor
观念	觀念	guānniàn	*n.*	concept, notion 例：思想/道德/私有~
模式	模式	móshì	*n..*	model
悄悄	悄悄	qiāoqiāo	*adv.*	without being noticed 例：时间~地过去了。他~地 走了。
举行	舉行	jǔxíng	*v.*	to hold a (meeting) 例：~会议/宴会/会谈
婚礼	婚禮	hūnlǐ	*n.*	ceremony
不可思议	不可思議	bùkěsīyì	*ph.*	beyond comprehension; difficult to understand
重大	重大	zhòngdà	*adj.*	important; significant 例：~意义/决定/发现/贡献 事故/举动
举动	舉動	jǔdòng	*n.*	action, movement
一时冲动	一時衝動	yìshí chōngdòng	*ph.*	to act on impulse
天经地义	天經地義	tiānjīngdìyì	*ph.*	to be regarded as an unquestionable moral truth
传宗接代	傳宗接代	chuánzōngjiē dài	*ph.*	to have a son to carry on the family name
超过	超過	chāoguò	*v.*	to exceed, to surpass 例：这个人~六尺。他说的话 ~我的理解能力。

异类	異類	yìlèi	*n.*	people of a different clan, different kinds of (things)
帽子	帽子	mào.zi	*n.*	hat
缓解	緩解	huǎnjiě	*v.*	to relieve 例：~压力
沉重	沉重	chénzhòng	*adj.*	heavy
出台	出臺	chūtái	*v.*	to be publicized 例：政策/规定~ (lit.) 例：一个新剧出台了。
项	項	xiàng	*mw.*	item 例：一~工作/政策
深远	深遠	shēnyuǎn	*adj.*	profound and lasting 例：这个政策具有~的意义/影响。
生育	生育	shēngyù	*v.*	to give birth to ; to bear 例：~后代/年龄
领取	領取	lǐngqǔ	*v.*	to receive, to obtain 例：~工资/出入证/出生证
证	證	zhèng	*n.*	certificate 例：出生~/结婚~/驾驶~
首次	首次	shǒucì	*n.*	the first time 第一次
过于自我	過於自我	guòyúzìwǎ		excessively egocentric 过于 excessively 例：~紧张/担心/自信/ 自我=自我中心：egocentric
追求	追求	zhuīqiú	*v.*	to pursue 例：~享受/幸福/地位
害怕	害怕	hàipà	*vt.*	to fear, to be afraid of 例：~吃苦 (to fear hardships)
外界	外界	wàijiè	*n.*	the outside world
忧心忡忡	憂心忡忡	yōuxīn chōngchōng		to be deeply worried
戴	戴	dài	*v.*	to put on, to wear 例：~帽子
队伍	隊伍	duì.wu	*n.*	troops (one of many in group)
才华出众	才華出眾	cáihuá chūzhòng	*ph.*	exceptionally gifted 例：他在医学方面~
天津	天津	Tiānjīn	*place*	Tianjin (city two hours south-east from Beijing)
人寿保险有限公司	人壽保險有限公司	rénshòu bǎoxiǎn yǒuxiàngōngsī	*n.*	life insurance limited company (Ltd) 人寿: life, 保险: insurance,

				有限: limited, 公司: company
中加合资 保险公司	中加合資 保險公司	zhōngjiāhézī bǎoxiǎn gōngsī	*n.*	China-Canada joint venture insurance company
光大永明	光大永明	guāngdà yǒngmíng		name of the company 光: bright , 大: big, 永: forever, 明: bright
录用	錄用	lùyòng	*v.*	to employ
相恋	相戀	xiāngliàn	*v.*	to court 例：他们~恋三年。
急于	急於	jíyú	*v.*	to be eager/anxious to do sth. 例：~结婚/生孩子
物质基础	物質基礎	wù.zhì jīchǔ	*n.*	material basis (enough money to establish a family)
摇摇欲坠	搖搖欲墜	yáoyáoyùzhuì	*ph.*	on the verge of collapse
规划	規劃	guīhuà	*v./n.*	to plan (long-term) 例：长远~/城市建设~/做出 全面~
实力	實力	shílì	*n.*	strength 例：他很有经济实力。
伴侣	伴侶	bànlǚ	*n.*	companion (for life) 例：生活~/终身~
内容	內容	nèiróng	*n.*	content
巨变	巨變	jùbiàn	*n.*	=巨大的变化 great changes 例：中国农村发生了~。
资金	資金	zījīn	*n.*	capital
充足	充足	chōngzú	*v./ adj.*	sufficient, abundant 例：资金 ~/~的资金
异域	異域	yìyù	*n.*	foreign land =外国
浪漫	浪漫	làngmàn	*n.*	romantic
情调	情調	qíngdiào	*n.*	sentiment 例：浪漫的/不健康的~
期待	期待	qīdài	*n./v.*	anticipation, to anticipate 例：父母~着孩子的成功。
充满	充滿	chōngmǎn	*v.*	to be full of 例：屋子里~了笑声/他的心 里~了幸福/期待。
大摆宴席	大擺宴席	dàbǎiyànxí	*ph.*	to have a big banquet 大: big, 摆: to arrange,

				宴席: banquet, feast
显得	顯得	xiǎn.de	v.	to look (adj.), to appear 例：~很高兴/~有一点儿紧张
老套	老套	lǎotào	n.	old or traditional ways
张扬	張揚	zhāngyáng	n.	to make something widely known 例：考试考了第一，他四处张扬。
新鲜	新鮮	xīn.xiān	adj.	fresh 例：~肉/~空气/~事儿 这个想法很~。
刺激	刺激	cì.jī	adj.	exciting 例：坐 rollercoaster 让我觉得很 ~
纪念	紀念	jìniàn	v.	to commemorate 例：每年的七月四号我们都纪念美国的独立。这一天很有纪念意义。
蜜月	蜜月	mìyuè	n.	honeymoon
婚纱摄影	婚紗攝影	hūnshā shèyǐng	n.	to take pictures in a studio while wearing western-style wedding dress 婚纱: wedding gown, 摄影: to take a picture in the studio
水下结婚	水下結婚	shuǐxiàjiéhūn	n.	underwater wedding ceremony
跳伞婚礼	跳傘婚禮	tiàosǎnhūnlǐ	n.	sky-diving wedding ceremony 跳伞: to jump parachute, 婚礼: ceremony
外在	外在	wàizài	adj.	external
即	即	jí	v.	=就是 例：京即北京。
质量	質量	zhìliàng	n.	quality
工作单位	工作單位	gōngzuò dānwèi	n.	work place
联手	聯手	liánshǒu	v.	to act (jointly) together 例：美国跟英国~打 Iraq.
施加	施加	shījiā	v.	to apply (pressure) 例：~压力/影响
客观	客觀	kèguān	n.	objective

空间	空間	kōngjiān	*n.*	space (abstract) 例：生活~/活动~
相对	相對	xiāngduì	*adv*	relatively 例：~地提高/进步
外部	外部	wàibù	*adj.*	outside, external 例：~结构/世界/~影响
讲究	講究	jiǎng.jiū	*v.*	to be particular about
内在	內在	nèizài	*adj.*	inner, internal 例：~美/~矛盾
约束	約束	yuēshù	*v./n.*	to restrain, to bind 例：把自己~在婚姻中；受婚姻的~；
束缚	束縛	shùfù	*v.*	to bind up, to constrain
自由度	自由度	zìyóudù	*n.*	the degree of freedom
无需	無需	wúxū	*v.*	does not require =不需要 无: 不, 需: 需要
挤	擠	jǐ	*v.*	to force one's way (in or out of marriage) 例：~进去/出来
用不着	用不著	yòngbùzháo	*v..*	not necessary 不需要 例：我们~为了一点小事争论。
逃	逃	táo	*v..*	to run away, to flee 例：那个坏人逃到外国去了。

词语解释

1. 被称为   to be called as

◆ 吃麦当劳长大，曾被称为"小皇帝"的中国第一代独生子女开始谈论婚嫁了。

1) 美国被称为世界警察。

2) 在中国，农民工被称为廉价劳动力。

2. 具有（意义，精神，责任心，吸引力）   to possess, to bear (meaning, spirit, responsibility, attraction) (abstract noun)

◆ 中国出台了一项具有深远意义的人口政策。

1) 七十年代的乒乓外交对改善中美关系具有深远的历史意义。

2) 她很漂亮，对男人具有很强的吸引力。

3. 因(cause)…而 (result)   because …, so …

◆ 小王因才华出众被天津一家中加合资保险公司录用。

1) 他因能说一口流利的英文而被外企公司录用。

2) 她因不上课而受到老师的批评。

4. 急于   to be eager/anxious to do sth.

◆ 虽然与女友相恋三年，但他并不急于结婚。

1) 这个学期，她急于毕业，选了六门课。

2) 她急于出国，因此，嫁给了一个美国人。

5. 根据…选择 (决定)   based on…to choose
                                                           (decide)…

◆ 他们根据自己的经济实力和感情需要选择自己的婚期和伴侣。

1) 年青人根据自己的感情选择跟谁结婚，根据自己的经济情况决定生几个
   孩子。

2) 中国根据自己的国情出台了计划生育政策。

6. 对…充满(期待,希望,信心)   to be full of (anticipation,
                                                           hope, confidence) toward

◆ 我们对去国外享受异域浪漫情调充满期待。

1) 中国的年轻人对国外的生活充满了期待。

2) 改革开放后的中国人对未来充满了希望。

7. …, 相反, …   …, on the contrary,…

◆ 这并不表示中国年轻一代不再看重婚姻的形式，相反，他们更强调新鲜、
   刺激，有纪念意义。

1) 美国人都以为麦当劳很便宜，相反，在中国麦当劳贵得不得了。

2) 我以为股票会越来越值钱，相反，911 以后，股票却贬值了。

8. 随着…, …   along with…, ….

◆ 随着个人空间的增大和生活水平的提高，这一代年轻人更追求婚姻内在
   的质量。

1) 随着中国人民生活水平的提高,人们的精神文明水平也提高了。

2) 随着中国政策的开放，去中国投资的合资公司越来越多。

9. 一旦…, 就 …   once…, then….

◆ 他们<u>一旦</u>发现不合适就要离婚，他们不愿意因为道德的压力而把自己约束在婚姻之中。

1) 现在的男女双方一旦提出分手，法庭就会判他们离婚，这在过去是不可想象的。

2) 传媒一旦充当了党的喉舌，为党唱颂歌，就会失去它对政府的监督作用。

练习

I. Reading comprehension.
( ) 1. 这篇文章的作者对中国新一代年轻人的婚恋态度表示

        a. 赞扬   b. 反对   c. 不支持也不否定   d. 不关心

( ) 2. 这篇文章的作者对中国传统的婚姻持什么态度？

        a. 赞扬   b. 反对   c. 不支持也不否定   d. 不关心

( ) 3. 中国新一代年轻人对婚姻的态度是

        a. 婚姻的形式很重要，爱情更重要。

        b. 社会和家庭的压力太大，所以，维持不幸福的婚姻是必要的。

        c. 20岁还不结婚就是怪人。

        d. 独生子女的婚恋态度太自私了。

( ) 4. 中国传统的婚恋观念反对那种想法？

        a. 结婚生孩子是年轻夫妻的责任。

        b. 虽然婚姻不幸福也不能离婚。

        c. 跟谁结婚得自己决定。

        d. 传统观念不能改变。

II. Match each verb to its corresponding noun (there is only one proper match for each pair).

    缓解   一家一个孩子的政策

    领取   婚姻的不幸福

    举行   压力

    提倡   婚礼

    追求   浪漫

    造成   结婚证

III. Based on the text, please answer the following questions with the words provided.

1. 请你谈谈七十年代中国的计划生育政策的作用。

    （世纪，提倡，出现...现象，领取，具有，深远意义，缓解）

2. 专家认为中国的第一代独生子女是什么样的人？

（现代意识，过于自我，追求，被称为，急于，经济实力，浪漫情调）

3. 中国第一代独生子女对婚礼的方式跟传统的有什么不同？

（大摆宴席，张扬，看重，新鲜，刺激，享受，浪漫情调，束缚，
自由）

4. 据专家说，传统的婚姻跟现代的婚姻有很大的不同，这种不同是什么？

（重视，忽视，传宗接代，天经地义，外部形式，内在质量，讲究，
年龄，规划，一旦…就，约束）

IV. Discussion questions

1. 对你来说，你会举行什么样的婚礼？婚礼是为了你自己还是为了别人
（父母）？

2. "独生子女对婚姻的要求很高，一旦发现不合适就要离婚"你认为这
种做法对不对？为什么？

3. 现代中国年轻人的变化是不是一种自私的表现？

V. Composition

传统的中国社会对婚姻的看法跟现代人有什么不同？请你从年龄，经
济情况，恋爱，婚礼，以及对结婚和离婚的看法和态度等几个方面谈。

他们也有上学的权利

在义务教育已经基本普及的今天
一个特殊群体的上学问题却受到忽视
那就是流动人口中的 200 余万适龄少年儿童

王淑军

来自河南驻马店农村的徐伟，小学刚毕业就随打工的父母来到北京。徐伟想继续读初中，但父母试了不少办法也没能成。他无学可上，只好帮着父亲看车子。

在前不久举行的全国基础教育工作会议上，流动人口子女教育问题再次成为与会人员关注的焦点。伴随着我国工业化、城市化的进展，庞大的流动人口已成为一个不容忽视的群体。他们的子女就学更成为普及义务教育的难点问题。据估算，目前全国流动人口总数有 8000 多万，按学龄儿童占人口的 2%--3% 来计算，流动学龄儿童计约 200 多万，而且随着产业结构的调整，这一数字将持续增加。

接受义务教育是宪法赋予学龄儿童的基本权利。但在现实中，流动人口子女多半面临着入学困难的问题，有的是无学可上，有的则是被迫辍学。

为什么外来儿童难以享受本该有的义务教育的权利呢？其主

Selected & edited by Chih-p'ing Chou
Prepared by Hua-hui Wei

他們也有上學的權利

在義務教育已經基本普及的今天
一個特殊群體的上學問題卻受到忽視
那就是流動人口中的 200 餘萬適齡少年兒童

王淑軍

　　來自河南駐馬店農村的徐偉，小學剛畢業就隨打工的父母來到北京。徐偉想繼續讀初中，但父母試了不少辦法也沒能成。他無學可上，只好幫著父親看車子。

　　在前不久舉行的全國基礎教育工作會議上，流動人口子女教育問題再次成爲與會人員關注的焦點。伴隨著我國工業化、城市化的進展，龐大的流動人口已成爲一個不容忽視的群體。他們的子女就學更成爲普及義務教育的難點問題。據估算，目前全國流動人口總數有 8000 多萬，按學齡兒童佔人口的 2%--3%來計算，流動學齡兒童計約 200 多萬，而且隨著産業結構的調整，這一數字將持續增加。

　　接受義務教育是憲法賦予學齡兒童的基本權利。但在現實中，流動人口子女多半面臨著入學困難的問題，有的是無學可上，有的則是被迫輟學。

　　爲什麽外來兒童難以享受本該有的義務教育的權利呢？其主

要原因在于政府无法通过现行户籍制度掌握人口流动现况。因此，在解决这个问题时，有关单位遇到极大的困难。

我国政府对于义务教育的管理，采取由地方自行负责的制度，也就是说，让每一个适龄儿童接受义务教育是户籍所在地政府的责任。流动人口子女也有同样的权利，不应该被视为例外。

但实际上，由于流动人口子女这一特殊群体已随其父母流入城镇，其户籍所在地的政府难以真正负起适龄人口就学的责任。而对于接受流入人口的城镇来说，流动人口子女入学会给经费原本已紧张的教育系统造成压力。特别在流动人口集中的地区，义务教育经费和设施短缺的情形势必更加严重。尽管一些城市办起了打工者子弟学校，但这类学校多数还没有合法地位，而且师资和经费也都存在着很大的问题。

基础教育是一个人走向健康成长的必要过程。这一段教育如果不健全，不仅给个人留下很大的遗憾，也是社会全民教育的一个失败。

在前不久举行的中国教育论坛上，有专家指出，流动人口子女就学难的情况，已使这一群体及其父母深切感受到强烈的不平等和被排斥。这已不仅仅是个教育的问题，如不及时解决，还会导致社会群体之间的对立，并引起流动人口的认同危机，后果值得警惕。

2001 年 8 月 10 日《人民日报》

要原因在於政府無法通過現行戶籍制度掌握人口流動現況。因此，在解決這個問題時，有關單位遇到極大的困難。

我國政府對於義務教育的管理，採取由地方自行負責的制度，也就是說，讓每一個適齡兒童接受義務教育是戶籍所在地政府的責任。流動人口子女也有同樣的權利，不應該被視爲例外。

但實際上，由於流動人口子女這一特殊群體已隨其父母流入城鎮，其戶籍所在地的政府難以真正負起適齡人口就學的責任。而對於接受流入人口的城鎮來說，流動人口子女入學會給經費原本已緊張的教育系統造成壓力。特別在流動人口集中的地區，義務教育經費和設施短缺的情形勢必更加嚴重。儘管一些城市辦起了打工者子弟學校，但這類學校多數還沒有合法地位，而且師資和經費也都存在著很大的問題。

基礎教育是一個人走向健康成長的必要過程。這一段教育如果不健全，不僅給個人留下很大的遺憾，也是社會全民教育的一個失敗。

在前不久舉行的中國教育論壇上，有專家指出，流動人口子女就學難的情況，已使這一群體及其父母深切感受到強烈的不平等和被排斥。這已不僅僅是個教育的問題，如不及時解決，還會導致社會群體之間的對立，並引起流動人口的認同危機，後果值得警惕。

2001 年 8 月 10 日《人民日報》

词汇

义务教育	義務教育	yìwùjiàoyù	*n.*	compulsory education
基本	基本	jīběn	*adj./ adv.*	basic; basically
普及	普及	pǔjí	*adj.*	universal, available to all
特殊	特殊	tèshū	*adj.*	special
群体	群體	qúntǐ	*n.*	group
忽视	忽視	hūshì	*v.*	to overlook, to neglect 例:受到/被~
流动人口	流動人口	liúdòng rénkǒu	*n.*	floating population
余	餘	yú	*n.*	200 余, 200 something
适龄	適齡	shìlíng	*adj.*	of the right age
来自	來自	láizì	*v.*	come from
河南	河南	Hénán	*n*	province of China
驻马店	駐馬店	Zhùmǎdiàn	*n.*	place name
农村	農村	nóngcūn	*n.*	rural area, countryside
徐伟	徐偉	XúWěi	*n*	person name
毕业	畢業	bìyè	*v.*	to graduate 例:去年从学校毕业。
随	隨	suí	*v.*	to go with as a companion, accompany 例:他随着丈夫到世界各地去旅行。
打工	打工	dǎgōng	*v.*	to do odd jobs
继续	繼續	jìxù	*v.*	to continue, to proceed to
初中	初中	chūzhōng	*n.*	junior high school
试	試	shì	*v.*	to try
办法	辦法	bànfǎ	*n.*	way, method
成	成	chéng	*v.*	to succeed 成=成功
前不久	前不久	qiánbùjiǔ	*adv.*	recently
举行	舉行	jǔxíng	*v.*	hold a meeting or an event

基础	基礎	jīchǔ	*n.*	foundation, base
会议	會議	huìyì	*n.*	meeting, conference
再次	再次	zàicì	*adv.*	once again
与会人员	與會人員	yùhuìrényuán	*n.*	people who participate in a conference 与＝参与, 会＝会议
关注	關注	guānzhù	*v.*	to pay close attention to 例: 环境问题是大家关注的焦点，受到了很大的关注。
焦点	焦點	jiāodiǎn	*n.*	focus
伴随	伴隨	bànsuí	*v.*	to accompany
进展	進展	jìnzhǎn	*n.*	progress, advancement
庞大	龐大	pángdà	*adj.*	huge, enormous
不容	不容	bùróng	*v.*	not to tolerate, not to allow 例:~怀疑/侵犯/忽视
就学	就學	jiùxué	*v.*	go to school
成为	成為	chéngwéi	*v.*	to become
难点	難點	nándiǎn	*n.*	point of difficulty
估算	估算	gūsuàn	*n./v.*	estimation; to estimate, to compute
目前	目前	mùqián	*adv.*	nowadays; at present; these days
按	按	àn	*v.*	according to 例:按人口总数来计算，我国学校的数量还是不够。
学龄	學齡	xuélíng	*n.*	school age
计	計	jì	*v.*	to count
约	約	yuē	*adv.*	nearly, approximately 约＝大约
产业	產業	chǎnyè	*n.*	industry
结构	結構	jiégòu	*n.*	structure, construction
调整	調整	tiáozhěng	*v./n.*	to adjust, to regulate

持续	持續	chíxù	adv./v.	(situation) sustained, to sustain 例:~增加/进展/扩大
宪法	憲法	xiànfǎ	n.	constitution
赋予	賦予	fùyǔ	v.	to endow with 例:宪法赋予人民言论自由。
面临	面臨	miànlín	v.	to face, to confront 例:~问题/困难/危机
入学	入學	rùxué	v.	register for school
辍学	輟學	chuòxué	v.	to drop out, to discontinue schooling
难以	難以	nányǐ	v.	to be hard to 例:~想象/接受/相信/享受
享受	享受	xiǎngshòu	v./n.	to enjoy; enjoyment
现行	現行	xiànxíng	adj.	current, present 例:~制度/法律
户籍	戶籍	hùjí	n.	registered permanent residence
掌握	掌握	zhǎngwò	v.	to know well, to grasp
现况	現況	xiànkuàng	n.	现在的情况
单位	單位	dānwèi	n.	organization, working unit
遇到	遇到	yùdào	v.	to encounter 例:~困难/挫折/问题/危险
采取	採取	cǎiqǔ	v.	to adopt (policies, etc.)
自行	自行	zìxíng	adv.	by oneself 例:~负责/解决
所在地	所在地	suǒzàidì	n.	location
流入	流入	liúrù	v.	to flow into
经费	經費	jīngfèi	n.	budget, funds
紧张	緊張	jǐnzhāng	adj.	(budget) tight
系统	系統	xìtǒng	n.	system
人口集中	人口集中	rénkǒu jízhōng	adj.	populated
设施	設施	shèshī	n.	facilities, equipment
短缺	短缺	duǎnquē	n.	shortage, deficiency

势必	勢必	shìbì	*adv.*	surely, certainly
合法	合法	héfǎ	*adj.*	legal
师资	師資	shīzī	*n.*	qualified teachers
走向	走向	zǒuxiàng	*v.*	move towards 例:中国处于走向发展中国家的过程中。
过程	過程	guòchéng	*n.*	process
健全	健全	jiànquán	*adj.*	sound 例:~的社会/人格/制度
遗憾	遺憾	yíhàn	*n./v.*	regret, pity; to regret 例:觉得/有/感到~
全民	全民	quánmín	*n.*	the whole people
失败	失敗	shībài	*n./v.*	failure; to fail
论坛	論壇	lùntán	*n.*	forum
深切	深切	shēnqiè	*adv.*	deeply
强烈	強烈	qiángliè	*adj./ adv.*	strong, violent, intense; strongly
排斥	排斥	páichì	*v.*	to exclude, to reject
及时	及時	jíshí	*adv.*	timely
导致	導致	dǎozhì	*v.*	to lead to, to bring about (unwanted results)
对立	對立	duìlì	*n.*	opposition
认同	認同	rèntóng	*v./n.*	to identify oneself with; identity 例:外地人往往得不到当地人的认同。
危机	危機	wēijī	*n.*	crisis
警惕	警惕	jǐngtì	*v.*	to be vigilant, to be alert 例:值得/应该~

词语解释:

1. 来自　　　　　　　　　　　come from
◆ 来自河南驻马店农村的徐伟，小学刚毕业就随打工的父母来到北京。
1) 这所大学的学生多半来自世界各地不同的国家。
2) 新闻上有一则来自伊拉克的最新消息。

2. 无 Noun 可 Verb　　　　　　have no Noun to V
◆ 他无学可上，只好帮着父亲看车子。
1) 他失业了好几个月，已经到了无房子可住的地步。
2) 放暑假了，我没什么计划，整天无事可做。

3. 再次　　　　　　　　　　　once again
◆ 在前不久举行的全国基础教育工作会议上，流动人口子女就学问题再
　　次成为与会人员关注的焦点。
1) 这起儿子杀亲生母亲的案件，再次震惊了全国人民。
2) 由于离婚率不断增高，单亲家庭再次成为社会讨论的话题。

4. 成为　A 成为 B 的…　　　　become
◆ 在前不久举行的全国基础教育工作会议上，流动人口子女就学问题再
　　次成为与会人员关注的焦点。
1) 由于比尔盖兹(Bill Gates)的成功，使他成为许多年轻人学习的对象。
2) 在今年的教育会议中，青少年辍学问题再次成为大家讨论的重点。

5. 不容+V　　　　　　　　　　not allow to…
◆ 庞大的流动人口已成为一个不容忽视的群体。
1) 在我看来，隐私权是不容侵犯的。
2) 在保守的社会里，和传统冲突的意见是不容存在的。

6. 据…推算／估算　　　　　　according to estimation
◆ 据估算，目前全国流动人口总数 8000 多万。
1) 据估算，我国吸烟人口已达到三百万人，占总人口的百分之十八。
2) 据估算，每十个家庭中就有三个是单亲家庭。

7. 原因在于….　　　　　　　　the reason is…
◆ 原因在于政府无法通过现行户籍制度掌握人口流动现况。
1) 他成绩总是很好的原因在于他每天花了很多时间读书。
2) 环境污染越来越严重的原因在于人民没有环境保护的观念。

8. 及时   timely

◆ 如不及时解决，还会导致他们在城市中的对立心理，诱发不同程度的认同危机和心理危机，后果值得警惕。

1) 好在你及时帮了我的忙，否则我一定会受到很严重的处罚。

2) 许多青少年因为无法受到政府及时的帮助而辍学。

练习

I. Fill in the blanks.

高达　　继续　　经费　　面临　　成为　　统计　　犯罪　　由于

近年来，教育再次＿＿＿＿政府重视的焦点。＿＿＿＿城乡差距越来越大，许多农村儿童＿＿＿＿无学可上的困境。据＿＿＿＿，全国无法＿＿＿＿就学的青少年＿＿＿＿三十万人，其中百分之三十的人曾经有＿＿＿＿纪录。这个问题实在不容忽视，政府应该增加有关教育的＿＿＿＿，给这些遭到困难的青少年帮助。

II. Complete the following sentences using the underlined expression.

1. 外来儿童难以享受义务教育的原因在于政府无法掌握人口流动现况。

离婚人口会越来越多…

流动人口经常犯罪…

2. 不久前举行的全国基础教育工作会议上，流动人口子女就学问题再次成为与会人员关注的焦点。

最近手机非常流行，…

他在三年之内就得到成功，…

3. 据估算，目前全国流动人口总数8000多万。

受到金钱万能观念影响的儿童越来越多，…

未成年青少年犯罪率日益增加，…

III. Summarize the following passage in Chinese.

Education for children of China's migrant population should not be overlooked. Statistics from *China Women's News* indicate that there are about 80 million itinerant workers in China. Most of them are surplus laborers from the countryside seeking jobs in big cities. Among them, there are 20 million school-age children. These children are usually refused by local primary schools because they are not categorized as local residents. Although in big cities such as Beijing, Tianjin, Shanghai, Guangzhou and Shenzhen where the floating population is concentrated, some local primary schools accept children from outside, the 1,000-yuan (US$122) tuition fee each semester is still too high for most of these families. To meet the demand, some privately-run primary schools have been built for these children, but many are not up to standard. The Ministry of Education and the Ministry of Public Security jointly issued the "temporary measures on the schooling of floating laborers' children," encouraging social groups to run public schools for them.

IV. Make a sentence using the underlined expressions.

1. 来自河南驻马店农村的徐伟，小学刚毕业就随打工的父母来到北京。

2. 流动人口子女就学问题再次成为与会人员关注的焦点。

3. 流动人口子女就学问题再次<u>成为</u>与会人员关注的焦点。

4. 庞大的流动人口已成为一个<u>不容</u>忽视的群体。

5. <u>据估算</u>，目前全国流动人口总数 8000 多万。

6. 据了解，仅北京市 300 多万流动人口中适龄儿童少年约 8 万人，<u>其中</u>约有 2 万儿童就读于 200 多所学校。

7. 主要<u>原因在于</u>国家现行户籍制度与人口流动现实不够协调，...

8. 如<u>不及</u>时解决，还会导致他们在城市中的对立心理，诱发不同程度的认同危机和心理危机，后果值得警惕。

V. Discussion.

1. 为什么流动人口存在就学困难的问题？在美国也有相同的问题吗？

2. 流动人口在经济、社会、教育等方面造成了哪些问题？

3. 如果你是中国的教育部长，你会怎样解决流动人口就学困难的问题？

4. 如果你是中国的领导，你会把发展教育还是经济放在第一位？为什么？

VI. Composition.

你是一个住在河北省(héběi)农村的老百姓，为了生活不得不到大城市工作，因此成了流动人口。你不但没屋子可住，你的孩子也没办法上学，请你写一封信给河北省长，说明你的情况，并请求政府的帮助。至少 300 字。

领养华童与种族文化认同

NBC 网站报导，美国家庭在过去 15 年内领养了多达四万名中国儿童，美国是从中国大陆领养儿童最多的国家。今年大陆将取消被领养儿童的配额，预期美国领养的中国儿童会更多。虽然这些美国养父母在教育他们领养的外国儿童时，已从过去要求他们与美国同化，改为接受不同文化的态度。但专家表示，这些养父母仍应进一步协助领养子女了解种族主义问题，并协助他们建立种族认同。

为什么很多美国家庭都领养中国儿童呢？主要的原因在于大陆实行一胎化政策之后，每年有将近一百万名儿童被遗弃，其中大多数都是女孩，因此孤儿院的人数大量增加。美国的领养者多半是较富裕和具有专业背景的白人，他们负担得起海外领养的昂贵费用。一般来说，从大陆领养儿童的费用大约为 3 万美元左右。

据统计，自从 1989 年大陆开放儿童被领养以来，有超过四万名儿童被美国家庭领养，其中一半是在过去四年被领养的。

由于在短时间内被领养的中国儿童大量增加，这些美国家庭组织了支持团体，他们过中国节，定期聚会，有些送养子养女去学中文，或参加中国文化营。

但这些美国养父母究竟应接受中国文化和语言到什么程度仍

領養華童與種族文化認同

NBC 網站報導，美國家庭在過去 15 年內領養了多達四萬名中國兒童，美國是從中國大陸領養兒童最多的國家。今年大陸將取消被領養兒童的配額，預期美國領養的中國兒童會更多。雖然這些美國養父母在教育他們領養的外國兒童時，已從過去要求他們與美國同化，改爲接受不同文化的態度。但專家表示，這些養父母仍應進一步協助領養子女瞭解種族主義問題，並協助他們建立種族認同。

爲什麼很多美國家庭都領養中國兒童呢？主要的原因在於大陸實行一胎化政策之後，每年有將近一百萬名兒童被遺棄，其中大多數都是女孩，因此孤兒院的人數大量增加。美國的領養者多半是較富裕和具有專業背景的白人，他們負擔得起海外領養的昂貴費用。一般來說，從大陸領養兒童的費用大約爲 3 萬美元左右。

據統計，自從 1989 年大陸開放兒童被領養以來，有超過四萬名兒童被美國家庭領養，其中一半是在過去四年被領養的。

由於在短時間內被領養的中國兒童大量增加，這些美國家庭組織了支持團體，他們過中國節，定期聚會，有些送養子養女去學中文，或參加中國文化營。

但這些美國養父母究竟應接受中國文化和語言到什麼程度仍

是一个有待讨论的问题。现在的养父母不再像以前只要求孩子与美国文化同化，他们鼓励孩子接触中国文化。然而，这些养父母仍然没有充分让孩子准备好如何面对种族主义和文化断裂，例如被领养的中国女孩在成长时会想知道她们被抛弃的原因是不是因为中国社会重男轻女。这样的想法，如果没有得到适当的辅导，将使她们的成长期特别艰难。

有一些养父母只零星地去做一些与中国有关的事，比方说去中国餐馆、学几个中国字、家里挂些中国画。这些做法虽然都很不错，但儿童真正需要的是与他们自己种族，或其他种族的人相处，使他们有机会接触更多元化的环境。

养父母面临的另一个考验是，一般人对白人养中国小孩的刻板印象，以及不可避免的种族矛盾。他们应该要做好心理准备，预先了解孩子在社会上可能遇到的困难和挫折，并与孩子充分沟通。此外，领养机构不仅应该在事前仔细评估领养申请人扶养儿童的能力，也应评估他们是否有跨种族领养的能力。即使这种筛检过程会使领养儿童的数目下降，使儿童待在孤儿院的时间延长，也是值得的。

被领养的儿童也有好消息。随着领养中国儿童家庭的增加，一股改变的力量正在形成。尤其是因为领养中国儿童的家庭大多较富裕、教育水平也高。当孩子在学校面临矛盾或挫折时，这些父母会向学校施压，要求学校以更开放多元的态度面对种族差是一個有待討論的問題。現在的養父母不再像以前只要求孩子與美國文化同化，他們鼓勵孩子接觸中國文化。然而，這些養父母仍然沒有充分讓孩子準備好如何面對種族主義和文化斷裂，例如被領養的中國女孩在成長時會想知道她們被拋棄的原因是不是因為中國社會重男輕女。這樣的想法，如果沒有得到適當的輔導，將使她們的成長期特別艱難。

有一些養父母只零星地去做一些與中國有關的事，比方說去中國餐館、學幾個中國字、家裡掛些中國畫。這些做法雖然都很不錯，但兒童真正需要的是與他們自己種族，或其他種族的人相處，使他們有機會接觸更多元化的環境。

養父母面臨的另一個考驗是，一般人對白人養中國小孩的刻板印象，以及不可避免的種族矛盾。他們應該要做好心理準備，預先瞭解孩子在社會上可能遇到的困難和挫折，並與孩子充分溝通。此外，領養機構不僅應該在事前仔細評估領養申請人扶養兒童的能力，也應評估他們是否有跨種族領養的能力。即使這種篩檢過程會使領養兒童的數目下降，使兒童待在孤兒院的時間延長，也是值得的。

被領養的兒童也有好消息。隨著領養中國兒童家庭的增加，一股改變的力量正在形成。尤其是因為領養中國兒童的家庭大多較富裕、教育水平也高。當孩子在學校面臨矛盾或挫折時，這些父母會向學校施壓，要求學校以更開放多元的態度面對種族异。同时，养父母也愿意增加孩子与自己族裔社区的接触，采取更积极有效的方法来帮助孩子。

2004 年 3 月 27 日《世界日报》

差異。同時，養父母也願意增加孩子與自己族裔社區的接觸，採取更積極有效的方法來幫助孩子。

2004 年 3 月 27 日《世界日報》

词汇

领养	領養	lǐngyǎng	*v.*	to adopt (a child)
华童	華童	Huátóng	*n.*	Chinese children 华=中华，童=儿童
种族	種族	zhǒngzú	*n.*	race
认同	認同	rèntóng	*v.*	to identify oneself with, to agree with
网站	網站	wǎngzhàn	*n.*	website
报导	報導	bàodào	*v.*	to report
过去	過去	guòqù	*adv.*	in the past
多达	多達	duōdá	*adv.*	up to; as much as 例:据报导，多达3000名的儿童受到虐待。
名	名	míng	*MW.*	measure word for people.
儿童	兒童	értóng	*n.*	children
中国大陆	中國大陸	Zhōngguódàlù	*n.*	the Mainland China
取消	取消	qǔxiāo	*v.*	to cancel, to call something off 例:~计画/限制/行动/约会
配额	配額	pèi'é	*n.*	quota
预期	預期	yùqī	*v./n.*	to anticipate to, expect; anticipation
养父母	養父母	yǎngfùmǔ	*n.*	foster parents
同化	同化	tónghuà	*v./n.*	to assimilate; assimilation
改为	改為	gǎiwéi	*v.*	to change to
接受	接受	jiēshòu	*v.*	to receive, to accept 例:~建议/意见/看法/改变
专家	專家	zhuānjiā	*n.*	expert; professional
仍	仍	réng	*adv.*	仍=仍然: still
应	應	yīng	*adv.*	应=应该: should
协助	協助	xiézhù	*v./n.*	to assist, to help; assistance 例:许多中国孩子需要协助，我们应该协助他们。

养子女	養子女	yǎngzǐnǚ	n.	adopted/ foster children
种族主义	種族主義	zhǒngzúzhǔyì	n.	racism
建立	建立	jiànlì	v.	to build, to establish
实行	實行	shíxíng	v.	to put into practice, to implement
一胎化	一胎化	yìtāihuà	v.	to have one child per couple
将近	將近	jiāngjìn	adv.	nearly; about
遗弃	遺棄	yíqì	v.	to abandon; to forsake 例:由于一胎化的政策，许多女童被遗弃。
孤儿院	孤兒院	gū'éryuàn	n.	orphanage
富裕	富裕	fùyù	adj.	well-to-do, well-off
具有	具有	jùyǒu	v.	to possess, to have 例:~资格/背景/特色/世界性
专业	專業	zhuānyè	n. /adj.	specialty; professional
背景	背景	bèijǐng	n.	background
负担	負擔	fùdān	v./n.	to bear (the cost), to support (a family); burden 例:父母负担不了昂贵的教育费用。
海外	海外	hǎiwài	adj.	abroad, overseas
昂贵	昂貴	ángguì	adj.	expensive; costly
费用	費用	fèiyòng	n.	expenses; fees
开放	開放	kāifàng	v.	to lift a ban; to open to the public 例:政府应该开放外国人投资的限制。
超过	超過	chāoguò	v.	to surpass; to exceed
短时间	短時間	duǎnshíjiān	n.	in a very short time or period 例:被领养的儿童很难:在短时间内适应新的生活。
组织	組織	zǔzhī	v./n.	to arrange; to organize, organization
支持	支持	zhīchí	v./n.	to support, to back; support

团体	團體	tuántǐ	*n.*	group
过	過	guò	*v.*	to spend (a holiday, vacation, etc.)
中国节	中國節	Zhōngguójié	*n.*	Chinese festival
定期	定期	dìngqī	*adv./* *adj.*	periodically; regular 例:~参加/举行/聚会
聚会	聚會	jùhuì	*v./n.*	to get together; to meet, get-together
送	送	sòng	*v.*	to send sb to do something 例：送孩子去参加文化营。
文化营	文化營	wénhuàyíng	*n.*	culture camp
程度	程度	chéngdù	*n.*	degree; level
有待	有待	yǒudài	*v.*	to require or need (discussion, investigation) 例:~调查/讨论/观察/解决
鼓励	鼓勵	gǔlì	*v./n.*	to encourage; encouragement
接触	接觸	jiēchù	*v./n*	to be in touch with, to contact
面对	面對	miànduì	*v.*	to face; to confront
断裂	斷裂	duànliè	*n./v.*	crack, break; to crack, to break apart
成长	成長	chéngzhǎng	*v.*	to grow up, to mature 例:在~的过程中
抛弃	拋棄	pāoqì	*v.*	to abandon, to forsake
重男轻女	重男輕女	zhòngnán qīngnǚ	*v.*	to regard men as superior to women
适当	適當	shìdàng	*adj.*	appropriate, suitable
辅导	輔導	fǔdǎo	*n./v.*	counsel, guidance; to counsel, to guide
成长期	成長期	chéngzhǎngqī	*n.*	the period when one is in the process of growing up
艰难	艱難	jiānnán	*adj.*	difficult, hard
零星	零星	língxīng	*adj.*	odd, sporadic, fragmentary
挂	掛	guà	*v.*	to hang
多元化	多元化	duōyuánhuà	*v.*	to diverse, to diversify

面临	面臨	miànlín	v.	to face, to confront, to be faced with
考验	考驗	kǎoyàn	n./v.	test; to test
刻板	刻板	kèbǎn	adj.	stereotyped, rigid, dull
印象	印象	yìnxiàng	n.	impressions
矛盾	矛盾	máodùn	n.	conflict, contradictory 例:发生/产生/有~
预先	預先	yùxiān	adv.	in advance
挫折	挫折	cuòzhé	n.	frustration, setback
沟通	溝通	gōutōng	v.	to communicate with 例:父母应该多跟孩子沟通。
机构	機構	jīgòu	n.	organization, organ
事前	事前	shìqián	adv.	beforehand
仔细	仔細	zǐxì	adv.	carefully, meticulously 例:~考虑/评估/研究/分析
评估	評估	pínggū	v.	to evaluate
申请人	申請人	shēnqǐngrén	n.	applicant 申请: to apply
扶养	扶養	fúyǎng	v.	to foster, to bring up
跨	跨	kuà	n.	(suffix) pan-, cross-, 例:~文化/种族/国
筛检	篩檢	shāijiǎn	v./n.	to screen (in order to select or separate certain individuals), to examine
数目	數目	shùmù	n.	number, amount
延长	延長	yáncháng	v.	to extend, to prolong 例:~时间/生命/计画
股	股	gǔ	MW.	measure word for 力量, 压力, 气氛…etc.
施压	施壓	shīyā	v.	to impose pressure on
差异	差異	chāyì	n.	difference
族裔	族裔	zúyì	n.	tribe, race
社区	社區	shèqū	n.	community
积极	積極	jījí	adj.	positive, active

词语解释

1. 在 Time Word 内   in (a period of time)

◆ 美国家庭在过去 15 年内领养了多达四万名中国儿童，美国是从中国大陆领养儿童最多的国家。

1) 没有家人的支持和帮助，他不可能在短时间内成功。

2) 今年暑假，我在半个月内去了中国好几个地方旅行，好玩极了。

2. 从…改变为…   change from A to B

◆ 这些美国养父母在教育他们领养的外国儿童时，已从过去要求他们与美国同化，改变为接受不同文化的态度。

1) 改革开放以后，中国已从过去的社会主义制度，改变为市场经济制度。

2) 近几年来，民众对婚姻已从过去的保守改变为开放的态度。

3. 原因在于…   the reason lies in…

◆ 主要的原因在于大陆实行一胎化政策之后，每年有将近一百万名儿童被遗弃。

1) 许多女孩被抛弃的主要原因在于重男轻女的观念。

2) 失业率不断上升的原因在于经济不景气，工作机会不多。

4. 自从…以来   since

◆ 自从 1989 年大陆开放儿童被领养以来，有超过四万名儿童被美国家庭领养。

1) 自从互联网广泛使用以来，人们的生活有了很大的改变。

2) 自从去孤儿院参观以后，他不再像以前一样经常抱怨。

5. V 到什么程度   to what degree/extent

◆ 但这些美国养父母究竟应接受中国文化和语言到什么程度仍是一个待讨论的问题。

1) 我应该学中文学到什么程度才能跟中国人做生意?

2) 你到底要我做到什么程度你才能够满意?

6. 不仅…也…   not only…but also…

◆ 此外，领养机构不仅应该在事前仔细评估领养申请人扶养儿童能力，也应评估他们是否有跨种族领养的能力。

1) 住大房子开豪华汽车，不仅代表地位，也象征财富。

2) 被领养的孩子，不仅能享受家庭生活，也能得到比较好的教育。

7. 正在 in the process of, in the middle of

◆ 随着领养中国儿童家庭的增加，一股改变的力量正在形成。

1) 由于经济不断地发展，可以利用的资源也正在渐渐减少。

2) 我正在准备考试的时候，图书馆就停电了。

练习

I. Answer the questions with the expressions provided.

1. 为什么领养中国儿童的美国人很多？

(富裕，负担，费用，能力，不仅…也…，辅导)

2. 被领养的孩子可能会遇到什么问题？

(艰难，矛盾，刻板印象，文化断裂，种族，同化)

3. 美国养父母应该怎么教育中国孩子？

(协助，支持，文化营，预先，扶养，接触，多元化)

4. 一个好的领养机构应该是怎么样的？

(评估，筛检，能力，申请人，事前)

II. Fill the Chinese words in the blanks.

遗弃，超过，聚会，组织，差异，积极

1. 美国是一个移民国家，各地文化的＿＿＿＿＿＿很大。

2. 去年有＿＿＿＿＿＿一万的美国家庭领养来自中国的孩子。

3. 每年十月，我都会去参加高中同学的＿＿＿＿＿＿。

4. 遇到困难时，你应该要＿＿＿＿＿＿面对，而不应该只是逃避。

5. 孤儿院的孩子，多半都是被父母＿＿＿＿＿＿的。他们很需要社会的协助。

6. 家长＿＿＿＿＿＿了支持团体来帮助儿童更顺利地适应环境。

III. Discussion

1. 美国养父母对孩子持什么态度？

2. 为什么中国有很多孤儿？和中国的人口政策有什么关系？

3. 如何减少养子女可能遇到的困难？

4. 你认为美国养父母有能力能够成功地扶养一个中国孩子吗？

5. 美国养父母可能面临什么样的考验？

IV. Summarize the following paragraph in Chinese.

Many of the American communities in which adopted Chinese girls are becoming a recognizable demography are university towns or cities. Older childless professionals, including some single parents and gays and lesbians, are heavily represented among the adopters. In this population there has been no groundswell against the government pressures that are giving rise to the abandonment of so many little girls in China in the first place.

Undeniably, the Westerners who adopt the girls save them from a harsh life. And the adopted Chinese children bring joy to their new parents. Their presence in American schools and communities encourages generous rethinking of ideas about race and family. If the numbers of adoptee from China continue at current levels, Chinese girls with American parents will make up a noticeable slice of the upper middle class population in many parts of the country.

While there is little prospect for an end to the one-child law under China's current government, many do see hope that the adopted girls may one day find their birth mothers. American parents of this wave of adopted Chinese girls emphasize their children's Chinese heritage and remind their children that they have a family in China. Children's books like Mommy Far, Mommy Near and contacts with other adopted Chinese children keep the idea alive.

V. Composition.

1. 要是你和丈夫(太太)结婚十年了却无法生小孩，在这样的情况下，你会不会去领养一个中国小孩？为什么？

2. 被领养的孩子应该与美国文化同化还是保持自己原来的文化？说一说你的看法。

人均GDP超过一千美元意味着什么

赵承 刘铮

GDP，衡量的是一个国家的经济总量；人均GDP评价的是一个国家的富裕程度。在经济学界，人们更多地拿人均GDP作为划分经济发展阶段的重要指标。因此，国家统计局预测，今年中国人均GDP将超过1000美元，对于中国经济发展确实具有非同寻常的意义。多数经济学家同意这样的观点，人均GDP跨入1000美元的门槛，将是一个重要的发展起点。

当我们从需求的角度去进行分析时就会发现，在新的起点上，变动最为激烈的将是消费结构。按照国际的经验，人均GDP超过1000美元，消费结构将向发展型、享受型升级，过去的奢侈品将转化为居民的必需品。今年以来，汽车等消费热点的日益形成，只不过是这一变化的序幕。跨入人均1000美元的门槛，这种消费结构升级的趋势将会更加迅猛。

中国机械工业联合会的专家说，当人均GDP达到1000美元时，汽车开始进入家庭；而人均GDP达到3000美元的时候，私人购车将出现爆发性增长。目前，我国已整体迈入汽车进入家庭的时期，而在北京、广州等大城市，则基本达到爆发性增长阶段。消费结构的升级，带动的将是投资结构和生产结构的变化。住房、汽车和电子通信正在成为产业升级和经济增长的主要动力，这是

人均 GDP 超過一千美元意味著什麼

趙承 劉錚

GDP，衡量的是一個國家的經濟總量；人均 GDP 評價的是一個國家的富裕程度。在經濟學界，人們更多地拿人均 GDP 作為劃分經濟發展階段的重要指標。因此，國家統計局預測，今年中國人均 GDP 將超過 1000 美元，對於中國經濟發展確實具有非同尋常的意義。多數經濟學家同意這樣的觀點，人均 GDP 跨入 1000 美元的門檻，將是一個重要的發展起點。

當我們從需求的角度去進行分析時就會發現，在新的起點上，變動最為激烈的將是消費結構。按照國際的經驗，人均 GDP 超過 1000 美元，消費結構將向發展型、享受型升級，過去的奢侈品將轉化為居民的必需品。今年以來，汽車等消費熱點的日益形成，只不過是這一變化的序幕。跨入人均 1000 美元的門檻，這種消費結構升級的趨勢將會更加迅猛。

中國機械工業聯合會的專家說，當人均 GDP 達到 1000 美元時，汽車開始進入家庭；而人均 GDP 達到 3000 美元的時候，私人購車將出現爆發性增長。目前，我國已整體邁入汽車進入家庭的時期，而在北京、廣州等大城市，則基本達到爆發性增長階段。消費結構的升級，帶動的將是投資結構和生產結構的變化。住房、汽車和電子通信正在成為產業升級和經濟增長的主要動力，這是当前和今后经济持续快速增长的最可靠支撑。另外，服务业也将迎来一个加速发展的转折点。服务业层次的提升、总量的增加，将是必然的趋势。中国经济将因此向高一级形态迈进。

当然，人均的概念有着一些不足之处。全国的平均水平，并不能说明某一个群体的生活状况。在农村，许多种粮的农民收入仍然较低，一些城市的下岗职工生活状况亟待改善。这种发展的不平衡性，正是我们全面建设小康社会需要解决的重要问题之一。

另外，中国的人均 GDP 超过 1000 美元，与过去的几百美元相比，是一个历史性的进步。但是，与发达国家的动辄数万美元相比，我们的差距还是相当大的。时至今日，中国 GDP 总量排名第六，但人均排名在 100 位以后。人均 GDP 超过 1000 美元，并不能改变我们是一个收入较低的发展中国家的事实。它说明的是，中国加快发展的艰巨性、长期性和紧迫性。

在经济长期发展的历程中，人均 1000 美元是一个重要的起点。如果战略和政策把握得当，从这个起点上，经济可以迅速起飞。另一方面，在这一阶段，通常是结构变动最为剧烈、各种矛盾最为突出的时期，处理得不好，也容易造成经济停滞。从战略的高度认清机遇、抓住机遇、用好机遇，推动经济的更大发展，应该是我们的现实态度。

2003 年 11 月 29 日 《人民日报》

當前和今後經濟持續快速增長的最可靠支撐。另外，服務業也將迎來一個加速發展的轉折點。服務業層次的提升、總量的增加，將是必然的趨勢。中國經濟將因此向高一級形態邁進。

當然，人均的概念有著一些不足之處。全國的平均水平，並不能說明某一個群體的生活狀況。在農村，許多種糧的農民收入仍然較低，一些城市的下崗職工生活狀況亟待改善。這種發展的不平衡性，正是我們全面建設小康社會需要解決的重要問題之一。

另外，中國的人均 GDP 超過 1000 美元，與過去的幾百美元相比，是一個歷史性的進步。但是，與發達國家的動輒數萬美元相比，我們的差距還是相當大的。時至今日，中國 GDP 總量排名第六，但人均排名在 100 位以後。人均 GDP 超過 1000 美元，並不能改變我們是一個收入較低的發展中國家的事實。它說明的是，中國加快發展的艱巨性、長期性和緊迫性。

在經濟長期發展的歷程中，人均 1000 美元是一個重要的起點。如果戰略和政策把握得當，從這個起點上，經濟可以迅速起飛。另一方面，在這一階段，通常是結構變動最為劇烈、各種矛盾最為突出的時期，處理得不好，也容易造成經濟停滯。從戰略的高度認清機遇、抓住機遇、用好機遇，推動經濟的更大發展，應該是我們的現實態度。

2003 年 11 月 29 日《人民日報》

词汇

GDP	GDP	GDP	*n.*	gross domestic product 国民生产总值
人均 GDP	人均 GDP	rénjūn GDP	*n.*	national per capita income 人均国民收入
超过	超過	chāoguò	*v.*	to surpass 例：~世界先进水平/别人
衡量	衡量	héngliáng	*v.*	to judge 例：用金钱/地位/什么标准 来衡量一个人。
总量	總量	zǒngliàng	*n.*	total quantity (national worth)
评价	評價	píngjià	*v.*	to appraise, to evaluate
富裕	富裕	fù.yù	*adj.*	prosperous
程度	程度	chéngdù	*n.*	degree　例：富裕/破坏~
经济学界	經濟學界	jīngjìxuéjiè	*n.*	field of study of economy
划分	劃分	huàfēn	*v.*	to subdivide, to partition 例：~经济特区/阶段/阶层
阶段	階段	jiēduàn	*n..*	stage, phase 例：历史/初中/讨论~
指标	指標	zhǐbiāo	*n.*	index　例：生产/质量~
统计局	統計局	tǒngjìjú	*n.*	Bureau of Statistics
预测	預測	yùcè	*v.*	to predict
非同寻常	非同尋常	fēitóng xúncháng	*adj.*	not ordinary, not common 不寻常 (lit.) 非:不,同: 相同, 寻常: ordinary
跨入	跨入	kuàrù	*v.*	to step into, to stride into 例：跨入门槛儿/新的一年/ 大门 (lit.) 跨: to stride 入 to enter into
门槛	門檻	ménkǎnr	*n.*	threshold
起点	起點	qǐdiǎn	*n.*	starting point
需求	需求	xūqiú	*n.*	needs
变动	變動	biàndòng	*n.*	change
激烈	激烈	jīliè	*adj.*	intense; fierce　例：~的变动/ 比赛/竞争/争论

消费结构	消費結構	xiāofèi jiégòu	*n.*	pattern of consumption 消费: to consume 例：～水平 结构: structure, pattern 例：消费/经济/投资/生产～
型	型	xíng	*n.*	type 例：发展/享受/新～
升级	升級	shēngjí	*v.*	to upgrade
奢侈品	奢侈品	shēchǐpǐn	*n.*	luxurious goods
转化	轉化	zhuǎnhuà	*v.*	to transform 例 ：劳动产品～成商品
必需品	必需品	bìxūpǐn	*n.*	necessities 必需: essential, vitally needed, 品: product
热点	熱點	rèdiǎn	*n.*	hot topic 例：～问题
日益	日益	rìyì	*adj.*	day by day 例：～提高/发展
形成	形成	xíngchéng	*v.*	to form, to shape 例：～良好 的习惯/关系/性格
序幕	序幕	xùmù	*n.*	prelude 例：学生运动是中 国革命的～。
迅猛	迅猛	xùnměng	*adj.*	swift and violent 例：～趋势
机械工业	機械工業	jīxiègōngyè	*n.*	industrial machinery
联合会	聯合會	liánhéhuì	*n.*	union 例：妇女/学生～
达到	達到	dádào	*v.*	to achieve, to reach 例：～标 准/世界先进水平/目标
爆发性	爆發性	bàofāxìng	*n.*	with the nature of sudden eruption 爆发: to erupt; to break out 例：火山/战争～ 性: suffix (with certain characteristics) 例：必要/可 能/历史/平衡/艰巨/长期/紧 迫～
整体	整體	zhěngtǐ	*adj.*	whole, entirety
迈入	邁入	màirù	*v.*	to step into 跨入
带动	帶動	dàidòng	*v.*	to lead, to inspire
投资	投資	tóuzī	*v./n.*	to invest, investment
生产	生產	shēngchǎn	*v./n.*	to produce, production

电子通信	電子通信	diànzǐtōngxìn	n.	tele-communication
动力	動力	dònglì	n.	driving force, impetus
持续	持續	chíxù	v.	to sustain 例：~发展/上升/提高
快速	快速	kuàisù	adj.	high-speed
可靠	可靠	kěkào	adj.	dependable
支撑	支撐	zhīchēng	v.	to support
服务业	服務業	fúwùyè	n.	service sector
迎来	迎來	yínglái	v.	to meet; to greet 例：我们~了中国的新年。 迎: go to meet, 来: to come
转折点	轉折點	zhuǎnzhédiǎn	n.	a turning point
层次	層次	céngcì	n.	(administrative) levels
提升	提升	tíshēng	v.	to elevate
必然	必然	bìrán	adj.	inevitable, certain
高一级	高一級	gāo.yìjí	n.	a higher level
形态	形態	xíngtài	n.	pattern (of a society or economy) 例：意识/社会/经济~
迈进	邁進	màijìn	v.	to stride forward 例：向着现代化~。
概念	概念	gàiniàn	n.	concept
不足之处	不足之處	bùzúzhīchù	n.	deficiencies, shortcomings 不足: insufficient, 之=的, 处=地方
群体	群體	qúntǐ	n.	group (in sociology)
状况	狀況	zhuàngkuàng	n.	condition 例：生活/经济~
种	種	zhòng	v.	to plant 例：~地/粮食
粮	糧	liáng	n.	grain 粮食
下岗	下崗	xiàgǎng	v.	to be laid off 例：他~了。
职工	職工	zhígōng	n.	staff and workers
亟待	亟待	jídài	n.	to wait anxiously 亟: urgently, anxiously, 待: to wait 等待 例:问题~解决

平衡性	平衡性	pínghéngxìng	n.	having the nature of keeping balance
全面	全面	quánmiàn	adj.	comprehensive
建设	建設	jiànshè	v.	to develop, to build 例: ~小康社会
小康	小康	xiǎokāng	n.	well-to-do
历史性	歷史性	lìshǐxìng	n.	having historical significance 历史: history 性: suffix (with certain characteristics) 例: 这场战争的胜利是一个~的胜利。
动辄	動輒	dòngzhé	adv.	easily 动不动就 例：他~就自杀/不高兴。
差距	差距	chājù	n.	gap, disparity
时至今日	時至今日	shízhìjīnrì		to this day
排名	排名	páimíng	n-o.	to arrange the order 例：他中文考试~第一。
事实	事實	shìshí	n.	fact
加快	加快	jiākuài	v.	to speed up 例：~改革/实现现代化
艰巨性	艱巨性	jiānjùxìng	n.	having the nature of arduousness 艰巨: arduous, 性: suffix (with certain characteristics)
长期性	長期性	chángqīxìng	n.	having the nature of being long-term 长期: long term, 性: suffix (with certain characteristics)
紧迫性	緊迫性	jǐnpòxìng	n.	having the nature of urgency 紧迫: urgent, 性: suffix (with certain characteristics)
历程	歷程	lìchéng	n.	course (of struggle), journey (of life)
战略	戰略	zhànluè	n.	strategy (in war, or economic plan)
政策	政策	zhèngcè	n.	policy
把握	把握	bǎwò	v.	to seize 例：~时机/政策
得当	得當	dédàng	adj.	appropriate 例：开玩笑开得很~。

起飞	起飛	qǐfēi	*v.*	to take off 例：经济/飞机~
剧烈	劇烈	jùliè	*adv/ adj.*	violent; severe 例：~的变动 /运动/疼痛
突出	突出	tūchū	*adj.*	prominent 例：~的成就/特点
停滞	停滯	tíngzhì	*v.*	to stagnate
认清	認清	rènqīng	*v.*	to see clearly
机遇	機遇	jīyù	*n.*	favorable opportunity 好机会
抓住	抓住	zhuāzhù	*v.*	to catch hold of 例：~坏人/ 主要矛盾/机遇
现实	現實	xiànshí	*n.*	reality

词语解释

1. 拿…作为（指标，标准）　　　　　to take …as (index, standard)

◆ 在经济学界，人们拿人均GDP作为划分经济发展阶段的重要指标。

1) 看一个国家经济水平高不高得拿美国作为标准。

2) 找工作的时候，我拿一年能赚十万块钱作为我的目标。

2. 从…角度去/来 Verb　　　　　(to Verb) from the angle of …

◆ 当我们从需求的角度去进行分析时就会发现，变动最激烈的将是消费结构。

1) 我们不应该只从单一的角度来看问题，而应该从各个不同的角度去研究问题。

2) 从历史的角度来看，中国的改革开放具有深远的历史意义。

3. 只不过　　　　　　　　　　　　no more than, merely

◆ 汽车等消费热点的形成只不过是这一变化的序幕。

1) 那只不过是句玩笑，你别以为是真的。

2) 他只不过是一个小孩子，别生他的气了。

4. 迎 （来）   to meet; to greet

◆ 服务业也将<u>迎来</u>一个加速发展的转折点。

1) 我们又迎来了新的一年。

2) 中国迎来了改革开放的新局面。

5. 亟待   to await anxiously, urgently

◆ 一些城市的下岗职工的生活状况<u>亟待</u>改善。

1) 中国人的住房问题亟待解决。

2) 中国老企业的设备亟待改善。

6. 动辄   （书） easily

◆ 与发达国家的<u>动辄</u>数万美元相比，我们的差距还是相当大的。

1) 这个小女孩被父母惯坏了，动辄就摔东西骂人。

2) 这个学校的学生动辄就不来上课,更不要说生病的时候了。

7. 与…相比, …   in comparison with, …

◆ 中国人均 GDP 超过 1000 美元，<u>与</u>过去<u>相比</u>，是一个历史性的进步。

1) 与中国的农民相比，我们的生活是很奢侈的。

2) 与两年前相比，我现在的中文口语水平好多了。

8. 时至今日   even to this day

◆ <u>时至今日</u>，中国 GDP 总量排名第六，但人均排名在 100 位以后。

1) 父亲去世已经五年了，时至今日，回想起来，仍然很难过。

2) 我对我的第一个小学老师印象非常深刻，时至今日，我还能回忆起他第一次给我们上课时的情形。

9. 在... 历程中   in the course of

◆ <u>在</u>经济发展的<u>历程中</u>，人均 1000 美元是一个重要的起点。

1) 在人生的历程中，你会经历到各种酸甜苦辣。

2) 文化大革命，对很多中国人来说，是一段痛苦而难忘的历程。

练习

I. Make sentences by using underlined parts.

  1. 汽车等消费热点的形成<u>只不过</u>是这一变化的序幕。

2. 当我们从需求的角度去进行分析时就会发现，变动最激烈的将是消费结构。

3. 一些城市的下岗职工的生活状况亟待改善。

4. 与发达国家的动辄数万美元相比，我们的差距还是相当大的。

5. 中国人均 GDP 超过 1000 美元，与过去相比，是一个历史性的进步。

6. 时至今日，中国 GDP 总量排名第六，但人均排名在 100 位以后。

II. Based on the text, please answer the following questions using the words provided.

1. 什么是 GDP? 什么是人均 GDP? 中国 GDP 的增长有什么意义?

   （衡量，富裕程度，拿…作为，指标，超过，总量，人均排名，具有…意义，起点，历史性的进步，差距）

2. GDP 引起了什么样的社会变化?

   （消费结构，升级，奢侈，转化，必需，消费热点，进入家庭，趋势，投资结构，生产结构，服务业，向…迈进，迎来）

3. 使用人均 GDP 的概念来衡量一个国家的生活水平会有什么不足之处?

   （农村，下岗职工，生活状况，亟待，不平衡，建设，小康社会，矛盾，突出，停滞）

III. Read the following paragraphs and summarize the main idea in Chinese.

China has been experiencing rapid growth since Deng Xiaoping launched the economic reforms, in 1978, that transformed China from a command to a market-based economy and from an agricultural to an urban and industrial society. Between 1978 and 1996, real GDP grew, on average, by over 9 per cent a year, contributing to a near quadrupling of per capita income. These reforms have reduced the number of people below the poverty line from more than 200 million in 1981 to about 70 million in 1995. However, disparities in wage income between the urban and rural residents, between different regions, and even among the urban residents still exist.

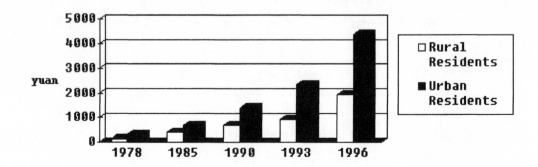

China has witnessed sizzling growth over the past few decades. From 1978 to 2002, the average annual GDP growth rate was 9.4 per cent. The high growth rate, however, has obfuscated the worsening economic disparity between rural and urban areas. While the average disposable income of urban residents was 2.57 times that of rural residents in 1978, it was 3.11 in 2002. Sustainable economic growth depends on a large market but China has encountered the economic bottleneck of inactive domestic demand due to a limited market. Although China boasts a population of 1.3 billion, only about one third have adequate purchasing power to ratchet up the market given the predominant proportion of rural population, who have suffered from slow income growth for many years.

IV. Discussion questions

1. 国民生产总值能不能正确地反映一个国家的经济发展水平？国民生产总值发展越快越好吗？为什么？

2. 文章说中国人均国民收入达到了 1000 美元，可是这种发展存在着不平衡性，请你先看看 Section III 的英文文章然后谈谈这种不平衡性是什么？

3. 请你根据中国城市居民和中国农村的具体情况，谈谈国民生产总值的增长跟消费结构的关系。

4. 中国人均国民收入达到了 1000 美元是不是真的说明中国人整体的生活水平提高了？举例说明。

5. 中国人均国民收入达到了 1000 美元会给中国社会带来什么好处和坏处？

V. Composition

中国的人均 GDP 超过 1000 美元意味着什么？谈谈你自己的看法。

城市发展与文化传承

龚平

"现代化"、"国际化"已成为当今城市建设最时髦的追求，而对于人文精神的塑造、历史文化的传承，则似乎有些淡忘了。

不过，这种情况已开始有所改变：在城市争相打造品牌形象的时候，人文精神不再被视为经济发展、技术进步的对立面。在城市管理者的眼中，它被看成是推动经济发展、提升城市竞争力的一项重要因素。

最近有篇关于苏州的报导，以苏州的双面绣来比喻该市的发展："一面是科技，一面是人文；一面是传统文化，一面是现代经济，两者协调地合为一体。"也正因此，苏州这个建城两千五百多年而且在原址上没有变迁的城市，对投资者尤其是海外华人而言，不仅是一个"发家之地"，同时也是能够安置身心的"心灵居所"。

一位在苏州投资的台商说："我每次从那些老房子旁边走过，朝那一条条悠悠长长的小巷望进去，和小时候在家乡的感觉一样，恍惚之间觉得我的奶奶还在里面。"苏州在近十年间，GDP从526亿元跃升为2080亿元，2002年仅低于上海、北京、广州、深圳，在全国城市中排名第五。究其原因，人文是不可忽

Selected & prepared by :Chih-p'ing Chou
Prepared by: Hua-hui Wei

城市發展與文化傳承

龔平

"現代化"、"國際化"已成爲當今城市建設最時髦的追求，而對於人文精神的塑造、歷史文化的傳承，則似乎有些淡忘了。

不過，這種情況已開始有所改變：在城市爭相打造品牌形象的時候，人文精神不再被視爲經濟發展、技術進步的對立面。在城市管理者的眼中，它被看成是推動經濟發展、提升城市競爭力的一項重要因素。

最近有篇關於蘇州的報導，以蘇州的雙面繡來比喻該市的發展："一面是科技，一面是人文；一面是傳統文化，一面是現代經濟，兩者協調地合爲一體。"也正因此，蘇州這個建城兩千五百多年而且在原址上沒有變遷的城市，對投資者尤其是海外華人而言，不僅是一個"發家之地"，同時也是能够安置身心的"心靈居所"。

一位在蘇州投資的台商說："我每次從那些老房子旁邊走過，朝那一條條悠悠長長的小巷望進去，和小時候在家鄉的感覺一樣，恍惚之間覺得我的奶奶還在裡面。"蘇州在近十年間，GDP 從 526 億元躍升爲 2080 億元，2002 年僅低於上海、北京、廣州、深圳，在全國城市中排名第五。究其原因，人文是不可忽視的促進因素。

视的促进因素。

发展经济，实现现代化是我们的共识。但是，不能否认，我们不少城市在追求经济腾飞的过程中，急功近利地切断城市的历史记忆和文化传统，以"现代化"、"国际化"的名义损害城市的发展个性——当前城市建设中不乏这样的败笔。它一方面反映了我们在城市规划与建设上想象力与创造力的贫乏；一方面说明了我们不知道一个城市之所以拥有其他城市不能模仿的个性，就在于它的历史是与众不同的，而一个城市个性的形成正是其形象价值积累的过程。

要建设一个世界性的城市，可以跨越经济增长的阶段，但不能跨越人文精神的培育和塑造。而对中国这个文明古国来说，经过千百年历史文化的深厚积累，塑造出来的城市人文精神，正是历史赋予许多中国城市的最大财富。

当然，对城市发展除了要有历史的眼光之外，还应有立足当代的眼光，也就是要用现代意识去激活古老的文化元素，并进一步巧妙融合古今。只要你去苏州走走，看看那些高楼大厦与小桥流水的和谐相处，去体会一下流淌在其中对人的关怀的种种内涵，应该就会有不少启迪。吸引外来资金投资，发展城市建设固然很难，但更难也更为重要的，应该是塑造城市的人文精神，呈现出更多样丰富的文化面貌。

2003 年 9 月 17 日《人民日报》

　　發展經濟，實現現代化是我們的共識。但是，不能否認，我們不少城市在追求經濟騰飛的過程中，急功近利地切斷城市的歷史記憶和文化傳統，以"現代化"、"國際化"的名義損害城市的發展個性——當前城市建設中不乏這樣的敗筆。它一方面反映了我們在城市規劃與建設上想像力與創造力的貧乏；一方面說明了我們不知道一個城市之所以擁有其他城市不能模仿的個性，就在於它的歷史是與眾不同的，而一個城市個性的形成正是其形象價值積累的過程。

　　要建設一個世界性的城市，可以跨越經濟增長的階段，但不能跨越人文精神的培育和塑造。而對中國這個文明古國來說，經過千百年歷史文化的深厚積累，塑造出來的城市人文精神，正是歷史賦予許多中國城市的最大財富。

　　當然，對城市發展除了要有歷史的眼光之外，還應有立足當代的眼光，也就是要用現代意識去激活古老的文化元素，並進一步巧妙融合古今。只要你去蘇州走走，看看那些高樓大厦與小橋流水的和諧相處，去體會一下流淌在其中對人的關懷的種種內涵，應該就會有不少啓迪。吸引外來資金投資，發展城市建設固然很難，但更難也更為重要的，應該是塑造城市的人文精神，呈現出更多樣豐富的文化面貌。

2003 年 9 月 17 日《人民日報》

词汇

发展	發展	fāzhǎn	v./n.	to develop; development
传承	傳承	chuánchéng	v.	to hand down, to inherit
建设	建設	jiànshè	v./n.	to construct , construction 例: 政府得重视城市建设，才能建设一个现代化的城市。
时髦	時髦	shímáo	adj.	fashionable
追求	追求	zhuīqiú	n./v.	pursuit, to seek
人文	人文	rénwén	n.	humanities, human affairs 例: ~精神/科学/修养
精神	精神	jīngshén	n.	spirit, essence
塑造	塑造	sùzào	v.	to mold, to shape 例: ~人格/性格/品牌
似乎	似乎	sìhū	v.	it seems that
淡忘	淡忘	dànwàng	v.	to fade from one's memory
争相	爭相	zhēngxiāng	v.	to compete for 例: ~举办/投资/前往
打造	打造	dǎzào	v.	to establish, to build 例: ~品牌/形象
品牌	品牌	pǐnpái	n.	brand
形象	形象	xíngxiàng	n.	image; physical description of a person
被视为	被視為	bèishìwéi	v.	to be regarded as
技术	技術	jìshù	n.	technology, technique
对立面	對立面	duìlìmiàn	n.	opposite 例: 经济发展往往被视为人文精神的对立面。
管理者	管理者	guǎnlǐzhě	n.	administrator; director 管理: to manage, to direct

眼	眼	yǎn	n.	eye
推动	推動	tuīdòng	v.	to push forward, to promote
提升	提升	tíshēng	v.	to enhance, to heighten
竞争力	競爭力	jìngzhēnglì	n.	competitive power 例:提升/减少/缺乏~
因素	因素	yīnsù	n.	factor, element
篇	篇	piān	MW.	measure word of an article, an essay, etc.
关于	關於	guānyú	prep.	about, with regard to
苏州	蘇州	Sūzhōu	n.	place name
双面绣	雙面繡	shuāngmiàn xiù	n.	two-sided embroidery
比喻	比喻	bǐyù	v./n/	to compare, to draw a parallel, metaphor 例:用~来比喻
科技	科技	kējì	n.	technology
协调	協調	xiétiáo	v.	to harmonize, to be in harmony with
合为一体	合為一體	héwéiyìtǐ	v.	to be combined into one
建城	建城	jiànchéng	v.	to construct the city
原址	原址	yuánzhǐ	n.	original site
变迁	變遷	biànqiān	n.	change, transition
投资者	投資者	tóuzīzhě	n.	investor
海外华人	海外華人	hǎiwàihuárén	n.	overseas Chinese
发家之地	發家之地	fājiāzhīdì	n.	the place where one's business started to grow
安置	安置	ānzhì	v.	to settle down 例:~身心/家庭, 得到~
心灵	心靈	xīnlíng	n.	soul

居所	居所	jūsuǒ	n.	residence
朝	朝	cháo	prep.	toward 例:朝着他走过去。
悠悠长长	悠悠長長	yōuyōu chángcháng	adj.	long (a poetic usage)
小巷	小巷	xiǎoxiàng	n.	alley
望	望	wàng	v.	to look over, to gaze into the distance
感觉	感覺	gǎnjué	n./v.	feeling; to feel 例:虽然离开故乡十年多，但对故乡的感觉仍然没有改变。
恍惚之间	恍惚之間	huǎnghū zhījiān	adv.	in a trance
仅	僅	jǐn	adv.	only, merely
广州	廣州	Guǎngzhōu	n.	place name
深圳	深圳	Shēnzhèn	n.	place name
排名	排名	páimíng	v.	to rank
究	究	jiū	v.	to probe into 究=探究
忽视	忽視	hūshì	v.	to ignore
促进	促進	cùjìn	v.	to promote, to accelerate 例:~经济发展/城市建设
共识	共識	gòngshí	n.	common consensus 例:有/达到/得到/达成~
否认	否認	fǒurèn	v.	to deny, to negate
腾飞	騰飛	téngfēi	v.	to boom
急功近利	急功近利	jígōngjìnlì	v.	eager for quick success and instant benefit
切断	切斷	qiēduàn	v.	to cut off, to break
记忆	記憶	jìyì	n.	memory 例:现代人急功近利，对过去的历史毫无记忆。

名义	名義	míngyì	*n.*	in the name of 例:以...的名义
损害	損害	sǔnhài	*v.*	to damage, to harm
个性	個性	gèxìng	*n.*	individuality
当前	當前	dāngqián	*adv.*	current, present
不乏	不乏	bùfá	*v.*	there is no lack of
败笔	敗筆	bàibǐ	*n.*	a poor or faulty stroke in calligraphy; (here) failure 败=失败
反映	反映	fǎnyìng	*v.*	to reflect
规划	規劃	guīhuà	*v./n.*	to plan; plan 例:城市/环境~
想象力	想像力	xiǎngxiànglì	*n.*	imagination
贫乏	貧乏	pínfá	*adj.*	lack, insufficient 例:知识/想象力/创造力/资源~
拥有	擁有	yōngyǒu	*v.*	to possess, to own
模仿	模仿	mófǎng	*v.*	to imitate, to emulate
与众不同	與眾不同	yǔzhòng bùtóng	*adj.*	out of the ordinary
形成	形成	xíngchéng	*v.*	to form, to take shape 例:~风气/文化/风尚
积累	積累	jīlěi	*v.*	to accumulate
跨越	跨越	kuàyuè	*v.*	to leap over
阶段	階段	jiēduàn	*n.*	stage, phase
培育	培育	péiyù	*v.*	to foster, to cultivate
文明	文明	wénmíng	*n.*	civilization
古国	古國	gǔguó	*n.*	ancient country
深厚	深厚	shēnhòu	*adj.*	profound, deep 例:~的基础/内涵/学识/文化

赋予	賦予	fùyǔ	v.	to endow with
眼光	眼光	yǎn'guāng	n.	foresight, insight 例:有长远的~/有历史的~
立足	立足	lìzú	v.	to base oneself on
意识	意識	yì.shí	n.	thoughts, awareness
激活	激活	jīhuó	v.	to activate
古老	古老	gǔlǎo	adj.	ancient (in a good sense)
元素	元素	yuánsù	n.	element
巧妙	巧妙	qiǎomiào	adv.	artfully, masterly
融合	融合	rónghé	v.	to merge, to blend
古今	古今	gǔjīn	n.	ancient and modern
高楼大厦	高樓大廈	gāolóu dàshà	n.	tall buildings and great mansions
小桥流水	小橋流水	xiǎoqiáo liúshuǐ	n.	small bridge and running water
和谐	和諧	héxié	adv./ n.	harmoniously; harmony 例:~相处,~的社会/家庭
相处	相處	xiāngchǔ	v.	to get along
体会	體會	tǐhuì	v.	to understand through something beyond the intellect; to comprehend intuitively
流淌	流淌	liútǎng	v.	to flow
关怀	關懷	guānhuái	n.	care, attentiveness
内涵	內涵	nèihán	n.	connotation
启迪	啟迪	qǐdí	n./v.	inspiration, to inspire
吸引	吸引	xīyǐn	v.	to attract
资金	資金	zījīn	n.	fund, capital
呈现	呈現	chéngxiàn	v.	to show, to display

多样	多樣	duōyàng	*adj.*	varied, diversified
丰富	豐富	fēngfù	*adj.*	abundant, rich
面貌	面貌	miànmào	*n.*	features

词语解释

1. 争相 V   to compete for

◆ 在城市争相打造品牌形象的时候，人文精神不再被视为经济发展、技术进步的对立面。

1) 为了增加城市的收入，各大城市争相举办国际性的会议或活动。

2) 随着中国经济快速发展，外国公司争相到中国投资。

2. 在…眼中   (literally) in sb's eyes = 在…看来

◆ 在城市管理者的眼中，它被看成是推动经济发展、提升城市竞争力的一项重要因素。

1) 在投资者的眼中，经济发展是最要紧的，至于环境和人文艺术都不是他们关心的重点。

2) 在国家领导人的眼中，传统文化是提升国家竞争力最重要的一个部分。

3. 以 A 来比喻 B   draw an analogy, to compare

◆ 最近有篇关于苏州的报导，以苏州的双面绣来比喻该市的发展。

1) 中国人以牛毛来比喻东西的数量很多。

2) 中国人用猪来比喻又笨又懒的人。

4. 对…而言   as far as sb is concerned

◆ 对投资者尤其是海外华人而言，不仅是一个"发家之地"，同时也是能够安置身心的"心灵居所"。

1) 对城市管理者而言，结合历史文化和都市计划远比追求经济成长重要。

2) 对在中国投资的台商而言，稳定的经济环境是最重要的。

5. 不仅…也…   not only…but also

◆ 对投资者尤其是海外华人而言，不仅是一个"发家之地"，同时也是能够安置身心的"心灵居所"。

1) 说流利的中文不仅是我的理想，同时也是我父母对我的期望。

2) 现代化、国际化的城市，不仅能吸引外国人观光，同时也能吸引国外的资金。

6. 究其原因   to probe (into the reason)

◆ 究其原因，人文是不可忽视的促进因素。

1) 手机的销售量逐年增高，究其原因，价格的下滑是主要因素。

2) 在中国的大城市里，单身不结婚的女性越来越多，究其原因，这种现象跟女人经济地位的提高有关。

7. 以...的名义　　　　　　　　　in the name of...

◆ 不少城市在追求经济腾飞的过程中，以"现代化"、"国际化"的名义损害城市的发展个性。

1) 政府官员以访问的名义到世界各地旅游。

2) 老师以学校的名义对学生发布假消息。

练习

I. Read the following paragraph, and rephrase it with the given words.

今天上午，苏州市市长提出了最新的城市计划，他的计划是：建设一个全世界最现代化的城市。市长认为，只有忘记过去，才能有更好的未来。因此，他想淘汰苏州城里看起来一点都不文明的老建筑，然后多盖一点跟纽约一样的高楼大厦。许多市民反对市长的计划，他们认为，市长不能只重视经济发展，历史文化也是很重要的。人文精神才是城市最大的财富。

(报导，淡忘，追求，提升，投资，以……的名义，急功近利，模仿，竞争力，传统，与众不同，)

II. Word Collocation.
1. 提升 经济水平、_____、_____。
2. 实现 理想、_____、_____。
3. 推动 经济发展、_____、_____。
4. 吸引 投资、_____、_____。

III. Use the following words to form a coherent paragraph.
1. 传承，用……来，科技，融合古今
2. 共识，否认，当前，对……而言

IV. Make a sentence using the underlined expressions.
1. 在城市争相打造品牌形象的时候，人文精神不再被视为经济发展、技术进步的对立面。
2. 在城市管理者的眼中，它被看成是推动经济发展、提升城市竞争力的一项重要因素。
3. 最近有篇关于苏州的报导，以苏州的双面绣来比喻该市的发展。
4. 对投资者尤其是海外华人而言，苏州是能够安置身心的"心灵居所"。
5. 对投资者尤其是海外华人而言，苏州不仅是一个"发家之地"，同时也是"心灵居所"。
6. 不少城市在追求经济腾飞的过程中，以"现代化"、"国际化"的名义损害城市的发展个性。

V. Discussion.
1. 城市发展和文化传承可以共存吗？
2. 苏州城为什么能吸引大量外资？
3. 如何建设一个吸引人的城市？
4. 一个现代化的城市应该具备哪些条件？

5. 只要向前看的城市规划可能会有什么缺点？有优点吗？

VI. Composition.

1. 人文精神一定是经济发展的对立面吗？提升城市竞争力的同时，损害历史记忆是不是不可避免的？如果损害是免不了的，你有没有解决的方法？

2. 我理想中的现代化城市。

居住——真的改变着 中国

刘晓光

居住改变中国，住宅业的发展，创造了一个新的身份象征。改革开放前的年代，中国人很少有身份象征，穿衣是蓝、绿、灰，住房是大杂院、筒子楼、单元房。人们不敢讲身份，都是单一的、一律的，人们的个性被压抑了。住宅业发展了，分区化住宅出现了，人们有钱就可以买，不再依赖单位分房了，这可以提高个人的形象价值，可以区分阶层了。

居住改变中国，住宅业的发展又创造了一种新文化，由于新的住宅小区、小城镇迅猛发展，人们乘地铁、开汽车回家的同时，开始享受"电视文化"、"咖啡文化"、"酒吧文化"、"网球文化"、"高尔夫球文化"、"绿野旅游文化"等等，人们看有线电视、卫星电视，去享受新鲜空气。这些都显示出了人们的精神文明建设水平大大提高了。

居住改变中国，住宅业的发展，又创造了新的就业机会。物业管理、绿化、社区服务、小区医院、学校、健身房、小超市、餐饮业、送货服务、擦洗汽车、家庭教师、保安业等一个个新的就业机会展现在人们面前，居住又改变着就业。

居住改变中国，住宅业的发展大大推动了基础设施建设：高速路、轻轨、地铁、水、电、气、热、通讯等设施的高速发展，

居住——真的改變著中國

劉曉光

居住改變中國，住宅業的發展，創造了一個新的身份象徵。改革開放前的年代，中國人很少有身份象徵，穿衣是藍、綠、灰，住房是大雜院、筒子樓、單元房。人們不敢講身份，都是單一的、一律的，人們的個性被壓抑了。住宅業發展了，分區化住宅出現了，人們有錢就可以買，不再依賴單位分房了，這可以提高個人的形象價值，可以區分階層了。

居住改變中國，住宅業的發展又創造了一種新文化，由於新的住宅小區、小城鎮迅猛發展，人們乘地鐵、開汽車回家的同時，開始享受"電視文化"、"咖啡文化"、"酒吧文化"、"網球文化"、"高爾夫球文化"、"綠野旅遊文化"等等，人們看有線電視、衛星電視，去享受新鮮空氣。這些都顯示出了人們的精神文明建設水平大大提高了。

居住改變中國，住宅業的發展，又創造了新的就業機會。物業管理、綠化、社區服務、小區醫院、學校、健身房、小超市、餐飲業、送貨服務、擦洗汽車、家庭教師、保安業等一個個新的就業機會展現在人們面前，居住又改變著就業。

居住改變中國，住宅業的發展大大推動了基礎設施建設：高速路、輕軌、地鐵、水、電、氣、熱、通訊等設施的高速發展，为海内外投资者提供了大量的投资机会，为消费者提供了更高级化的生活条件。同时，也推动了小城镇的建设。在大城市的周边，出现的一个个现代化小城镇，使农村开始城镇化、现代化，为农民致富又创造了无限的空间。

中国大多数家庭进行了房改或买了商品房、经济适用房，从无产者变为有产者，公有产权变为私有产权，大量的中产阶级出现了。他们有房、有车、有自己的私有财产，更可贵的是，中国的公务员也同老百姓一样进行了房改，有了自己的私有财产，开始爱护、保护自己的私有财产，在思想观念、执政观念上发生了新的变化，对私有财产的看法也产生了新的观念。中国人有了巨大的原动力了，大家要好好干事业，成就事业，要打工、挣钱、买房、传宗接代。人的流动性大大加强了，人们不再受"公房"权的限制，人们的隐私有了更好的保障条件。有了私有财产，就要保护私有财产，就要有保护私有财产的权利，就希望中国更开放、更民主。这种活生生的动力和激情，正是中国改革开放最强大的群众基础。人的解放，要发展权、要私有财富选择权、要私有财产保护权，一个"居住改变中国"的问题，可能会改变现行体制有关内容。

居住改变中国，意义多么深远！我们不能再压制人们的投资热情，不能从舆论、政策上打压房地产，如果这样做，等于压制人们的居住权、投资权、居住财产选择权。如果打压新房价格，為海內外投資者提供了大量的投資機會，為消費者提供了更高級化的生活條件。同時，也推動了小城鎮的建設。在大城市的周邊，出現的一個個現代化小城鎮，使農村開始城鎮化、現代化，為農民致富又創造了無限的空間。

中國大多數家庭進行了房改或買了商品房、經濟適用房，從無產者變為有產者，公有產權變為私有產權，大量的中產階級出現了。他們有房、有車、有自己的私有財產，更可貴的是，中國的公務員也同老百姓一樣進行了房改，有了自己的私有財產，開始愛護、保護自己的私有財產，在思想觀念、執政觀念上發生了新的變化，對私有財產的看法也產生了新的觀念。中國人有了巨大的原動力了，大家要好好幹事業，成就事業，要打工、掙錢、買房、傳宗接代。人的流動性大大加強了，人們不再受"公房"權的限制，人們的隱私有了更好的保障條件。有了私有財產，就要保護私有財產，就要有保護私有財產的權利，就希望中國更開放、更民主。這種活生生的動力和激情，正是中國改革開放最強大的群眾基礎。人的解放，要發展權、要私有財富選擇權、要私有財產保護權，一個 "居住改變中國"的問題，可能會改變現行體制有關內容。

居住改變中國,意義多麼深遠！我們不能再壓制人們的投資熱情，不能從輿論、政策上打壓房地產，如果這樣做，等於壓制人們的居住權、投資權、居住財產選擇權。如果打壓新房價格，二手旧房价格肯定要贬值，人们已得到的私有财产肯定要缩水，这不符合人民群众的根本利益，而且，今天有私有房产的人已不是少数了，而是多数人。目前，他们多数还住在旧房中，希望有一天卖旧房、买新房，千万不要破了人民群众的"中国梦"。

2003 年 11 月 8 日 《人民日报》

二手舊房價格肯定要貶值，人們已得到的私有財產肯定要縮水，這不符合人民群眾的根本利益，而且，今天有私有房產的人已不是少數了，而是多數人。目前，他們多數還住在舊房中，希望有一天賣舊房、買新房，千萬不要破了人民群眾的 "中國夢"。

2003 年 11 月 8 日 《人民日報 》

词汇

住宅	住宅	zhùzhái	n.	residential house
身份	身份	shēnfèn	n.	identity
象征	象徵	xiàngzhēng	v.	symbol
住房	住房	zhùfáng	n.	housing
大杂院	大雜院	dàzáyuànr	n.	a big courtyard occupied by several families 大: big, 杂: mixed, 院: courtyard
筒子楼	筒子樓	tǒng.zilóu	n.	Type of building common in 1980s China. A long hallway, with many single-family rooms with one communal bathroom. Cooking done in the hallway, outside family's door. 筒子: tube, 楼: building
单元房	單元房	dānyuánfáng	n.	apartment 单元: unit, 房: house
敢	敢	gǎn	v.	to dare 例：~说/想/干/讲身份。
单一	單一	dānyī	adj.	unitary
一律	一律	yílǜ	adj.	homogenous
个性	個性	gèxìng	n..	individuality, personality
压抑	壓抑	yāyì	v.	to suppress, to inhibit
分区化 住宅	分區化 住宅	fēnqūhuà zhùzhái	n.	buildings located in different neighborhoods
依赖	依賴	yīlài	v.	to rely on
单位分房	單位分房	dānwèi fēnfáng	n.	the housing allotment system 单位: unit (as an department, organization) 分房: the housing allotment
形象	形象	xíngxiàng	n.	image
区分	區分	qūfēn	v.	to differentiate
阶层	階層	jiēcéng	n.	classes; (social) stratum
住宅小区	住宅小區	zhùzháixiǎoqū	n.	apartment complex, subdivision 住宅: residential housing, 小: small, 区: quarter

小城镇	小城鎮	xiǎochéng zhèn	*n.*	small towns and cities
迅猛	迅猛	xùnměng	*adv.*	swiftly and suddenly
地铁	地鐵	dìtiě	*n.*	subway
酒吧	酒吧	Jiǔbā	*n.*	bar
网球	網球	wǎngqiú	*n.*	tennis
高尔夫球	高爾夫球	gāo'ěrfūqiú	*n.*	golf
绿野旅游	綠野旅遊	lǜyělǚyóu	*n.*	travel to nature conservancy or countryside 绿: green, 野: open spaces
有线电视	有線電視	yǒuxiàn diànshì	*n.*	cable television
卫星电视	衛星電視	wèixīngdiànshì	*n.*	satellite television
新鲜	新鮮	xīn.xiān	*adj.*	fresh
建设	建設	jiànshè	*n.*	construction 例：住宅/经济/基本/社会主义~
显示	顯示	xiǎnshì	*v.*	to reveal, to show
精神文明	精神文明	jīngshén wénmíng	*n.*	spiritual civilization which emphasizes intellectual and moral virtues
就业	就業	jiùyè	*v.*	to get a job, to obtain employment
物业管理	物業管理	wùyèguǎnlǐ	*n.*	facility management (each apartment complex had an office from which residents could call for repair help)
绿化	綠化	lǜhuà	*v.*	to make green by planting trees, flowers, etc.. 例：~城市/山区
社区服务	社區服務	shèqūfúwù	*n.*	community service
健身房	健身房	jiànshēnfáng	*n.*	fitness centre, gymnasium
超市	超市	chāoshì	*n.*	supermarket
餐饮业	餐飲業	cānyǐnyè	*n.*	food and beverage industry 餐: food, 饮: drink, 业: industry
送货服务	送貨服務	sònghuò fúwù	*n.*	delivery service 送: to deliver, 货: goods, 服务: service

擦洗汽车	擦洗汽車	cāxǐqìchē	*n.*	car wash 擦: to scrub, 洗: to wash, 汽车: car
家庭教师	家庭教師	jiātíngjiàoshī	*n.*	private teacher; tutor 家庭: family, 教师: teacher
保安	保安	bǎo'ān	*n.*	public security
展现	展現	zhǎnxiàn	*v.*	to emerge, to unfolds before one's eyes; 例：(x) ~在我们面前
推动	推動	tuīdòng	*v.*	to give impetus to, to impel 例：~社会发展/生产
基础设施	基礎設施	jīchǔshèshī	*n.*	infrastructure 基础: basic, 设施: facilities
高速路	高速路	gāosùlù	*n.*	expressway, highway 高速: high speed, 路: road
轻轨	輕軌	qīngguǐ	*n.*	light trail
通讯	通訊	tōngxùn	*n.*	tele-communication 例：无线电~/~卫星
海内外	海内外	hǎinèiwài	*n.*	all over the world 海内: throughout the country, 海外: overseas; abroad
投资	投資	tóuzī	*v./n.*	to invest, investment
消费者	消費者	xiāofèizhě	*n.*	consumer
高级	高級	gāojí	*n.*	high quality
周边	周邊	zhōubiān	*n.*	perimeter (of the city limits)
致富	致富	zhìfù	*v.*	to become rich, to seek prosperity
创造	創造	chuàngzào	*v.*	to create 例：~财富/成绩/空间/条件
无限	無限	wúxiàn	*adj.*	infinite, limitless 例：~空间
空间	空間	kōngjiān	*n.*	space 例：活动/生存~
房改	房改	fánggǎi	*n.*	house reform 住房改革
商品房	商品房	shāngpǐnfáng	*n.*	commercialized housing
经济适用房	經濟適用房	jīngjìshìyòngfáng	*n.*	the house built for specific price range
无产者	無產者	wúchǎnzhě	*n.*	proletarian

有产者	有產者	yǒuchǎnzhě	*n.*	a person owning property
公有产权	公有產權	gōngyǒu chǎnquán	*n.*	public property
私有产权	私有產權	sīyǒu chǎnquán	*n.*	private property
中产阶级	中產階級	zhōngchǎn jiē.jí	*n.*	middle class
可贵	可貴	kěguì	*adj.*	praiseworthy
公务员	公務員	gōngwùyuán	*n.*	people who work for the government
老百姓	老百姓	lǎobǎixìng	*n.*	common people (Chinese)
爱护	愛護	àihù	*v.*	to cherish, to take good care of 例：~年轻人/国家财产/动物
保护	保護	bǎohù	*v.*	to protect
思想观念	思想觀念	sīxiǎng guānniàn	*n.*	ideological concept 思想: ideology, 观念: concept
执政观念	執政觀念	zhízhèng guānniàn	*n.*	concept of running the country 执: to take charge of, 政: administration of government
巨大	巨大	jùdà	*adj.*	tremendous, immense 例：~胜利/力量
原动力	原動力	yuándònglì	*n.*	motive
干事业	幹事業	gànshìyè	*v-o.*	to pursue a career 干: to do, 事业: career
成就事业	成就事業	chéngshìyè	*v-o.*	to have an accomplished career 成就: to accomplish, 事业: career
传宗接代	傳宗接代	chuánzōng jiēdài	*ph.*	to have a son to carry on the family name
流动性	流動性	liúdòngxìng	*n.*	mobility
加强	加強	jiāqiáng	*v.*	to strengthen, to enhance
公房	公房	gōngfáng	*n.*	state-owned house
限制	限制	xiànzhì	*v.*	to impose restrictions on 例：受年龄的~;
隐私	隱私	yǐnsī	*n.*	privacy
保障	保障	bǎozhàng	*v.*	to ensure 例：~言论自由/国家安全

民主	民主	mínzhǔ	n.	democracy
活生生	活生生	huóshēngshēng	adj.	very real, vivid 例：这是一个~的例子。
激情	激情	jīqíng	n.	passion, enthusiasm
强大	強大	qiángdà	adj.	powerful
群众基础	群眾基礎	qúnzhòngjīchǔ	n.	public consensus 群众: the masses, general public, 基础: foundation; basis
解放	解放	jiěfàng	n. /v.	liberation, emancipation, to liberate 例：思想/人的~
现行体制	現行體制	xiànxíngtǐzhì	n.	current (economic) model 现行: in operation, 体制: system
内容	内容	nèiróng	n.	content
意义	意義	yìyì	n.	meaning
深远	深遠	shēnyuǎn	adj.	profound and lasting
压制	壓制	yāzhì	v.	to suppress 例：~群众的意 见/批评/热情
热情	熱情	rèqíng	n.	enthusiasm, ardor, zeal
舆论	輿論	yúlùn	n.	public opinion
打压	打壓	dǎyā	v.	打=打击: to crack down, 压 =压制: to suppress
房地产	房地產	fángdìchǎn	n.	real estate
等于	等於	děngyú	v.	to correspond to, to be equal to 例：他的回答等于拒绝。 例：四加二等于六。
价格	價格	jiàgé	n.	price
二手房	二手房	èrshǒufáng	n.	pre-owned house 二手: second hand, 房: house 例：二手车 (used car)
肯定	肯定	kěndìng	adv.	definitely, certainly
贬值	貶值	biǎnzhí	v.	to devaluate
缩水	縮水	suōshuǐ	v.	to devaluate 例：私有财产~了。 (lit.) 例：这件衣服缩水了。 (to shrink)

符合	符合	fúhé	*v.*	to conform to 例：~标准/实际情况/人民的 愿望/人民的利益
利益	利益	lìyì	*n.*	benefit, profit
破	破	pò	*vt.*	to break
梦	夢	mèng	*n.*	dream

词语解释

1. 创造…(身份象征，机会，财富)　　　to create (identity, opportunity, property)
◆ 住宅的发展创造了一个新的身份象征。
1) 中国人自己创造了五千年的文化。
2) 要想在美国学好中文，得自己给自己创造练习说中文机会。

2. (something) 展现在…的面前　　　(something) emerge/ unfold before one's eyes
◆ 家庭教师、保安等一个个新的就业机会展现在人们面前。
1) 飞机降落了，一片片高楼大厦展现在我的面前。
2) 改革开放以后，新的希望和未来展现在中国人的面前。

3. …，更可贵的是…　　　…, it is more commendable that …
◆ 中产阶级有车、有房、有自己的私有财产，更可贵的是，中国的公务员也同老百姓一样进行了房改。
1) 这个孩子不仅学习好、爱运动，更可贵的是他乐于助人。
2) 他不但有钱、人漂亮，更可贵的是他心好。

4. 在 (思想观念，执政观念) 上　　　　in (certain aspect)
◆ 在思想观念，执政观念上发生了新的变化，对私有财产的看法上也产生了新的观念。
1) 对外开放使中国人在思想观念上发生了很大的改变。
2) 总统的婚外关系使他在社会舆论上受到了很严厉的批评。

5. A，等于B　　　　　　　　　　A, corresponds to B
◆ 我们不能再压制人们的投资热情，如果这样做，等于压制人们的居住权、投资权、和居住财产选择权。
1) 要是你说话没人听，等于没说，如果是这样，还不如不说。
2) 对你的计划提出反对意见，不等于对你有意见。

6. 符合...(利益,需求,事实)　　　　to conform to (benefit, demands, fact)
◆ 如果打压新房价格，二手房价格肯定要贬值，人们已得到的私有财产肯定要缩水，这不符合人民群众的根本利益。
1) 这个学生的作文符合老师的要求，所以他的成绩是A。
2) 国家的新政策符合人民的利益，所以老百姓都拥护。

练习

I. Make a sentence by using the underlined parts.
  1. 打压新房价格不符合人民群众的根本利益。
  2. 压制人们的投资热情，等于压制人们的居住权,投资权,和居住财产选择权。
  3. 家庭教师，保安业等一个个新的就业机会展现在人们面前。
  4. 住宅的发展创造了一个新的身份象征。
  5. 中产阶级有车，有房，有自己的私有财产，更可贵的是，中国的公务员也同老百姓一样进行了房改。

II. Based on the text, please answer the following questions using the words provided.
  1. 中国在改革开放以前和以后，在住房，生活和人的个性方面有什么变化？

     (大多，很少，不敢，讲，压抑，依赖，民主，阶层，个人形象，单一,身份象征)
  2. 从文化，就业机会，以及基础设施建设等三个方面，谈谈居住条件的变化正在如何改变着中国？

（新文化，住宅小区，体现，精神文明，在…同时，就业机会，展现，推动，投资机会，致富，创造）

3. 中国的房改使很多人有了私有财产，这在人们的思想观念上跟现行体制上对中国有什么影响？

（私有产权，从Ｎ１变为Ｎ２，爱护，保护，干事业，成事业，流动性，限制，隐私，民主，解放，群众基础）

III. Read and summarize the following paragraph.

Chinese urban housing investment and consumption have been greatly affected by the state policy since 1949. Before 1958, state urban housing policy allowed the coexistence of public and private properties and construction of new housing with both public and private finance. From the late 1950's to the late 1970's, urban housing was rationed to residents as a welfare good, based on occupational rank, seniority, and family size. Residents were charged a subsidized rent which was even lower than the maintenance costs. As a result, existing stock deteriorated prematurely and, since investment was discouraged, dwelling units became more overcrowded and in shorter supply. In 1978, China's urban housing reform began, as a major component of its overall economic reform. This reform introduced some market elements such as raising rents and commercializing some newly built housing, but for most people in urban area, housing is still a luxury or an unaffordable commodity. For now, the co-existence of housing shortage and unoccupied housing units in Chinese cities reflects both the legacy of the old, welfare housing system and the emergence of the new, market-oriented housing development. A housing shortage exists among some lower-ranked, younger employers of financially-strapped, state-owned enterprises, while unoccupied housing exists in the more developed coastal cities where the rapid growth of high-priced commercial properties has created an oversupply; relative to the demand level and purchasing power of even the more wealthy buyers. Even so, the dream of Chinese who work for state-run firms is still to buy their own apartment.

IV. Discussion questions

1. 中国社会的经济改革对人们的居住条件的改变有什么影响？
2. 从住房改革可以看到大城市人民的思想所发生的变化，请你谈谈这些变化。
3. 讨论新的和旧的两种住房制度，并说明他们的好处跟坏处。
4. 结合课文和英文文章 (Section III) 谈谈住房改革给城市居民以及农村人带来的好处跟坏处。

V. Composition

1. 从居住条件的改变看中国的贫富分化。
2. 居住条件的改变给中国带来的影响。

廉价的劳力不等于廉价的生命

尚德琪

在前不久的一次新闻发布会上，国家安全生产监督管理局有关负责人透露了一些关于农民工的信息，可以分为三个方面:一、随着我国社会主义市场经济体制的逐步建立，农民大量进入城市从事劳动密集型工作，特别是煤矿企业，目前从业人员基本上是农民工；二、目前，煤矿每年的死亡人数接近 6000 人，基本上都是农民工；三、农民工死亡的赔偿标准因各地的经济发展、地方的财政政策和企业的经营状况的不同而有所区别，死亡赔偿一般在 1 万元到 5 万元不等。

第一点说明目前的农民工是最廉价的劳动力;第二点说明农民工的劳动环境是最危险的;第三点说明农民工的生命是最廉价的。死人的事是经常发生的，但死的意义有不同。比如记者，据说也是全球十大危险职业之一。有报道说。今年以来，已有 51 名记者以身殉职。但是，这种死，和煤矿企业每年近 6000 名农民工的死，显然具有质的不同。这几年，煤矿事故连出，我们才知道了更多的关于煤矿的情况。可以说，一些煤矿不仅劳动环境是非人的，而且煤矿主对农民工的态度也是非人的。

因为我也从农村来，很多老乡也在外地打工，所以，我非常理解农民工。

Selected & edited by: Chih-p'ing Chou
Prepared by: Kun An

廉價的勞力不等於廉價的生命

尚德琪

在前不久的一次新聞發佈會上，國家安全生產監督管理局有關負責人透露了一些關於農民工的信息，可以分為三個方面：一、隨著我國社會主義市場經濟體制的逐步建立，農民大量進入城市從事勞動密集型工作，特別是煤礦企業，目前從業人員基本上是農民工；二、目前，煤礦每年的死亡人數接近 6000 人，基本上都是農民工；三、農民工死亡的賠償標準因各地的經濟發展、地方的財政政策和企業的經營狀況的不同而有所區別，死亡賠償一般在 1 萬元到 5 萬元不等。

第一點說明目前的農民工是最廉價的勞動力；第二點說明農民工的勞動環境是最危險的；第三點說明農民工的生命是最廉價的。死人的事是經常發生的，但死的意義有不同。比如記者，據說也是全球十大危險職業之一。有報導說。今年以來，已有 51 名記者以身殉職。但是，這種死，和煤礦企業每年近 6000 名農民工的死，顯然具有質的不同。這幾年，煤礦事故連出，我們才知道了更多的關於煤礦的情況。可以說，一些煤礦不僅勞動環境是非人的，而且煤礦主對農民工的態度也是非人的。

因為我也從農村來，很多老鄉也在外地打工，所以，我非常理解農民工。

一、农民工的身体就是他们的"生产力"。农民工绝大多数没有专业技术，靠着一副在劳动中强壮起来的身体走南闯北。煤矿等劳动密集型行业，之所以接收农民工，很大程度上就是看准了农民的身体状况，以及农民工对自己身体不太珍惜的态度。

二、农民工愿意从事任何能挣钱的劳动。所以，在很多情况下，一旦走出家门，农民工可能会把安全生产问题放在第二位，虽然工钱可能不是很高。有些"生死协议"之所以能顺利签订，在很大程度上，就是因为农民工对钱的渴望。

三、农民太穷了，家里有个人出去打工，经济状况就要比固守土地的家庭好一些。农民们不懂经济学，但会算经济账；在家里种地，辛辛苦苦一年所得到的"纯收入"，没有打工 3 个月所得到的现金收入高。当打工成为增加农民收入，特别是现金收入的主渠道时，农民工的很多东西就会成为钱的附属品。不要说农民工的工作环境，也不要说农民工的生活待遇，就是农民工的生命，也会被雇主所蔑视。

许多地方都把廉价的劳动力作为一种资源向外宣传。先不说这种"资源"具不具有优势，也不说其用意是不是能够得逞，现实情况是，劳动力越廉价的地方，就越没有人来利用这些劳动力。于是，走出去打工就成为这些廉价劳动力的必然选择。

在市场条件下，谁也没有资格对打工农民说三道四。甚至，谁也没有资格对打工农民的收入高低品头论足。毕竟，市场决定

一、農民工的身體就是他們的"生產力"。農民工絕大多數沒有專業技術，靠著一副在勞動中強壯起來的身體走南闖北。煤礦等勞動密集型行業，之所以接收農民工，很大程度上就是看準了農民的身體狀況，以及農民工對自己身體不太珍惜的態度。

二、農民工願意從事任何能掙錢的勞動。所以，在很多情況下，一旦走出家門，農民工可能會把安全生產問題放在第二位，雖然工錢可能不是很高。有些"生死協議"之所以能順利簽訂，在很大程度上。就是因為農民工對錢的渴望。

三、農民太窮了，家裏有個人出去打工，經濟狀況就要比固守土地的家庭好一些。農民們不懂經濟學，但會算經濟賬；在家裏種地，辛辛苦苦一年所得到的"純收入"，沒有打工 3 個月所得到的現金收入高。當打工成為增加農民收入，特別是現金收入的主渠道時，農民工的很多東西就會成為錢的附屬品。不要說農民工的工作環境，也不要說農民工的生活待遇，就是農民工的生命，也會被雇主所蔑視。

許多地方都把廉價的勞動力作為一種資源向外宣传。先不說這種"資源"具不具有優勢，也不說其用意是不是能夠得逞，現實情況是，勞動力越廉價的地方，就越沒有人來利用這些勞動力。於是，走出去打工就成為這些廉價勞動力的必然選擇。

在市場條件下，誰也沒有資格對打工農民說三道四。甚至，誰也沒有資格對打工農民的收入高低品頭論足。畢竟，市場決定需求，需求决定价格。但是，必须清楚，人的生命不在市场"管辖"范围之内。所以，廉价的劳动力并不意味着廉价的生命。我不仅仅是针对农民工死亡赔偿而言，更多的其实是指向农民工的安全生产问题。

解决穷人的问题，是政府的责任。一个农民工死了，一个贫穷的家庭就会陷入更大的贫穷。所以，面对安全生产问题，政府必须严格管制。在这个问题上，不能只是考虑财政收入，也不能只考虑 GDP。

2003 年 12 月 1 日 《人民日报》

需求，需求決定價格。但是，必須清楚，人的生命不在市場"管轄"範圍之內。所以，廉價的勞動力並不意味著廉價的生命。我不僅僅是針對農民工死亡賠償而言，更多的其實是指向農民工的安全生產問題。

解決窮人的問題，是政府的責任。一個農民工死了，一個貧窮的家庭就會陷入更大的貧窮。所以，面對安全生產問題，政府必須嚴格管制。在這個問題上，不能只是考慮財政收入，也不能只考慮 GDP。

2003 年 12 月 1 日 《人民日報 》

词汇

前不久	前不久	qiánbùjiǔ	*adv.*	recently, not long ago
新闻	新聞	xīnwén	*n.*	news
发布会	發佈會	fābùhuì	*n.*	press conference
安全	安全	ānquán	*n.*	safety
生产	生產	shēngchǎn	*n.*	production
监督局	監督局	jiāndūjú	*n.*	Bureau of supervision (to oversee)
负责人	負責人	fùzérén	*n.*	director 负责: in charge 人 person
透露	透露	tòulù	*v.*	to disclose (秘密,消息)
农民工	農民工	nóngmíngōng	*n.*	peasant worker
信息	信息	xìnxī	*n.*	information
社会主义	社會主義	shèhuìzhǔyì	*n.*	socialism
市场经济	市場經濟	shìchǎngjīng.jì	*n.*	market economy
经济体制	經濟體制	tǐzhì	*n.*	economic system
逐步	逐步	zhúbù	*adv.*	step by step
建立	建立	jiànlì	*v.*	to establish 例：~外交关系/信心/联系
进入	進入	jìnrù	*v.*	to enter
从事	從事	cóngshì	*v.*	to be engaged in 例：~工作/研究/劳动
劳动 密集型	勞動 密集型	láodòng mìjíxíng	*n.*	labor-intensive type (unskilled- job) 劳动: manual labor, 密集: intensive, 型: type
行业	行業	hángyè	*n.*	industry
煤矿	煤礦	méikuàng	*n.*	coal mine
企业	企業	qǐyè	*n.*	enterprise
从业人员	從業人員	cóngyèrén yuán	*n.*	employee 从业: to obtain employment, 人员: staff
基本上	基本上	jīběnshàng	*adv.*	basically, by and large
死亡	死亡	sǐwáng	*n.*	death
人数	人數	rénshù	*n.*	number (of people)

接近	接近	jiējìn	*adv.*	to be close to 例：这个学校的研究水平~ 世界先进水平。
赔偿	賠償	péicháng	*n*	compensation 例：死亡/损失~
标准	標準	biāozhǔn	*n.*	standard
地方财政政策	地方財政政策	dìfāng cáizhèng zhèngcè	*n.*	local financial policy (governmental)
经营	經營	jīngyíng	*n./v.*	management; to manage 例：~工厂/煤矿/超市
状况	狀況	zhuàngkuàng	*n.*	condition 例：健康/生活/经营~
区别	區別	qūbié	*n.*	difference
廉价	廉價	liánjià	*adj.*	cheap, inexpensive 例：~劳动力
劳动力	勞動力	láodònglì	*n.*	labor force
环境	環境	huánjìng	*n.*	environment 例：工作/生活/自然~
危险	危險	wēixiǎn	*adj.*	dangerous
生命	生命	shēngmìng	*n.*	life
意义	意義	yì.yi	*n.*	meaning
记者	記者	jìzhě	*n.*	reporter, correspondent
全球	全球	quánqiú	*n.*	the whole world 全: entire, 球: globe
职业	職業	zhíyè	*n.*	profession
以身殉职	以身殉職	yǐshēnxùnzhí	*ph.*	to die a martyr in the performance of one's duties
近	近	jìn	*adj.*	close to 例：今年~三千人死亡。
显然	顯然	xiǎnrán	*adv.*	obviously
质	質	zhì	*n.*	essence, substance 例：~的 变化 (changes in essence)
连出	連出	liánchū	*v.*	(accidents) occur one after another 例：煤矿事故~ 连 in succession 出 take place
情况	情況	qíngkuàng	*n.*	situation, condition

非人	非人	fēirén	非	inhumane 例：~生活/待遇/条件
煤矿主	煤礦主	méikuàngzhǔ	n.	the owner of coal mine
老乡	老鄉	lǎoxiāng	n.	a person coming from the same region (countryside)
外地	外地	wàidì	n.	another part of the country (non-local, foreign region)
打工	打工	dǎgōng	v.	to work temporarily, to do manual work for hiring
身体	身體	shēntǐ	n.	body (and health)
生产力	生產力	shēngchǎnlì	n.	forces of production (driving forces)
专业技术	專業技術	zhuān.yèjì.shù	n.	professional-technical (knowledge) 例：~人员
副	副	fù	mw.	例：~眼镜/笑脸/身体
强壮	強壯	qiángzhuàng	adj.	strong　例：~的身体
走南闯北	走南闖北	zǒunánchuǎngběi	ph.	to travel the length and breadth of the country 走: to go, 南: south, 闯: to temper oneself (by battling through difficulties and dangers), 北: north
接收	接收	jiēshōu	v.	to recruit 例：~新工人
程度	程度	chéngdù	n.	degree 例：在很大/一定~上
看准	看準	kànzhǔn	v.	to make the correct appraisal or judgment
以及	以及	yǐjí	adv.	as well as
珍惜	珍惜	zhēnxī	v.	to treasure, to cherish 例：~时间/别人的劳动
第二位	第二位	dìèrwèi	n.	the second position
工钱	工錢	gōng.qián	n.	money paid for odd jobs
生死协议	生死協議	shēngsǐxiéyì	n.	life and death agreement (contract) 例：签订~
顺利	順利	shùnlì	adv	smoothly
签订	簽訂	qiāndìng	v.	to enter into, to sign (a contract) 例：~协议

渴望	渴望	kěwàng	v.	to thirst for, to yearn for 例：~成功/进步/见到孩子
固守土地	固守土地	gùshǒutǔdì	v.	to be firmly entrenched in the countryside 固守: to be firmly entrenched in ,土地: land
经济学	經濟學	jīngjìxué	n.	economics
算账	算賬	suànzhàng	v-o.	to do accounts (financial) 算: to calculate, 帐: account 例：~帐/钱/旅行费用
种地	種地	zhòngdì	v-o.	to do farm work
辛辛苦苦	辛辛苦苦	xīnxīnkǔkǔ	adv.	with much toil, working laboriously 例：他~地工作。
纯收入	純收入	chúnshōurù	n.	net income
现金	現金	xiànjīn	n.	cash
主渠道	主渠道	zhǔqúdào	n.	main means, primary channels 主: main, 渠道: irrigation ditch 例：通过各种/外交~
附属品	附屬品	fùshǔpǐn	n.	subsidiaries, auxiliaries
生活待遇	生活待遇	shēnghóudàiyù	n.	treatment in life 生活: life, 待遇: treatment 例：物质/政治~
雇主	雇主	gùzhǔ	n.	enterprise which hires the workers
蔑视	蔑視	mièshì	v.	to despise
资源	資源	zīyuán	n.	resource (labor) 例：自然/地下水/农业~
向外宣传	向外宣传	xiàngwài zhāngyáng	ph.	to make (something) widely known
优势	優勢	yōushì	n.	advantages
用意	用意	yòngyì	n.	intentions
得逞	得逞	déchěng	v.	to succeed in one's scheme
现实情况	現實情況	xiànshí qíngkuàng	n.	real situation 现实: reality, actual, real, 情况: situation
利用	利用	lìyòng	v.	to use, to utilize 例：~资源/机会

必然	必然	bìrán	*adj.*	inevitable
选择	選擇	xuǎnzé	*v.*	to select, to choose
资格	資格	zīgé	*n.*	right, qualification
说三道四	說三道四	shuōsāndàosì	*ph.*	to make irresponsible remarks
品头论足	品頭論足	pǐntóulùnzú	*ph.*	to find fault with (person) 品：to comment on, 头：head, 论：to make remarks, 足：foot
毕竟	畢竟	bìjìng	*adv.*	after all
决定	決定	juédìng	*v.*	to determine
需求	需求	xūqiú	*n.*	needs 例：市场/食物~
管辖	管轄	guǎnxiá	*v.*	to have jurisdiction over
范围	範圍	fànwéi	*n.*	scope, range, limit 例：活动/研究~
意味	意味	yìwèi	*v.*	to imply, to mean
针对	針對	zhēnduì	*v./* *prep.*	to aim at, to be directed against; in view of, considering
指向	指向	zhǐxiàng	*v.*	to stress, to highlight, to direct at, to point out
解决	解決	jiějué	*v.*	to solve
贫穷	貧窮	pínqióng	*n.*	poverty
陷入	陷入	xiànrù	*v.*	to fall into　　例：~贫穷
面对	面對	miànduì	*v.*	to face
严格	嚴格	yángé	*adj.*	strict
管制	管制	guǎnzhì	*v.*	to control
考虑	考慮	kǎolǜ	*v.*	to take sth into consideration, to consider
财政收入	財政收入	cáizhèng shōurù	*n.*	financial revenue

词语解释：

  1. 因...的不同而有所区别   (something) is different because of the differences in

◆ 农民工死亡的赔偿标准因地方财政政策和企业的经营状况的不同而有所区别。

  1) 学生奖学金的多少因家庭经济情况的不同而有所区别。

  2) 每个大学的学费和录取标准因学校的不同而有所区别。

  2. 之所以 (result)，是因为／就是(cause)   (therefore) A is because B

◆ 煤矿等劳动密集型行业，之所以接收农民工，很大程度上就是看准了农民的身体状况。

  1) 很多美国大公司之所以把工厂设在中国是因为中国有廉价的劳动力。

  2) 中国之所以落后就是因为多年来我们没重视经济的发展。

  3. 一旦...   once

◆ 一旦走出家门，农民工可能会把安全生产问题放在第二位。

  1) GDP 一旦达到 3000 美元，私人汽车就会迅速地增加。

  2) 一旦生了病就不能好好上课了，所以，你别太累了，

  4. 不要说 A, B, 就是 C,也...   not to mention A, or B, even C, also...

◆ 不要说农民工的工作环境，也不要说农民工的生活待遇，就是农民工的生命，也会被用工企业所蔑视。

  1) 我的孩子，不要说做饭，整理屋子，就是洗自己的衣服，也不会。

  2) 我妹妹，不要说一个人去中国，也不要说独立生活，就是几天不靠父母也过不了。

  5. 先不说 A，也不说 B，现实情况是... let us not first speak of A, nor let us speak of B, the real situation is ...

◆ 先不说这种资源具不具有优势，也不说其用意是不是能够得逞，现实情况是，劳动力越廉价的地方，就越没有人来利用这些劳动力。

  1) 先不说你想不想去中国，也不说你有没有钱买飞机票，现实情况是中国有 SARS，你不能去。

  2) 先不说中国应不应该计划生育，也不说计划生育是不是剥夺了老百姓的生育权，现实情况是中国的人口太多了。

6. 谁也没有资格（权力）Verb   no one has the right to …

◆ 谁也没有资格对打工农民说三道四。

1) 谈恋爱，结婚是我自己的事，谁也没有资格对此说三道四。

2) 计划生育政策是中国的内政，谁也没有权力干涉中国的内政。

7. 在…的范围之内   within the scope of …

◆ 人的生命不在市场"管辖"的范围之内。

1) 不管你是不是美国公民，只要你在美国，你的安全就应该在美国政府的保护范围之内。

2) 波士顿的财政和经济发展不在纽约市政府的管辖范围之内。

8. 针对

A) 针对…问题（情况），…   facing (problem, situation),…

◆ 我不仅仅是针对农民工死亡的赔偿而言，更多的其实是指向农民工的安全生产问题。

1) 昨天的新闻发布会针对农民工安全生产的问题，透露了很多信息。

2) 针对目前学生的学习情况，老师提出了几个建议。

B) 针对/就… （而言），…   as far as A is concerned,…

1) 就农民工安全生产而言，目前还存在很多问题。

2) 针对老百姓的居住条件而言，现在比过去强多了。

练习

I. Fill in the blanks with the words provided.

附属品，走南闯北，品头论足，珍惜，生命，专业技术，蔑视

1. _____ 很可贵，爱情价更高，如果为了自由，我两者都可以抛
   弃。

2. 他的生活经历很丰富，从小就跟着父亲 _____ ，没有什么事情他
   没见过。

3. 现在的妇女都希望独立，不愿意成为丈夫的_____ 。

4. 美国有一句名言：时间就是生命。所以，_____ 时间就是
   _____生命。

5. 现代中国年轻人都懂得：没有_____ 就没有饭碗。

6. 有些人特别看重别人的样子和衣服，总喜欢对别人_____ 。我非
   常_____这样的人。

II. Match each verb to its corresponding noun (There is only one proper match
    for each pair).

透露   协议
珍惜   贫困
从事   时间
签订   信息
建立   工作
陷入   新的经济体制

III. Make a new sentence using the underlined expressions.

1. 我不仅仅是<u>针对</u>农民工死亡的赔偿<u>而言</u>，更多的其实是指向农民工的
   安全生产问题。

2. 人的生命<u>不在</u>市场"管辖"的范围<u>之内</u>。

3. <u>谁也没有资格</u>对打工农民说三道四。

4. <u>一旦</u>走出家门，农民工可能会把安全生产问题放在第二位。

5. 农民工死亡的赔偿标准<u>因</u>地方财政政策和企业的经营状况的<u>不同而有
   所区别</u>。

IV. Based on the text, please answer the following questions using the words
    provided.

1. 谈谈农民工的生活和工作情况。

   （从事劳动，劳动环境，生活待遇，对态度，廉价，劳动力，事故,连
   出，非人，珍惜，工钱，安全生产，放在第一位，对...渴望）

2. 为什么说记者的以身殉职跟农民工的死亡有质的不同？

（专业技术，之所以是因为，强壮，走南闯北，固守土地，辛辛苦苦，
纯收入，附属品，生命，蔑视，）

3. 作者认为我们应该如何对待农民工的问题

（说三道四，品头论足，在范围内，管辖，意味，责任，陷入贫困，
面对，考虑）

V. Read and summarize the following paragraph in Chinese.

Chinese officials vowed to improve work safety in the country's 26,000 coal-mines and reduce the annual fatalities caused by mine accidents from the current 7,000 to under 5,000, by 2007. According to the State Administration of Production Safety (SAPS), most of the accidents have occurred in private mines which are not only poorly designed but also use outdated mining techniques and lack safety equipment. About half do not comply with basic mining safety standards and many of the illegal mines also have only a single shaft so that escape is impossible in the event of a major accident. In addition, the overwhelming majority of workers in these illegal mines are peasants with, at most, a basic education. They normally receive no formal training and lack the knowledge and skills to prevent accidents or to deal with them when they do occur. China has been slow to climb the "technology ladder" for historical reason. Under communism, most technological development was state-directed and these enterprises still grapple with legacies of poor management and a lack of sophisticated systems. The biggest problem, ironically, is also China's great strength: its massive pool of low-cost labor. Arthur Kroeber, managing editor of China Economic Quarterly, argues that China has no real incentive to develop high-technology processes because, unlike Japan and South Korea, which were forced to grab markets from the west by sophisticated engineering continuous process improvement, "China can compete for the next 50 years on labor costs [alone]."

VI. Discussion questions

1. 你认为记者的以身殉职跟农民工的死亡有不同吗？为什么？

2. 要是按照中国政府安全生产的要求把不合法的煤矿关掉，许多农民工
就会失去赚钱的机会，这对他们来说一定是好事吗？

3. 在家固守土地没钱养家，不在煤矿做工虽然有一条命,可是,家里人的生
活还是很苦。过穷日子跟冒着危险赚钱哪个更有意义？生命的价值到
底是什么？

4. 你认为应该如何解决中国农民工的问题？

VII. Composition

1. 一个没有钱的人的生命有没有价值？为什么？
2. 在冒险赚钱跟受穷之间你选择哪一个？为什么？

言论自由与爱国

周质平

　　每当国家出现危机的时候，政府和舆论往往借"爱国"之名来压迫言论自由。这种压迫不但冠冕堂皇，而且义正辞严。这在中国叫"救国第一"，在美国叫"政治上的正确"（political correctness）。

　　最近，纽约世贸大楼受到恐怖袭击之后，全国震惊，爱国情绪高涨，星条旗到处飘扬。从参议院、国会到一般老百姓，都众口一词，支持总统武力打击恐怖分子。恐怖分子所做的事，决不只是反美，而是反人道，反文明，为全世界所不容。这是毫无疑问的，全国团结也是必要的。但在这样"国难"的情况下，是不是还能允许不同意见的存在，这对美国的民主自由是个新的挑战。

　　恐怖袭击之后不久，美国广播公司 ABC 电视台晚间座谈节目〈不得体〉（political incorrectness）主持人说了一些"不得体"的话，他说："劫持飞机的恐怖分子并非懦夫，倒是美国用导弹在数千里外袭击目标，那才是懦夫的行为。"

　　这段话在美国被袭击之后，在电视节目上播出来，就如节目名字所说的，的确是"不得体"的；但却不能说他完全没有道理。节目播出之后，有些支持这个节目的广告商，立刻将广告撤回。白宫新闻发言人也谴责这个节目主持人，并呼吁全国媒体和人民，应该"谨言慎行"。记者会之后，新闻界质问之声四起，认为这

Text written by : Chih-p'ing Chou
Prepared by: Wei Wang

言論自由與愛國

周質平

每當國家出現危機的時候，政府和輿論往往借"愛國"之名來壓迫言論自由。這種壓迫不但冠冕堂皇，而且義正辭嚴。這在中國叫"救國第一"，在美國叫"政治上的正確（political correctness）。

最近，紐約世貿大樓受到恐怖襲擊之後，全國震驚，愛國情緒高漲，星條旗到處飄揚。從參議院、國會到一般老百姓，都眾口一詞，支持總統武力打擊恐怖分子。恐怖分子所做的事，決不只是反美，而是反人道，反文明，為全世界所不容。這是毫無疑問的，全國團結也是必要的。但在這樣"國難"的情況下，是不是還能允許不同意見的存在，這對美國的民主自由是個新的挑戰。

恐怖襲擊之後不久，美國廣播公司 ABC 電視臺晚間座談節目〈不得體〉(political incorrectness)主持人說了一些"不得體"的話，他說："劫持飛機的恐怖分子並非懦夫，倒是美國用導彈在數千里外襲擊目標，那才是懦夫的行為。"

這段話在美國被襲擊之後，在電視節目上播出來，就如節目名字所說的，的確是"不得體"的;但卻不能說他完全沒有道理。節目播出之後，有些支持這個節目的廣告商，立刻將廣告撤回。白宮新聞發言人也譴責這個節目主持人，並呼籲全國媒體和人民，是对言论自由不当的干预。

"国难当前"是一回事，"言论自由"又是一回事。是不是只要国难当前，言论自由就得受约束，言论自由与国家利益是不是冲突的？这是我们应该严肃思考的议题。

究竟什么是"国难"？战争固然是国难，恐怖袭击也是国难；台风地震是国难，经济萧条，下岗职工增加，也是国难。要是国难的定义全看政府的需要而定，言论自由就永远是政府的附庸和奴隶了。

近代中国人几乎人人都是在"国难当前"之下，度过艰辛的一生，言论自由在中国永远只是个虚幻的理想。许多中国人来到北美，深知"谨言慎行"的痛苦，所要追求的就是那点"不得体"的自由。而这点"不得体"的自由也正是美国立国精神之所在。

争言论自由有两类：一种是向政府争，另一种是向舆论争。向政府争言论自由，往往是有群众支持的，是得体的，是有可能成为英雄的；向舆论争言论自由，就往往是犯众怒的，是不得体的，是有可能成为"国贼"的。在政府和舆论一致的时候，争言论自由，就必须有易卜生名剧《人民的公敌》(An enemy of the People)中斯铎曼医生的胸襟和胆识，所谓"世界上最强有力的人，也是最孤立的人。"这也就是孟子所说"虽千万人，吾往矣"。千万人都认为对的事，我也可能坚持不对；而千万人认为不对的事，我也可能坚持认为是对的。千万人都说"战"，不能影响我坚持應該"謹言慎行"。記者會之後,新聞界質問之聲四起,認為這是對言論自由不當的干預。

"國難當前"是一回事,"言論自由"又是一回事。是不是只要國難當前,言論自由就得受約束,言論自由與國家利益是不是衝突的?這是我們應該嚴肅思考的議題。

究竟什麼是"國難"?戰爭固然是國難,恐怖襲擊也是國難;颱風地震是國難,經濟蕭條,下崗職工增加,也是國難。要是國難的定義全看政府的需要而定,言論自由就永遠是政府的附庸和奴隸了。

近代中國人幾乎人人都是在"國難當前"之下,度過艱辛的一生,言論自由在中國永遠只是個虛幻的理想。許多中國人來到北美,深知"謹言慎行"的痛苦,所要追求的就是那點"不得體"的自由。而這點"不得體"的自由也正是美國立國精神之所在。

爭言論自由有兩類:一種是向政府爭,另一種是向輿論爭。向政府爭言論自由,往往是有群眾支持的,是得體的,是有可能成為英雄的;向輿論爭言論自由,就往往是犯眾怒的,是不得體的,是有可能成為"國賊"的。在政府和輿論一致的時候,爭言論自由,就必須有易卜生名劇《人民的公敵》(An enemy of the People)中斯鐸曼醫生的胸襟和膽識,所謂"世界上最強有力的人,也是最孤立的人。"這也就是孟子所說"雖千萬人,吾往矣"。千萬人都認為對的事,我也可能堅持不對;而千萬人認為不對的事,我

"不战"。

其实，真正的国难，既不是战争，也不是恐怖袭击，更不是地震和台风。真正的国难是至今没有受到法律保护的言论自由，没有政治上"不得体"的自由。坚持言论自由是符合国家利益的，也是爱国的。假"国难"或"爱国"之名，对言论自由进行迫害，终将是伤害国家利益的。

也可能堅持認為是對的。千萬人都說"戰"，不能影響我堅持"不戰"。

其實，真正的國難，既不是戰爭，也不是恐怖襲擊，更不是地震和颱風。真正的國難是至今沒有受到法律保護的言論自由，沒有政治上"不得體"的自由。堅持言論自由是符合國家利益的，也是愛國的。假"國難"或"愛國"之名，對言論自由進行迫害，終將是傷害國家利益的。

词汇

言论自由	言論自由	yánlùn zìyóu	n.	freedom of speech
爱国	愛國	àiguó	v./adj.	to love one's country; patriotic
危机	危機	wēijī	n.	crisis
舆论	輿論	yúlùn	n.	public opinion
压迫	壓迫	yāpò	v./n.	to oppress, to repress; oppression
冠冕堂皇	冠冕堂皇	guānmiǎn tánghuáng	adj.	high-sounding
义正词严	義正詞嚴	yìzhèng cíyán	adj./ adv.	speak out sternly from a sense of justice
救国	救國	jiùguó	v.	to save the nation
世贸大楼	世貿大樓	shìmào dàlóu	prop.	World Trade Center
恐怖	恐怖	kǒngbù	n./adj.	terror; terrorist
袭击	襲擊	xíjī	v./n.	to attack by surprise, surprise attack
震惊	震驚	zhènjīng	v.	to shock, amaze, astonish; 例：全国/世界~
情绪	情緒	qíngxù	n.	morale; feeling; mood
高涨	高漲	gāozhǎng	v.	to rise; to upsurge; to run high
星条旗	星條旗	xīngtiáoqí	n.	national flag of U.S. "Stars and Stripes"
飘扬	飄揚	piāoyáng	v.	to wave; to flutter; to fly
参议院	參議院	cānyìyuàn	n.	senate (here: U.S. Senate)
国会	國會	guóhuì	n.	parliament; congress (here: U.S. Congress)
众口一词	眾口一詞	zhòngkǒu yìcí	v./adj. /adv.	with one voice; unanimously
总统	總統	zǒngtǒng	n.	president (of a nation)
武力	武力	wǔlì	n.	military force, armed might
打击	打擊	dǎjī	v.	to strike, to attack, to hit; 例：~恐怖活动/敌人
分子	分子	fènzǐ	n.	member; element
恐怖分子	恐怖分子	kǒngbùfènzǐ	n.	terrorist
人道	人道	réndào	n./adj.	humanity; humane, human；例：违反/不~

文明	文明	wénmíng	*n./adj.*	civilization, civilized
毫无疑问	毫無疑問	háowú yíwèn	*adj./ adv.*	doubtlessly, unquestionably
团结	團結	tuánjié	*v.*	to unite; to rally
国难	國難	guónàn	*n.*	national crisis
允许	允許	yǔnxǔ	*v./n.*	to permit; to allow, permission
存在	存在	cúnzài	*v./n.*	to exist, existence
挑战	挑戰	tiǎozhàn	*v./n.*	challenge；例：~权威/自我；接受/传统~
晚间	晚間	wǎnjiān	*n.*	(in the) evening; (at) night; 例：~节目/新闻
座谈	座談	zuòtán	*n./v.*	forum, to have an informal discussion
节目	節目	jiémù	*n.*	program, item (on a program); 座谈节目: talk show
得体	得體	détǐ	*adj.*	appropriate ; here meaning "politically correct"
主持人	主持人	zhǔchírén	*n.*	host, hostess, chair (of a meeting, program, etc.); A.C. (anchor)
劫持	劫持	jiéchí	*v.*	to kidnap, to hijack
懦夫	懦夫	nuòfū	*n.*	coward, weakling
导弹	導彈	dǎodàn	*n.*	guided missile
行为	行為	xíngwéi	*n.*	behavior, action, conduct
如	如	rú	*v.*	to resemble, like
的确	的確	díquè	*adv.*	truly; really
广告商	廣告商	guǎnggào shāng	*n.*	advertiser, sponsor
撤回	撤回	chèhuí	*v.*	to recall, to withdraw, to revoke
白宫	白宮	báigōng	*prop.*	the White House
新闻界	新聞界	xīnwén jiè	*n.*	media, press circles
发言人	發言人	fāyánrén	*n.*	spokesperson
谴责	譴責	qiǎnzé	*v./n.*	to condemn, to denounce, condemnation
呼吁	呼籲	hūyù	*n./v.*	appeal; to appeal, to call on

媒体	媒體	méitǐ	*n.*	media
谨言慎行	謹言慎行	jǐnyán shènxíng	*v.*	to be cautious in speech and behavior
质问	質問	zhìwèn	*v.*	to question, to interrogate
四起	四起	sìqǐ	*v.*	to rise from all (four) sides
不当	不當	búdàng	*adj.*	unsuitable, improper, inappropriate；例：~的干预；处理/措辞/措施~
干预	干預	gānyù	*v./n.*	to intervene, to interpose, to meddle, to interfere；例：政府的~
当前	當前	dāngqián	*n.*	current, present, for the time being
约束	約束	yuēshù	*v.*	to keep within bounds, to restrain, to restrict
利益	利益	lìyì	*n.*	interest, benefit, profit
冲突	衝突	chōngtū	*n./v.*	conflict, clash
严肃	嚴肅	yánsù	*adj./ adv.*	serious, seriously
思考	思考	sīkǎo	*v.*	to think deeply, to ponder, to reflect on
议题	議題	yìtí	*n.*	topic for discussion, subject under discussion, item on the agenda
究竟	究竟	jiūjìng	*adv.*	(used in questions to press for an exact answer) actually, exactly, what on earth
战争	戰爭	zhànzhēng	*n.*	war
固然	固然	gùrán	*adv.*	(admitting a point that goes or does not go against the main argument) admittedly, it is true, indeed
台风	颱風	táifēng	*n.*	typhoon
地震	地震	dìzhèn	*n.*	earthquake
萧条	蕭條	xiāotiáo	*adj./n.*	desolate; bleak, depression
下岗	下崗	xiàgǎng	*v.*	to be unemployed (lit. "to come or go off sentry duty"), to be laid off
职工	職工	zhígōng	*n.*	staff and workers,

				employee
定义	定義	dìngyì	*n.*	definition
附庸	附庸	fùyōng	*n.*	appendage, dependency
奴隶	奴隸	núlì	*n.*	slave
艰辛	艱辛	jiānxīn	*adj./n.*	difficult, hard, hardship
虚幻	虛幻	xūhuàn	*adj.*	unreal, illusory
理想	理想	lǐxiǎng	*n.*	ideal
深知	深知	shēnzhī	*v.*	to know deeply
痛苦	痛苦	tòngkǔ	*adj./n.*	suffering, pain
追求	追求	zhuīqiú	*v./n.*	to pursue, to seek; pursuit; 例：~理想/自由/爱情/目标
立国	立國	lìguó	*v.*	to build up a nation, to found a state
(之)所在	(之)所在	(zhī) suǒzài	*n.*	(lit.) where sb. or sth. is; 例：关键/困难/问题/矛盾~
争	爭	zhēng	*v.*	to struggle, to strive, to contend
群众	群眾	qúnzhòng	*n.*	the masses
支持	支持	zhīchí	*v./n.*	support
英雄	英雄	yīngxióng	*n.*	hero
犯	犯	fàn	*v.*	to offend, to violate (against the law, etc.)
众怒	眾怒	zhòngnù	*n.*	public wrath
国贼	國賊	guózéi	*n.*	national traitor
一致	一致	yízhì	*adj./ adv.*	showing no difference, identical, consistent; unanimously；例：看法/目标~；~行动/同意
易卜生	易卜生	Yìbǔshēng	*prop.*	Henrik Ibsen
名剧	名劇	míng jù	*n.*	classic drama
公敌	公敵	gōngdí	*n.*	public enemy
斯铎曼	斯鐸曼	Sīduómàn	*prop.*	Stockmann (a character in An Enemy of the People)
医生	醫生	yīshēng	*n.*	medical doctor, physician
胸襟	胸襟	xiōngjīn	*n.*	mind, breadth of mind, capacity

215

胆识	膽識	dǎnshí	n.	courage and insight (perception)
孤立	孤立	gūlì	adj./v.	isolated, to isolate；例：~的意见；受到~；~自己；把…~起来
吾	吾	wú	pron.	I; me (old)
往	往	wǎng	v.	to go (old)
矣	矣	.yǐ	part.	final particle (old)
坚持	堅持	jiānchí	v.	to insist on; to uphold；例：~原则/下去/认为
至今	至今	zhìjīn	adv.	up to now; to this day; so far
法律	法律	fǎlǜ	n.	law
保护	保護	bǎohù	v./n.	protect, protection
符合	符合	fúhé	v.	to conform to; in keeping with；例：~利益/要求/标准；大致/基本上~
假	假	jiǎ	v.	to borrow; to avail oneself of (old)
终将	終將	zhōng jiāng	adv.	eventually; in the end
伤害	傷害	shānghài	v./n.	to hurt; to injure, harm；例：~感情/利益
虽千万人，吾往矣	雖千萬人，吾往矣	suī qiānwàn rén, wú wǎng .yǐ		Though thousands of people (may oppose me), I shall march onward.

词语解释

1. 每当…的时候　　　　　　　　　　each time; on each occasion; whenever
◆ 每当国家出现危机的时候，政府和舆论往往借"爱国"之名来压迫言论自由。
1) 每当一个国家经济不好的时候，失业的人就会增多。
2) 在中国每当我看到外国人在街上买东西，就担心他们受骗上当。

2. 借…之名(来)　　　　　　　　　　in the name of; under the guise of
◆ 每当国家出现危机的时候，政府和舆论往往借"爱国"之名来压迫言论自由。
1) 美国有些新闻媒体借"反恐怖"之名来歧视外国人。
2) 一个母亲怎么可以借"生活压力太重"之名杀害自己的孩子呢？

3. 为…不容　　　　　　　　　　　　not allowed by; not tolerated by
◆ 恐怖分子所为，绝不只是反美，而是反人道，反文明，为全世界所不容。
1) 有些知识分子由于喜欢发表对国家大事的不同意见，所以为政府所不容。
2) 她嫁给了一个比她大二十多岁的男人，为她的家庭所不容。

4. 倒是…　　　　　　　　　　　　　(indicating something unexpected or contrasting)
◆ 劫持飞机的恐怖分子并不是懦夫，倒是美国用导弹在数千里之外袭击目标，那才是懦夫的行为。
1) 她认识他以后，并不清楚应该嫁什么人，倒是知道了不应该嫁什么人。
2) 他们对总统的印象并不好，倒是对总统夫人很欣赏。

5. …之声四起　　　　　　　　　　　the sound of…rises from all sides
◆ 记者会之后，新闻界质问之声四起。
1) 恐怖袭击发生以后，全世界谴责之声四起。
2) 学校推行这个政策以后，反对之声四起。

6. A是一回事, B又是一回事　　　A is one thing, but B is quite another thing
◆ "国难当前"是一回事，"言论自由"又是一回事。
1) 许多人认为恋爱是一回事，而结婚又是另一回事。

2) 制定法律是一回事，推行法律又是一回事。

7. 难道就不·· (to form an emphatic rhetorical question)
   is this not…?; are these not…?

◆ 台风地震是国难，经济萧条，下岗职工增加，难道就不是国难吗？

1) 一个人的事业固然很重要，家庭难道就不重要吗？

2) 你为什么不愿意帮助那些老人，难道你没有同情心吗？

8. 看/根据·而定 decided by; to depend on

◆ 要是国难的定义全看政府的需要而定，言论自由就永远只是政府的附庸和奴隶了。

1) 在市场经济里，商品的价格得看市场需求而定。

2) 我的计划得看学生的时间而定。

练习

I. Fill in the blanks with the Chinese characters of the given English words.

appeal consistent crisis current

1. 尽管目前世界上有些地方存在着冲突，但是大多数的国家都_____和平。

2. 中国政府认识到_____中国最大的任务是发展经济。

3. 减税(tax reduction)并没有给这个国家的经济带来好处，相反，国家正遭到经济_____的打击 。

4. 夫妻两人意见不_____的时候，免不了吵架。

II. Provide an appropriate noun to make meaningful verb-object phrases.

保护 _____ 符合 _____ 伤害 _____

支持 _____ 追求 _____ 干预 _____

撤回 _____ 劫持 _____ 打击 _____

III. Make a new sentence using the underlined expressions.

1. 争言论自由有两类：一种是向政府争，另一种是向舆论争。

2. 真正的国难，既不是战争，也不是恐怖袭击，更不是地震和台风。

3. 战争固然是国难，经济萧条难道就不是国难吗？

4. 从参议院，国会到一般老百姓，都众口一词，支持总统武力打击恐怖分子。

5. 国难当前是<u>一回事</u>，"言论自由"<u>又是一回事</u>。

6. <u>每当国家出现危机的时候</u>，政府和舆论往往借"爱国"之名来压迫言论自由。

7. 劫持飞机的恐怖分子并非懦夫，<u>倒是</u>美国用导弹在数千外袭击目标，那才是懦夫的行为。"

8. 恐怖分子所为，绝不只是反美，而是反人道，反文明，<u>为</u>全世界<u>所不容</u>。

IV. Expand and rearrange the following groups of words into coherent sentences.

1. 爱国/自由/国难/团结/允许

2. 节目/发言人/新闻/不当/质问

3. 萧条/下岗/痛苦/至今

4. 袭击/震惊/恐怖/人道

V. Replace the underlined phrases with four-word set phrases (chéngyǔ).

一个人在生活中<u>需要注意自己的言论和行为</u>，尤其是名人，更得小心，否则，他就很容易成为媒体谈论的对象。有时，还会受到舆论的谴责。这些谴责往往<u>似乎代表正确的道理</u>，而且口气很严肃。由于<u>大家都这么说</u>，一个人在公众中的形象难免受到损害。

美国总统克林顿是一位成功的总统，这是<u>没有问题的</u>。但是因为他在个人生活上不够小心，又不愿意很快承认自己的过失，所以遭到美国人的谴责。人们认为他在公共场合<u>说的话都是很好听、很又影响力的</u>，但私下里却欺骗了美国人民，是一个不诚实的人。

VI. Discussion questions.

1. 在和平年代，还需要不需要爱国？

2. 在国难当前的时候，个人利益和国家利益的关系是什么？

3. 你认为战争能解决问题吗？

4. 军人的职责是什么？军人该不该有言论自由？

5. 你同意"世界上最强有力的人，也是最孤立的人"这个观点吗？

VII. Composition.

1. 坚持自己的意见有什么好处和坏处？

2. 你是美国总统，你怎样回应这样的文章？

美国的选举制度与美国民主

方文

　　美国的选举制度是美国政治制度的主要组成部分。长期以来，美国总是标榜她的选举制度是世界上最完善、最民主的，并且总是以老师自居，到处给别的国家上"民主课"，要别的国家效法美国。不能否认，美国的选举制度的确有可取的一面，但要说这种选举制度就是世界上最好的，那就不一定了。

　　首先，美国的选举制度是建立在金钱的基础上的。法律规定，凡是年满三十五岁、在美国出生并在美国居住十四年以上的公民，均可参加总统竞选。这听起来冠冕堂皇，似乎任何一个符合这样简单条件的美国公民都有机会进入白宫。其实不然，这里还有一个对普通公民来说根本做不到的条件——金钱。参加竞选，就得组织一个团体，雇用大批工作人员，在新闻媒体上做宣传广告，印发宣传材料，到全国各地做竞选旅行和演讲等等，这一切都需要钱。没有钱，即使你有天大的本领，也休想进白宫的大门！据报道，在今年的大选中，全部竞选费用加起来高达三十亿美元！难怪美国人自己都说："通往白宫的路是用金钱铺成的。"

　　如此大量的金钱是从哪里来的？除了联邦政府给每位候选人一定的竞选费用以外，绝大部分是大企业、大公司和各种利益团

美國的選舉制度與美國民主

方文

　　美國的選舉制度是美國政治制度的主要組成部分 。長期以來， 美國總是標榜她的選舉制度是世界上最完善、最民主的，並且總是以老師自居，到處給別的國家上"民主課"，要別的國家效法美國。不能否認，美國的選舉制度的確有可取的一面，但要說這種選舉制度就是世界上最好的，那就不一定了。

　　首先，美國的選舉制度是建立在金錢的基礎上的。法律規定，凡是年滿三十五歲、在美國出生並在美國居住十四年以上的公民，均可參加總統競選。這聽起來冠冕堂皇，似乎任何一個符合這樣簡單條件的美國公民都有機會進入白宮。其實不然，這裏還有一個對普通公民來說根本做不到的條件——金錢。參加競選，就得組織一個團體，雇用大批工作人員，在新聞媒體上做宣傳廣告，印發宣傳材料，到全國各地做競選旅行和演講等等，這一切都需要錢。 沒有錢，即使你有天大的本領，也休想進白宮的大門！據報導，在今年的大選中，全部競選費用加起來高達三十億美元 ！ 難怪美國人自己都說："通往白宮的路是用金錢鋪成的。"

　　如此大量的金錢是從哪里來的？ 除了聯邦政府給每位候選人一定的競選費用以外，絕大部分是大企業、大公司和各種利益團

221

体捐助的，而他们之所以愿意这么做，是要通过捐款来影响当选选者的政策，为自己谋取利益；也就是说，是一种"政治投资"。而当选者也往往利用手中的权力，在各个方面给捐款者回报，或者通过各种手段为捐款者提供方便。所以说，每次大选，表面上是几个候选人在竞争；实际上，是各种利益团体之间的竞赛，也就是人们常说的："有钱人的游戏。"

其次，从竞选手段看，也很难说是民主的。每逢大选年，各个候选人都忙得要命。忙什么？无非是：打击别人，抬高自己。美国人很讲绅士风度，但在竞选中，却是什么风度也不讲了。为了打击别人，各个候选人揭疮疤，挖隐私，讲粗话，往往不择手段。冲突激烈时，甚至搞暗杀。在美国历史上，大选年行刺总统候选人的事件并不少见。至于在投票日给对方选民设置障碍，甚至进行恐吓，在计票过程中做手脚，更是常事。

为了抬高自己，候选人都要炫耀自己的政绩，说自己如何高明，如何能干。他们往往针对不同阶层选民的不同需要，甜言蜜语，开出一大堆空头支票。目的只有一个：把你口袋里的选票掏过去。一旦选票到手，对不起，bye-bye 了，什么这个许诺，那个许诺，早就抛在脑后了。

第三，选举结果往往不能代表民意。美国总统选举实行"选举人制度"。一位候选人在某州所得的选民票只要比他的对手多一票，这个州的全部选举人票就是他的。结果往往出现这样的情體捐助的，而他們之所以願意這麼做，是要通過捐款來影響當選者的政策，爲自己謀取利益；也就是說，是一種"政治投資"。而當選者也往往利用手中的權力，在各個方面給捐款者回報，或者通過各種手段爲捐款者提供方便。所以說，每次大選，表面上是幾個候選人在競爭；實際上，是各種利益團體之間的競賽，也就是人們常說的："有錢人的遊戲。"

其次，從競選手段看，也很難說是民主的。每逢大選年，各個候選人都忙得要命。忙什麼？無非是：打擊別人，擡高自己。美國人很講紳士風度，但在競選中，卻是什麼風度也不講了。爲了打擊別人，各個候選人揭瘡疤，挖隱私，講粗話，往往不擇手段。衝突激烈時，甚至搞暗殺。在美國歷史上，大選年行刺總統候選人的事件並不少見。至於在投票日給對方選民設置障礙，甚至進行恐嚇，在計票過程中做手腳，更是常事。

爲了擡高自己，候選人都要炫耀自己的政績，說自己如何高明，如何能幹。他們往往針對不同階層選民的不同需要，甜言蜜語，開出一大堆空頭支票。目的只有一個：把你口袋裏的選票掏過去。一旦選票到手，對不起，bye-bye 了，什麼這個許諾，那個許諾，早就拋在腦後了。

第三，選舉結果往往不能代表民意。美國總統選舉實行"選舉人制度"。一位候選人在某州所得的選民票只要比他的對手多一票，這個州的全部選舉人票就是他的。結果往往出現這樣的情况：在 全国范围内得到选民票最多的候选人不能当选总统，而得到选民票少的却反而当选。这能说是表现了民意吗？即使一位候选人得到了全国半数以上投票选民的支援，但由于选民的投票率很低，近几届几乎都 是百分之五十左右。这样的总统，能说是得到了大多数美国人民的授权吗？至于像今年这样，要由法院来判定谁当选，那就更是不能表现民意了。

2000 年 2 月 15 日《人民日报》海外版

況：在全國範圍內得到選民票最多的候選人不能當選總統，而得到選民票少的卻反而當選。這能說是表現了民意嗎？即使一位候選人得到了全國半數以上投票選民的支援，但由於選民的投票率很低，近幾屆幾乎都 是百分之五十左右。這樣的總統，能說是得到了大多數美國人民的授權嗎？至於像今年這樣，要由法院來判定誰當選，那就更是不能表現民意了。

2000 年 2 月 15 日《人民日報》海外版

词汇

选举	選舉	xuǎnjǔ	v./n.	elect, election
组成	組成	zǔchéng	v.	compose, form, make up
标榜	標榜	biāobǎng	v.	boast, excessively praise 例: 他总是标榜自己是最聪明的人，其实不然。
完善	完善	wánshàn	adj.	perfect, consummate
以…自居	以…自居	yǐ … zìjū	v.	consider oneself to be, pose as
效法	效法	xiàofǎ	v.	follow the example of
否认	否認	fǒurèn	v.	deny, repudiate
可取	可取	kěqǔ	adj.	worth having 例: 美国的民主制度很可取，值得学习。
基础	基礎	jīchǔ	n.	foundation, base, basis
公民	公民	gōngmín	n.	citizen
均	均	jūn	adv.	都 all, without exception
竞选	競選	jìngxuǎn	v.	enter into an election contest, campaign for (office), run for
冠冕堂皇	冠冕堂皇	guānmiǎn tánghuáng	adj.	high-sounding, ostentatious highfalutin 例:~的理由/说法
符合	符合	fúhé	v.	accord with, conform to 例:~标准/条件/规定/要求
白宫	白宮	Báigōng	n.	the White House
不然	不然	bùrán	v.	不是这样: not so
雇用	雇用	gùyòng	v.	to employ, to hire
大批	大批	dàpī	adj.	large number of, large amount of
新闻媒体	新聞媒體	xīnwén méitǐ	n.	news media
印发	印發	yìnfā	v.	print and distribute
演讲	演講	yǎnjiǎng	v.	give a speech, make a lecture

本领	本領	běnlǐng	n.	skill, capability, ability
休想	休想	xiūxiǎng	v.	don't dare to think something is possible 例:没有大量的金钱和良好的社会关系，你休想竞选总统。
费用	費用	fèiyòng	n.	cost, expense
高达	高達	gāodá	v.	amount to
难怪	難怪	nánguài	adv.	no wonder
铺	鋪	pū	v.	pave, lay 例:成功的路是用金钱铺成的。
联邦	聯邦	liánbāng	adj.	federal
候选人	候選人	hòuxuǎnrén	n.	candidate
绝大部分	絕大部分	juédà bù.fèn	n.	the majority 例:绝大部份的美国人都不支持这项政策。
企业	企業	qǐyè	n.	enterprise, business
利益团体	利益團體	lìyì tuántǐ	n.	interest group
捐助	捐助	juānzhù	v.	to donate, to contribute
捐款	捐款	juānkuǎn	v.	to donate money
当选	當選	dāngxuǎn	v.	be elected 例:当选以后，候选人必须给利益团体回报。
谋取	謀取	móuqǔ	v.	try to gain, seek, obtain 例:~利益/权利
回报	回報	huíbào	n./v.	repay, requite, reciprocate
手段	手段	shǒuduàn	n.	means, method, trick, artifice
竞赛	競賽	jìngsài	n.	competition
游戏	遊戲	yóuxì	n.	game
每逢	每逢	měiféng	adv.	whenever, every time 例:~新年/大选/耶诞节
大选	大選	dàxuǎn	n.	general election

无非是	無非是	wúfēishì	adv.	nothing but, simply, only
打击	打擊	dǎjī	v.	attack, (here) to degrade (others)
抬高	抬高	táigāo	v.	build up, to elevate (oneself)
讲	講	jiǎng	v.	stress, pay attention to
绅士	紳士	shēnshì	n.	gentleman
风度	風度	fēngdù	n.	good manner, demeanor, bearing
揭疮疤	揭瘡疤	jiē chuāngbā	v.	pull the scab right off one's sore, touch somebody's sore spot
挖	挖	wā	v.	to dig
隐私	隱私	yǐnsī	n.	one's secret, private matters one wants to hide
粗话	粗話	cūhuà	n.	vulgar language
不择手段	不擇手段	bùzé shǒuduàn		by fair means or foul, by hook or by crook 例:为了得到成功，他不择手段。
冲突	衝突	chōngtū	n.	conflict, clash
激烈	激烈	jīliè	adj.	intense, sharp, fierce 例:冲突/竞争~
暗杀	暗殺	ànshā	v.	assassinate
行刺	行刺	xíngcì	v.	assassinate
事件	事件	shìjiàn	n.	incident, event
投票	投票	tóupiào	v.	vote 例:明天就是投票日，我肯定会投你的票。
对方	對方	duìfāng	n.	opponent
选民	選民	xuǎnmín	n.	voter
设置	設置	shèzhì	v.	set up, install
障碍	障礙	zhàng'ài	n.	obstacle, barrier
进行	進行	jìnxíng	v.	carry out, conduct 例:~恐吓/威胁/警告/攻击
恐吓	恐嚇	kǒnghè	v.	threaten, intimidate
计票	計票	jìpiào	v.-o.	count (the ballot)

过程	過程	guòchéng	*n.*	course, process
做手脚	做手脚	zuò shǒujiǎo	*v.-o.*	to cheat
炫耀	炫耀	xuànyào	*v.*	show off, to flaunt 例:~财富/成就/成绩/政绩/成功
政绩	政績	zhèngjì	*n.*	achievements in one's official career
高明	高明	gāomíng	*adj.*	brilliant, wise
能干	能幹	nénggàn	*adj.*	capable, competent
针对	針對	zhēnduì	*v.*	to pinpoint on, to focus on
阶层	階層	jiēcéng	*n.*	social stratum
甜言蜜语	甜言蜜語	tiányán mìyǔ	*v./n.*	sweet words and honeyed phrases, fine-sounding words
堆	堆	duī	*n.*	pile
空头支票	空頭支票	kōngtóu zhīpiào	*n.*	empty promise, bounced check 例:开~
口袋	口袋	kǒudài	*n.*	pocket
选票	選票	xuǎnpiào	*n.*	ballot
掏	掏	tāo	*v.*	scoop out
一旦	一旦	yídàn	*adv.*	once, in case, now that
到手	到手	dàoshǒu	*v.*	come into one's possession
许诺	許諾	xǔnuò	*n.*	promise
抛在脑后	抛在腦後	pāozài nǎohòu	*v.*	forget completely 例:把烦恼/承诺/许诺~
民意	民意	mínyì	*n.*	popular will
选举人制度	選舉人制度	Xuǎnjǔrén zhìdù	*n.*	Electoral College
某	某	mǒu	*adj.*	certain, some 例:~人/时/地
对手	對手	duìshǒu	*n.*	opponent
范围	範圍	fànwéi	*n.*	range, coverage
表现	表現	biǎoxiàn	*v.*	show, display, manifest
届	届	jiè	*MW.*	a measure word for periodic events

| 授权 | 授權 | shòuquán | *v.* | empower, authorize |
| 判定 | 判定 | pàndìng | *v.* | judge, determine 例:在民主社会中,任何事都应该由法律来判定。 |

词语解释

1. 以…自居　　　　　　　　consider oneself to be…

◆ 长期以来，美国总是标榜她的选举制度是世界上最完善、最民主的，并且总是以老师自居，到处给别的国家上"民主课"

1) 美国经常以世界警察自居，干涉其它国家的事务。

2) 他是独生子，在家中以小皇帝自居。

2. 难怪　　　　　　　　　　no wonder…

◆ 难怪美国人自己都说："通往白宫的路是用金钱铺成的。"

1) 他父母给他的压力那么大，难怪他总是很痛苦。

2) 他们的年龄差距太大，难怪婚姻会出现问题。

3. S 之所以…是(因为)…　　the reason why… is because….

◆ 他们之所以愿意这么做，是要通过捐款来影响当选者的政策，为自己谋取利益。

1) 政府之所以推行普通话，是希望全国人民能用同样的语言交流。

2) 我们之所以举办这个讨论会，是要提供一个机会让大家广泛地交换意见。

4. 每逢…都…　　　　　　　whenever; every time

◆ 每逢大选年，各个候选人都忙得要命。

1) 每逢新年，他们全家都聚集在一起庆祝。

2) 每逢暑假，学生都回家去了，所以校园里总是很冷清。

5. 无非是　　　　　　　　　nothing but; simply

◆ 候选人忙什么？无非是打击别人，抬高自己。

1) 政府推行一家一个孩子的政策，无非是要控制人口的增加。

2) 这篇文章无非是政府的一种宣传，一点价值也没有。

6. 一旦　　　　　　　　　　once

◆ 一旦选票到手，对不起，byebye 了。什么这个许诺，那个许诺，早就抛在脑后了。

1) 现代科技一旦走进了日常生活，就会改变人原本的生活方式。

2) 中东地区一旦发生战争，美国必然得负最大的责任。

练习

I.   Fill in the blanks.

选，候选人，选票，竞选，当选者，选民

1. 所谓"民主"就是由老百姓_____出最理想的人来为民服务。

2. 一般来说，_____费用非常高，所以一定得靠企业的捐助，。

3. 我国的选举制度规定，要得到超过一半的票才能成为_____。

4. _____应该重视选举，把票投给理想的人。

5. 基本上，你想把_____投给谁完全是个人的事，谁也没有权利干涉。

6. 今年的选举非常激烈，一共有十位_____参加。

II. Make a sentence with the underlined phrases.

1. 他们之所以愿意捐钱，是为了自己的利益。

2. 从竞选手段来看，也很难说是民主的。

3. 全部竞选费用加起来高达十亿美元。

4. 每逢大选年，候选人都忙得要命。

5. 忙什么？无非是在打击别人，抬高自己。

6. 一旦选票到手，对不起，byebye 了。什么这个许诺，那个许诺，早就抛在脑后了。

III. Translation.

1. The election system of the Parliament is an essential part of any government. When Americans boast that they have the most perfect election system in the world, they rarely think of that campaigns in United States are actually built on money.

2. According to the law, any citizen, born in US, over 35, and has been living in the US for more than 14 years, has the right to run for Presidency. However, without money, even if one conforms to the conditions, he still cannot be the candidate.

IV. Answer the following questions using given expressions.

1. 在美国，任何人都可以竞选总统吗？

  (雇用，费用，符合条件，休想，竞选)

2. 候选人在竞选时会利用什么手段来获得成功？

  (暗杀，障碍，甜言蜜语，空头支票，做手脚，打击)

V. Discussion.

1. 为什么说美国的选举制度是建立在金钱的基础上的？

2. 大企业为什么愿意捐钱给候选人？

3. 选举是不是"有钱人的游戏"？

4. 候选人在竞选时会利用什么手段来获得成功？

5. 为什么选举结果不能代表民意？

6. "选举人制度"对美国总统选举有什么影响？

VI. Composition.

1. 如果选举真的是"有钱人的游戏"，对国家会造成什么样的影响？说一说你的看法。

2. 我对美国选举制度的看法。

发展旅游与环境保护

魏小安

强调可持续发展，对于旅游业来说是非常重要的一个问题。发展如果不研究可持续性，不讲环境保护，不讲文化创新，等于是自己断自己的后路。对此，旅游业的同仁有着强烈的共鸣。我们看到，这几年围绕这方面的问题，对旅游业的攻击不少，一张口就是旅游破坏环境，客观地讲，这种说法太过偏颇。我认为，可以从几个角度来认识这个问题。

第一，所谓旅游发展破坏环境的具体体现，一是建设，开山，修桥，铺路；二是来的人多，影响环境。但我们仔细想一想，任何发展都会有代价，这是我们不得不付出的代价。旅游业应该说是环境代价比较小、效益比较突出的产业。旅游和环境之间的关系是一种天然的相互促进、相互融合的关系，或者说环境就是旅游的生产力，破坏环境等于破坏自身，在逻辑上不能成立。

第二，现在确有一些在开发或者经营中对环境有影响的事情存在，这也不可否认，但这并非是因为发展旅游业。首先是缺少经验，没有选择更合适的方式，其次是管理问题。这些事情应该重视，要培养可持续发展的能力。

第三，很多老祖宗和老天爷留下的东西，不因旅游而生，但因旅游而存。比如说藏族同胞唱歌跳舞，原来是自娱自乐，由于

發展旅遊與環境保護

魏小安

強調可持續發展，對於旅遊業來說是非常重要的一個問題。發展如果不研究可持續性，不講環境保護，不講文化創新，等於是自己斷自己的後路。對此，旅遊業的同仁有著強烈的共鳴。我們看到，這幾年圍繞這方面的問題，對旅遊業的攻擊不少，一張口就是旅遊破壞環境，客觀地講，這種說法太過偏頗。我認為，可以從幾個角度來認識這個問題。

第一，所謂旅遊發展破壞環境的具體體現，一是建設，開山，修橋，鋪路；二是來的人多，影響環境。但我們仔細想一想，任何發展都會有代價，這是我們不得不付出的代價。旅遊業應該說是環境代價比較小、效益比較突出的產業。旅遊和環境之間的關係是一種天然的相互促進、相互融合的關係，或者說環境就是旅遊的生產力，破壞環境等於破壞自身，在邏輯上不能成立。

第二，現在確有一些在開發或者經營中對環境有影響的事情存在，這也不可否認，但這並非是因為發展旅遊業。首先是缺少經驗，沒有選擇更合適的方式，其次是管理問題。這些事情應該重視，要培养可持續發展的能力。

第三，很多老祖宗和老天爺留下的東西，不因旅遊而生，但因旅遊而存。比如說藏族同胞唱歌跳舞，原來是自娛自樂，由於旅游发展，转化成商品了，自然也就保留下来了。总有人说"无价之宝"，在市场经济条件下，如果没有"价值"体现就不是"宝"，真要是"无价"也不是宝，只要是"宝"一定有"价"，哪怕是"天价"。通过旅游的发展，使风景有了价值，使文化有了价值，使文物有了价值，这些东西反而更好地保存下来了。

第四，从历史的发展过程也可以看出，很多东西之所以留下来了，是因为穷。穷的连破坏的力量都没有，很多地方的古村古镇，老百姓世世代代在那儿生活，不是不想破坏，是没有钱盖新房子，反而使它保留下来了，这可以叫做"因穷而留"。

社会在发展，经济在发展，各个地方都在开放，开放的过程在一定程度上会形成一个破坏过程。但是因为穷而留下的这些旅游资源，在开放中显现了它的价值，旅游发展起来了，知道这东西是宝了，可以叫做"因留而起"。进一步，因为看到它的价值，所以就有了保护意识，反而把它保护起来，好多地方都是这样。现在都懂了，不但知道要保护，而且还知道要怎么把它搞得更好，可以叫做"因起而保"。因为有好的风景，保留了好的文物，保留了好的民族文化、民俗文化，现在就富起来了，可以叫做"因保而富"。由于富裕了，更注重文化，更注重品牌，就更加兴旺了，可以叫做"因富而兴"。这"五个因"的过程，实际上也是旅游可持续发展能力提高的过程。

"发展是硬道理。"我们要研究怎么努力来促进发展，只有旅遊發展，轉化成商品了，自然也就保留下來了。總有人說"無價之寶"，在市場經濟條件下，如果沒有"價值"體現就不是"寶"，真要是"無價"也不是"寶"，只要是"寶"一定有"價"，哪怕是"天價"。通過旅遊的發展，使風景有了價值，使文化有了價值，使文物有了價值，這些東西反而更好地保存下來了。

第四，從歷史的發展過程也可以看出，很多東西之所以留下來了，是因為窮。窮的連破壞的力量都沒有，很多地方的古村古鎮，老百姓世世代代在那兒生活，不是不想破壞，是沒有錢蓋新房子，反而使它保留下來了，這可以叫做"因窮而留"。

社會在發展，經濟在發展，各個地方都在開放，開放的過程在一定程度上會形成一個破壞過程。但是因為窮而留下的這些旅遊資源，在開放中顯現了它的價值，旅遊發展起來了，知道這東西是寶了，可以叫做"因留而起"。進一步，因為看到它的價值，所以就有了保護意識，反而把它保護起來，好多地方都是這樣。現在都懂了，不但知道要保護，而且還知道要怎麼把它搞得更好，可以叫做"因起而保"。因為有好的風景，保留了好的文物，保留了好的民族文化、民俗文化，現在就富起來了，可以叫做"因保而富"。由於富裕了，更注重文化，更注重品牌，就更加興旺了，可以叫做"因富而興"。這"五個因"的過程，實際上也是旅遊可持續發展能力提高的過程。

促进发展，事情才能真正做到位。当然这和有些文人的想法是不同的，因为文人的想法是要原汁原味，都商业化了怎么可能原汁原味啊？但是反过来说，如果没有商业化的过程，原汁原味更没有了，因为生产方式在改变，生产方式的改变就意味着生活方式一定改变。比如说到内蒙古，原来是逐水草而居的生产方式，所以要骑马、住蒙古包、穿蒙古袍。现在这种生产方式改变了，每人划出一片草场，自己种草自己养，游牧改为定居，住瓦房，骑着摩托车放牧。在这种情况下，草原上看不到原汁原味的蒙古民族文化和民俗文化，只有到了旅游点才能看到。一到旅游点，马队就来了，上马酒、下马酒、婚礼习俗，全套民俗文化都展现出来了，虽然不是原汁原味的，但发展旅游才把这套文化保留下来。西藏将来也会这样，随着青藏铁路的开通，随着交通基础设施的逐步发展，进藏的人越来越多，藏民的生产方式就会改变，生活方式也会随之改变，传统的民族文化和民俗文化怎么保留，也势必涉及到这个问题。

因此，我认为，目前比较好的方式还是通过旅游，通过商业化的方式保留下来。因为有了商业化的方式，大家知道这套文化是值钱的，就会尊重自己的文化，就会热爱自己的文化，就能保留下来。当然，有些地方始终比较偏僻，很可能就会发展成特种旅游的目的地。但从旅游可持续发展的角度来说，强化保护观念，

　　"發展是硬道理。"我們要研究怎麼努力來促進發展，只有促進發展，事情才能真正做到位。當然這和有些文人的想法是不同的，因為文人的想法是要原汁原味，都商業化了怎麼可能原汁原味啊？但是反過來說，如果沒有商業化的過程，原汁原味更沒有了，因為生產方式在改變，生產方式的改變就意味著生活方式一定改變。比如說到內蒙古，原來是逐水草而居的生產方式，所以要騎馬、住蒙古包、穿蒙古袍。現在這種生產方式改變了，每人劃出一片草場，自己種草自己養，遊牧改為定居，住瓦房，騎著摩托車放牧。在這種情況下，草原上看不到原汁原味的蒙古民族文化和民俗文化，只有到了旅遊點才能看到。一到旅遊點，馬隊就來了，上馬酒、下馬酒、婚禮習俗，全套民俗文化都展現出來了，雖然不是原汁原味的，但發展旅遊才把這套文化保留下來。西藏將來也會這樣，隨著青藏鐵路的開通，隨著交通基礎設施的逐步發展，進藏的人越來越多，藏民的生產方式就會改變，生活方式也會隨之改變，傳統的民族文化和民俗文化怎麼保留，也勢必涉及到這個問題。

　　因此，我認為，目前比較好的方式還是通過旅遊，通過商業化的方式保留下來。因為有了商業化的方式，大家知道這套文化是值錢的，就會尊重自己的文化，就會熱愛自己的文化，就能保留下來。當然，有些地方始終比較偏僻，很可能就會發展成特種旅遊的目的地。但從旅遊可持續發展的角度來說，強化保護觀念，

并不意味着不发展，可持续发展要落实到发展上，发展的前提是
要做到可持续性。

2003 年 1 月 29 日《人民日报》海外版

並不意味著不發展，可持續發展要落實到發展上，發展的前提是
要做到可持續性。

2003 年 1 月 29 日《人民日報 》海外版

词汇

环境	環境	huánjìng	*n.*	environment
保护	保護	bǎohù	*v./n.*	to protect; protection
持续	持續	chíxù	*v.*	to sustain
可持续	可持續	kěchíxù	*adj.*	sustainable
可续性	可續性	kěxùxìng	*n.*	sustainability

可: be able to, (持)续: to sustain, 性: quality

旅游业	旅遊業	lǚyóuyè	*n.*	tourism
创新	創新	chuàngxīn	*n*	innovation
断	斷	duàn	*v.*	to cut off
后路	後路	hòulù	*n.*	route of retreat
同仁	同仁	tóngrén	*n.*	fellow members of an industry
强烈	強烈	qiángliè	*adj.*	strong
共鸣	共鳴	gòngmíng	*n.*	sympathetic response, the same opinion
围绕	圍繞	wéirào	*v.*	to center around, to focus on
攻击	攻擊	gōngjī	*n.*	accusation, attack
张口	張口	zhāngkǒu	*v.*	to open one's mouth, to talk
破坏	破壞	pòhuài	*v.*	to destroy, to damage
客观地讲	客觀地講	kèguān.dejiǎng	*adv.*	objectively speaking
偏颇	偏頗	piānpō	*adj.*	biased

偏, 颇: to incline to one side.

角度	角度	jiǎodù	*n.*	perspective, angle
具体	具體	jùtǐ	*adj.*	specific 例: ~计划/问题/情况/体现
体现	體現	tǐxiàn	*n./v*	manifestation
建设	建設	jiànshè	*n./v.*	construction 例: 经济/基本~
开山	開山	kāishān	*n.*	quarrying
修桥	修橋	xiūqiáo	*n.*	bridge construction
铺路	鋪路	pūlù	*n.*	road construction
影响	影響	yǐngxiǎng	*v.*	to have an effect
仔细	仔細	zǐxì	*adv.*	carefully

代价	代價	dàijià	n.	price
付出	付出	fùchū	v.	to pay 例：~代价/劳动
效益	效益	xiàoyì	n.	benefit 例：经济~
突出	突出	tūchū	adj.	outstanding 例：~成就/特点/标志
产业	產業	chǎnyè	n.	industry
天然	天然	tiānrán	adj.	natural 例：~宝石/石头
促进	促進	cùjìn	v.	to promote, to help advance
融合	融合	rónghé	v.	to blend
生产力	生產力	shēngchǎnlì	n.	forces of production (driving force)
自身	自身	zìshēn	n.	oneself 例：~利益
逻辑	邏輯	luójí	n.	logic
成立	成立	chénglì	v.	to be able to justified
确	確	què	adv.	indeed
开发	開發	kāifā	n./v.	exploitation; to exploit 例：~人才/资源/新产品
经营	經營	jīngyíng	n.	handling (of business)
存在	存在	cúnzài	n.	existence
不可否认	不可否認	bùkěfǒurèn	v.	undeniable
并非	並非	bìngfēi	v.	is not actually 并不是
首先	首先	shǒuxiān	adv.	firstly
选择	選擇	xuǎnzé	v.	to choose
其次	其次	qícì	adv.	secondly
管理	管理	guǎnlǐ	n./v.	management; to manage
培育	培育	péiyù	v.	to cultivate, to develop
老祖宗	老祖宗	lǎozǔzōng	n.	ancestor's
老天爷	老天爺	lǎotiānyé	n.	traditional Chinese God
藏族	藏族	zàngzú	n.	the ethnic Tibetans, distributed over the Xizang Autonomous Region, Qinghai, Sichuan, Gansu and Yunnan.
同胞	同胞	tóngbāo	n.	fellow country man

自娱自乐	自娱自樂	zìyúzìlè	*n.*	one's own entertainment and recreation
转化	轉化	zhuǎnhuà	*v.*	to transform
商品	商品	shāngpǐn	*n.*	merchandise, marketable products
自然	自然	zìrán	*adv.*	naturally
保留	保留	bǎoliú	*v.*	to preserve
无价之宝	無價之寶	wújiàzhībǎo	*n.*	a priceless treasure, invaluable asset
宝	寶	bǎo	*n.*	treasure
无价	無價	wújià	*v.*	priceless 没有价值
市场经济	市場經濟	shìchǎngjīngjì	*n.*	market economy
天价	天價	tiānjià	*n.*	heaven price
风景	風景	fēngjǐng	*n.*	scenery
价值	價值	jiàzhí	*n.*	value
文物	文物	wénwù	*n.*	cultural and historical relics
保存	保存	bǎocún	*v.*	to preserve
世世代代	世世代代	shìshìdàidài	*n.*	generation after generation
盖	蓋	gài	*v.*	to build, to construct 例：~房子
因穷而留	因窮而留	yīnqióng'érliú	*n.*	(resources) staying or remaining due to poverty
形成	形成	xíngchéng	*v.*	to form
资源	資源	zīyuán	*n.*	resources 例：人力/农业~
因留而起	因留而起	yīnliú'érqǐ	*n.*	development due to perpetuated resources
意识	意識	yì.shi	*n.*	consciousness
因起而保	因起而保	yīnqǐ'érbǎo	*n.*	protection due to the development
民族文化	民族文化	mínzúwénhuà	*n.*	national culture
民俗文化	民俗文化	mínsúwénhuà	*n.*	culture of folk customs
因保而富	因保而富	yīnbǎo'érfù	*n.*	enrichment due to preservation
富裕	富裕	fùyù	*adj.*	prosperous
注重	注重	zhùzhòng	*v.*	to emphasize 例：~调查研究/实际/生活

品牌	品牌	pǐnpái	*n.*	name brand
兴旺	興旺	xīngwàng	*v.*	flourish, prosper
				例：事业/生意~
因富而兴	因富而興	yīnfù'érxīng	*n.*	prospering due to wealth
实际上	實際上	shíjìshàng	*adv.*	realistically
到位	到位	dàowèi	*v./n.*	to fall in place
原汁原味	原汁原味	yuánzhī yuánwèi	*n.*	authenticity 原: original, 汁: juice, 味: taste
反过来说	反過來說	fǎn'guòláishuō	*ph.*	it is the other way around, conversely speaking
生产方式	生產方式	shēngchǎnfāngshì	*n.*	mode of production
意味	意味	yìwèi	*v.*	to imply, to mean, to signify
逐水草而居	逐水草而居	zhúshuǐcǎo'érjū	*ph.*	nomadic lifestyle
骑马	騎馬	qímǎ	*v.*	to ride a horse
蒙古包	蒙古包	ménggǔbāo	*n.*	yurt
蒙古袍	蒙古袍	ménggǔpáo	*n.*	traditional Mongolian dress
划	劃	huà	*v.*	to mark (a boundary)
				例：~界/出边界
草场	草場	cǎochǎng	*n.*	meadow
种	種	zhòng	*v.*	to plant
养	養	yǎng	*v.*	to raise
游牧	遊牧	yóumù	*n.*	nomadic life
				例：~民族/生活
定居	定居	dìngjū	*n.*	settling-down, taking up permanent residence
瓦房	瓦房	wǎfáng	*n.*	roofed house
摩托车	摩托車	mótuōchē	*n.*	motorcycle
放牧	放牧	fàngmù	*v.*	to herd
旅游点	旅遊點	lǚyóudiǎnr	*n.*	tourist spot
马队	馬隊	mǎduì	*n.*	cavalcade
上马酒	上馬酒	shàngmǎjiǔ	*n.*	alcohol served as you get on the horse
下马酒	下馬酒	xiàmǎjiǔ	*n.*	alcohol served as you get off the horse

全套	全套	quántào	*n.*	full set
				例：~茶具/餐具/设备
展现	展現	zhǎnxiàn	*v.*	to display, to unfold before one's eyes
西藏	西藏	Xīzàng	*n.*	Tibet
青藏铁路	青藏鐵路	qīngzàngtiělù	*n.*	Qinghai-Tibet Railroad
开通	開通	kāitōng	*v.*	to open
基础	基礎	jīchǔ	*adj.*	basic
设施	設施	shèshī	*n.*	facilities
逐步	逐步	zhúbù	*adj.*	gradual, step by step
随着	隨著	suízhe	*prep.*	along with
势必	勢必	shìbì	*adv.*	certainly will
涉及	涉及	shèjí	*v.*	to relate to
热爱	熱愛	rè'ài	*v.*	to ardently love
始终	始終	shǐzhōng	*adv.*	from beginning to end
偏僻	偏僻	piānpì	*adj.*	secluded
				例：~山区/小路/地方
特种	特種	tèzhǒng	*adj.*	special type of
目的地	目的地	mù.dìdì	*n.*	destination
强化	強化	qiánghuà	*v.*	to reinforce
观念	觀念	guānniàn	*n.*	concept
落实	落實	luòshí	*v.*	to implement, to put into effect
前提	前提	qiántí	*n.*	premise

词语解释

1. 对于...来说/来讲/说来   to ...

◆ 强调可持续发展，对于旅游业来说是非常重要的一个问题。

Emphasizing sustained development, to tourism, is a very important issue.

1) 了解中国文化，对于一个学中文的美国学生来说是很重要的。

2) 对于刚刚改革开放的中国人来说，外国的一切都很新鲜。

2. 客观地讲   objectively speaking

◆ 客观地讲，这种说法太过偏颇。

Objectively speaking, this statement is too biased.

1) 客观地讲，中国经济的发展是相当快的。

2) 客观地讲，有些学者把"孝"说成罪恶之源是不对的。

3. 因 ...而 ...   because…, as a result…

◆ 老天爷留下的东西，不因旅游而生，但因旅游而存。

There are still many trapping left of ancestry and traditional local gods, not because tourism created, but because (tourism) preserves it.

1) 飞机因天气不好而晚点了两个小时。

2) 他从不因困难而放弃想做的事。

4. 哪怕 ...(也, 都 ,还)=即使   even if

◆ 只要是"宝"一定有"价"，哪怕是"天价"。

As long as there is "treasure", there must be "value", even if it is "heaven's price".

1) 他是个用功的好学生，哪怕生病，都 去上课。

2) 她很节省，哪怕是一分钱也不浪费。

5. 通过..., 使 ...   by doing…, to cause…

◆ 通过旅游的发展，使风景有了价值。

By carrying through with tourist development, it causes the scenery to have value.

1) 通过跟中国人接触，使我对中国有了更多的了解。

2) 通过电信往来，使我们能够多年来保持联系。

6. ...之所以 .. 是因为 ...   the reason…is because of…

◆ 很多东西之所以留下来了，是因为穷。

The reason there are many things preserved is because of the poor.

1) 中国人的生活之所以有了很大的改善是因为经济上的改革开放。

2) 我昨天之所以没去上课是因为我病了。

7. V /ADJ 得 + 程度　　　　　　　　　　to the degree that...

◆ 穷得连破坏的力量都没有。

People are poor to the degree that they do not have the power to damage (the environment).

1) 他太忙了。忙得连饭都没吃就走了。

2) 北京的变化太大了。变得连老北京人都认不出来了。

8. 进一步　　　　　　　　　　　　　to take a step further

◆ .... 进一步，因为看到它的价值，所以就有了保护意识，反而把他保护起来了。

　　.... To take a step further, we see its value, so that there is conscious protection; but conversely, it is protected (because of that consciousness).

1) 只学习语言是不够的，我们应该进一步了解跟语言有关的文化历史问题。

2) 中国虽然经济发展了，我们还应该在政治上进一步放松控制。

9. 反过来说　　　　　　　　　　　　conversely speaking

◆ 都商业化了怎么可能原汁原味啊？但是反过来说，如果没有商业化的过程，原汁原味更没有了。

Since everything is commercialized, how is it possible to be authentic? But it is the other way around, because if there isn't a process of commercialization, that authenticity can't be.

1) 天气热，我们应该少穿衣服，反过来说，天气冷，我们应该多穿衣服。

2) 孩子应该听父母的话，可是反过来说，要是什么都听父母的，他们就没有独立能力了。

10. ... 意味着　　　　　　　　　　　　to imply

◆ 生产方式的改变就意味着生活方式一定改变。

The changes of the modes of production imply ways of life must surely change.

1) 科学的发展意味着人类的进步。

2) 我不跟你去并不意味着我不想去，而是我太忙了。

11. 势必　　　　　　　　　　　　　certainly will

◆ 传统的民族文化和民俗文化怎么保留，也势必涉及到这个问题。

How does traditional ethnic culture and folk culture get preserved? It is certainly also related to this issue.

1) 常常不来上课势必会影响到我的学习跟成绩。

2) 中国的改革开放势必促进经济的发展。

12. 从...角度来说，   from the perspective of

◆ 从旅游可持续发展的角度来说，强化保护观念，并不意味着不发展。

From the perspective of the tourism's sustained development, striving to reinforce the idea, it really doesn't imply there is no development.

1) 从医学发展的角度来说，我们还不知道这种病的起因跟治疗方法。

2) 从父母的角度来说，他们总希望儿女住得离他们近一点儿。

13. ...的前提是...   the premise of

◆ 发展的前提是要做到可持续性。

The premise of development is to implement sustainable development.

1) 了解中国文化的前提是得学好中文这门语言。

2) 学好语言的前提是要天天练习说话。

练习

I. Make a new sentence using the underlined expressions.

1. 老天爷留下的东西，不<u>因</u>旅游<u>而</u>生，但<u>因</u>旅游<u>而</u>存。

2. 现在确有一些在开发或者经营中对环境有影响的事。<u>首先</u>是缺少经验，没有选择更合适的方式，<u>其次</u>是管理问题。

3. 只要是"宝"一定有"价"，<u>哪怕是</u>"天价"。

4. <u>通过</u>旅游的发展，<u>使</u>风景有了价值。

5. <u>穷得连</u>破坏的力量<u>都</u>没有。

6. 都商业化了怎么可能原汁原味啊？但是, <u>反过来说,</u> 如果没有商业化的过程，原汁原味更没有了。

7. 生产方式的改变就<u>意味着</u>生活方式一定改变。

8. 传统的民族文化和民俗文化怎么保留,也 <u>势必</u>涉及到这个问题。

9. 从旅游可持续发展的<u>角度来说</u>，强化保护观念，并不意味着不发展。

10. 发展的<u>前提</u>是要做到可持续性 。

II. Based on the text, please answer the following questions with the words provided.

1. 什么叫发展旅游的同时强调可持续发展？举例说明不强调可持续发展的 坏影响。

    (讲,破坏,具体,体现,代价,断后路,等于,对...来说,培育,促进,融合)

2. 提高可持续发展能力的过程就是'五个因'的过程，用你自己的话谈谈这个过程。

    (因...而, 连...都..., 形成, 显现, 进一步, 保护意识, 富, 富裕,注重, 兴旺, 保留, 保存, 搞, 之所以...是因为, 资源)

3. 什么是原汁原味？在社会商业化的过程中能不能保持这种原汁原味？为什么？

    (随着,逐步, 改变, 势必, 保留, 意味着, 展现, 生产方式, 反过来说, 促进, 到 位)

III. Discussion topics.

1. 发展旅游的同时应该不应该强调保护环境？作者持什么态度？你的态度是什么？ 举一个发生在你身边的例子来说明你的观点。

2. 这个作者提出保留民族文化的最好的方式是通过商业化使老百姓认识，并且热爱，尊重自己的文化。 你觉得老百姓保护环境的意识会不会随着旅游发展的商业化得到强化？为什么？

3. 你认为强调旅游持续发展的最有效的办法有哪些？

IV. Read the following paragraph and summarize the main idea in Chinese.

"Sustainable development is development which meets the needs of the present without compromising the ability of future generations to meet their own needs."
World Commission on Environment and Development (1987)

The scale of tourism development has created many worries, both environmental and social. Balancing the need to protect the environment with the need for economic and social development has become a major issue in the whole world. This balance can be achieved by using the principles of sustainable development. One of the principles is Environmental Impact Assessment (EIA), which evaluates the environmental threats posed by the development and suggest measures to ease these effects. To ensure that an EIA is effective, guidelines need to be made that define the EIA process. These guidelines should detail the needs and steps of the assessment process. Adherence to the guidelines should be monitored by boards made up of good experts, and no single minister should be able to get around (to reduce the temptation of bribes) these findings and recommendations. Laws must be passed that make all development require permits and that all permits require an EIA. Other new laws must punish violators and be both strict (to protect) and fair (to not choke development). The citizens need to be educated to further their knowledge and understanding of natural and living resources, their wise and sustainable use, and their essential relationship to human health and the quality of life.

V. Composition

1. 对比中文的课文跟英文的文章 (Section IV)，说说他们在发展旅游保护环境的问题上的态度和具体作法上有什么不同。

2. 风沙使中国西部长城的城墙受到了很严重的破坏。长城上大块的石头被当地的农民用来盖了房子。内蒙古的当地政府把长城推倒铺了一条路。长城保护委员会(Committee)告当地的农民告赢了，农民被罚了钱。可是，告当地的政府却没有告赢。你对此有什么想法或看法？

一个国家，两种制度

邓小平
1984 年 6 月 22 日、23 日
会见香港工商界访京团发表的谈话要点

　　中国政府为解决香港问题所采取的立场、方针、政策是坚定不移的。我们多次讲过，我国政府在 1997 年恢复行使对香港的主权后，香港现行的社会、经济制度不变，法律基本不变，生活方式不变，香港自由港的地位和国际贸易、金融中心的地位也不变，香港可以继续同其他国家和地区保持和发展经济关系。我们还多次讲过，北京除了派军队以外，不向香港特区政府派出干部，这也是不会改变的。我们派军队是为了维护国家的安全，而不是去干预香港的内部事务。我们对香港的政策五十年不变，我说这个话是算数的。

　　我们的政策是实行"一个国家，两种制度"，具体说，就是在中华人民共和国内，十亿人口的大陆实行社会主义制度；香港、台湾实行资本主义制度。近几年来，中国一直在克服"左"的错误，坚持从实际出发，实事求是，来制定各方面工作的政策。经过五年半，现在已经见效了。正是在这种情况下，我们才提出用"一个国家，两种制度"的办法来解决香港和台湾问题。

一個國家，兩種制度

鄧小平
1984 年 6 月 22 日、23 日
會見香港工商界訪京團發表的談話要點

　　中國政府爲解決香港問題所採取的立場、方針、政策是堅定
不移的。我們多次講過，我國政府在 1997 年恢復行使對香港的
主權後，香港現行的社會、經濟制度不變，法律基本不變，生活
方式不變，香港自由港的地位和國際貿易、金融中心的地位也不
變，香港可以繼續同其他國家和地區保持和發展經濟關係。我們
還多次講過，北京除了派軍隊以外，不向香港特區政府派出幹
部，這也是不會改變的。我們派軍隊是爲了維護國家的安全，而
不是去干預香港的內部事務。我們對香港的政策五十年不變，我
說這個話是算數的。

　　我們的政策是實行“一個國家，兩種制度”，具體說，就
是在中華人民共和國內，十億人口的大陸實行社會主義制度；
香港、臺灣實行資本主義制度。近幾年來，中國一直在克服
“左”的錯誤，堅持從實際出發，實事求是，來制定各方面工
作的政策。經過五年半，現在已經見效了。正是在這種情況
下，我們才提出用“一個國家，兩種制度”的辦法來解決香港
和臺灣問題。

　　"一个国家，两种制度"，我们已经讲了很多次了，全国人民代表大会已经通过了这个政策。有人担心这个政策会不会变，我说不会变。核心的问题，决定的因素，是这个政策对不对。如果不对，就可能变。如果是对的，就变不了。进一步说，中国现在实行对外开放，对内搞活经济的政策，有谁改得了？如果改了，中国百分之八十的人的生活就要下降，我们就会丧失人心。我们的路走对了，人民赞成，就变不了。

　　我们对香港的政策长期不变，影响不了大陆的社会主义。中国主体必须是社会主义，但允许国内某些区域实行资本主义制度，比如香港、台湾。大陆开放一些城市，允许一些外资进入，这是作为社会主义经济的补充，有利于社会主义社会生产力的发展。比如外资到上海去，当然不是整个上海都实行资本主义制度。深圳也不是，还是实行社会主义制度。中国的主体是社会主义。

　　"一个国家，两种制度"的构想是我们根据中国自己的情况提出来的，而现在已经成为国际上注意的问题了。中国有香港、台湾问题，解决这个问题的出路何在呢？是社会主义吞掉台湾，还是台湾宣扬的"三民主义"吞掉大陆？谁也不好吞掉谁，如果不能和平解决，只有用武力解决，这对各方都是不利的。实现国家统一是民族的愿望，一百年不统一，一千年也要统一的。怎么解决这个问题，我看只有实行"一个国家，两种制度"。世界上

　　"一個國家，兩種制度"，我們已經講了很多次了，全國人民代表大會已經通過了這個政策。有人擔心這個政策會不會變，我說不會變。核心的問題，決定的因素，是這個政策對不對。如果不對，就可能變。如果是對的，就變不了。進一步說，中國現在實行對外開放，對內搞活經濟的政策，有誰改得了？如果改了，中國百分之八十的人的生活就要下降，我們就會喪失人心。我們的路走對了，人民贊成，就變不了。

　　我們對香港的政策長期不變，影響不了大陸的社會主義。中國主體必須是社會主義，但允許國內某些區域實行資本主義制度，比如香港、臺灣。大陸開放一些城市，允許一些外資進入，這是作爲社會主義經濟的補充，有利於社會主義社會生產力的發展。比如外資到上海去，當然不是整個上海都實行資本主義制度。深圳也不是，還是實行社會主義制度。中國的主體是社會主義。

　　"一個國家，兩種制度"的構想是我們根據中國自己的情況提出來的，而現在已經成爲國際上注意的問題了。中國有香港、臺灣問題，解決這個問題的出路何在呢？是社會主義吞掉臺灣，還是臺灣宣揚的"三民主義"吞掉大陸？誰也不好吞掉誰，如果不能和平解決，只有用武力解決，這對各方都是不利的。實現國家統一是民族的願望，一百年不統一，一千年也要統一的。怎麼解決這個問題，我看只有實行"一個國家，兩種制度"。世界上一系列争端都面临着用和平方式来解决还是用非和平方式来解决的问题。总得找出个办法来，新问题就得用新办法来解决。香港问题的成功解决，这个事例可能为国际上许多问题的解决提供一些有益的线索。从世界历史来看，有哪个政府制定过我们这么开明的政策？从资本主义历史看，从西方国家看，有哪一个国家这么做过？我们采取"一个国家，两种制度"的办法解决香港问题，不是一时的感情冲动，也不是玩弄手法，完全是从事实出发的，是充分照顾到香港的历史和现实情况的。

我们相信香港的中国人能治理好香港，不相信中国人有能力管好香港，这是老殖民主义遗留下来的思想状态。鸦片战争以来的一个多世纪里，外国人看不起中国人，侮辱中国人。中华人民共和国建立后，改变了中国的形象。中国今天的形象，不是晚清政府、不是北洋军阀、也不是蒋氏父子创造出来的。是中华人民共和国改变了中国的形象，凡是中华儿女，不管穿什么服装，不管是什么立场，起码都有中华民族的自豪感。香港人也是有这种民族自豪感的。香港过去的繁荣，主要是以中国人为主体的香港人干出来的，中国人的智力不比外国人差，中国人不是低能的，不要总以为只有外国人才干得好。要相信我们中国人自己是能干得好的。所谓香港人没有信心，这不是香港人的真正意见。我们相信香港人能治理好香港，不能继续让外国人统治，否则香港人也是决不会答应的。港人治港有个一系列爭端都面臨著用和平方式來解決還是用非和平方式來解決的問題。總得找出個辦法來，新問題就得用新辦法來解決。香港問題的成功解決，這個事例可能爲國際上許多問題的解決提供一些有益的綫索。從世界歷史來看，有哪個政府制定過我們這麼開明的政策？從資本主義歷史看，從西方國家看，有哪一個國家這麼做過？我們採取"一個國家，兩種制度"的辦法解決香港問題，不是一時的感情衝動，也不是玩弄手法，完全是從事實出發的，是充分照顧到香港的歷史和現實情況的。

我們相信香港的中國人能治理好香港，不相信中國人有能力管好香港，這是老殖民主義遺留下來的思想狀態。鴉片戰爭以來的一個多世紀裏，外國人看不起中國人，侮辱中國人。中華人民共和國建立後，改變了中國的形象。中國今天的形象，不是晚清政府、不是北洋軍閥、也不是蔣氏父子創造出來的。是中華人民共和國改變了中國的形象，凡是中華兒女，不管穿什麼服裝，不管是什麼立場，起碼都有中華民族的自豪感。香港人也是有這種民族自豪感的。香港過去的繁榮，主要是以中國人爲主體的香港人幹出來的，中國人的智力不比外國人差，中國人不是低能的，不要總以爲只有外國人才幹得好。要相信我們中國人自己是能幹得好的。所謂香港人沒有信心，這不是香港人的真正意見。我們相信香港人能治理好香港，不能繼續讓外國人統治，否則香港人也是決不會答應的。港人治港有個界线和标准，就是必须由以爱国者为主体的港人来治理香港。未来香港特区政府的主要成分是爱国者，当然也要容纳别的人，还可以聘请外国人当顾问。什么叫爱国者？爱国者的标准是，尊重自己民族，诚心诚意拥护祖国恢复行使对香港的主权，不损害香港的繁荣和稳定。只要具备这些条件，不管他们相信资本主义，还是相信封建主义，甚至相信奴隶主义，都是爱国者。我们不要求他们都赞成中国的社会主义制度，只要求他们爱祖国，爱香港。

到一九九七年还有十三年，从现在起要逐步解决好过渡时期问题。在过渡时期中，一是不要出现大的波动、大的曲折，保持香港繁荣和稳定；二是要创造条件，使香港人能顺利地接管政府。香港各界人士要为此作出努力。

界綫和標準，就是必須由以愛國者爲主體的港人來治理香港。未來香港特區政府的主要成分是愛國者，當然也要容納別的人，還可以聘請外國人當顧問。什麼叫愛國者？愛國者的標準是，尊重自己民族，誠心誠意擁護祖國恢復行使對香港的主權，不損害香港的繁榮和穩定。只要具備這些條件，不管他們相信資本主義，還是相信封建主義，甚至相信奴隸主義，都是愛國者。我們不要求他們都贊成中國的社會主義制度，只要求他們愛祖國，愛香港。

到一九九七年還有十三年，從現在起要逐步解決好過渡時期問題。在過渡時期中，一是不要出現大的波動、大的曲折，保持香港繁榮和穩定；二是要創造條件，使香港人能順利地接管政府。香港各界人士要爲此作出努力。

词汇

制度	制度	zhìdù	*n.*	system
会见	會見	huìjiàn	*v.*	to interview, to meet with
香港	香港	Xiānggǎng	*n.*	Hong Kong
工商界	工商界	gōngshāng jiè	*n.*	industrial and commercial circles
访京团	訪京團	fǎngjīngtuán	*n.*	访=访问: to visit, 京=北京, 团=团体: delegation
发表	發表	fābiǎo	*v.*	to issue, to publish 例:~谈话/演讲/看法
谈话	談話	tánhuà	*n.*	statement, talk
要点	要點	yàodiǎn	*n.*	essentials, main points
解决	解決	jiějué	*v.*	to solve (a problem)
采取	採取	cǎiqǔ	*v.*	to adopt (a resolution, a stand etc.), to take
立场	立場	lìchǎng	*n.*	stand, position
方针	方針	fāngzhēn	*n.*	guiding principle or policy
政策	政策	zhèngcè	*n.*	policy, strategy
坚定不移	堅定不移	jiāndìngbùyí	*adj.*	to be firm and unshakable 例: 我们所采取的立场是坚定不移的，不会有任何改变。
恢复	恢復	huīfù	*v.*	to resume (sovereignty, diplomatic relations, etc.) 例:~主权/外交关系 to recover (consciousness, energy, etc.) 例:~健康
行使	行使	xíngshǐ	*v.*	to exercise, to perform (a right)
主权	主權	zhǔquán	*n.*	sovereignty
现行	現行	xiànxíng	*adj./ adv.*	current, existing, currently 例:~制度/政策/计画
自由港	自由港	zìyóugǎng	*n.*	free port
国际	國際	guójì	*adj.*	international
贸易	貿易	màoyì	*n.*	trade, business

金融中心	金融中心	jīnróng zhōngxīn	*n.*	financial center
同	同	tóng	*prep.*	and
派	派	pài	*v.*	to dispatch (troops or vehicles); to send sb to 例: 只要两岸关系维持不变，中国不会派军队到台湾。
军队	軍隊	jūnduì	*n.*	troops
特区	特區	tèqū	*n.*	特别行政区, special administrative region
派出	派出	pàichū	*v.*	to send (a person on mission)
维护	維護	wéihù	*v.*	to safeguard, to defend 例:~主权/权利/领土
干预	干預	gānyù	*v.*	to interfere
内部	内部	nèibù	*adj./n.*	internal, inside
事务	事務	shìwù	*n.*	affairs
算数	算數	suànshù	*v.*	to count, to be valid
实行	實行	shíxíng	*v.*	to carry out 例:~政策/计画
具体	具體	jùtǐ	*adj.*	concrete 例:~的方式/政策/作法/行动
社会主义	社會主義	shèhuìzhǔyì	*n.*	socialism
资本主义	資本主義	zīběnzhǔyì	*n.*	capitalism
克服	克服	kèfú	*v.*	to surmount, to conquer 例:~困难/障碍
左	左	zuǒ	*n./ adj.*	left; of leftist deviations
出发	出發	chūfā	*v.*	to start from, to proceed from
实事求是	實事求是	shíshìqiúshì	*v.*	to seek truth from facts, to be practical and realistic
制定	制定	zhìdìng	*v.*	to formulate, to draft, to institute 例:~法律/政策/规则
见效	見效	jiànxiào	*adj.*	to be effective
提出	提出	tíchū	*v.*	to bring up (an idea, etc.), to address

人民代表大会	人民代表大會	rénmíndài biǎodàhuì	*n.*	the People's Congress
通过	通過	tōngguò	*v.*	to pass through, to approve 例:~法案/法律/新政策
核心	核心	héxīn	*n.*	core, center
因素	因素	yīnsù	*n.*	factor, element
对外	對外	duìwài		external, foreign, concerned with the outside world
开放	開放	kāifàng	*v./adj.*	be open to the outside world, open
对内	對內	duìnèi		internal, domestic
搞活	搞活	gǎohuó	*v.*	to stimulate(the economy), to become vigorous
改	改	gǎi	*v.*	to change
下降	下降	xiàjiàng	*v.*	to descend, to go/come down
丧失	喪失	sàngshī	*v.*	to lose, to forfeit (the rights) 例:~权利/机会/信心
人心	人心	rénxīn	*n.*	popular support, people's will
赞成	贊成	zànchéng	*v.*	to approve of, to agree with
长期	長期	chángqī	*adj.*	long-term, over a long period of time 例:~计画/规画
大陆	大陸	dàlù	*n.*	the mainland China
主体	主體	zhǔtǐ	*n.*	main part/body, center
允许	允許	yǔnxǔ	*v./n.*	to permit, to allow; permission
区域	區域	qūyù	*n.*	area, district
外资	外資	wàizī	*n.*	foreign capital
补充	補充	bǔchōng	*n./v.*	supplement; to supplement
生产力	生產力	shēngchǎnlì	*n.*	productivity
深圳	深圳	Shēnzhèn	*n.*	place name

构想	構想	gòuxiǎng	n.	idea, concept
根据	根據	gēnjù	v./n.	to base on; basis
出路	出路	chūlù	n.	a way out 例: 没有/找不到~
吞掉	吞掉	tūndiào	v.	to annex (territory), to gobble
宣扬	宣揚	xuānyáng	v.	to propagate, to advocate
三民主义	三民主義	Sānmín zhǔyì	n.	Three Principles of the People, the ideological basis of the political program of the Chinese national leader Sun Yat-sen (1866–1925)
武力	武力	wǔlì	n.	armed force
不利	不利	búlì	adj.	to be unfavorable, detrimental 例: 使用武力对维持和平不利。
实现	實現	shíxiàn	v.	to achieve, to accomplish
民族	民族	mínzú	n.	race
愿望	願望	yuànwàng	n.	wish, desire
统一	統一	tǒngyī	v./ adj.	to unite; united
一系列	一系列	yíxìliè	n.	a series of
争端	爭端	zhēng duān	n.	conflict, dispute, controversy
面临	面臨	miànlín	v.	be faced with, be confronted with
事例	事例	shìlì	n.	example
有益	有益	yǒuyì	adj.	to be advantageous or beneficial 例:实行开放的政策对两岸人民有益。
线索	線索	xiànsuǒ	n.	clue
开明	開明	kāimíng	adj.	open-minded, enlightened
冲动	衝動	chōngdòng	v./n.	get excited, to be impetuous; impulse
玩弄	玩弄	wánnòng	v.	to engage in (practices), to play (gimmicks)
手法	手法	shǒufǎ	n.	trick, gimmick

充分	充分	chōngfèn	adv.	fully
照顾	照顧	zhàogù	v.	to consider, to care
治理	治理	zhìlǐ	v.	to govern, to bring under control 例:~国家
管	管	guǎn	v.	to manage, to administer
殖民主义	殖民主義	zhímínzhǔyì	n.	colonialism
遗留	遺留	yíliú	v.	to leave behind
状态	狀態	zhuàngtài	n.	state (of affairs), condition
鸦片战争	鴉片戰爭	Yāpiàn zhànzhēng	n.	The Opium War
世纪	世紀	shìjì	n.	century
侮辱	侮辱	wūrǔ	v.	to insult 例:受到/被~
形象	形象	xíngxiàng	n.	image
晚清	晚清	wǎnqīng	n.	the late Qing period
北洋军阀	北洋軍閥	Běiyáng jūnfá	n.	The Northern Warlords (1912-1927)
蒋氏父子	蔣氏父子	Jiǎngshìfùzǐ	n.	Chiang Kai-Shek (1887-1975)and his son Chiang Jing-Guo (1910-1988)
创造	創造	chuàngzào	v.	to create
凡是	凡是	fánshì	adv.	every, whatever
中华儿女	中華兒女	Zhōnghuá'érnǚ	n.	the Chinese people
自豪感	自豪感	zìháogǎn	n.	sense of pride
繁荣	繁榮	fánróng	adj./n.	prosperous, prosperity
智力	智力	zhìlì	n.	intelligence
低能	低能	dīnéng	adj.	having mental deficiency
否则	否則	fǒuzé	conj.	otherwise
答应	答應	dāyìng	v.	to agree, to answer
港人	港人	gǎngrén	n.	Hong Kong's people
治	治	zhì	v.	to rule, to dominate 治=统治。
界线	界線	jièxiàn	n.	boundary
标准	標準	biāozhǔn	n.	standard
爱国者	愛國者	àiguózhě	n.	patriot

未来	未來	wèilái	*n.*	in the future
容纳	容納	róngnà	*v.*	to accommodate
聘请	聘請	pìnqǐng	*v.*	to invite for service 例：政府应该聘请专业人士来解决这个问题。
顾问	顧問	gùwèn	*n.*	consultant
尊重	尊重	zūnzhòng	*v.*	to respect
拥护	擁護	yōnghù	*v.*	to advocate, to support, to back
封建主义	封建主義	fēngjiàn zhǔyì	*n.*	feudalism
奴隶	奴隸	núlì	*n.*	slave; serf
逐步	逐步	zhúbù	*adv.*	step by step
过度时期	過渡時期	guòdùshíqī	*n.*	a period or stage of transition
波动	波動	bōdòng	*n.*	unstable situation; undulation
曲折	曲折	qūzhé	*n.*	turn, curve, twist
接管	接管	jiēguǎn	*v.*	to take over the management of
各界人士	各界人士	gèjièrénshì	*n.*	professionals in each field

词语解释

1. 除了…以外   besides

◆ 北京除了派军队以外，不向香港特区政府派出干部，这也是不会改变的。

1) 领导除了会见访京团以外，下午还要参观国际金融中心。

2) 中国除了在特区内实行资本主义制度以外，其它地区还保持社会主义。

2. 是(为了)…而不是(为了)…   it is for…and not (for) …

◆ 我们派军队是为了维护国家的安全，而不是去干预香港的内部事务。

1) 中国实行对外开放，是为了改善人民生活，而不是反对社会主义。

2) 我到中国参观旅行，是为了了解中国的文化，而不是只吃喝玩乐。

3. 正   exactly, just

◆ 正是在这种情况下，我们才提出用"一个国家，两种制度"的办法来解决香港和台湾问题。

1) 实行一国两制，正符合所有中国人民的期望。

2) 正因为新的政策能真正改善人民的生活，领导才这么大力提倡。

4. 根据   to be based on, according to

◆ "一个国家，两种制度"的构想是我们根据中国自己的情况提出来的，而现在已经成为国际上注意的问题了。

1) 根据市场经验，只要不改变开放的政策，经济就会稳定成长。

2) 根据目前的法律，一个男人拥有两个妻子是非法的。

5. 面临   to be faced with

◆ 世界上一系列争端都面临着用和平方式来解决还是用非和平方式来解决的问题。

1) 许多事业成功的妇女，都面临着是否要婚姻的问题。

2) 许多国家在经济快速发展的同时，也面临着严重的环境污染问题。

6. 凡是   every; whatever

◆ 凡是中华儿女，不管穿什么服装，不管是什么立场，起码都有中华民族的自豪感。

1) 凡是到过中国的人，都不免想到长城去看一看。

2) 凡是受过教育的人，没有一个不会使用计算机的。

练习

I. Choose the most suitable word.

1. 经过多年的战争，整个社会已经很难【恢复，变成】过去的繁荣。

2. 想要有效解决经济困境，首先必须先找出【核心，中间】的问题。

3. 不去投票就等于白白【不见，丧失】了表达意见的权利。

4. 尽管新中国已经成立了，然而还有很多晚清的旧观念【给予，遗留】下来。

II. Answer the following questions with the expressions provided.

1. 中国能不能算是一个社会主义国家？

（克服，外资，开放，实行）

2. 中国政府对台湾问题的态度是什么？

（和平，武力，采取，统一）

III. Use the following words to form a coherent paragraph.

1. 开明，有益，生产力，繁荣

2. 形象，侮辱，凡是，赞成

IV. Rephrase the following sentences with the words provided.

1. 尽管中国是社会主义国家，但我们仍然让香港、台湾实行资本主义。

（允许，主体，实行）

2. 领导早上跟访问团和工商界代表谈话，并在下午做了一个演讲。

（除了…以外，会见，发表）

V. Discussion.

1. 请你解释一下什么是"一个国家，两个制度"？

2. 中国政府有没有做到"我们对香港的政策五十年不变"？

3. 邓小平说"五十年不变"，那么五十年后呢？问题应该怎么解决？

4. "一个国家，两个制度"能不能用来解决西藏(Tibet)和新疆(Xinjiang)的问题？

5. 97 年前后，许多香港人想方设法移民，这反映了什么心态？

6. 中国统一是必然的吗？台湾有没有独立的可能？

7. "一个国家，两个制度"在台湾行得通吗？为什么？

VI. Composition

1. 到底一个国家里能不能有两种制度？"一个国家，两个制度"有没有矛盾？说一说你的看法。

2. "一个国家，两个制度"是不是解决香港、台湾问题最好的方法？为什么？

反分裂国家法

2005 年 3 月 14 日第十届全国人民代表大会
第三次会议通过

第一条

为了反对和遏制"台独"分裂势力分裂国家，促进祖国和平，维护台湾海峡地区和平稳定，维护国家主权和领土完整，维护中华民族的根本利益，根据宪法，制定本法。

第二条

世界上只有一个中国，大陆和台湾同属一个中国，中国的主权和领土完整不容分割。维护国家主权和领土完整是包括台湾同胞在内的全中国人民的共同义务。

台湾是中国的一部分。国家绝不允许"台独"分裂势力以任何名义、任何方式把台湾从中国分裂出去。

第三条

台湾问题是中国内战的遗留问题。

解决台湾问题，实现祖国统一，是中国的内部事务，不受任何外国势力的干涉。

第四条

完成统一祖国的大业是包括台湾同胞在内的全中国人民的神圣职责。

反分裂國家法

2005 年 3 月 14 日第十屆全國人代表大會
第三次會議通過

第一條

為了反對和遏制"台獨"分裂勢力分裂國家，促進祖國和平，維護台灣海峽地區和平穩定，維護國家主權和領土完整，維護中華民族的根本利益，根據憲法，制定本法。

第二條

世界上只有一個中國，大陸和台灣同屬一個中國，中國的主權和領土完整不容分割。維護國家主權和領土完整是包括台灣同胞在內的全中國人民的共同義務。

台灣是中國的一部分。國家絕不允許"台獨"分裂勢力以任何名義、任何方式把台灣從中國分裂出去。

第三條

台灣問題是中國內戰的遺留問題。

解決台灣問題，實現祖國統一，是中國的內部事務，不受任何外國勢力的干涉。

第四條

完成統一祖國的大業是包括台灣同胞在內的全中國人民的神聖職責。

第五条

坚持一个中国原则，是实现祖国和平统一的基础。

以和平方式实现祖国统一，最符合台湾海峡两岸同胞的根本利益。国家以最大的诚意，尽最大的努力，实现和平统一。

国家和平统一后，台湾可以实行不同于大陆的制度，高度自治。

第六条

国家采取下列措施，维护台湾海峡地区和平稳定，发展两岸关系：

(一)鼓励和推动两岸人员往来，增进了解，增强互信。

(二)鼓励和推动两岸经济交流与合作，直接通邮通航通商，密切两岸经济关系，互利互惠。

(三)鼓励和推动两岸教育、科技、文化、卫生、体育交流，共同弘扬中华文化的优秀传统。

(四)鼓励和推动两岸共同打击犯罪。

(五)鼓励和推动有利于维护台湾海峡地区和平稳定、发展两岸关系的其他活动。

国家依法保护台湾同胞的权利和利益。

第七条

国家主张通过台湾海峡两岸平等的协商和谈判，实现和平统一。协商和谈判可以有步骤、分阶段进行，方式可以灵活多样。

第五條

堅持一個中國原則，是實現祖國和平統一的基礎。

以和平方式實現祖國統一，最符合台灣海峽兩岸同胞的根本利益。國家以最大的誠意，盡最大的努力，實現和平統一。

國家和平統一後，台灣可以實行不同於大陸的制度，高度自治。

第六條

國家採取下列措施，維護台灣海峽地區和平穩定，發展兩岸關係：

鼓勵和推動兩岸人員往來，增進了解，增強互信。

鼓勵和推動兩岸經濟交流與合作，直接通郵通航通商，密切兩岸經濟關係，互利互惠。

鼓勵和推動兩岸教育、科技、文化、衛生、體育交流，共同弘揚中華文化的優秀傳統。

鼓勵和推動兩岸共同打擊犯罪。

鼓勵和推動有利於維護台灣海峽地區和平穩定、發展兩岸關係的其他活動。

國家依法保護台灣同胞的權利和利益。

第七條

國家主張通過台灣海峽兩岸平等的協商和談判，實現和平統一。協商和談判可以有步驟、分階段進行，方式可以靈活多樣。

台湾海峡两岸可以就下列事项进行协商和谈判:

(一)正式结束两岸敌对状态

(二)发展两岸关系的规划

(三)和平统一的步骤和安排

(四)台湾当局的政治地位

(五)台湾地区在国际上与其地位相适应的活动空间

(六)与实现和平统一有关的其他任何问题

第八条

"台独"分裂势力以任何名义、任何方式造成台湾从中国分裂出去的事实,或者发生将会导致台湾从中国分裂出去的重大事变,或者和平统一的可能性完全丧失,国家得采取非和平方式及其他必要措施,捍卫国家主权和领土完整。

依照前款规定采取非和平方式及其他必要措施,由国务院、中央军事委员会决定和组织实施,并及时向全国人民代表大会常务委员会报告。

第九条

依照本法规定采取非和平方式及其他必要措施并组织实施时,国家尽最大可能保护台湾平民和在台湾的外国人的生命财产安全和其他正当权益,减少损失;同时,国家依法保护台湾同胞在中国其他地区的权利和利益。

台灣海峽兩岸可以就下列事項進行協商和談判：

(一)正式結束兩岸敵對狀態

(二)發展兩岸關係的規劃

(三)和平統一的步驟和安排

(四)台灣當局的政治地位

(五)台灣地區在國際上與其地位相適應的活動空間

(六)與實現和平統一有關的其他任何問題

第八條

"台獨"分裂勢力以任何名義、任何方式造成台灣從中國分裂出去的事實，或者發生將會導致台灣從中國分裂出去的重大事變，或者和平統一的可能性完全喪失，國家得採取非和平方式及其他必要措施，捍衛國家主權和領土完整。

依照前款規定採取非和平方式及其他必要措施，由國務院、中央軍事委員會決定和組織實施，並及時向全國人民代表大會常務委員會報告。

第九條

依照本法規定採取非和平方式及其他必要措施並組織實施時，國家盡最大可能保護台灣平民和在台灣的外國人的生命財產安全和其他正當權益，減少損失；同時，國家依法保護台灣同胞在中國其他地區的權利和利益。

第十条

本法自公布之日起施行。

2005 年 3 月 15 日《人民日报》海外版

第十條

本法自公布之日起施行。

2005 年 3 月 15 日《人民日報》海外版

词汇

反分裂国家法	反分裂國家法	Fǎnfēnliè guójiāfǎ	n.	Anti-secession Law 分裂: to split; to separate
全国人民代表大会	全國人民代表大會	Quánguó rénmín dàibiǎo dàhuì	n.	National People's Congress
条	條	tiáo	MW.	article (of law) 例:一~法律/规定
反对	反對	fǎnduì	v.	to oppose; to be against
遏制	遏制	èzhì	v.	to contain; to restrain
台独	台獨	táidú	v.	台, Taiwan 独=独立, to be independent
势力	勢力	shìlì	n.	power; influence
促进	促進	cùjìn	v.	to promote; to accelerate
祖国	祖國	zǔguó	n.	motherland; homeland
和平	和平	hépíng	n.	peace
维护	維護	wéihù	v.	to safeguard; to defend
台湾海峡	台灣海峽	Táiwān hǎixiá	n.	Taiwan Strait
地区	地區	dìqū	n.	area; region
主权	主權	zhǔquán	n.	sovereignty
领土	領土	lǐngtǔ	n.	territory
完整	完整	wánzhěng	adj.	integrated; complete
中华民族	中華民族	Zhōnghuámínzú	n.	the Chinese people
根本	根本	gēnběn	adj.	essential; fundamental
根据	根據	gēnjù	v.	to base on
宪法	憲法	xiànfǎ	n.	constitution
制定	制定	zhìdìng	v.	to formulate (law) 例:~法律/规定/政策
本法	本法	běnfǎ	n.	本: this 法=法律
同属	同屬	tóngshǔ	v.	共同属于: both belong to
不容	不容	bùróng	v.	not allow 例:~分割/忽视
分割	分割	fēngē	v.	to cut apart
包括…在	包括…在	bāokuò…zàinèi	v.	to include…in/within

内	内			
同胞	同胞	tóngbāo	*n.*	compatriot
共同	共同	gòngtóng	*adj.*	mutual; common 例:~责任/义务/愿望
义务	義務	yìwù	*n.*	duty; obligation
绝不	絕不	juébù	*adv.*	absolutely not
允许	允許	yǔnxǔ	*v.*	to allow
以…名义	以…名義	yǐ...míngyì		in the name of...
内战	內戰	nèizhàn	*n.*	civil war
遗留	遺留	yíliú	*v.*	to leave behind 例:中国的内战遗留下了很多无法解决的问题。
实现	實現	shíxiàn	*v.*	to achieve; to realize (an ideal)
统一	統一	tǒngyī	*v./n.*	to unite; to unify, unity
受干涉	受干涉	shòugānshè	*v.*	to be intervened by; to be interfered by 例:个人的隐私不应该受到政府的干涉。
大业	大業	dàyè	*n.*	great undertaking
神圣	神聖	shénshèng	*adj.*	sacred
职责	職責	zhízé	*n.*	duty
原则	原則	yuánzé	*n.*	principle
基础	基礎	jīchǔ	*n.*	foundation
符合	符合	fúhé	*v.*	to accord with; to confront to
诚意	誠意	chéngyì	*n.*	sincerity
尽努力	盡努力	jìnnǔlì	*v.-o.*	try one's best 例:政府已经尽了最大的努力,然而还是不能达成目标。
不同于	不同於	bùtóngyú	*v.*	be different from
大陆	大陸	dàlù	*n.*	the Mainland China
高度	高度	gāodù	*adv.*	highly; a high level of 例:~自治/限制
自治	自治	zìzhì	*v./n.*	self- govern, autonomy

下列	下列	xiàliè	*adj.*	following; listed below
鼓励	鼓勵	gǔlì	*v.*	to encourage
推动	推動	tuīdòng	*v.*	to promote; to push forward
两岸	兩岸	liǎng'àn	*n.*	both sides of the Taiwan Strait
人员	人員	rényuán	*n.*	personnel; staff
往来	往來	wǎnglái	*v.*	to come and go; contact
增进	增進	zēngjìn	*v.*	to enhance; to promote
增强	增強	zēngqiáng	*v.*	to reinforce
互信	互信	hùxìn	*n./v.*	mutual trust, trust each other
交流	交流	jiāoliú	*v.*	to exchange (academic or economic experience) 例:学术/经济~
通邮	通郵	tōngyóu	*v.-o.*	to open direct postal services
通航	通航	tōngháng	*v.-o.*	to open direct transport links
通商	通商	tōngshāng	*v.-o.*	to open direct trade links
密切	密切	mìqiè	*v./adj.*	to build close relations, close
互利互惠	互利互惠	hùlìhùhuì	*adv.*	mutually beneficial
卫生	衛生	wèishēng	*n.*	hygiene; sanitation
体育	體育	tǐyù	*n.*	sports
共同	共同	gòngtóng	*adv.*	together; jointly 例:~努力/奋斗/达成
弘扬	弘揚	hóngyáng	*v.*	to carry forward; to develop 例:~传统/文化/精神
优秀	優秀	yōuxiù	*adj.*	outstanding; excellent
传统	傳統	chuántǒng	*n..*	tradition
打击	打擊	dǎjī	*v.*	to strike; to attack
犯罪	犯罪	fànzuì	*n.*	crime
有利于	有利於	yǒulìyú	*v.*	to be advantageous towards
稳定	穩定	wěndìng	*adj.*	stable
发展	發展	fāzhǎn	*v.*	to develop

依法	依法	yīfǎ	*v.-o.*	according to the law 依= 依照
协商	協商	xiéshāng	*v.*	to consult and discuss
谈判	談判	tánpàn	*v.*	to bargain; to negotiate
步骤	步驟	bùzhòu	*n.*	measure
分阶段	分階段	fēnjiēduàn	*adv.*	(to progress) by regular stages; gradually 例:~进 行/解决/恢复
灵活	靈活	línghuó	*adj.*	flexible; elastic
多样	多樣	duōyàng	*adj.*	diversified
就	就	jiù	*prep.*	with regards to; concerning
敌对	敵對	díduì	*adj.*	hostile; antagonistic
状态	狀態	zhuàngtài	*n.*	situation; state
规划	規劃	guīhuà	*n./v.*	plan, to plan
安排	安排	ānpái	*n./v.*	arrangement, to arrange
当局	當局	dāngjú	*n.*	authority
与	與	yǔ	*n.*	and
其	其	qí	*n.*	its
空间	空間	kōngjiān	*n.*	space
有关	有關	yǒuguān	*v.*	to have a bearing on; concern
或者	或者	huòzhě	*conj.*	or
重大	重大	zhòngdà	*adj.*	significant; major 例:~事 故/事变
事变	事變	shìbiàn	*n.*	incident
及	及	jí	*conj.*	and
必要	必要	bìyào	*adj.*	necessary
措施	措施	cuòshī	*n.*	measure; step
捍卫	捍衛	hànwèi	*v.*	to guard; to defend
前款	前款	qiánkuǎn	*n.*	(law) aforesaid clause
国务院	國務院	Guówùyuàn	*n.*	State Council
中央军事 委员会	中央軍事 委員會	Zhōngyāng jūnshì wěiyuánhuì	*n.*	Central Military Committee

279

及时	及時	jíshí	*adv.*	timely
常务委员会	常務委員會	chángwù wěiyuánhuì	*n.*	standing committee
报告	報告	bàogào	*v.*	to report
尽可能	盡可能	jìnkěnéng	*adv.*	as far as possible; to the best of one's ability
平民	平民	píngmín	*n.*	civilian
正当	正當	zhèngdān	*adj.*	legitimate; proper 例:~理由/权益/借口
权益	權益	quányì	*n.*	right
同时	同時	tóngshí	*adv.*	at the same time; meanwhile
自	自	zì	*prep.*	from
公布之日	公布之日	gōngbù zhīrì	*n.*	the day of the announcement 公布: to announce; to promulgate
施行	施行	shīxíng	*v.*	to put in force; to execute

词语解释

1. 包括…在内

◆ 维护国家主权和领土完整是包括台湾同胞在内的全中国人民的共同义务。

1) 包括领导在内，全体市民都支持这项改革计划。

2) 美国总统将于 7 月访问包括中国在内的 6 个亚洲国家。

2. 以…名义

◆ 国家绝不允许"台独"分裂势力以任何名义、任何方式把台湾从中国分裂出去。

1) 许多政府官员以考察的名义到国外去观光旅游。

2) 政府不应该以维护人民安全的名义侵犯人权。

3. 尽努力

◆ 国家以最大的诚意，尽最大的努力，实现和平统一。

1) 虽然这次实验没有成功，但是我们已经尽了最大的努力。

2) 科学家尽最大的努力让人民的生活更方便更美好。

4. 就…进行

◆ 台湾海峡两岸可以就下列事项进行协商和谈判。

1) 在昨天的记者会上，市长就政治、经济、外交各方面进行说明。

2) 两位候选人就环境政策、教育计划等方面进行辩论。

练习

I. Make a sentence using the underlined expressions.
 1. 维护国家主权和领土完整是<u>包括</u>台湾同胞<u>在内</u>的全中国人民的共同义务。
 2. 国家绝不允许"台独"分裂势力<u>以</u>任何<u>名义</u>、任何方式把台湾从中国分裂出去。
 3. 国家以最大的诚意，<u>尽</u>最大的<u>努力</u>，实现和平统一。
 4. 台湾海峡两岸可以<u>就</u>下列事项<u>进行</u>协商和谈判。

II. Choose the correct one.
 1. 关于海峡两岸关系的问题，中国(坚持，促进)一个中国的政策。
 2. 在昨天的大会上，领导(把，就)目前的经济情况进行说明。
 3. 警察必须有(正确，正当)的理由才可以要求检查旅客的皮包。
 4. 鼓励两岸进行交流(有好处，尽最大的努力)发展两岸关系，同时也可以增进和平稳定。
 5. 台湾问题是中国的内政，不受外国势力的(干涉，分裂)。

III. Answer the following questions with the given expressions.
 1. 中国政府为什么要制定反分裂国家法？
  (台独，分裂，维护，统一)
 2. 中国政府希望如何发展两岸关系？
  (推动，交流，往来，打击，尽可能)
 3. 现在海峡两岸的关系如何？为什么？
  (敌对，台湾当局，允许，分裂)

IV. Discussions.
 1. 中国政府为什么要制定反分裂国家法？
 2. 为什么中国政府反对台独？
 3. 为什么台湾人不愿意统一？要搞台独？
 4. 美国政府对反分裂国家法持什么态度？
 5. 据报导，93.4%的台湾人最不同意反分裂国家法的第八条，你认为这反映了什么情况？

V. Summarize the following paragraph.
   Resolving the Taiwan question and accomplishing China's complete reunification is one of the three historic tasks of our Party and our country. We have made unremitting efforts over the years to develop stronger relations between the two sides of the Taiwan Straits and promote a peaceful reunification of the motherland. In recent years, however, the Taiwan authorities have intensified their "Taiwan independence" activities aimed at separating Taiwan

from China. Among their escalating secessionist activities of various types, we should be particularly watchful that the Taiwan authorities are trying to use so-called " constitutional" or "legal" means through "referendum" or " constitutional reengineering" to back up their secessionist attempt with so-called "legality" and change the fact that both the mainland and Taiwan belong to one and the same China by separating Taiwan from China. Facts have shown that the secessionist activities of the "Taiwan independence" forces gravely threaten China's sovereignty and territorial integrity, seriously endanger the prospects for a peaceful reunification and severely undermine the fundamental interests of the Chinese nation. They have posed a serious threat to peace and stability in the Taiwan Straits and the Asia-Pacific region as a whole. Formulating this Anti-Secession Law, therefore, is both necessary and timely.

VI. Composition.

反分裂国家法对两岸关系到底有利还是不利？说一说你的看法。

高学历失业增多说明什么?

易运文

别以为有高学历就可以高枕无忧,捧稳"铁饭碗"的时代可能是一去不复返了,至少在深圳是如此。深圳高学历失业者比比皆是,拿着大学文凭在就业市场上找不到工作的人很多。

记者认识的一位毕业于艺术学院的小王,已经在家里闲坐了近一年。这位学声乐的小伙子,几年前在深圳的歌舞厅还相当活跃,但现在去歌舞厅消费的深圳人越来越少了,歌舞厅的演出很不景气,歌手的竞争也十分激烈,小王除了会唱歌又没有别的专长,他有心改行也很困难。"以后我想去做做生意,看能不能走得通。"这位刚刚 30 岁的小伙子,谈起自己的未来,觉得很困惑、很迷茫。

据来自深圳市劳动局的统计数据显示: 2000 年,深圳大专以上学历登记失业的人数为 2896 人,研究生仅 2 人。但到了 2001 年,全市登记失业人口中,大专以上学历的失业人口总数达到 3157 人,占失业人口总数的 12.34%。这些数字还不包括那些没有在劳动部登记失业、还在找工作又长时间找不到工作的"隐性失业者"。

更发人深省的是,深圳近年来一方面是大学生失业呈现增多

高學歷失業增多說明什麼?

易運文

別以爲有高學歷就可以高枕無憂,捧穩"鐵飯碗"的時代可能是一去不復返了,至少在深圳是如此。深圳高學歷失業者比比皆是,拿著大學文憑在就業市場上找不到工作的人很多。

記者認識的一位畢業於藝術學院的小王,已經在家裡閑坐了近一年。這位學聲樂的小夥子,幾年前在深圳的歌舞廳還相當活躍,但現在去歌舞廳消費的深圳人越來越少了,歌舞廳的演出很不景氣,歌手的競爭也十分激烈,小王除了會唱歌又沒有別的專長,他有心改行也很困難。"以後我想去做做生意,看能不能走得通。"這位剛剛 30 歲的小夥子,談起自己的未來,覺得很困惑、很迷茫。

據來自深圳市勞動局的統計數據顯示:2000 年,深圳大專以上學歷登記失業的人數爲 2896 人,研究生僅 2 人。但到了 2001 年,全市登記失業人口中,大專以上學歷的失業人口總數達到 3157 人,佔失業人口總數的 12.34%。這些數字還不包括那些沒有在勞動部登記失業、還在找工作又長時間找不到工作的 "隱性失業者"。

更發人深省的是,深圳近年來一方面是大學生失業呈現增多趨勢,另一方面中級工以上的技能型人才却沒有大量失業。中趋势，一方面中级工以上的技能型人才却没有大量失业。中级工失业后一般很快就能找到工作，而大学生失业后，经常长时间都找不到工作。据统计，大学文凭的失业人员的再就业率仅有20%，而其它人员的再就业率却达到了 75%。为什么会出现这种反差呢？有关专业人士分析认为，这与许多大学生眼高手低，再就业时对工作挑三拣四，对待遇比较挑剔有关。

高学历人群在我国总人口中所占的比例还不是很大，为什么高学历者的失业人数在深圳会逐年增多呢？

深圳市劳动局局长在接受记者采访时认为，在市场经济环境日趋成熟的情况下，高学历人群失业率增加是一种必然趋势。因为市场经济环境讲求要以最小的成本换取最大的价值。而高学历者一般对工资待遇、工作环境都要求比较高，他们当中许多人往往缺少实际操作技能。随着市场经济的发展，就业市场将会逐渐抛弃过去重学历、轻能力的观念，而将录取与否的重点放在应征者可以为单位创造什么样的价值上。

局长针对高学历人群失业率逐年增多的现象，提出了许多值得社会各界人士深思的问题，其中一个问题就是高等教育的教材和教学内容不能适应市场经济的需要。据了解，目前有些大学生和研究生的教材还停留在 70 年代的水平，知识陈旧老化，灌输概念和原理的多，实际操作能力的课程几乎没有。在这种教育制度下培养出来的毕业生开始工作后，企业最初往往对他们寄予很級工失業後一般很快就能找到工作，而大學生失業後，經常長時間都找不到工作。據統計，大學文憑的失業人員的再就業率僅有20%，而其它人員的再就業率却達到了 75%。爲什麼會出現這種反差呢？有關專業人士分析認爲，這與許多大學生眼高手低，再就業時對工作挑三揀四，對待遇比較挑剔有關。

高學歷人群在我國總人口中所佔的比例還不是很大，爲什麼高學歷者的失業人數在深圳會逐年增多呢？

深圳市勞動局局長在接受記者採訪時認爲，在市場經濟環境日趨成熟的情況下，高學歷人群失業率增加是一種必然趨勢。因爲市場經濟環境講求要以最小的成本換取最大的價值。而高學歷者一般對工資待遇、工作環境都要求比較高，他們當中許多人往往缺少實際操作技能。隨著市場經濟的發展，就業市場將會逐漸拋棄過去重學歷、輕能力的觀念，而將錄取與否的重點放在應徵者可以爲單位創造什麼樣的價值上。

局長針對高學歷人群失業率逐年增多的現象，提出了許多值得社會各界人士深思的問題，其中一個問題就是高等教育的教材和教學內容不能適應市場經濟的需要。據瞭解，目前有些大學生和研究生的教材還停留在 70 年代的水平，知識陳舊老化，灌輸概念和原理的多，實際操作能力的課程幾乎沒有。在這種教育制度下培養出來的畢業生開始工作後，企業最初往往對他們寄予很高期望，過了一段時間後，由於難以適應環境，往往還不如一些高期望，过了一段时间后，由于难以适应环境，往往还不如一些技校毕业的中级技能型人才实用，因此这些人被淘汰下岗就不奇怪了。

大学生不等于就是人才。就学历和技能比，技能对企业的作用更重要。深圳需求量最大的就是高级技能型人才。深圳市劳动局长还举了一个例子：他的一位朋友在深圳的杂志社工作，这个办公室一共有7人，其中有5个人是计算机本科毕业，2名打字员中还有一位是大专生。这些人专业都不对口，学历虽然高，但并不适应办公室的工作。办公室的日常工作都比较琐碎，由于大家都认为自己是"高级人才"，主动去干这些琐碎工作的人很少。单位领导解决问题的最终办法就是不要让"高级人才"密集，让表现较差的走人。

有关专业人士还分析指出：随着中国这些年高校招生规模不断扩大，尤其是实施高校招生考试不受年龄限制的措施以后，我国高学历人群失业率增加的问题，会越来越突出。高校扩招了，并不意味着就业市场的容纳量也会跟着水涨船高。所以从长远来看，我国高学历人群的失业率上升将是一种必然趋势。

2001年7月11日《光明日报》

技校畢業的中級技能型人才實用，因此這些人被淘汰下崗就不奇怪了。

大學生不等於就是人才。就學歷和技能比，技能對企業的作用更重要。深圳需求量最大的就是高級技能型人才。深圳市勞動局長還舉了一個例子：他的一位朋友在深圳的雜誌社工作，這個辦公室一共有 7 人，其中有 5 個人是計算機本科畢業，2 名打字員中還有一位是大專生。這些人專業都不對口，學歷雖然高，但並不適應辦公室的工作。辦公室的日常工作都比較瑣碎，由於大家都認爲自己是"高級人才"，主動去幹這些瑣碎工作的人很少。單位領導解決問題的最終辦法就是不要讓"高級人才"密集，讓表現較差的走人。

有關專業人士還分析指出：隨著中國這些年高校招生規模不斷擴大，尤其是實施高校招生考試不受年齡限制的措施以後，我國高學歷人群失業率增加的問題，會越來越突出。高校擴招了，並不意味著就業市場的容納量也會跟著水漲船高。所以從長遠來看，我國高學歷人群的失業率上升將是一種必然趨勢。

2001 年 7 月 11 日《光明日報》

词汇

学历	學歷	xuélì	*n.*	record of formal schooling
失业	失業	shīyè	*v.*	to lose one's job, to be laid off
高枕无忧	高枕無憂	gāozhěn wúyōu	*v.*	to sit back and relax
捧稳	捧穩	pěngwěn	*v.*	to hold firmly and securely
铁饭碗	鐵飯碗	tiěfànwǎn	*n.*	a secure job
时代	時代	shídài	*n.*	times, age, era
一去不复返	一去不復返	yíqù búfùfǎn	*v.*	to be gone and never return, gone forever 例.年轻的时光已经一去不复返了。
深圳	深圳	Shēnzhèn	*n.*	place name
如此	如此	rúcǐ	*v.*	like this, such. 例：我认为~。(I think so) 例： 人类总是不断求进步，过去如此，现在更是如此。
比比皆是	比比皆是	bǐbǐjiēshì	*v.*	ubiquitous 例.随着教育普及，拥有高学历的年青人比比皆是。
文凭	文憑	wénpíng	*n.*	diploma
艺术	藝術	yìshù	*n.*	art
闲坐	閒坐	xiánzuò	*v.*	to sit in leisure, to sit idly
声乐	聲樂	shēngyuè	*n.*	vocal music
小伙子	小伙子	xiǎohuǒzi	*n.*	lad, young fellow, youngster
歌舞厅	歌舞廳	gēwǔtīng	*n.*	cabaret, nightclub
相当	相當	xiāngdāng	*adv.*	quite, fairly
活跃	活躍	huóyuè	*adj.*	lively, active, brisk, dynamic
消费	消費	xiāofèi	*v./n.*	to consume, to expend money; consumption, expenditure

景气	景氣	jǐngqì	*adj./* *n.*	booming, boom; prosperity 例：～不好/下降/转坏/变好 例：最近经济不景气，很多人都找不到工作。
歌手	歌手	gēshǒu	*n.*	singer
专长	專長	zhuāncháng	*n.*	specialty, special skills
有心	有心	yǒuxīn	*v.*	intend to 例：她有心改善跟丈夫之间的关系，可是却没有成功。
改行	改行	gǎiháng	*v.*	to change one's profession
未来	未來	wèilái	*n.*	future, in the future
困惑	困惑	kùnhuò	*adj.*	to feel perplexed, puzzled, difficult problem, perplexity
迷茫	迷茫	mímáng	*adj.*	to be perplexed, dazed
劳动局	勞動局	láodòngjú	*n.*	labor bureau
数据	數據	shùjù	*n.*	data, statistics
显示	顯示	xiǎnshì	*v.*	to show, to reveal
大专	大專	dàzhuān	*n.*	college, university
登记	登記	dēngjì	*v.*	to register, to enroll, to book in
包括	包括	bāokuò	*v.*	to include
隐性	隱性	yǐnxìng	*adj.*	latent
发人深省	發人深省	fārénshēnxǐng	*v.*	to set people thinking, to call for deep thought, thought provoking 例：领导今天的谈话非常发人深省。
趋势	趨勢	qūshì	*n.*	trend, tendency 例：有/呈现…的趋势
中级工	中級工	zhōngjígōng	*n.*	middle labor
技能型	技能型	jìnéngxíng	*adj.*	technical (labor) 例.～人才/人员
人才	人才	réncái	*n.*	person of ability or talent

再就业	再就業	zàijiùyè	v.	reenter the job market 再: again 就业: enter the job market
反差	反差	fǎnchā	n.	contrast
眼高手低	眼高手低	yǎn'gāo shǒudī	v.	to have high aims but low abilities 例：许多年轻人在找工作时，往往眼高手低。
挑三拣四	挑三揀四	tiāosān jiǎnsì	v.	to be picky, to pick and choose 例：他对什么事情都不满意，总是挑三拣四，真不好相处。
待遇	待遇	dàiyù	n.	salary, pay
挑剔	挑剔	tiāotì	v.	to nitpick, to be picky
局长	局長	júzhǎng	n.	head or director of a government office or bureau
日趋	日趨	rìqū	adv.	day by day
成熟	成熟	chéngshú	v.	to become ripe/ mature
必然	必然	bìrán	adj./ adv.	inevitable; certainly 例：~结果/趋势
环境	環境	huánjìng	n.	environment
讲求	講求	jiǎngqiú	v.	to be particular about, to stress
成本	成本	chéngběn	n.	the cost
换取	換取	huànqǔ	v.	to exchange something for, to get in return
工资	工資	gōngzī	n.	wages
当中	當中	dāng zhōng	prep.	among
操作	操作	cāozuò	v.	to operate (machinery, etc.), to manipulate, do manual work
抛弃	拋棄	pāoqì	v.	to throw away, to discard
重	重	zhòng	v.	重=重视, to value, to think highly of
轻	輕	qīng	v.	轻=轻视, to belittle, to look down on

录取	錄取	lùqǔ	*v.*	to accept (applicants) after a screening, examination, etc. 例：经过激烈的竞争，只有两个人被录取。
应征者	應徵者	yìngzhēngzhě	*n.*	applicant, candidate
创造	創造	chuàngzào	*v.*	to create
针对	針對	zhēnduì	*v.*	focus on, pinpoint to
深思	深思	shēnsī	*v.*	to think deeply 例：这个问题值得深思。
高等教育	高等教育	gāoděngjiàoyù	*n.*	higher education
教材	教材	jiàocái	*n.*	teaching materials
内容	内容	nèiróng	*n.*	content, subject
适应	適應	shìyìng	*v.*	to adapt, to suit, to get used to 例：这些陈旧的教材已经适应不了现代社会的需要。
需要	需要	xūyào	*n./v.*	need, demand, to need
停留	停留	tíngliú	*v.*	to remain (at a certain stage) 例：中国人的生活还停留在过去的水平。
陈旧	陳舊	chénjiù	*adj.*	outmoded, obsolete
灌输	灌輸	guànshū	*v.*	to instill (a concept) into, to inculcate
概念	概念	gàiniàn	*n.*	concept
原理	原理	yuánlǐ	*n.*	principle
课程	課程	kèchéng	*n.*	curriculum
企业	企業	qǐyè	*n.*	enterprise
寄予	寄予	jìyǔ	*v.*	to place (hope, etc.) on 例：~期望/希望/祝福
期望	期望	qīwàng	*n.*	anticipation, expectation
技校	技校	jìxiào	*n.*	industrial school
淘汰	淘汰	táotài	*v.*	to eliminate through selection or competition
下岗	下崗	xiàgǎng	*v.*	to lose one's job, to be jobless

杂志社	雜誌社	zázhìshè	n.	magazine publisher
本科	本科	běnkē	n.	bachelor's degree, major
打字员	打字員	dǎzìyuán	n.	typist
大专生	大專生	dàzhuān shēng	n.	undergraduate
对口	對口	duìkǒu	v.	to be geared to, match 例：大专生常常找不到对口的工作。
日常工作	日常工作	rìcháng gōngzuò	n.	daily routine work
琐碎	瑣碎	suǒsuì	adj.	trivial (work, thing)
最终	最終	zuìzhōng	adv.	eventually, ultimately
密集	密集	mìjí	v.	crowded together, intensive 例.人口/劳力/人力~
走人	走人	zǒurén	v.	to leave, to go away
高校	高校	gāoxiào	n.	senior high school
招生	招生	zhāoshēng	v.	to recruit students
规模	規模	guīmó	n.	scale, scope
扩大	擴大	kuòchōng	v.	to expand
措施	措施	cuòshī	n.	measures
意味着	意味著	yìwèizhe	v.	to imply, to mean 例：老百姓买得起汽车意味着经济水平提高了。
容纳量	容納量	róngnàliàng	n.	capacity (to accommodate)
水涨船高	水漲船高	shuǐzhǎng chuán'gāo	v.	all ships rise with the tide, particulars improve as the general situation does
从长远来看	從長遠來看	chángyuǎn láikàn	v.	taking a long-term view

词语解释

1. 以为…就…   (someone) assume…then…

◆ 别以为有高学历就可以高枕无忧,捧稳"铁饭碗"的时代可是一去不复返了。

1) 原本我以为进好大学就能找到好工作,但事实上并不是这样。

2) 别以为住在纽约就能体验大城市的生活,其实纽约又挤又脏,一点都不现代化。

2. 除了…又…   except

◆ 小王除了会唱歌又没有别的专长,他有心改行也很困难。

1) 我除了这个工作以外又没有其它的选择,只好暂时做下去。

2) 昨天晚上你除了吃饭又没有吃什么别的东西,怎么会拉肚子呢?

3. 来自   from, come from

◆ 据来自深圳市劳动局的统计数据显示.2000 年,深圳大专以上学历登记失业的人数为 2896 人,研究生仅 2 人。

1) 这则新闻是来自伊拉克最新的消息。

2) 在这次的大会中,有来自世界各地的人参加。

4. 更…的是…   the more (adj.) is…

◆ 更发人深省的是,深圳近年来一方面是大学生失业呈现增多趋势,另一方面中级工以上的技能型人才却没有大量失业。

1) 更有意思的是,许多本科毕业生宁可找收入很高的工作,也不愿意做和专业对口的。

2) 更让人难忘的是,这部电影有许多跟我童年经验有关的故事。

5. 一方面…另一方面…   on the one hand…on the other hand

◆ 深圳近年来一方面是大学生失业呈现增多趋势,另一方面中级工以上的技能型人才却没有大量失业。

1) 要改善经济情况,一方面要增加工作机会,另一方面得提高教育水平。

2) 大专生毕业以后不想立刻找工作,一方面是因为好工作难找,另一方面则是因为不愿意面对现实。

6. 与…有关   have a bearing on…

◆ 有关专业人士分析认为,这与许多大学生眼高手低,再就业时对工作挑三拣四,对待遇比较挑剔有关。

1) 离婚人数日益增多，与女性教育水平和社会地位都提高有关。
2) 学校不支持这个活动，与经费不够、设备有限有关。

7. 在…情况下　　　　　　　　　under such and such circumstance…
◆ 在市场经济环境日趋成熟的情况下，高学历人群失业率增加是一种必然趋势。
1) 在人口压力逐渐增加的情况下，实施一胎化政策是不可避免的。
2) 在没有水没有电的情况下，学校只好宣布停止上课。

8. V 与否　　　　　　　　　　whether or not…
◆ 就业市场将会逐渐抛弃过去重学历、轻能力的观念，而将录取与否的重点放在应征者可以为单位创造什么样的价值上。
1) 总统候选人选举成功与否的关键在金钱，而不在他的人品。
2) 这件事违法与否得看法官的决定，你不能随便下结论。

9. 针对…　　　　　　　　　pinpoint on…, focus on…, aim at
◆ 局长针对高学历人群失业率逐年增多的现象，提出了许多值得社会各界人士深思的问题。
1) 老师针对学生常犯的错误，布置了一个特别的作业。
2) 领导针对流动人口问题日益严重的问题发表了一个谈话。

练习

I. Choose the most suitable one.
  1. 在美国找不到工作的人【一去不复返，比比皆是】，一点也不稀奇。
  2. 由于这个工作的待遇不好，所以他有【改行，改业】的打算。
  3. 拥有高学历的人大量失业是一种【必需，必然】趋势，不值得大惊小怪。
  4. 教学内容不能【适合，适应】就业市场需要，是造成失业的主要原因。

II. Summarize the following paragraph into Chinese.

　　The unemployment rate rose to 6.1 percent in May, its highest level in nine years, the Labor Department reported today, as the worst jobs slump since the early 1980's continued to spread across the economy. Still, the pace of layoffs has slowed noticeably in the last two month, however, suggesting that the economy may have stabilized and may begin adding jobs this summer.

Companies are still cutting costs, but it looks like the worst of the layoffs are behind us. Consumers and business have increased their spending somewhat in the last month, offering hope that a recovery has begun. But facing hither health-care costs for employees and having become more efficient with the help of new technologies, companies have lifted production without adding new workers.

In addition to the increase in the jobless rate, from 6 percent in April, the number of people who were not looking for work---and thus not eligible to be considered unemployed---rose. The length of the current hiring slump has caused an unusually large number of workers to grow frustrated with their job search and give up temporarily, economists say.

The revised data issued today showed that the economy had lost about 400,000 more jobs between February 2001 and last month than the Labor Department originally reported. It said a few months ago that the revision would almost certainly be negative, but the announcement did not receive widespread attention. But the revisions also showed that layoffs this year had been less severe than originally thought and that the economy was not sliding into a new recession, as some economists had feared. Since December, 114,000 jobs have vanished, about one-third the size of the loss suggested by the earlier data.

III. Answer the questions with the given expressions.

1. 小王为什么失业了?

   (竞争,专长,文凭,眼高手低,待遇,挑剔)

2. 企业对员工的要求是什么?

   (价值,应征者,实际,技能,实用,表现)

3. 为什么失业率越来越高?

   (必然,招生,规模,就业市场,容纳量,要求)

IV. Discussion.

1. 为什么拥有高学历还会失业?

2. 大专生的失业情况为什么比中级工的严重?

3. 就业市场对人才的要求是什么?

4. 大学教育和就业市场之间有什么矛盾?

5. 受教育机会增加和就业有什么关系?

6. 在现代社会中,具备怎样的条件才不容易失业?

V. Composition.

1. 小王的爸爸今年45岁,今年夏天刚刚失业。据统计,中年(middle-aged)失业的人越来越多。请你分析一下这个现象发生的可能原因,并对中年工作者提出一些建议。

2. 美国也有高学历失业的问题吗?请你分析这个现象。

请为女大学生就业铺路

蒋荣华

不容回避的事实

近几年来，随着高等教育的规模不断扩大，大学生就业过程中存在性别不平等的现象，女大学毕业生就业难的问题越来越受到社会各界的普遍关注。据报道，2005 年的毕业生将达 338 万，其中女大学生占 44%。2004 年的大学毕业生有 280 万，有 80 万人不能及时就业，其中相当一部分是女大学生。

江苏省妇联在 2002 年的调查中发现，相当一部分女大学毕业生在求职过程中遭遇过性别歧视。在同等条件下，女生签约率明显低于男生 8 个百分点。有的用人单位在招聘栏里明确写着"只要男生"或"同等条件下男生优先"的条款。厦门大学对 2002 届本科毕业生就业进行的一项调查发现，女大学生的就业质量也低于男生，"同工同酬"的政策难以落实到位，用人单位用专业不对口、低层次、低收入的工作机会来安排女大学毕业生，这在相当程度上掩盖了男女生实际就业率差距不太大的假象。

谁在拒绝女生?

女大学毕业生是受过高等教育的劳动力，但在劳动力市场竞争中却相对处于劣势。这不是孤立的偶然的现象，而是多种原因共同作用的结果。

請為女大學生就業鋪路

蔣榮華

不容迴避的事實

近幾年來，隨著高等教育的規模不斷擴大，大學生就業過程中存在性別不平等的現象，女大學畢業生就業難的問題越來越受到社會各界的普遍關注。據報導，2005 年的畢業生將達 338 萬，其中女大學生佔 44%。2004 年的大學畢業生有 280 萬，有 80 萬人不能及時就業，其中相當一部分是女大學生。

江蘇省婦聯在 2002 年的調查中發現，相當一部分女大學畢業生在求職過程中遭遇過性別歧視。在同等條件下，女生簽約率明顯低於男生 8 個百分點。有的用人單位在招聘欄裏明確寫著"只要男生"或 "同等條件下男生優先"的條款。廈門大學對 2002 屆本科畢業生就業進行的一項調查發現，女大學生的就業質量也低於男生，"同工同酬"的政策難以落實到位，用人單位用專業不對口、低層次、 低收入的工作機會來安排女大學畢業生，這在相當程度上掩蓋了男女生實際就業率差距不太大的假象。

誰在拒絕女生?

女大學畢業生是受過高等教育的勞動力，但在勞動力市場競爭中卻相對處於劣勢。這不是孤立的偶然的現象，而是多種原因在我国就业形势相当严峻的大背景下，劳动力市场供大于求的现实，为用人单位人为地抬高就业门槛、设置性别限制提供了条件。同时，随着高等教育由 "精英教育" 向 "大众教育" 迈进的步伐加快，大学生已不再是稀缺资源。从 2002 年开始，每年都有超过 60 万的大学毕业生暂时找不到工作，也正是在这个大背景下，女大学生就业形势就更加严峻。

我国相关的法律大多只是原则性的规定，缺乏具体的操作性。国家已经出台的法律、法规和政策，都旨在保护我国妇女的劳动就业权利，但更多的是对男女区别对待或照顾，而对平等的机会和平等的责任缺乏具体的规定，致使一些法律、政策流于形式，在实际中难以操作。

此外，这种情况还与用人单位招收女性职工承担的成本较高有关。在劳动力市场机制下，女职工特殊的生理现象所承担的再生产劳动(生育、家务、家庭照顾性工作)，客观上造成了企业成本的增加。如女职工的生育费用和生育带薪产假增加了所在企业的经济负担，导致企业不愿接受女大学毕业生。另外，由于一些工作岗位本身的特点，如危重行业，女性本身不适合，使男性更具有竞争优势。

必须建立平等就业制度

当前，解决女大学生就业问题，必须降低企业招收女性职工的成本。改革原有的生育保障制度，将妇女的生育价值补偿从企共同作用的結果。

在我國就業形勢相當嚴峻的大背景下，勞動力市場供大於求的現實，為用人單位人為地抬高就業門檻、設置性別限制提供了條件。同時，隨著高等教育由 "精英教育"向 "大眾教育"邁進的步伐加快，大學生已不再是稀缺資源。從 2002 年開始，每年都有超過 60 萬的大學畢業生暫時找不到工作，也正是在這個大背景下，女大學生就業形勢就更加嚴峻。

我國相關的法律大多只是原則性的規定，缺乏具體的操作性。國家已經出臺的法律、法規和政策，都旨在保護我國婦女的勞動就業權利，但更多的是對男女區別對待或照顧，而對平等的機會和平等的責任缺乏具體的規定，致使一些法律、政策流於形式，在實際中難以操作。

此外，這種情況還與用人單位招收女性職工承擔的成本較高有關。在勞動力市場機制下，女職工特殊的生理現象所承擔的再生產勞動(生育、家務、家庭照顧性工作)，客觀上造成了企業成本的增加。如女職工的生育費用和生育帶薪產假增加了所在企業的經濟負擔，導致企業不願接受女大學畢業生。另外，由於一些工作崗位本身的特點，如危重行業，女性本身不適合，使男性更具有競爭優勢。

必須建立平等就業制度

當前，解決女大學生就業問題，必須降低企業招收女性職工业中分离出来，由社会承担并补偿。通过实行生育保险，使用人单位对男女劳动能力的评价和用人标准更为合理，消除用人单位使用女性劳动力提高人工成本的顾虑，为实现女大学生的平等就业权利提供必要保障。

首先，要提高女大学生的就业竞争能力。高等院校在学科规划、专业和课程设置方面应以市场为导向，充分考虑女性教育特点和社会需求。同时，女大学生要加强自身素质和能力的培养，转变陈旧的就业观念，树立新型的、科学的择业观念，将个人愿望与国家需要及就业现实结合起来。

其次，政府应该制定和出台鼓励女大学生就业的优惠政策。加大宣传力度，逐渐消除用人单位重男轻女的偏见；同时通过就业、社会保障等制度的改革与创新，减少消除性别歧视，实现女大学生公平就业的权利。对受到歧视或处于不利地位的女大学生给予适当的帮助。

另外，要加强立法，出台具有具体操作性的法律法规，制定消除就业性别歧视的政策和相关规定，从根本上消除就业的性别歧视，推进女性平等就业机会的实现，消除女大学生就业中的不平等现象，加强对劳动力市场的监督和管理，及时纠正和处理对女大学生就业的歧视行为，运用法律手段维护女大学生平等就业的权益，适时为女大学生平等就业提供必要的法律援助。

2004 年 11 月 3 日《人民日报》

的成本。改革原有的生育保障制度，將婦女的生育價值補償從企業中分離出來，由社會承擔並補償。通過實行生育保險，使用人單位對男女勞動能力的評價和用人標準更為合理，消除用人單位使用女性勞動力提高人工成本的顧慮，為實現女大學生的平等就業權利提供必要保障。

首先，要提高女大學生的就業競爭能力。高等院校在學科規劃、專業和課程設置方面應以市場為導向，充分考慮女性教育特點和社會需求。同時，女大學生要加強自身素質和能力的培養，轉變陳舊的就業觀念，樹立新型的、科學的擇業觀念，將個人願望與國家需要及就業現實結合起來。

其次，政府应该制定和出臺鼓勵女大學生就業的優惠政策。加大宣傳力度，逐漸消除用人單位重男輕女的偏見；同時通過就業、社會保障等制度的改革與創新，減少消除性別歧視，實現女大學生公平就業的權利。對受到歧視或處於不利地位的女大學生給予適當的幫助。

另外，要加強立法，出臺具有具體操作性的法律法規，制定消除就業性別歧視的政策和相關規定，從根本上消除就業的性別歧視，推進女性平等就業機會的實現，消除女大學生就業中的不平等現象，加強對勞動力市場的監督和管理，及時糾正和處理對女大學生就業的歧視行為，運用法律手段維護女大學生平等就業的權益，適時為女大學生平等就業提供必要的法律援助。

2004 年 11 月 3 日 《人民日報》

词汇

就业	就業	jìuyè	n..	obtaining a job, seeking employment
为···铺路	為···鋪路	wèi...pūlù	v.	to support 铺路: (literal) to pave the road
不容回避	不容迴避	bùrónghuíbì		to be unavoidable 不容: not tolerate, 回避: to avoid
事实	事實	shìshí	n.	fact
高等教育	高等教育	gāoděngjiàoyù	n.	higher education
规模	規模	guīmó	n.	scope
扩大	擴大	kuòdà	v.	to expand, to extend
不断	不斷	búduàn	adv.	continuously, constantly
性别	性別	xìngbié	n.	gender
社会各界	社會各界	shèhuìgèjiè	n.	all walks of life in the society 社会: society, 各界: all circles, all walks of life
关注	關注	guānzhù	v.	to pay close attention 例：这个问题受到社会的关注
将达	將達	jiāngdá		will reach (number) 将 to be going to, to be about to 达 to amount to, to reach, to account for, to constitute
占	佔	zhàn	v.	例：占一半，占百分之六
及时	及時	jíshí	adv.	promptly, without delay 例：~看病/解决问题
相当一部分	相當一部分	xiāngdāngyíbù.fèn	adv.	quite some
江苏省	江蘇省	Jiāngsū shěng	n.	Jiangsu Province
妇联	婦聯	fùlián	n.	妇女联合会 Women's Federation 妇女: women, 联合: to unite, to join, 会: association, union
求职	求職	qiúzhí	v-o.	to look for a job 求: 找，职: 工作/职位

				(position)
遭遇	遭遇	zāoyù	*v.*	to encounter (坏事) 例：~不幸/坏人
歧视	歧视	qíshì	*v.*	to discriminate
同等	同等	tóngděng	*adj.*	of the same class (rank), on an equal basis 例：~条件/学历/待遇
签约	簽約	qiānyuē	*v-o.*	to sign a contract
明显	明顯	míngxiǎn	*adv.*	obviously
低于	低於	dīyú		to be lower than 低 lower 于 to express comparison 例：今年学中文的学生人数低于去年。
百分点	百分點	bǎifēndiǎn	*n.*	percentage point
用人单位	用人單位	yòngréndānwèi	*n.*	employer 用人: to choose a person for a job, 单位: work unit/division
招聘栏	招聘欄	zhāopìnlán	*n.*	hiring section of the classifieds (newspaper, bulletin board) 招聘: advertising for recruitment , invite application for a job, 栏: section (newspaper)
明确	明確	míngquè	*adv.*	explicitly, clearly
男生	男生	nánshēng	*n.*	male student
优先	優先	yōuxiān	*v.*	to give preferential hiring to 例：找工作的时候总是男生优先。
条款	條款	tiáokuǎn	*n.*	clause 例：法律条款 (legal provision)
厦门大学	廈門大學	Xiàméndàxué	*n.*	Xiamen University (in Fujian Province)
届	屆	jiè	*n.*	year (of graduation), session (of a conference) 例：九八届毕业生/第十届全国人民代表大会
质量	質量	zhìliàng	*n.*	quality

同工同酬	同工同酬	tónggōng tóngchóu		equal pay for equal job
难以	難以	nányǐ		difficult to 例：~想象/相信/否定/落实到位
落实	落實	luòshí	v.	to put into effect 例：~政策
到位	到位	dàowèi	v.	to fall into place 例：政策落实到位/事情做到位
对口	對口	duìkǒu	adj.	suitable for one's vocational training or specialty 例：专业~
层次	層次	céngcì	n.	social status
安排	安排	ānpái	v.	to make arrangement (job) 例：~工作/时间/生产
在相当程度上	在相當程度上	zàixiāngdāng chéngdù shàng		to a fairly-high degree
掩盖	掩蓋	yǎn'gài	v.	to obfuscate, to conceal 例：~矛盾/事实
实际	實際	shíjì	adj.	real, actual 例：~年龄/工资/就业率
差距	差距	chājù	n.	gap, disparity
假象	假像	jiǎxiàng	n.	false appearance, pretense
拒绝	拒絕	jùjué	v.	to refuse, to decline
劳动力	勞動力	láodònglì	n.	labor
竞争	競爭	jìngzhēng	n.	competition
处于	處於	chǔyú	n.	to be (in … condition) 例：~极度兴奋/困境/劣势
劣势	劣勢	lièshì	n.	inferior strength or position
孤立	孤立	gūlì	adj.	isolated, solitary
偶然	偶然	ǒuyán	adj.	accidental, chance 例：~现象/原因/认识的人
现象	現象	xiànxiàng	n.	phenomenon
共同	共同	gòngtóng	adv.	together, jointly 例：~生活/努力/作用
作用	作用	zuòyòng	v.	to act on, to affect
结果	結果	jiéguǒ	n.	result, consequence
形势	形勢	xíngshì	n.	situation, circumstance

				例：国际/就业~
严峻	嚴峻	yánjùn	*adj.*	severe, grim
				例：~斗争/考验/形势
背景	背景	bèijǐng	*n.*	background
供大于求	供大於求	gōngdàyúqiú	*ph.*	supply is larger than demand
				供: supply, 大于: bigger
				than, 求: demand
现实	現實	xiànshí	*n.*	reality
人为地	人為地	rénwéi.de	*adv.*	intentionally, artificially
抬高	抬高	táigāo	*v.*	to elevate
				例：~价格/就业门槛
门槛	門檻	ménkǎn	*n.*	threshold
设置	設置	shèzhì	*v.*	to set up 例：~课程/机构/
				限制/障碍
限制	限制	xiànzhì	*n/v.*	restriction; to impose restriction on
精英教育	精英教育	jīngyīngjiàoyù	*n.*	elite education
大众教育	大眾教育	dàzhòngjiàoyù	*n.*	public education
迈进	邁進	màijìn	*v.*	to stride forward
				例：向现代化迈进
步伐	步伐	bùfá	*n.*	pace
加快	加快	jiākuài	*v.*	to speed up, to accelerate
				例：~改革开放的步伐/速度
稀缺	稀缺	xīquē	*adj.*	rare, scarce
资源	資源	zīyuán	*n.*	resources 例：农业/人力~
超过	超過	chāoguò	*v.*	to exceed
暂时	暫時	zànshí	*adv.*	temporarily
更加	更加	gèngjiā	*adv.*	still/even more
相关	相關	xiāngguān	*adj.*	relevant
法律	法律	fǎlǜ	*n.*	law
原则性	原則性	yuánzéxìng	*n.*	having principled nature
				原则 principle 性 suffix for nature or characteristics
				例：必要性/可能性/社会性/
				正确性/操作性

规定	規定	guīdìng	*n.*	rule, regulation
缺乏	缺乏	quēfá	*v.*	to lack　例：~信心/经验/能力/思想/想象力
具体	具體	jùtǐ	*adj.*	specific, concrete
操作性	操作性	cāozuòxìng	*n.*	having the nature of being enforceable or applicable 操作: operation, 性: suffix for nature or characteristics
出台	出臺	chūtái	*v.*	(policy) to be publicized 例：新的政策/规定~了。(literal) appear on the stage 例:一部新的音乐剧出台了。
法规	法規	fǎguī	*n.*	法律和规定 laws and regulations
旨在	旨在	zhǐzài		the main purpose is 旨: purpose/aim, 在: at
保护	保護	bǎohù	*v/n..*	to protect
权利	權利	quánlì	*n.*	right
区别对待	區別對待	qūbiéduìdài		to treat different people (things) differently 区别: to make distinction between…, 对待: to treat
照顾	照顧	zhào.gù	*v.*	to care for, to look after
平等	平等	píngděng	*adj./ n.*	equal; equality
责任	責任	zérèn	*n.*	responsibility
致使	致使	zhìshǐ	*v.*	to result in, cause
流于形式	流於形式	liúyúxíngshì	*v-o*	become a mere formality 流于 to change for the worse 形式 form
招收	招收	zhāoshōu	*v.*	to recruit
女性职工	女性職工	nǚxìngzhígōng	*n.*	female staff or workers
承担	承擔	chéngdān	*v.*	to bear, to undertake 例：~责任/费用/后果
成本	成本	chéngběn	*n.*	(production) cost
市场机制	市場機制	shìchǎngjīzhì	*n.*	market mechanism

特殊	特殊	tèshū	*adj.*	particular, specific 例：~照顾/情况
生理	生理	shēnglǐ	*n.*	physiology
再生产劳动	再生產勞動	zàishēng chǎnláodòng		reproduction task (i.e. to give birth and do household jobs) 再: again, 生产: production, 劳动: work
生育	生育	shēngyù	*v.*	to give birth to
家务	家務	jiāwù	*n.*	housework, household jobs
客观上	客觀上	kèguānshàng	*adv.*	objectively
企业	企業	qǐyè	*n.*	enterprise
如	如	rú	*prep.*	for example, such as
生育费用	生育費用	shēngyùfèiyòng	*n.*	expenses related to giving birth
带薪产假	帶薪產假	dàixīnchǎnjià	*n.*	paid maternity leave 带: to have, 薪: salary, 产假: maternity leave
负担	負擔	fùdān	*n.*	burden
不愿	不願	búyuàn	*v.*	不愿意
接受	接受	jiēshòu	*v.*	to accept
另外	另外	lìngwài	*conj.*	in addition to
工作岗位	工作崗位	gōngzuògǎngwèi	*n.*	job 工作: job, 岗位: post (job)
本身	本身	běnshēn	*n.*	itself 例：工作岗位本身的特点/女性本身的特点
特点	特點	tèdiǎn	*n.*	characteristics 例：生理~
危重行业	危重行業	wēizhònghángyè	*n.*	危=危险 dangerous, 重: physically demanding, 行业: profession
适合	適合	shìhé	*adj.*	appropriate, suitable
具有	具有	jùyǒu	*v.*	to have, to possess 例：~历史意义/优势

优势	優勢	yōushì	*n..*	advantage; superiority 例：美国在经济方面具有 优势。
建立	建立	jiànlì	*v.*	to establish 例：~制度/ 信心/国际关系
降低	降低	jiàngdī	*v.*	to reduce 例：~成本
原有的	原有的	yuányǒu.de	*adj.*	original
保障	保障	bǎozhàng	*v/n.*	to ensure, to guarantee
将	將	jiāng	*prep.*	把
价值	價值	jiàzhí	*n.*	value
补偿	補償	bǔcháng	*n./v.*	compensation; to compensate
分离出来	分離出來	fēnlíchū.lái	*v.*	to separate from
实行	實行	shíxíng	*v.*	to put into practice; to implement (policy, reform)
保险	保險	bǎoxiǎn	*n/v.*	insurance; to insure
劳动能力	勞動能力	láodòng nénglì	*n.*	ability to work
评价	評價	píngjià	*v.*	to evaluate
用人标准	用人標準	yòngrénbiāo zhǔn	*n.*	the hiring standard 用人: to choose the right person for a job, 标准: standard
合理	合理	hélǐ	*adj.*	reasonable
消除	消除	xiāochú	*v.*	to eliminate 例：~顾虑/误会
使用	使用	shǐyòng	*v.*	to use, to employ
人工成本	人工成本	rén'gōng chéngběn	*n.*	labor cost
顾虑	顧慮	gùlǜ	*n.*	misgiving
实现	實現	shíxiàn	*v.*	to realize
提供	提供	tígōng	*v.*	to provide
必要的	必要的	bìyào.de	*adj.*	necessary
高等院校	高等院校	gāoděngyuàn xiào	*n.*	colleges and universities 高等: higher, 院=学院, 校: 学校

学科	學科	xuékē	n.	field of learning, discipline
规划	規劃	guīhuà	n.	long-term plan for development 例：长远~/城市建设~/全面~
课程设置	課程設置	kèchéng shèzhì	n.	curriculum design 课程: course, 设置: set-up
应	應	yīng		应该
以…为导向	以…為導向	yǐ…wéidǎo xiàng		to take … as guidance 以…为: 把…作为, 导向:引导方向 steering
充分	充分	chōngfèn	adv.	fully
考虑	考慮	kǎolǜ	v/n.	to consider; to take something into consideration
需求	需求	xūqiú	n.	need, demand
同时	同時	tóngshí	conj.	at the same time
加强	加強	jiāqiáng	v.	to strengthen
自身	自身	zìshēn	n.	self, oneself
素质	素質	sù.zhì	n.	quality
培养	培養	péiyǎng	v.	to cultivate, to develop 例：~素质/能力/他做医生
转变	轉變	zhuǎnbiàn	v.	to change 例：~态度/观念/立场
陈旧	陳舊	chénjiù	adj.	outmoded, obsolete, outdated
观念	觀念	guānniàn	n.	concept
树立	樹立	shùlì	v.	to establish, to build 例：~观念/榜样/形象
新型的	新型的	xīnxíng.de	adj.	new type
科学的	科學的	kēxué.de	v-o	scientific
择业	擇業	zéyè	v-o	to choose profession 择:=选择: to choose, 业=职业: occupation
个人	個人	gèrén	n.	individual (person)
愿望	願望	yuànwàng	n.	wish
与	與	yǔ	conj.	and 例：工业~农业；个人愿望~国家需求
及	及	jí	conj.	as well as (connecting nouns or noun phrases, such as A,

				B, and C)
				例：工人，农民~知识分子
将A跟B 结合起来	將A跟B 結合起來	jiāng A gēn B jiéhéqǐlái	v.	to combine A with B 将: 把
制定	制定	zhìdìng	v.	to enact 例：~法律/政策/计划
鼓励	鼓勵	gǔlì	v.	to encourage, to pat on the back
优惠政策	優惠政策	yōuhuì zhèngcè	n.	preferential policy
加大	加大	jiādà	v.	to increase
宣传力度	宣傳力度	xuānchuánlì dù	n.	propaganda dynamics
逐渐	逐漸	zhújiàn	adv.	gradually, by degree
重男轻女	重男輕女	zhòngnán qīngnǚ		value the male child only. 重:重视, 男:男孩子, 轻:轻 视, 女:女孩子
偏见	偏見	piānjiàn	n.	prejudice, bias
改革	改革	gǎigé	n/v.	reformation; to reform
创新	創新	chuàngxīn	n/v.	innovation; to innovate, to bring forth new ideas,
减少	減少	jiǎnshǎo	v.	to reduce, to decrease
不利	不利	búlì	adj.	unfavorable, disadvantageous
地位	地位	dìwèi	n.	(social) status
给予	給予	gěiyǔ	v.	to offer 例：~帮助/同情/考虑
适当的	適當的	shìdàng.de	adj.	suitable, appropriate
立法	立法	lìfǎ	v./n.	to legislate; legislation
推进	推進	tuījìn	v.	to push forth, to promote 例：~改革开放/中美关系
监督	監督	jiāndū	v.	to oversee, to supervise
管理	管理	guǎnlǐ	n./v.	management; to manage
纠正	糾正	jiūzhèng	v.	to correct, to rectify
处理	處理	Chǔlǐ	v.	to handle, to deal with 例：~垃圾/问题/矛盾/国家 大事
行为	行為	xíngwéi	n.	behavior

运用	運用	yùnyòng	*v.*	to apply
				例：把理论运用到实际中
手段	手段	shǒuduàn	*n.*	means
维护	維護	wéihù	*v.*	to defend, to safeguard
权益	權益	quányì	*n.*	权力和利益
适时	適時	shìshí	*adj.*	at the right moment
援助	援助	yuánzhù	*n.*	support, aid

词语解释

1. 随着…的扩大，   with the expansion of …,

◆ 随着高等教育的规模不断扩大，大学生就业过程中存在性别不平等的现象，女大学毕业生就业难的问题越来越受到社会各界的普遍关注。

1) 随着中国计划生育政策的出台，中国的人口增长将得到很好的控制。

2) 随着男女就业率差距的加大，男女同工同酬变得越来越不可能了。

2. 存在(现象/问题/矛盾/困难)   exist (phenomenon, problem,
                                          contradiction, difficulty)

◆ 在大学生就业过程中存在性别不平等的现象。

1) 中国社会存在着很多问题。

2) 在学中文的过程中存在着很多困难。

3. A 对 B 给予关注＝B 受到 A 的关注   A gives B close attention＝B
                                          is given close attention by A

◆ 女大学毕业生就业难的问题越来越受到社会各界的普遍关注。

1) 中国学龄儿童无学可上的现象受到了社会各界的关注。

2) 希望联合国对此多给予关注。

4. total, 其中 A…, B…   total, in which A…, B…

◆ 2005 年的毕业生将达 338 万，其中女大学生占 44%。

1) 中国有五十六个少数民族，其中，汉族人占百分之九十。

2) 2004 年毕业的大学生有 200 万，其中，女大学毕业生有 50 万。

5. A 低于 B   A is lower than B

◆ 女生签约率明显低于男生 8 个百分点。

1) 中国今年的经济发展速度低于去年。

2) 我的中文水平不低于别的学生。

6. 处于(优势，劣势，…之中，…状态)   to be (in advantage, state
                                          disadvantage, condition)

◆ 女大学毕业生是受过高等教育的劳动力，但在劳动力市场竞争中却相对处于劣势。

1) 在我们的中文班里，很多学生从小就在家跟父母说中文，所以，会说中文的人处于优势，而我却处于劣势。

2) Iraq 的社会处于混乱之中。

7. 具有…(优势，意义，精神，特色)   to have (advantage, meaning,

spirit, characteristics)

◆ 由于一些工作岗位本身的特点，如危重行业，女性本身不适合，使男性更具有竞争优势。

1) 中国经济的改革开放具有深远的历史意义。

2) 中国的女大学生，虽然受过高等教育，可是，在目前激烈的市场竞争中，却不具有很强的优势。

8. 旨在+ purpose   for the purpose of

◆ 国家已经出台的法律、法规和政策，旨在保护我国妇女的劳动就业权利.

1) 鲁迅写了很多文章，旨在批评政府，让老百姓懂得中国社会的危机。

2) 高等院校的课程设置以市场为导向，旨在适应社会的需求。

9. 相当   quite, fairly

A. 相当 + 一部分 noun   many

1) 2004 年的大学毕业生有 280 万, 有 80 万人不能及时就业, 其中, 相当一部分是女大学生。

2) 在我们学校有相当一部分学生不作功课。

B. 在相当程度上   to a large degree

◆ 在相当程度上掩盖了男女生实际就业率差距不太太的假象。

1) 用人单位用不对口的工作机会来安排女大学生, 这在相当程度上掩盖了男女生实际就业路差距的假象。

2) 用人单位雇用女大学生，在相当程度上，会造成企业成本的增加。

C. 相当 + adj.   very

3) 目前，中国女大学生就业相当难。

4) 用人单位招收女职工所造成的企业成本的增长相当大。

10. 将

A. 将达 (number)   to be about to, will

1) 2005 年的毕业生将达 338 万，其中女大学生占 44%。

2) 2004 年仅大学的学生将在 2008 年毕业。

B. 将 A 跟 B 结合起来= 把 A 跟 B 结合起来

1) 在选择专业的时候, 应该将个人愿望与国家需要及就业现实结合起来。

2) 建设现代化一定要将理论跟实际结合起来。

C.将 A 从 total 中分离出来= 把 A 从 total 中分离出来

◆ 改革原有的生育保障制度, 将妇女的生育价值从企业中分离出来。

1) 上化学课的时候,老师教我们如何把氢气 (nitrogen) 从空气中分离出来。

11. 通过 A , 使 B   by meaning of A, make B ....

◆ 通过实行生育保险, 使用人单位对男女劳动能力的评价和用人标准更为合理。

1) 通过签约使职工的合法权益得到保障。

2) 通过加强立法, 出台具有具体操作性的法律法规,使女性有更多平等就业机会。

练习

I. Summary the main ideas of the following paragraph in Chinese.

Starting in ancient times, the Chinese people began to explain the universe in terms of yin and yang. The sky is yang, the earth is yin. Man is yang, woman is yin. Just as the sky is above the earth, so man is above woman. The theory saturated every social aspect of Chinese life - its manners, virtues, customs and culture. For more than 1,000 years, the ideal image of women was that of obedient subordinates, illiterate and stumbling about on tiny feet. Women were linked with causing trouble and were kept out of schools and forbidden from becoming involved in political issues. The coming of the West in the mid-19th century helped greatly in breaking the old practice. The first Chinese to campaign on the slogan "Men and women are equal", was Kang You-wei (1858-1927), the leader of the famous Reformation movement at the end of the Qing Dynasty (1644-1911). But the situation did not change dramatically until Liberation, in 1949, when the country put forward the slogan that "men and women are the same, and the physical disadvantages of women can be conquered". During the "cultural revolution" (1966-76), "Iron women" were to be seen everywhere - women became train drivers, steel workers and construction workers. On the streets, women wore the same-style clothes as men, which were bulky and in monochrome colors of green, blue, grey and black. When China entered the 1980s, politicians and scholars started doubting the rationality of absolute gender equality. Although women's physical disadvantages were accepted, accompanying the dropping of the country's once firm advocacy of the equality of men and women, factories became reluctant to hire women and the prejudice against female workers has been rising in the past two decades.

II. Match each verb to its corresponding nouns (there is only one proper match for each pair).

消除	顾虑/性别歧视/不平等的现象/障碍
加强	政策
纠正	支持/帮助/援助
落实	监督/管理/教育/保障/自身素质/能力的培养
树立	新观念/信心
给予	不良行为/错误

III. Choose the correct answer.

1. 政府的优惠政策使那些专业对口的女大学毕业生在找工作时具有很强的竞争 _____。(优势，优先)

2. 七十年代,为了很好地控制人口,中国的独生子女政策 _____ 了。(制定，出台)

3. 我父母不让我去中国，因为他们怕我生病，怕我不安全。可是，在美国就一定很安全吗？他们真不应该有那么多的 _____。(考虑，顾虑)

4. 去学校的路上，我＿＿＿＿＿了我的老师。(遭遇，遇到)

5. 政府＿＿＿＿＿规定男女同工同酬，可是，用人单位总是在招聘栏里提出在同等条件下男生优先的条款。(明显，明确)

6. 选择专业要考虑市场的需求，学历史就找不到工作，这是一个＿＿＿＿＿问题。(现实，事实)

IV. Based on the text, please answer the following questions with the words provided.

1. 目前中国的女大学生所面临的问题是什么？

(就业，存在，占，其中，劣势，优势，同工同酬，落实，在相当程度上，受到关注)

2. 据作者说造成了这个局面有几方面的原因，请你谈谈这些原因。

(形势，用人单位，精英教育，大众教育，法律规定，旨在，缺乏，导致，市场机制，成本，女性的生理现象)

3. 据作者说这个问题可以从几个方面来解决？

(保险，提供保障，学科规划，课程设置，以为导向，培养新观念，将A跟B结合起来，优惠政策，消除偏见，加强监督和管理，运用法律手段)

V. Translate the following two paragraphs and then write a short essay in which you express your own opinions (for or against).

1. A poll recently conducted by the Women's Federation in the Eastern Coastal province of Jiangsu shows that 80 percent of those polled had encountered sex discrimination in job seeking. A further 34.3 percent complained of repeated job refusals. Many pointed out that they had frequently witnessed use of unfair recruitment terms such as "male graduates only" and "male students enjoy priority in case of equal competence". Some foreign-invested companies disregard the female employees' interests and their labor contracts even include harsh terms such as "no birth for five years". Facing high possibility of unemployment, many female graduates submit to these terms and sign the contracts anyway.

2. Gender discrimination in recruitment is most serious in large stated-owned enterprises (SOEs). A member of staff with a SOE in northeast China explained, "it is just in the nature of the enterprise. In our organization, the work is not just sitting around in offices doing paper work, it is workshop based. Women are simply not suited to the hard physical work required in operating machines together with the lifting and carrying involved. In other words, it is women's own physiological characteristics that restrict their career opportunities." In addition, businesses are concerned about personal safety of their female employees because the work involves frequent business trips.

Thirdly, there is the belief that female recruits may soon get married and neglect their work, as they devote all their energies to caring for family and children.

VI. Composition.

在家庭和工作不能同时照顾的情况下，女性应该选择哪一个?

挡不住的西潮

周质平

自从鸦片战争以来，"洋务"、"西化"这个议题困扰了中国知识分子一百五十多年。在三十年代，所谓"中国本位"与"全盘西化"曾有过激烈的辩论。西化派也好，中体西用派也好，虽然都发表了大量的文章，但谁都不曾说服对方。最近中国大陆提出了"中国特色"四个字，说穿了，依旧是"中国本位"的重新包装。但西化在海峡两岸进行的速度和深度，却绝不是当年西化派的人所能梦见的，更不是"中国特色"这四个字挡得住的。

最近我从北京去了一趟上海，并顺便游览了苏杭。从首都到东南沿海的几个城市，我看见了西方的商品和文化，靠着强大的经济力量，正以惊人的速度渗透到中国人生活中的每个层面。不只是衣、食、住、行各方面有形的改变，更进一步的是电视节目、书报杂志、音乐、运动等等，无一不是急速地走向西化。

我站在上海外滩，向南京路看过去；入夜以后，南京路上的每一盏路灯都是百事可乐或可口可乐的广告，在如林的广告牌中又夹杂着麦当劳和肯德基炸鸡的招牌。饮食是文化中极保守的一个部分，许多来美几十年的同胞，国语可以不说，国服可以不穿，国剧可以不听，国片可以不看，但国食却不可一日或缺。但如今看看海峡两岸的孩子们，从小吃的是汉堡包、炸薯条、炸鸡，喝

擋不住的西潮

周質平

　　自從鴉片戰爭以來，"洋務"、"西化"這個議題困擾了中國知識份子一百五十多年。在三十年代，所謂"中國本位"與"全盤西化"曾有過激烈的辯論。西化派也好，中體西用派也好，雖然都發表了大量的文章，但誰都不曾說服對方。最近中國大陸提出了"中國特色"四個字，說穿了，依舊是"中國本位"的重新包裝。但西化在海峽兩岸進行的速度和深度，卻絕不是當年西化派的人所能夢見的，更不是"中國特色"這四個字擋得住的。

　　最近我從北京去了一趟上海，並順便遊覽了蘇杭。從首都到東南沿海的幾個城市，我看見了西方的商品和文化，靠著強大的經濟力量，正以驚人的速度滲透到中國人生活中的每個層面。不只是衣、食、住、行各方面有形的改變，更進一步的是電視節目、書報雜誌、音樂、運動等等，無一不是急速地走向西化。

　　我站在上海外灘，向南京路看過去；入夜以後，南京路上的每一盞路燈都是百事可樂或可口可樂的廣告，在如林的廣告牌中又夾雜著麥當勞和肯德基炸雞的招牌。飲食是文化中極保守的一個部分，許多來美幾十年的同胞，國語可以不說，國服可以不穿，國劇可以不聽，國片可以不看，但國食卻不可一日或缺。但如今看看海峽兩岸的孩子們，從小吃的是漢堡包、炸薯條、炸雞，喝的是可口可乐、百事可乐、七喜汽水。这些道道地地的美国快餐，已经成了这一代中国孩子们的"最爱"了；倒是牛肉面、水饺、酸辣汤反而带有一些"异国风味"了。

当年留学生到了美国，即使是出身在洋化很深的"买办"家庭，对美国的生活习惯已有了一定的认识或训练，对饮食还免不了要有一番适应。而今这些从小进出麦当劳、肯德基的孩子，到了美国，真是"宾至如归"。不但在饮食上没有任何"水土不服"，甚至连美国棒球明星、摇滚歌手的名字和出身也都如数"家"珍。

当年主张"全盘西化"的学者都有穿长衫、西裤、皮鞋杂配的问题，而今T恤、牛仔裤、运动鞋已成了海峡两岸都市青年的常服。即使是两性之间的关系和中国人最引以自豪的人伦道德，也都在急速地做着调整。

十九世纪的西潮是坐着军舰用大炮送过来的。中国人在接受之余，还不免有受创和受辱的感觉。这次的西潮却是夹在汉堡包里，用可口可乐将它送进了肚子。没有抗拒，没有抱怨，只有无穷的回味。这样从饮食习惯进行改变的彻底西化，离所谓的"全盘"已经不是很远了。

从今天的交通和科技发展来看，电脑网络确实已经把全世界联系成了一个"地球村"。中国人说的"天涯若比邻"已经不是空想，而是实际。在这样的情况下，"中国特色"和"世界特色"是日近一日。在此时，如果还要强调"我们国情不同"，而无视的是可口可樂、百事可樂、七喜汽水。這些道道地地的美國快餐，已經成了這一代中國孩子們的"最愛"了；倒是牛肉面、水餃、酸辣湯反而帶有一些"異國風味"了。

當年留學生到了美國，即使是出身在洋化很深的"買辦"家庭，對美國的生活習慣已有了一定的認識或訓練，對飲食還免不了要有一番適應。而今這些從小進出麥當勞、肯德基的孩子，到了美國，真是"賓至如歸"。不但在飲食上沒有任何"水土不服"，甚至連美國棒球明星、搖滾歌手的名字和出身也都如數"家"珍。

當年主張"全盤西化"的學者都有穿長衫、西褲、皮鞋雜配的問題，而今 T 恤、牛仔褲、運動鞋已成了海峽兩岸都市青年的常服。即使是兩性之間的關係和中國人最引以自豪的人倫道德，也都在急速地做著調整。

十九世紀的西潮是坐著軍艦用大炮送過來的。中國人在接受之餘，還不免有受創和受辱的感覺。這次的西潮卻是夾在漢堡包裹，用可口可樂將它送進了肚子。沒有抗拒，沒有抱怨，只有無窮的回味。這樣從飲食習慣進行改變的徹底西化，離所謂的"全盤"已經不是很遠了。

從今天的交通和科技發展來看，電腦網路確實已經把全世界聯繫成了一個"地球村"。中國人說的"天涯若比鄰"已經不是空想，而是實際。在這樣的情況下，"中國特色"和"世界特色"

于"国际"惯例的存在，那么所有的"国情"或"特色"恐怕不免都是落后、封闭、无知的挡箭牌、遮羞布。

向军舰大炮说"不"是容易的，也是应该的；向"汉堡包"、"可口可乐"说"不"就不那么容易了。向强权说"不"是可佩的，向自由民主说"不"却是可耻的。中国可以说"不"，但得看是向什么说"不"。向该说"不"的说"不"，我们佩服，我们欢喜；向不该说"不"的说"不"，我们愤怒，我们伤心，我们觉得羞耻。

是日近一日。在此時，如果還要強調“我們國情不同”，而無視於“國際”慣例的存在，那麼所有的“國情”或“特色”恐怕不免都是落後、封閉、無知的擋箭牌、遮羞布。

向軍艦大炮說“不”是容易的，也是應該的；向“漢堡包”、“可口可樂”說“不”就不那麼容易了。向強權說“不”是可佩的，向自由民主說“不”卻是可恥的。中國可以說“不”，但得看是向什麼說“不”。向該說“不”的說“不”，我們佩服，我們歡喜；向不該說“不”的說“不”，我們憤怒，我們傷心，我們覺得羞恥。

词汇

挡不住	擋不住	dǎng.búzhù	v-c.	cannot shut out, cannot keep off, cannot prevent
西潮	西潮	xīcháo	n.	Western tide, Western influence
鸦片战争	鴉片戰爭	Yāpiàn zhànzhēng	n.	the Opium war (1840-1842)
洋务	洋務	yángwù	n.	foreign affairs or business
西化	西化	xīhuà	v./n.	westernize; westernization
议题	議題	yìtí	n.	topic for discussion
困扰	困擾	kùnrǎo	v./n.	perplex; puzzle; trouble
知识分子	知識份子	zhī.shífènzǐ	n.	intellectuals
本位	本位	běnwèi	n.	basic unit, standard
全盘	全盤	quánpán	adv./adj.	total, completely, from all perspectives
激烈	激烈	jīliè	adj.	vehement, intense, heated
辩论	辯論	biànlùn	n./v.	debate; to debate
派	派	pài	n.	group; school; faction
说服	說服	shuōfú	v.	convince; persuade
对方	對方	duìfāng	n.	the other side; the other party
特色	特色	tèsè	n.	characteristics, distinguishing feature
说穿了	說穿了	shuō chuānle	v-c.	to put it bluntly, frankly speaking
依旧	依舊	yījiù	adv.	as before, still
重新	重新	chóngxīn	adv.	anew, starting all over again
包装	包裝	bāozhuāng	v./n.	pack, package
海峡两岸	海峽兩岸	hǎixiá liǎng'àn	n.	the two sides of the strait (here: mainland China and Taiwan)
速度	速度	sùdù	n.	speed
深度	深度	shēndù	n.	depth
当年	當年	dāngnián	n.	in those years
梦见	夢見	mèngjiàn	v.	to dream of, to expect
顺便	順便	shùnbiàn	adv.	conveniently, in passing, by the way

游览	遊覽	yóulǎn	*v.*	go sight-seeing, tour, visit
苏杭	蘇杭	SūHáng	*n.*	Suzhou and Hangzhou
首都	首都	shǒudū	*n.*	national capital
沿海	沿海	yánhǎi	*n.*	along the coast
惊人	驚人	jīngrén	*adj.*	amazing, incredible
渗透	滲透	shèntòu	*v.*	to permeate, to penetrate, to soak through
层面	層面	céngmiàn	*n.*	layer, aspect
有形	有形	yǒuxíng	*adj.*	tangible, visible
外滩	外灘	wàitān	*n.*	Waitan, Shanghai's downtown district
入夜	入夜	rùyè	*v.*	night falls
盏	盞	zhǎn	*MW.*	for light, lamp, etc.
百事可乐	百事可樂	Bǎishì kělè	*prop.*	Pepsi Cola
可口可乐	可口可樂	Kekǒukělè	*prop.*	Coca Cola
夹杂	夾雜	jiāzá	*v.*	be mixed up with, be mingled with;例：皱纹间~着伤痕；文白~
肯德基	肯德基	Kěndéjī	*prop.*	Kentucky Fried Chicken
招牌	招牌	zhāopái	*n.*	shop sign, signboard
成分	成分	chéngfèn	*n.*	ingredient
同胞	同胞	tóngbāo	*n.*	compatriot, fellow citizen, fellow countryman
国剧	國劇	guójù	*n.*	national opera; (here) Peking opera
国片	國片	guópiān	*n.*	Chinese movie
不可一日或缺	不可一日或缺	bùkě yírì huò quē		一天也不能缺少
汉堡包	漢堡包	Hànbǎobāo	*n.*	hamburger
炸薯条	炸薯條	zháshǔtiáo	*n.*	French fry
七喜	七喜	Qīxǐ	*prop.*	Seven-Up
道道地地	道道地地	dào.dào dì.dì	*adj.*	genuine, pure, authentic；例：~的普通话/的地方小吃
快餐	速食	kuàicān	*n.*	fast food

酸辣汤	酸辣湯	suānlàtāng	*n.*	hot and sour soup, vinegar-pepper soup
异国风味	異國風味	yìguó fēngwèi	*n.*	exoticism. 异国: foreign country，风味: flavor
买办	買辦	mǎibàn	*n.*	comprador
一番	一番	yìfān	*MW.*	kind, sort; time; 例：别有~滋味；另~天地；思考~
适应	適應	shì.yìng	*v.*	to adjust to, to get accustomed to, to adapt to
宾至如归	賓至如歸	bīnzhì rúguī	*v.*	guests feel at home; 例：这里的服务使人有~的感觉 (idiom)
水土不服	水土不服	shuǐtǔ bùfú	*v.*	be not acclimatized, be unaccustomed to a new environment
棒球	棒球	bàngqiú	*n.*	baseball
明星	明星	míngxīng	*n.*	star (of movie or TV)
摇滚	搖滾	yáogǔn	*n.*	rock-and-roll
歌手	歌手	gēshǒu	*n.*	singer
出身	出身	chūshēn	*n.*	family background, one's previous experience or occupation
如数家珍	如數家珍	rúshǔ jiāzhēn	*v.*	as if enumerating one's family valuables, very familiar with one's subject
长衫	長衫	chángshān	*n.*	long gown (for men)
西裤	西褲	xīkù	*n.*	western style pants
杂配	雜配	zápèi	*v.*	to mix
T 恤	T 恤	tīxù	*n.*	T-shirt
牛仔裤	牛仔褲	niúzǎi kù	*n.*	jeans
两性	兩性	liǎngxìng	*n.*	two sexes, male and female
引以自豪	引以自豪	yǐn yǐ zìháo	*v.*	take a pride in; 例：有一件事他常常~，逢人就讲。
人伦道德	人倫道德	rénlún dàodé	*n.*	human relations, ethical principles of human relations
调整	調整	tiáozhěng	*v.*	adjust, regulate, modulate

军舰	軍艦	jūnjiàn	n.	warship
大炮	大炮	dàpào	n.	cannon
在...之余	在...之餘	zài...zhīyú	prep.	in addition to...
受创	受創	shòuchuàng	v.	to be injured, to be wounded
受辱	受辱	shòurǔ	v.	be insulted, be humiliated
抗拒	抗拒	kàngjù	v.	resist, defy
抱怨	抱怨	bàoyuàn	v.	to complain
无穷	無窮	wúqióng	adj.	endless, boundless, inexhaustible
回味	回味	huíwèi	v.	to call something to mind and ponder over it
彻底	徹底	chèdǐ	adj.	thorough
科技	科技	kējì	n.	science and technology
电脑网络	電腦網絡	diànnǎo wǎngluò	n.	internet
联系	聯繫	lián.xì	v.	to associate, to establish to contact, to get through
地球村	地球村	dìqiú cūn	n.	global village
天涯	天涯	tiānyá	n.	the remotest corner of the earth
比邻	比鄰	bǐlín	adj./ n./v.	next to, near; neighbor
空想	空想	kōngxiǎng	v./n.	pipe dream; vain dream; utopian idea
日近一日	日近一日	rì jìn yírì		一天比一天近
强调	強調	qiángdiào	v.	to emphasize; to stress
国情	國情	guóqíng	n.	special conditions of a nation
无视(于)	無視(於)	wúshì (yú)	v.	defy, ignore, disregard; 例：~国际惯例/道德规范
惯例	慣例	guànlì	n.	convention, usual practice
封闭	封閉	fēngbì	v./adj.	keep oneself closed, to close; isolated
无知	無知	wúzhī	adj.	ignorance, ignorant
挡箭牌	擋箭牌	dǎngjiàn pái	n.	shield, an excuse
遮羞布	遮羞布	zhēxiū bù	n.	(literal) a cloth that covers shame, cover-up

强权	強權	qiángquán	*n.*	power, might
可佩	可佩	kěpèi	*adj.*	admirable
可耻	可恥	kěchǐ	*adj.*	shameful, disgraceful
佩服	佩服	pèi.fú	*v.*	to admire
愤怒	憤怒	fènnù	*v./n.*	(心理动词) indignant, angry; wrath, anger
伤心	傷心	shāngxīn	*adj.*	heartbroken, grieved; sorrowful
羞耻	羞恥	xiūchǐ	*v./n.*	(心理动词) shame; ashamed

词语解释

1. 自从…以来　　　　　　　　　　since…
◆ 自从鸦片战争以来，"洋务"、西化"这个议题困扰了中国的知识分子一百五十多年。
1) 自从工业革命以来，社会的结构随着经济结构的快速改变而产生了激烈的变动。
2) 自从中国参加了世界贸易组织以来，国内的失业问题就更加严重。

2. 所谓　　　　　　　　　　　　　so called…
◆ 在三十年代，所谓"中国本位"与"全盘西化"曾有过激烈的辩论。
1) 所谓"一国两制"，就是在一个国家之内，实行两种不同的政治制度。
2) 平时大家所谓"中文"，其实指的是汉语，不包括其他少数民族语言。

3. A也好，B也好，都…　　　　　whether it be A, or whether it be B, both…
◆ 西化派也好，中体西用派也好，虽然都发表了大量的文章，但谁都不曾说服对方。
1) 麦当劳也好，肯德基也好，都是大众化的快餐，并不是什么高级享受。
2) 你喜欢也好，不喜欢也好，西化是一种难以避免的趋势。

4. 说穿了　　　　　　　　　　　　to put it bluntly; frankly speaking
◆ 最近中国大陆提出了"中国特色"四个字，说穿了，依旧是"中国本位"的重新包装。
1) 她说她问别人私事是因为关心他们，说穿了，还是因为她好管闲事。
2) 有人认为所谓的现代化，说穿了，就是西化。

5. 绝不是…，更不是…　　　　　　definitely not…, far less…
◆ 西化在海峡两岸进行的速度和深度，绝不是当年西化派的人所能梦见的，更不是"中国特色"这四个字挡得住的。
1) 现代化绝不只是引进外国的先进技术，更不是建几家新的工厂。
2) 民主"绝不是靠几个选举就能达到的，更不是喊几句口号就能完成的。

6. 以…的速度　　　　　　　　　　at the speed of
◆ 我目睹了西方的商品和文化正以惊人的速度渗透到中国人生活中的每个层面。

1) 他以每小时70 里的速度在高速公路上开车。

2) 中国的人口以每年千分之五的速度增加。

7. 更进一步　　　　　　　　　　　　　　　　to go further; to go one step further

◆ 西方的商品和文化，正以惊人的速度渗透到中国人生活中的每个层面。
不只是衣、食、住、行各方面，更进一步的是电视节目、书报杂志、音乐、运动等等，　无一不是急速地走向西化。

1) 我除了学习中国语言以外，也想更进一步了解中国的文化。

2) 他的研究不只是社会现象，而是更进一步深入研究这些现象产生的种种原因。

8. 无一不 V.　　　　　　　　　　　　　there is none of…that is not…

◆ 电视节目、书报杂志、音乐、运动等等，无一不是急速地走向西 化。

1) 在这个国家里，政府的权利很大，人民的衣食住行各个方面无一不在政府的控制之下。

2) 这儿的农村相当保守，从生活习惯到人际关系，无一不具有传统社会的特色。

9. 不可一日或缺　　　　　　　　　　there cannot be a single day when A is
　　　　　　　　　　　　　　　　　　　　lacking

◆ 国剧可以不听，国片可以不看，　但国食却不可一日或缺。

1) 对现代人来说，　电脑几乎是不可一日或缺的东西。

2) 水似乎处处都有，毫不稀奇，却是不可一日或缺的。

10. 倒是… 反而…　　　　　　　　　　rather, it is… that instead…

◆ 这些美国快餐，已经成了这一代中国孩子们的"最爱"；倒是牛肉面、水饺、酸辣汤反而带有一些"异国风味"了。

1) 国内的人西化得很，倒是从国外回去的人反而更热爱传统的东西。

2) 真奇怪，他学了三年英文还是说不好，倒是他太太只学了半年，反而能跟外国朋友聊天了。

11. 即使… ，免不了…　　　　　　　even …, it is unavoidable that…

◆ 即使是出身在洋化很深的"买办"家庭，对美国的生活习惯已有了一定的认识或训练，　对饮食还免不了要有一番适应。

1) 新移民到了美国，　即使有很好的心理准备，还免不了有不能适应的方面。

2) 要学的生词那么多，即使你非常努力，还免不了忘记几个。

12. 不但… ，甚至连… 也…　　　　　not only…, even…

◆ 不但在饮食上没有任何"水土不服"，甚至连美国棒球明星、摇滚歌手的名字和出身也都如数"家"珍。

1) 他不但对朋友不好， 甚至连他自己的太太也经常打骂。

2) 这些年轻人只追求物质享受， 不但对历史毫无兴趣， 甚至对时事也毫不关心。

13. 在… 之余　　　　　　　　在…的同时…

◆ 中国人在接受之余，还不免有受创和受辱的感觉。

1) 这次的实验成功了，我们在高兴之余, 也应该计划计划下一步要怎么做。

2) 妇女运动达到了今天的成就，我们在庆贺之余，必须认真的想一想怎么继续推动这个运动。

练习

I. Make a new sentence, using the underlined expressions.
1. <u>自从</u>鸦片战争<u>以来</u>，"洋务"、"西化"这个议题困扰了中国的知识分子一百五十多年。
2. 最近中国大陆提出了"中国特色"四个字，<u>说穿了</u>，依旧是"中国本位"的重新包装。
3. 西化在海峡两岸进行的速度和深度，<u>绝不是</u>当年西化派的人所能梦见的，<u>更不是</u>"中国特色"这四个字挡得住的。
4. 这些美国快餐，已经成了这一代中国孩子们的"最爱"；<u>倒是</u>牛肉面、水饺、酸辣汤<u>反而</u>带有一些"异国风味"了。
5. 十九世纪的西潮是坐着军舰大炮送过来的，中国人<u>在</u>接受<u>之余</u>，还不免有受创和受辱的感觉。

II. Choose the word or phrase that is closest to the meaning of the underlined word or phrase in the sentence.
1. 电脑在现代人的<u>日常生活中几乎成了不能缺少</u>的东西了。
　　a.不可避免　　b.不可一日或缺　　c.如数家珍
2. 刚到美国的时候，我觉得<u>生活很不习惯</u>。
　　a.宾至如归　　b.中体西用　　c.水土不服
3. 这次实验虽然失败了，可是<u>在失望之余</u>，我也总结了一些经验。
　　a.在失望的同时　　b.同时失望　　c.即使失望

III. Expand and rearrange the following groups of words into coherent sentences.
1. 议题/困扰/激烈/辩论/说服/对方
2. 特色/惊人/速度/游览
3. 道道地地/快餐/异国风味/宾至如归
4. 明星/出身/歌手/引以自豪
5. 佩服/愤怒/伤心/羞耻

IV. Topics for discussion and compositions.
1. 你认为有没有建设"中国特色"的现代化的必要和可能？在你所能想到的"中国特色"的事物中，你认为哪些是值得保留的，哪些是应该放弃的？
2. 在当今世界上，"西化"这个词，在很大意义上相当于"美国化"，这种现象给世界带来的影响是正面(positive)的多还是负面(negative)的比较多？

3. 在现代的美国社会，有没有什么正在形成 的潮流或趋势？它的原因是什么？有哪些影响？ 有人说所谓"西潮"实际上是一种"文化侵略"，你同意吗？

孩子，你是我亲生的吗？

喻淑琴

"喂，是司法物证鉴定中心吗？请问亲子鉴定应注意什么事项？要准备哪些东西？费用是多少？"今年以来，在中国很多地方的亲子鉴定机构，这样的咨询电话很多，实际来鉴定的人也为数不少。

南京，江苏省人民医院亲子鉴定中心，春节后头几个工作日，接待了近20个要求做亲子鉴定的家庭，这几乎是往年两个月的工作量；西安，交通大学医学院法医学系，仅今年3月份，就接受个人委托亲子鉴定10多例；河南省人民医院遗传研究所，现在每月要做 20 多起亲子鉴定，前几年的业务量跟现在"简直是没法比"；广州市第二医院，开展亲子鉴定才3年，80多例委托鉴定中有60多例出现在今年。亲子鉴定，一向只为特定人群所熟悉，近来却不声不响地在普通百姓中"红火"起来。

北京华大司法物证鉴定中心主任邓亚军介绍，目前要求做亲子鉴定者大致可分为三种情况：一是丈夫怀疑妻子不忠，二是女方为了证明自己的"名节"，三是父母怀疑医院抱错婴儿或未婚妈妈为私生子确定生父等。这些在过去纠缠不清、无从判断的难题，通过亲子鉴定技术便可立刻得到答案。

"来做亲子鉴定的人群中，大多数都是男人。"邓亚军主任

孩子，你是我親生的嗎？

喻淑琴

"喂，是司法物證鑑定中心嗎？請問親子鑑定應注意什麼事項？要準備哪些東西？費用是多少？"今年以來，在中國很多地方的親子鑑定機構，這樣的諮詢電話很多，實際來鑑定的人也為數不少。

南京，江蘇省人民醫院親子鑑定中心，春節後頭幾個工作日，接待了近20個要求做親子鑑定的家庭，這幾乎是往年兩個月的工作量；西安，交通大學醫學院法醫學系，僅今年3月份，就接受個人委託親子鑑定10多例；河南省人民醫院遺傳研究所，現在每月要做20多起親子鑑定，前幾年的業務量跟現在"簡直是沒法比"；廣州市第二醫院，開展親子鑑定才3年，80多例委託鑑定中有60多例出現在今年。親子鑑定，一向只為特定人群所熟悉，近來卻不聲不響地在普通百姓中"紅火"起來。

北京華大司法物證鑑定中心主任鄧亞軍介紹，目前要求做親子鑑定者大致可分為三種情況：一是丈夫懷疑妻子不忠，二是女方為了證明自己的"名節"，三是父母懷疑醫院抱錯嬰兒或未婚媽媽為私生子確定生父等。這些在過去糾纏不清、無從判斷的難題，通過親子鑑定技術便可立刻得到答案。

"來做親子鑑定的人群中，大多數都是男人。"鄧亞軍主任用肯定的语气告诉笔者，"父亲带着孩子的案例明显增多成为亲子鉴定行业的新特点。"

"我身高才1米7，他妈妈1米6不到，可儿子却长到了1米8多，你说奇怪不奇怪?"为这，孙先生从200多里外的门头沟特意赶到了北京华大亲子鉴定中心。

"我曾试探着跟老婆说出自己的顾虑，老婆和我大吵了一场，本来和睦的家庭冷淡多了。我以后也就再也不敢提了。"

"现在儿子已经20岁了，这1米8的身高更让我疑虑丛生了。我现在脑子里整天都在想儿子到底是不是我的。我害怕做鉴定，即使鉴定结果证明儿子是我亲生的，老婆也不会容忍我的猜疑的，不仅会毁了我们20多年的家，也伤害了儿子。可是，对我来说，一天不鉴定，我就一天不踏实，这个20年的心病真快把我憋疯了!"孙先生走进鉴定中心，心里还在一个劲地犹豫着。

后来，鉴定中心工作人员亲自到孙先生家，做通了他老婆的工作，为3口人分别采集了血样。结果出来了，儿子就是孙先生的亲生儿子。拿着鉴定结果，一家3口抱在一起痛哭。

为了弄清孩子是否为自己亲生的，从普通农民到工薪阶层，从高级知识分子到富翁，各个阶层的人乐此不疲。有的是和老婆孩子一起来，有的偷偷带着孩子来，有的则只带孩子的头发、血液等自己一个人来。

在这些私人委托中，60%以上是为了鉴定孩子是否为自己亲用肯定的語氣告訴筆者，"父親帶著孩子的案例明顯增多成為親子鑑定行業的新特點。"

"我身高才 1 米 7，他媽媽 1 米 6 不到，可兒子卻長到了 1 米 8 多，你說奇怪不奇怪？"為這，孫先生從 200 多哩外的門頭溝特意趕到了北京華大親子鑑定中心。

"我曾試探著跟老婆說出自己的顧慮，老婆和我大吵了一場，本來和睦的家庭冷淡多了。我以後也就再也不敢提了。"

"現在兒子已經 20 歲了，這 1 米 8 的身高更讓我疑慮叢生了。我現在腦子裏整天都在想兒子到底是不是我的。我害怕做鑑定，即使鑑定結果證明兒子是我親生的，老婆也不會容忍我的猜疑的，不僅會毀了我們 20 多年的家，也傷害了兒子。可是，對我來說，一天不鑑定，我就一天不踏實，這個 20 年的心病真快把我憋瘋了！"孫先生走進鑑定中心，心裏還在一個勁地猶豫著。

後來，鑑定中心工作人員親自到孫先生家，做通了他老婆的工作，為 3 口人分別採集了血樣。結果出來了，兒子就是孫先生的親生兒子。拿著鑑定結果，一家 3 口抱在一起痛哭。

為了弄清孩子是否為自己親生的，從普通農民到工薪階層，從高級知識份子到富翁，各個階層的人樂此不疲。有的是和老婆孩子一起來，有的偷偷帶著孩子來，有的則只帶孩子的頭髮、血液等自己一個人來。

在這些私人委託中，60%以上是為了鑑定孩子是否為自己親生的。

一位前来做鉴定的父亲曾这样告诉工作人员："从怀孕到出生，孩子都是在他妈妈的肚子里，做为男人又怎么能证明那孩子就是自己的呢? 我来鉴定就是为了得到我作为父亲的'知情权'。"听到这位父亲如此解释，就不难理解男人占多数的原因了。

然而，从最终鉴定的结果统计，90%的孩子确实为他们自己亲生。如此巨大反差，让越来越多的人不得不承认，"信任"二字，已成为一些家庭中最脆弱的纽带。

据有关人士称，鉴定结果出来后，无非三种场面：妈妈嚎啕大哭、爸爸不断道歉的，孩子一定是自己亲生的；若爸爸摔门而去，妈妈默不作声，那孩子的亲爸爸肯定另有其人；还有不少男人偷偷瞒着妻子带着孩子做鉴定，然后又不声不响回家，他们做鉴定的目的，并不是要和老婆理论，只不过是为了自己弄个明白。

外遇、试婚、一夜情……现代社会男女关系的种种形态，人们的婚姻关系空前脆弱，也使人们对忠贞的信心空前降低。亲子鉴定则衍生成了校验忠贞与信任的标尺。

社会学家们认为，"普遍的信任缺失导致'亲子嫌疑症'泛滥。市场经济发展造就了一个诚信缺失的'市场社会'，银行有坏账、商品有假冒伪劣、婚姻有亲子嫌疑，这是整个社会缺乏诚信的一种表现形式。这是整个社会诚信缺失的结果。"

"这孩子不像你嘛!"一句诸如此类的玩笑话，往往让父亲生的。

一位前來做鑑定的父親曾這樣告訴工作人員：“從懷孕到出生，孩子都是在他媽媽的肚子裏，做為男人又怎麼能證明那孩子就是自己的呢？我來鑑定就是為了得到我作為父親的‘知情權’。”聽到這位父親如此解釋，就不難理解男人佔多數的原因了。

然而，從最終鑑定的結果統計，90%的孩子確實為他們自己親生。如此巨大反差，讓越來越多的人不得不承認，“信任”二字，已成為一些家庭中最脆弱的紐帶。

據有關人士稱，鑑定結果出來後，無非三種場面：媽媽嚎啕大哭、爸爸不斷道歉的，孩子一定是自己親生的；若爸爸摔門而去，媽媽默不作聲，那孩子的親爸爸肯定另有其人；還有不少男人偷偷瞞著妻子帶著孩子做鑑定，然後又不聲不響回家，他們做鑑定的目的，並不是要和老婆理論，只不過是為了自己弄個明白。

外遇、試婚、一夜情……現代社會男女關係的種種形態，人們的婚姻關係空前脆弱，也使人們對忠貞的信心空前降低。親子鑑定則衍生成了校驗忠貞與信任的標尺。

社會學家們認為，“普遍的信任缺失導致‘親子嫌疑症’氾濫。市場經濟發展造就了一個誠信缺失的‘市場社會’，銀行有壞賬、商品有假冒偽劣、婚姻有親子嫌疑，這是整個社會缺乏誠信的一種表現形式。這是整個社會誠信缺失的結果。”

“這孩子不像你嘛！”一句諸如此類的玩笑話，往往讓父親疑虑顿生。而亲子鉴定却能在短时间内去除心病，让结果大白于天下。但是这种鉴定的结果却也在无形中伤害了许多人的感情。

曾有一对夫妻带着孩子来华大中心做鉴定，孩子的爷爷奶奶闻讯后也急匆匆赶了过来，那孩子刚开始一直笑嘻嘻地看着爸爸妈妈，爷爷奶奶也使劲拉着孩子的手，生怕一松手孩子就飞了。可后来看到不停抹泪的妈妈和铁青着脸的爸爸，聪明的孩子似乎猜到了什么，便一声不吭地站在妈妈身旁，从此没再笑过。鉴定中心的工作人员回忆说："我想这样的鉴定对孩子来说一定是一种伤害。"

"'人非圣贤，孰能无过。'在知晓了一些真相后，当事人的确满足了知情权，但往往一个亲子鉴定就会导致婚姻破裂、家庭不和的严重后果。相互信任恰恰是家庭存在的重要基础。现在社会上又出现了一种用来测试丈夫忠不忠的测谎机，如果每个家庭成员都是今天你怀疑我，去做亲子鉴定；明天我不相信你，用测谎机测试一下，那么这个婚姻就没有意义再存在下去了。"在北京师范大学任教的黄老师说。

毋庸置疑，亲子鉴定是一把"双刃剑"，一方面能解决很多麻烦，另一方面也会引发一系列的家庭、婚姻问题。到底应如何来度量婚姻，相当多的丈夫妻子们仍然在亲子鉴定的门槛前徘徊着。

2004 年 9 月 24 日《人民日报》

疑慮頓生。而親子鑑定卻能在短時間內去除心病，讓結果大白於天下。但是這種鑑定的結果卻也在無形中傷害了許多人的感情。

曾有一對夫妻帶著孩子來華大中心做鑑定，孩子的爺爺奶奶聞訊後也急匆匆趕了過來，那孩子剛開始一直笑嘻嘻地看著爸爸媽媽，爺爺奶奶也使勁拉著孩子的手，生怕一鬆手孩子就飛了。可後來看到不停抹淚的媽媽和鐵青著臉的爸爸，聰明的孩子似乎猜到了什麼，便一聲不吭地站在媽媽身旁，從此沒再笑過。鑑定中心的工作人員回憶說：“我想這樣的鑑定對孩子來說一定是一種傷害。”

“‘人非聖賢，孰能無過。’在知曉了一些真相後，當事人的確滿足了知情權，但往往一個親子鑑定就會導致婚姻破裂、家庭不和的嚴重後果。相互信任恰恰是家庭存在的重要基礎。現在社會上又出現了一種用來測試丈夫忠不忠的測謊機，如果每個家庭成員都是今天你懷疑我，去做親子鑑定；明天我不相信你，用測謊機測試一下，那麼這個婚姻就沒有意義再存在下去了。”在北京師範大學任教的黃老師說。

毋庸置疑，親子鑑定是一把“雙刃劍”，一方面能解決很多麻煩，另一方面也會引發一系列的家庭、婚姻問題。到底應如何來度量婚姻，相當多的丈夫妻子們仍然在“親子鑑定”的門檻前徘徊著。

2004 年 9 月 24 日《人民日报》

词汇

亲生	親生	qīnshēng	adj.	biological (offspring, parent, sibling)例:~父母/子女/姐姐
喂	喂	wéi	v.	hello(answer the telephone)
司法	司法	sīfǎ	adj.	judicial 例:~单位/部/界/检查
物证	物證	wùzhèng	n.	material evidence
鉴定中心	鑑定中心	jiàndìng zhōngxīn	n.	鉴定: appraise, authenticate, 中心: center
事项	事項	shìxiàng	n.	item, individual matter
费用	費用	fèiyòng	n.	expense, cost
机构	機構	jīgòu	n.	organization 例:鉴定/咨询/管理~
咨询	咨詢	zīxún	v./n.	to consult, to inquire; counsel
实际	實際	shíjì	adv.	in fact, actually
为数不少	為數不少	wéishùbùshǎo	adv.	not a few, quite a few 例: 虽然吸烟对身体有害，但喜欢吸烟的人仍然为数不少。
南京	南京	Nánjīng	n.	city name
江苏省	江蘇省	Jiāngsū shěng	n.	Jiangsu Province
医院	醫院	yīyuàn	n.	hospital
亲子	親子	qīnzǐ	n.	parent and children
春节	春節	chūnjié	n.	Chinese new year
工作日	工作日	gōngzuòrì	n.	working day
接待	接待	jiēdài	v./n.	to receive (guests), reception
例	例	lì	MW	measure word for case 例: 今年有十多例亲子鉴定案子。

往年	往年	wǎngnián	*n.*	former years
工作量	工作量	gōngzuòliàng	*n.*	workload ~量，例:活动/运动/吸烟~
西安	西安	Xī'an	*n.*	place name
交通大学	交通大學	Jiāotōngdàxué	*n.*	Jiaotong University
医学院	醫學院	yīxuéyuàn	*n.*	medical school
法医学系	法醫學系	fǎyīxuéxì	*n.*	法医学: forensic medicine, 系: department (of university)
月份	月份	yuèfèn	*n.*	month
委托	委托	wěituō	*v.*	to entrust, to trust
河南省	河南省	Hé'nánshěng	*n.*	Henan Province
遗传	遺傳	yíchuán	*n./v.*	genetics, generic; to pass on to the next generation 例: 这种病会遗传给下一代。
业务量	業務量	yèwùliàng	*n.*	volume or amount of commercial trade
没法比	沒法比	méifǎbǐ	*v.*	incomparable 例: 其它城市的发展和北京根本没法比。
广州市	廣州市	Guǎngzhōushì	*n.*	Guangzhou city
开展	開展	kāizhǎn	*v.*	to lunch, to initiate
特定	特定	tèdìng	*adj.*	specific, specified 例:~行业/族群/功能
人群	人群	rénqún	*n.*	people, the masses
熟悉	熟悉	shúxī	*v.*	to be familiar with, to know something well
不声不响	不聲不響	bùshēng bùxiǎng	*adv.*	quietly 声,响: to make sound 例:他不声不响地离开了家乡。
百姓	百姓	bǎixìng	*n.*	people
红火	紅火	hóng.huo	*adj.*	(business, industry) prosperous 例:亲子鉴定最近在北京红火起来了。

华大	華大	Húadà	*n.*	company name (a DNA diagnostics Center in Beijing)
主任	主任	zhǔrèn	*n.*	chair or director of an office or institution
邓亚军	鄧亞軍	DèngYàjūn	*n.*	person name
大致	大致	dàzhì	*adv.*	generally
分为	分為	fēnwéi	*v.*	be divided by
怀疑	懷疑	huáiyí	*v.*	to doubt, be skeptical
不忠	不忠	bùzhōng	*adj.*	disloyal, unfaithful
女方	女方	nǚfāng	*n.*	wife's side
名节	名節	míngjié	*n.*	reputation for being loyal or chaste
婴儿	嬰兒	yīng'ér	*n.*	infant, baby
未婚	未婚	wèihūn	*adj.*	unmarried 例:~男女/夫/妻
私生子	私生子	sīshēngzǐ	*n.*	illegitimate child
确定	確定	quèdìng	*v.*	to confirm, to verify
生父	生父	shēngfù	*n.*	biological father
纠缠不清	糾纏不清	jiūchán bùqīng		to be too tangled up to unravel 例:~的关系/难题
无从	無從	wúcóng		have no way (of doing something), not be in a position (to do something)
判断	判斷	pànduàn	*v.*	to judge 例:这个难题实在太复杂了，让人无从判断。
难题	難題	nántí	*n.*	difficult (point, task)
技术	技術	jìshù	*n.*	technology
答案	答案	dá'àn	*n.*	answer
肯定	肯定	kěndìng	*adj.*	affirmative, positive, 例:~的语气/答案
语气	語氣	yǔqì	*n.*	tone, manner of speaking
笔者	筆者	bǐzhě	*n.*	the author (only refers to the author himself or herself)

案例	案例	ànlì	*n.*	example of a case
身高	身高	shēn'gāo	*n.*	height (of a person)
米	米	mǐ	*n.*	meter
长到	長到	zhǎngdào	*v.*	to grow (height) 例:~五米高
为这	為這	wèizhè		为: for, 这: this
孙	孫	Sūn	*n.*	Chinese surname
里	里	lǐ	*n.*	mile
门头沟	門頭溝	Méntóugōu	*n.*	place name
特意	特意	tèyì	*adv.*	purposely, specially
赶到	趕到	gǎndào	*v.*	hurry to (a place)
试探	試探	shìtàn	*adv.*	attempt to ask (cautiously)
顾虑	顧慮	gùlǜ	*n.*	concern
大吵一场	大吵一場	dàchǎo yìchǎng	*v.*	have a big quarrel with sb. 例:为了一点小事，他跟妻子大吵一场。
和睦	和睦	hémù	*adj.*	harmonious, (live in) harmony
冷淡	冷淡	lěngdàn	*adj.*	(attitude) cold, indifferent 例:结婚以后，丈夫对我特别冷淡。
敢	敢	gǎn	*v.*	dare to, have courage to
提	提	tí	*v.*	to mention, to bring up 例:~意见/一件事，不敢/不愿意~
疑虑	疑慮	yílǜ	*n.*	suspicion; doubt 例:我对这件事还有疑虑。
丛生	叢生	cóngshēng	*v.*	grow thickly(of plants), (here) be full of (suspicion, problems) 例: 疑虑/问题/危害~。
容忍	容忍	róngrěn	*v.*	to tolerate, to condone
猜疑	猜疑	cāiyí	*n./v.*	be suspicious, have misgivings 例:我实在无

法容忍妻子对我的猜疑。

毁	毁	huǐ	*v.*	to ruin (life, career, future etc.) 例：~了他的生活/名誉/未来/工作/家庭/房子。
踏实	踏實	tā.shi	*adj.*	at ease 例：觉得/心里~。
心病	心病	xīnbìng	*n.*	worry, anxiety
憋疯	憋瘋	biēfēng	*v.*	cannot hold angry or secret any longer and feel despaired
一个劲地	一個勁地	yígejìnde	*adv.*	doggedly, stubbornly persevering
犹豫	猶豫	yóuyù	*v.* /*adj.*	to hesitate; be hesitant 例：觉得/感到~
亲自	親自	qīnzì	*adv.*	personally, in person 例：你得亲自到中国去看看才能了解当地的生活。
做通	做通	zuòtōng	*v.*	get (job, plan) done 例：~工作/计划。
分别	分別	fēnbié	*adv.*	separately, respectively
采集	採集	cǎijí	*v.*	to collect, to put together 例：~数据/样本/信息/血样
血样	血樣	xuèyàng	*n.*	blood sample 样=样本, sample
痛哭	痛哭	tòngkū	*v.*	to cry one's heart out
弄清	弄清	nòngqīng	*v.*	to make clear , to clarify
工薪	工薪	gōngxīn	*n.*	wage 工薪阶层: working class
富翁	富翁	fùwēng	*n.*	man of wealth
乐此不疲	樂此不疲	lècǐbùpí	*adv.*	never be bored with 例：他对这个单调的工作竟然乐此不疲。
偷偷	偷偷	tōutōu	*adv.*	stealthily, secretly
头发	頭髮	tóufà	*n.*	hair

血液	血液	xuèyè	*n.*	blood
前来	前來	qiánlái	*v.*	come (written usage)
怀孕	懷孕	huáiyùn	*v.*	be pregnant
作为	作為	zuòwéi	*v.*	as 例:~父亲/中国人/例子
知情权	知情權	zhīqíngquán	*n.*	the right to know the facts of a case
如此解释	如此解釋	rúcǐ jiěshì	*v.*	解释: explain, 如此: like this, such
理解	理解	lǐjiě	*v.*	to realize, to understand
最终	最終	zuìzhōng	*adv.*	eventually, finally
为	為	wéi	*v.*	(here) is
巨大	巨大	jùdà	*adj.*	huge, gigantic
反差	反差	fǎnchā	*n.*	contrast 例:比赛结果和我预期的有很大的反差。
信任	信任	xìnrèn	*n.*	trust 例:缺乏/缺少/失去~
脆弱	脆弱	cuìruò	*adj.*	fragile, weak 例:~的关系/感情/心灵
纽带	紐帶	niǔdài	*n.*	link, tie, bond
有关人士	有關人士	yǒuguān rénshì	*n.*	the people concerned 有关: relevant, 人士: people
称	稱	chēng	*v.*	say, state
无非	無非	wúfēi	*adv.*	nothing but, simply 例:学习中文无非是想要多了解一点中国文化。
场面	場面	chǎngmiàn	*n.*	scene, spectacle
嚎啕大哭	嚎啕大哭	háotáodàkū	*v.*	cry one's eyes/heart out
道歉	道歉	dàoqiàn	*v./n.*	apologize; apology 例:你早就应该跟我道歉了，现在我不可能接受你的道歉。
摔门而去	摔門而去	shuāimén'érqù		to slap the door and go out

默不作声	默不作聲	mòbú zuòshēng		to keep silent
另有其人	另有其人	lìngyǒu qírén		it must be somebody else 例：我相信他不会做坏事，杀人犯一定另有其人。
瞒	瞒	mán	v.	to hide truth from, deceive 例:丈夫瞒着妻子自己有外遇的事。
目的	目的	mùdì	n.	purpose, goal 例:学习的目的是为了增加知识。
理论	理論	lǐlùn	n.	theory
弄个明白	弄個明白	nòngge míng.bái	v.	figure out, get clear 例:我一定要把这件事情弄个明白。
外遇	外遇	wàiyù	v.	have an extra-marital affair 例:有/发生~
试婚	試婚	shìhūn	v.	"test marriage", premarital cohabitation 试: to try, to experiment
一夜情	一夜情	yíyèqíng	n.	one night stand
形态	形態	xíngtài	n.	situation
空前	空前	kōngqián	adj.	unprecedented 例:~的危机/脆弱/成功
忠贞	忠貞	zhōngzhēn	n.	loyalty
衍生	衍生	yǎnshēng	v.	derive
校验	校驗	jiàoyàn	v.	to verify, to inspect, to check 例:~忠贞/诚信
标尺	標尺	biāochǐ	n.	standard 标=标准 尺=ruler
社会学家	社會學家	shèhuìxuéjiā	n.	sociologist
信任	信任	xìnrèn	n./v.	trust; to have confidence in
缺失	缺失	quēshī	n.	deficiency, lack
嫌疑症	嫌疑症	xiányízhèng	n.	嫌疑: suspicion, 症: syndrome

造就	造就	zàojiù	*v.*	create, bring about
诚信	誠信	chéngxìn	*n.*	sincerity and honesty 诚=诚实 信=信任
坏账	壞賬	huàizhàng	*n.*	bad debt
商品	商品	shāngpǐn	*n.*	commodity, goods, merchandise
假冒	假冒	jiǎmào	*v./* *adj.*	to pass for (the genuine), to pose as, counterfeit 例:~商品/产品/名牌 例:16岁的孩子假冒富翁到处骗人。
伪劣	偽劣	wěiliè	*adj.*	伪: false, 劣: inferior
像	像	xiàng	*v.*	resemble, look like
诸如此类	諸如此類	zhūrú cǐlèi		such like, and so on
疑虑顿生	疑慮頓生	yílǜdùnshēng	*v.*	suddenly grow suspicion 疑虑: suspicion, 顿: suddenly, 生: to grow
短时间	短時間	duǎnshíjiān	*adv.*	in a very short time
去除	去除	qùchú	*v.*	dispel (doubt, bad thought), drive away, eliminate
大白于天下	大白於天下	dàbáiyú tiānxià	*ph.*	(said of truth) to come out to the open 例:让真相大白于天下。
无形中	無形中	wúxíngzhōng	*adv.*	imperceptibly, unknowingly 例:经济发展无形中对环境造成了很大的伤害。
闻讯	聞訊	wénxùn	*v.-o.*	get the news
笑嘻嘻	笑嘻嘻	xiàoxīxī	*adj.*	smilingly 例:~地说/看/表示/宣布
爷爷	爺爺	yéye	*n.*	grandpa
奶奶	奶奶	nǎinai	*n.*	grandma
使劲	使勁	shǐjìn	*adv.*	exert all one's strength 例:~推/拉/跑
拉	拉	lā	*v.*	to hold (hands), to drag
生怕	生怕	shēngpà	*adv.*	fear that 例:父亲生怕孩子

				不是自己亲生的。
松手	鬆手	sōngshǒu	*v.*	to loosen one's grip, leg go
飞	飛	fēi	*v.*	to fly, (here) to disappear
抹泪	抹淚	mǒlèi	*v.-o.*	wipe tears
铁青着脸	鐵青著臉	tiěqīngzheliǎn	*adj.*	to ashen with agitation, livid, extremely angry 例：知道了事情的真相以后，他铁青着脸，一句话也不说。
聪明	聰明	cōngming	*adj.*	smart
猜	猜	cāi	*v.*	to guess
一声不吭	一聲不吭	yìshēng bùkēng	*adj.*	not say a word 例：知道事情的真相以后，他一声不吭地走了。
身旁	身旁	shēnpáng	*n.*	one's side 例：站在/坐在他~
从此	從此	cóngcǐ	*adv.*	from this moment on, henceforth
回忆	回憶	huíyì	*v./n.*	to recall, recollect; memory
伤害	傷害	shānghài	*n.*	injure, harm
人非圣贤 孰能无过	人非聖賢 孰能無過	rénfēi shèngxiánshú néngwúguò	*ph.*	to err is human 非=不是. 圣贤: sages and virtuous man, 孰: who, 无过: not make any errors.
知晓	知曉	zhīxiǎo	*v.*	to know, to understand
真相	真相	zhēnxiàng	*n.*	truth
破裂	破裂	pòliè	*v.*	(relationship, marriage) broken, to split, to break 例：感情/关系~
不和	不和	bùhé	*adj.*	not get along very well
相互	相互	xiānghù		each other 例：~信任/了解/合作
恰恰	恰恰	qiàqià	*adv.*	exactly, coincidentally
存在	存在	cúnzài	*v./n.*	exist; existence

基础	基礎	jīchǔ	*n.*	base, foundation
测试	測試	cèshì	*v./n.*	to test; test
忠	忠	zhōng	*v.*	be loyal
测谎机	測謊機	cèhuǎngjī	*n.*	lie detector
任教	任教	rènjiào	*v.*	hold a teaching position 例:母亲在一所大学任教。
黄	黃	Huáng	*n.*	Chinese surname
毋庸置疑	毋庸置疑	wúyōng zhìyí		without a doubt, doubtless 例:改革开放对中国做出的贡献是毋庸置疑的。
一连串	一連串	yìliánchuàn	*adj.*	a series of 例:~问题/不幸/灾难
度量	度量	dùliáng	*v.*	to measure, to judge
门槛	門檻	ménkǎn	*n.*	threshold
徘徊	徘徊	páihuái	*v.*	pace back and forth , hesitate 例:在~徘徊

词语解释

1. 为数不少　　　　　　　　not a few; quite a few
◆ 今年以来，在中国的亲子鉴定机构，这样的咨询电话很多，实际来鉴定的人也为数不少。
1) 去年参加毕业典礼的家长很多，今年来参加的也为数不少。
2) 喜欢在商店购物的人很多，但喜欢网络购物的人也为数不少。

2. 仅…就…　　　　　　　　only…
◆ 西安，交通大学医学院法医学系，仅今年3月份，就接受个人委托亲子鉴定10多例。
1) 这款手机卖得很红火，仅一个月就卖出了1万部。
2) 这个城市的离婚率非常高，仅上个月就有120对夫妻离婚。

3. 简直没法比　　　　　　　A is incomparable with B
◆ 河南省人民医院遗传研究所，现在每月要做20多起亲子鉴定，前几年的业务量跟现在"简直是没法比"。
1) 北京的物价水平跟纽约的简直没法比。
2) 农村的交通建设跟城市的简直没法比。

4. 一向…　　　　　　　　always
◆ 亲子鉴定，一向只为特定人群所熟悉，近来却不声不响地在普通百姓中"红火"起来。
1) 由于战争的关系，一向稳定的石油价格，近来呈现上升的趋势。
2) 受到广告宣传的影响，一向爱抽烟的父亲，近来却开始戒烟。

5. 大致　　　　　　　　　approximately, generally
◆ 目前要求做亲子鉴定者大致可分为三种情况。
1) 研究指出，中国的经济改革大致可以分为三个阶段。
2) 据统计，去年出国的人数跟今年比起来大致相同。

6. 在过去　　　　　　　　in the past
◆ 这些在过去无从判断的难题，通过亲子鉴定技术便可立刻得到答案。
1) 在过去，人人有房住是不敢想象的事，在现在却一点都不新奇了。
2) 在过去十年中，中国的经济发展得到了空前的成就。

7. 一天不…就一天…　　　　one day…, then one day…
◆ 可是，对我来说，一天不鉴定，我就一天不踏实。
1) 一天不运动，我就一天不舒服。

354

2) 一天不完成这项计划，我就一天不踏实。

8. 就是为了　　　　　　　　　exactly for the purpose of
◆ 我来鉴定就是为了得到我作为父亲的'知情权'。
1) 中国加入 WTO 就是为了让国内的经济环境更国际化。
2) 举办国际性的比赛就是为了提高城市的知名度和增加收入。

9. 无非　　　　　　　　　　　nothing but
◆ 据有关人士称，鉴定结果出来后，无非三种场面。
1) 观光客热衷于到亚洲旅行，无非是因为当地低廉的物价。
2) 青少年的犯罪率逐年提高，无非是受了电影电视的影响。

10. 刚开始…后来…　　　　　at the beginning…, later….
◆ 那孩子刚开始一直笑嘻嘻地看着爸爸妈妈，可后来看到不停抹泪的妈妈便一声不吭地站在妈妈身旁，从此没再笑过。
1) 我去中国工作的时候，刚开始父母很希望我回家，后来慢慢习惯了，就没有那么想念我了。
2) 刚开始很多人不相信他会成功，后来事实证明，他的确有做领导的能力。

练习

I. Choose the correct one.

1. (   )跟往年相比，现在的鉴定＿＿＿＿很合理，一般人都付得起。

     a.费用　　b.答案　　c.工薪

2. (   )在现代社会中，人与人之间缺乏信任，关系空前＿＿＿＿。

     a.反差　　　b.脆弱　　c.伤害

3. (   )为了得到更大的利益，许多商人利用＿＿＿＿商品来赚钱。

     a.假冒　　　b.坏帐　　c.一连串

4. (   )我相信你是一个有诚信的人，偷东西的一定＿＿＿＿。

     a.另有其人　　b.默不作声　　c.大白于天下

5. (   )经济发展会带来道德的进步，这是＿＿＿＿的。

    a.简直没法比　　b.诸如此类　　c. 无庸置疑

II. Fill the word in the blank.

    为数不少，委托，红火，道歉，肯定，容忍，无非，外遇，忠贞

1. 虽然你对我失望极了，但是我还是希望你能接受我的＿＿＿＿＿＿。

2. 反对计划生育政策的人很多，但支持者也＿＿＿＿＿＿。

3. 为了要弄清楚这个孩子是不是我的，我决定＿＿＿＿＿＿鉴定中心调查。

4. 近年来，北京的个体商业＿＿＿＿＿＿得不得了，几乎人人都赚了大钱。

5. 许多男人做亲子鉴定，只是为了证明妻子对他的＿＿＿＿＿＿。

6. 年轻女性做模特儿，＿＿＿＿＿＿是为了在短时间内成功。

7. 一般来说，婚姻不幸福的人很容易有＿＿＿＿＿＿。

8. 尽管我已经问了她好几次，但是她还是不愿意给我一个＿＿＿＿＿＿的答案。

III. Complete the following dialogue with the given expressions.

A:你最近怎么啦？看起来很没有精神的样子。

B:(憋疯，怀疑，不忠，私生子)

A:不会吧！你的儿子不是跟你一样，挺聪明的吗？

B:可是他的身高……实在比我高太多了！

A:那你打算怎么办？

B:(鉴定中心，确定，亲自，弄清)

A:你太太知道这件事吗？

B:(不敢提，试探，大吵一场，痛哭，信任，容忍)

A: 既然你太太这么生气，我看你就别去了吧！

B:(作为，知情权，弄个明白，去除心病)

IV. Answer the questions with the given expressions.

    1. 亲子鉴定能解决家庭的问题吗?

(伤害，真相，破裂，嫌疑症，短时间，和睦)

    2. 为什么孙先生一方面很想做亲子鉴定一方面却又不敢做?

(毁，犹豫，亲生，就是为了，踏实)

    3. 要求做亲子鉴定的人有哪些?

(怀疑，证明，名节，确定，大致，分为)

V. Discussion.

    1. 为什么亲子鉴定这个行业越来越红火?

    2. 什么样的人会要求做亲子鉴定?

    3. 一般来说，鉴定的结果有哪几种情况?

    4. 为什么有所谓的"亲子嫌疑症"?

    5. 从亲子鉴定中心红火，可以看出社会出现了哪些问题?

    6. 亲子鉴定一定能解决家庭的问题吗?

VI. Composition.

    1. 在你看来，亲子鉴定是科技滥用还是社会进步的表现? 说一说你的看法。

    2. 亲子鉴定这个行业越来越红火，反映了什么社会现象?

现当代的中国文学

周质平

现代中国文学究竟是从什么时候开始的？这是一个可以引起争论的问题。我们与其把讨论的重点放在一个特定的年代上，不如谈谈现代中国文学作品在内容和形式上有哪些特点可以和传统的中国文学作品区分开来。

就形式上来说，现代中国文学作品是用白话文、也就是现代汉语写的，而不是用文言文或古代汉语写的。当然，这并不是说所有白话文写的作品都是现代中国文学。究竟是什么原因这些二十世纪以来的白话作品不能算作中国现代文学的作品呢？换句话说，语言的形式和写作的年代并不是确定一个作品是不是"现代"的唯一条件。另一个重要的条件是作品的内容。

传统的中国文学作品，它们的目的往往是为读者提供娱乐，虽然也有"教育"的作用，但这个作用只是道德的，作者是要借着作品来宣传传统儒家的礼教，像忠、孝、节、义什么的。

现代中国文学作品，娱乐的作用是次要的，主要是教育读者，而教育的内容渐渐地由传统的礼教转向爱国与救亡。在中国历史上虽然有许多的改朝换代，甚至还有被"异族"统治的纪录，但亡国灭种却是鸦片战争（1840-1842）以后才有的忧虑。鸦片战争以后的中国受到了西方帝国主义侵略，使中国成了一个半殖民

Text written by :Chih-p'ing Chou
Prepared by: Wei Wang

現當代的中國文學

周質平

現代中國文學究竟是從什麼時候開始的？這是一個可以引起
爭論的問題。我們與其把討論的重點放在一個特定的年代上，　不
如談談現代中國文學作品在內容和形式上有哪些特點可以和傳統
的中國文學作品區分開來。

就形式上來說，現代中國文學作品是用白話文、也就是現代
漢語寫的，而不是用文言文或古代漢語寫的。當然，這並不是說
所有白話文寫的作品都是現代中國文學。究竟是什麼原因這些二
十世紀以來的白話作品不能算作中國現代文學的作品呢？換句話
說，語言的形式和寫作的年代並不是確定一個作品是不是“現
代”的唯一條件。另一個重要的條件是作品的內容。

傳統的中國文學作品，它們的目的往往是為讀者提供娛樂，
雖然也有“教育”的作用，但這個作用只是道德的，作者是要借
著作品來宣傳傳統儒家的禮教，像忠、孝、節、義什麼的。

現代中國文學作品，娛樂的作用是次要的，主要是教育讀者，
而教育的內容漸漸地由傳統的禮教轉向愛國與救亡。在中國歷史
上雖然有許多的改朝換代，甚至還有被“異族”統治的紀錄，但
亡國滅種卻是鴉片戰爭（1840-1842）以後才有的憂慮。鴉片戰爭
以後的中國受到了西方帝國主義侵略，使中國成了一個半殖民

地的国家，中国的主权和领土受到前所未有的威胁。知识分子和文学作家这时都感到他们有责任唤起民众，让大家了解中国处境的危险。有些作家就想透过文学作品来医治中国人的病，因此，作家在写作的时候常常带着一定的使命感。最好的例子就是清朝（1644-1911）末年的刘鹗（1857-1909），他在1906年完成了一部小说，叫作《老残游记》。在第一回里，他用象征的手法，说明中国像一艘将沉的帆船。这是亡国意识第一次清楚地表现在近代中国的文学作品中。而刘鹗所用的语言则是一种非常接近白话的浅近文言。就内容上来说，《老残游记》体现了救亡的意识，就文字上来说，它又是从文言过渡到白话的好例子，所以刘鹗的《老残游记》可以说是近代中国文学第一部重要的作品。

胡适在1917年提倡白话文运动，在短短几年之中，使中国人书写的文字比较接近日常的口语。鲁迅（原名：周树人，1881-1936）在1918年出版的《狂人日记》就是白话文运动以后，极重要极成功的一篇小说。鲁迅把自己看作一个医生，而小说是他用来治病的工具。这个态度被鲁迅以后的作家普遍接受。

用这个态度来从事创作的文学家，往往把自己看成一个社会改革者，甚至于是"先知"。而他们的作品在表面上也许是同情"无知的老百姓"，但是骨子里却是一种居高临下的态度。

作家在创作时，怀着一种社会的使命感原来是一件好事，但是这个使命感使作家很容易走上文学为政治服务的道路。

地的國家，中國的主權和領土受到前所未有的威脅。知識份子和文學作家這時都感到他們有責任喚起民眾，讓大家瞭解中國處境的危險。有些作家就想透過文學作品來醫治中國人的病，因此，作家在寫作的時候常常帶著一定的使命感。最好的例子就是清朝（1644-1911）末年的劉鶚（1857-1909），他在 1906 年完成了一部小說，叫作《老殘遊記》。在第一回裏，他用象徵的手法，說明中國像一艘將沉的帆船。這是亡國意識第一次清楚地表現在近代中國的文學作品中。而劉鶚所用的語言則是一種非常接近白話的淺近文言。就內容上來說，《老殘遊記》體現了救亡的意識，就文字上來說，它又是從文言過渡到白話的好例子，所以劉鶚的《老殘遊記》可以說是近代中國文學第一部重要的作品。

胡適在 1917 年提倡白話文運動，在短短幾年之中，使中國人書寫的文字比較接近日常的口語。魯迅（原名: 周樹人，1881-1936）在 1918 年出版的《狂人日記》就是白話文運動以後，極重要極成功的一篇小說。魯迅把自己看作一個醫生，而小說是他用來治病的工具。這個態度被魯迅以後的作家普遍接受。

用這個態度來從事創作的文學家，往往把自己看成一個社會改革者，甚至於是"先知"。而他們的作品在表面上也許是同情"無知的老百姓"，但是骨子裏卻是一種居高臨下的態度。

作家在創作時，懷著一種社會的使命感原來是一件好事，但是這個使命感使作家很容易走上文學為政治服務的道路。

1937 年抗日战争开始，由于中国又一次受到了"亡国"的威胁，也就更加强了从十九世纪末年以来，中国作家救亡的使命感。1942 年毛泽东发表了《在延安文艺座谈会上的讲话》，指出文学应该为工农兵服务，基本上是把文艺当成了政治的宣传工具。长时期以来，中国近代和当代的作品都是在这个大原则下创作出来的。从 1949 年到 1979 年，大约有三十年的时间，无论是小说、散文、诗歌还是绘画都有鲜明的主体和服务的对象。我们现在来看这些作品，不能不说：这些作品没有太多文学上和艺术上的价值。

从 1980 年以来，随着改革和开放，文学创作也出现了新的作品。有的是对文革和过去进行反思，有的是对日常生活进行描述，内容上不再局限于对当前政治的歌颂，这是当代中国文学一个新的发展。

　　1937 年抗日戰爭開始，由於中國又一次受到了"亡國"的威脅，也就更加強了從十九世紀末年以來，中國作家救亡的使命感。1942 年毛澤東發表了《在延安文藝座談會上的講話》，指出文學應該為工農兵服務，基本上是把文藝當成了政治的宣傳工具。長時期以來，中國近代和當代的作品都是在這個大原則下創作出來的。從 1949 年到 1979 年，大約有三十年的時間，無論是小說、散文、詩歌還是繪畫都有鮮明的主體和服務的對象。我們現在來看這些作品，不能不說：這些作品沒有太多文學上和藝術上的價值。

　　從 1980 年以來，隨著改革和開放，文學創作也出現了新的作品。有的是對文革和過去進行反思，有的是對日常生活進行描述，內容上不再局限於對當前政治的歌頌，這是當代中國文學一個新的發展。

词汇

现当代	現當代	xiàndāngdài	*n.*	modern/contemporary times
究竟	究竟	jiūjìng	*adv.*	exactly, what on earth
争论	爭論	zhēnglùn	*v./n.*	to debate; controversy
重点	重點	zhòngdiǎn	*n.*	focal point; stress
特定	特定	tèdìng	*adj.*	specially designated, specific; 例：~时期/环境
作品	作品	zuòpǐn	*n.*	literary or artistic works
内容	内容	nèiróng	*n.*	content
形式	形式	xíngshì	*n.*	form; shape
传统	傳統	chuántǒng	*adj./n.*	traditional, tradition
区分开来	區分開來	qūfēn kāilái	*v.*	to distinguish
白话文	白話文	báihuàwén	*n.*	vernacular Chinese
文言文	文言文	wényánwén	*n.*	classical Chinese
尽管	儘管	jǐnguǎn	*conj.*	though, in spite of; despite
算作	算作	suànzuò	*v.*	to regard as, to consider to be
写作	寫作	xiězuò	*v.*	to write (literary works)
确定	確定	quèdìng	*v./adj.*	to define, to determine; definite
唯一	唯一	wéiyī	*adj.*	only
目的	目的	mù.dì	*n.*	purpose, target
提供	提供	tígōng	*v.*	to provide, to offer, to supply 例：~娱乐/服务/设备
读者	讀者	dúzhě	*n.*	reader
娱乐	娛樂	yúlè	*n.*	entertainment, amusement
作用	作用	zuòyòng	*n.*	effect, intention
道德	道德	dàodé	*n.*	morality
宣传	宣傳	xuānchuán	*v./n.*	to propagate, to give publicity to; propaganda
儒家	儒家	rújiā	*n.*	the Confucian school
礼教	禮教	lǐjiào	*n.*	the Confucian or feudal ethical code

忠孝节义	忠孝節義	zhōngxiào jié yì		"loyalty, filial piety, moral courage, and justice" (a common grouping of principal Confucian ideals)
次要	次要	cìyào	*adj.*	less important, secondary
渐渐	漸漸	jiànjiàn	*adv.*	gradually
转向	轉向	zhuǎnxiàng	*v.*	to turn to, to change direction
救亡	救亡	jiùwáng	*v.*	save the nation from extinction
改朝换代	改朝換代	gǎicháo huàndài	*v.*	change of dynasty or regime
异族	異族	yìzú	*n.*	different race or nation
统治	統治	tǒngzhì	*v.*	to govern
记录	記錄	jìlù	*n./v.*	record; to record
亡国	亡國	wángguó	*v.*	to subjugate a nation, to let a state perish
灭种	滅種	mièzhǒng	*v.*	to extinguish a race
鸦片战争	鴉片戰爭	Yāpiàn zhànzhēng	*prop.*	the Opium Wars (1840-1842)
忧虑	憂慮	yōulǜ	*n./v.*	Worry 例：令人/过分/不必~
帝国主义	帝國主義	dìguó zhǔyì	*n.*	imperialism
侵略	侵略	qīnlüè	*n./v.*	invasion, to invade
殖民地	殖民地	zhímíndì	*n.*	colony
主权	主權	zhǔquán	*n.*	sovereign rights, sovereignty
领土	領土	lǐngtǔ	*n.*	territory
前所未有	前所未有	qiánsuǒ wèiyǒu	*adj.*	never existing before, unprecedented 例：~的事/的经历
威胁	威脅	wēixié	*n./v.*	threat; to threaten 例：进行/遭到~
知识分子	知識份子	zhīshífènzǐ	*n.*	intellectuals
责任	責任	zérèn	*n.*	responsibility
唤起	喚起	huànqǐ	*v.*	to arouse
民众	民眾	mínzhòng	*n.*	the masses, the common people

处境	處境	chǔjìng	*n.*	plight, circumstance (typically unfavorable); 例：~艰难；不利的~
透过	透過	tòuguò	*prep./v.*	through, to go through
医治	醫治	yīzhì	*v.*	to cure; to treat; to heal
因此	因此	yīncǐ	*conj.*	therefore, so, for this reason; consequently
一定	一定	yídìng	*adj.*	certain, given, fair
使命感	使命感	shǐmìnggǎn	*n.*	sense of mission
刘鹗	劉鹗	liú è	*prop.*	a writer in the Qing dynasty
完成	完成	wánchéng	*v.*	to finish
老残游记	老殘遊記	Lǎo Cán yóujì	*prop.*	*Travels of Lao Can*, a novel written by 刘鹗
回	回	huí	*MW.*	measure word for chapters in old Chinese novels
象征	象徵	xiàngzhēng	*n./v.*	to symbolize; symbol
手法	手法	shǒufǎ	*n.*	method, skill
艘	艘	sōu	*MW.*	measure word for ships or sailing boats
将	將	jiāng	*adv.*	be going to, be about to
沉	沉	chén	*v.*	to sink
帆船	帆船	fānchuán	*n.*	sailing boat or ship
意识	意識	yìshí	*n.*	awareness, consciousness
近代	近代	jìndài	*n.*	modern times
则	則	zé	*conj.*	(used to indicate cause, condition, contrast, etc.)
接近	接近	jiējìn	*v.*	to be close to; near
浅近	淺近	qiǎnjìn	*adj.*	simple, easy to understand
体现	體現	tǐxiàn	*v./n.*	to reflect; to give expression to; to embody, reflection
过渡	過渡	guòdù	*n.*	transition, interim
部	部	bù	*MW.*	measure word for literary works
胡适	胡適	Hú Shì	*prop.*	(1891-1962) a great leader/writer of the New Culture Movement, writer

366

提倡	提倡	tíchàng	*v.*	to advocate, to promote
运动	運動	yùndòng	*n.*	campaign, movement
鲁迅	魯迅	Lǔ Xùn	*prop.*	(1881-1936) a great leader/writer of the New Culture movement; writer
原名	原名	yuánmíng	*n.*	original name
出版	出版	chūbǎn	*v.*	to publish
狂人日记	狂人日記	Kuángrén rìjì	*prop.*	"Diary of a Madman," a novel written by Lu Xun
极	極	jí	*adv.*	extremely
篇	篇	piān	*MW.*	measure word for articles, novels, stories, etc.
治病	治病	zhìbìng	*v.*	to cure a sickness
工具	工具	gōngjù	*n.*	tool, instrument
普遍	普遍	pǔbiàn	*adj./ adv.*	widespread, common 例：~现象；~存在的问题
从事	從事	cóngshì	*v.*	to be engaged in 例：~…工作/创作
创作	創作	chuàngzuò	*v.*	to create, to produce (literary or artistic works)
先知	先知	xiānzhī	*n.*	person of foresight, prophet
同情	同情	tóngqíng	*v.*	to sympathize with
无知	無知	wúzhī	*adj./n.*	ignorant; ignorance
骨子里	骨子裏	gǔ.zi lǐ	*n.*	in one's bones, at heart
居高临下	居高臨下	jūgāolínxià		condescending (attitude)
怀着	懷著	huáizhe	*v.*	to have thoughts of
抗日战争	抗日戰爭	kàngrì zhànzhēng	*prop.*	the War of Resistance Against Japan (1937-1945)
加强	加強	jiāqiáng	*v.*	to strengthen
发表	發表	fābiǎo	*v.*	to publish, to issue, to express
文艺	文藝	wényì	*n.*	literature and art
在延安文艺座谈会上的讲话	在延安文藝座談會上的講話	Zài yán'ān wényì zuòtánhuì shàng de jiǎnghuà	*n.*	the Speech at the Yan'an Literature and Art Forum

指出	指出	zhǐchū	v.	to point out
工农兵	工農兵	gōngnóng bīng	n.	workers, peasants, and soldiers
当成	當成	dāngchéng	v.	to regard as, to treat as
当代	當代	dāngdài	n./adj.	contemporary, modern
原则	原則	yuánzé	n.	principle
散文	散文	sǎnwén	n.	prose, essay
诗歌	詩歌	shīgē	n.	poetry
绘画	繪畫	huìhuà	n.	painting, art
鲜明	鮮明	xiānmíng	adj.	distinctive, clear-cut
主题	主題	zhǔtí	n.	theme
对象	對象	duìxiàng	n.	target, object
价值	價值	jiàzhí	n.	value
随着	隨著	suí.zhe	conj.	following, along with
进行	進行	jìnxíng	v.	to carry on, to conduct
反思	反思	fǎnsī	v./n.	to reflect; reflection 例：~过去；自我~；
描述	描述	miáoshù	v./n.	to describe; description
局限于	局限於	júxiàn yú		to be restricted to
当前	當前	dāngqián	adj.	current
歌颂	歌頌	gēsòng	v.	to sing the praise of, to eulogize

词语解释

1. 就...来说　　　　　　　　　　with regard to...; speaking solely of...

◆ 就形式上来说，现代中国文学作品是用白话文，也就是现代汉语写的。

1) 就内容来说，他的作品大多是反映下层人民生活的。

2) 就艺术性来说，这个时期的文学作品水平不算太高。

2. 这并不是说...　　　　　　　　this is not to say...; this doesn't mean...

◆ 这并不是说所有白话文写的作品都是现代中国文学。

1) 他写了许多文章来批评目前的社会问题，这并不是说他不爱自己的国家。

2) 这些人的生活虽然富裕，但这并不是说他们就幸福。

3. 尽管...但是...　　　　　　　　　　although/even as A..., B still/yet...

◆ 有许多作品尽管在文字上用的是现代汉语，但是我们并不认为那是现代中国文学。

1) 尽管许多学者反对，但是政府还是通过了三峡工程的计划。

2) 胡适的母亲虽然没什么文化，但是坚持要让儿子受最好的教育。

4. 算作　　　　　　　　　　to count as...; to consider to be...

◆ 究竟是什么原因这些二十世纪以来的白话作品不能算作中国现代文学的作品呢？

What exactly is the reason that these 20th century works cannot be considered as modern Chinese literature?

1) 政府官员用钱买文凭该不该算作一种腐败呢？

2) 攻击谩骂绝不是爱国，只能算作流氓行为。

5. 由...转向...　　　　　　　　to transfer from... to...; to change from... to...

◆ 教育的内容渐渐地由传统的礼教，转向爱国与救亡。

The content of education has gradually changed its focus from the traditional ethical code to patriotism and to saving the nation from extinction.

1) 目前中国的教育正从应试教育转向素质教育。

2) 近几十年中国的知识分子的研究重心由人文科学转向自然科学。

6. (在)表面上...,骨子里...　　　　on the surface..., but at heart...

◆ 他们的作品在表面上也许是同情"无知的老百姓"，但是骨子里却是一种居高临下的态度。

On the surface their works may appear to sympathize the "ignorant mass", but at heart they have a condescending attitude.

1) 传统的文人往往表面上表现得很谦虚，骨子里却是很骄傲的。

2) 他表面上是个沉默的人，骨子里却很有主意。

7. 走上...的道路...　　　　　　　to go down the...road

◆ 使命感很容易使作家走上文学为政治服务的道路。

1) 吸毒使他走上了偷窃的道路。

2) 一些西方人认为中国已经走上了资本主义的道路。

8. 长时期以来...　　　　　　　　over a long period of time

◆ 长时期以来，中国近代和当代的作品都是在这个大原则下创作出来的。

1) 长时期以来，中国的新文学就是为政治服务的。

2) 长时期以来，国家重视的往往是政治教育，而不是道德教育。

9. 随着...　　　　　　　　　　along with...; following the...

◆ 随着改革和开放，文学创作也出现了新的作品。

1) 随着经济的发展，国家单位也越来越少了。

2) 随着我年龄的增长，年轻时的梦想也渐渐忘记了。

10. 局限于...　　　　　　　　be restricted to...; be confined by...

◆ 内容上不再局限于对当前政治的歌颂，这是当代中国文学一个新的发展。

1) 他的研究不局限于历史，也包括文学。

2) 要是艺术家局限于一种思考方式，就不容易发挥创造力。

练习

I. Use your own words to explain the following words and expressions. Give examples to support your explanations.

1. 改朝换代

2. 前所未有

3. 使命感

4. 亡国灭种

5. 居高临下

II. Provide an appropriate noun to make meaningful verb-object phrases.

争论＿＿＿＿＿＿	确定＿＿＿＿＿＿	提供＿＿＿＿＿＿
宣传＿＿＿＿＿＿	侵略＿＿＿＿＿＿	唤起＿＿＿＿＿＿
歌颂＿＿＿＿＿＿	从事＿＿＿＿＿＿	创作＿＿＿＿＿＿
发表＿＿＿＿＿＿	进行＿＿＿＿＿＿	描述＿＿＿＿＿＿

III. Make a new sentence, using the underlined expressions.

1. 现代中国文学究竟是从什么时候开始的?这是一个可以引起争论的问题。

2. 我们<u>与其</u>把讨论的重点放在一个特定的年代上,<u>不如</u>谈谈现代中国文学的作品在内容和形式上有哪些特点可以和传统的中国文学作品区分开来。

3. <u>就</u>形式<u>上来</u>说,现代中国文学作品是用白话文,也 就是现代汉语写的,而不是用文言文或古代汉语写的。

4. ...当然,<u>这并不是说</u>所有白话文写的作品都是现代中国文学...

5. 有许多作品<u>尽管</u>在文 字上用的是现代汉语,<u>但是</u>我们并不认为那是现代中国文学。

6. ... 教育的内容渐渐地<u>由</u>传统的礼教<u>转向</u>爱国与救亡。

7. 而他们的作品<u>在</u>表面<u>上</u>也许是同情"无知的老百姓",但是<u>骨子里却</u>是一种居高临下的态度。

8. <u>长时期以来</u>,中国近代和当代的作品都是在这个大原则下创作出来的。

9. 从1980年以来,<u>随着</u>改革和开放,文学创作也出现了新的作品。

IV. Expand and rearrange the following groups of words into coherent sentences.
1. 内容/形式/传统/区别开来
2. 唯一/目的/次要
3. 忧虑/处境/意识/接近
4. 体现/过渡/普遍/从事
5. 文艺/主题/价值/反思

V. Discussion questions.
1. 你认为文学和社会的关系是什么?
2. 为政治服务的文学作品有没有欣赏价值?
3. 在什么情况下,会产生伟大的文学家?
4. 在现代社会里,文学的贡献是不是不再重要了?
5. 你对完全脱离现实而独立的纯艺术有什么看法?

VI. Composition.
1. 我热爱的一位作家
2. 我看美国当代文学
3. 文学的作用是娱乐吗?

法制与道德

钱逊

　　法制和道德是调节人际关系、维持社会稳定的两种基本规范。两者的功用，同为维持社会秩序的稳定，保证社会的正常发展，而其作用的手段、性质又有不同。法制是通过制裁违法的行为和违法的人，以保证社会秩序得到遵守，道德则是通过教育来使人自觉遵守社会规范；法制依靠的是强制，道德依靠的则是人们的自觉；法的制裁作用于犯罪之后，道德的教育则作用于人们行为之前，防范于未然；法制作用于人们的行为，道德则作用于人们的思想。两者各有特点，各有其用，相互支持，相互补充，不可偏废。

　　道德与法不可偏废的道理，在我国历史中有极好的证明。早在先秦时期，我国就有过一场关于德治与法治的大争论。这场争论从理论到实践，在广阔的领域里展开，延续了数百年。孔子主张"为政以德"，把道德教化作为为政治国的基础；法家则主张"不务德而务法"，厉行法制，完全忽视道德教化。在当时列强争霸的形势下，各国君主多采用法家政策，儒家德治的主张没有得到当权者的采用。其结果虽取得了一时的富国强兵之效，秦始皇统一了中国，却不能持久，秦王朝只15年就亡了。汉代总结了秦亡的教训，转而接受儒家的主张，以德教为主。以后的历代王

法制與道德

錢遜

　　法制和道德是調節人際關係、維持社會穩定的兩種基本規範。兩者的功用，同為維持社會秩序的穩定，保證社會的正常發展，而其作用的手段、性質又有不同。法制是通過制裁違法的行為和違法的人，以保證社會秩序得到遵守，道德則是通過教育來使人自覺遵守社會規範；法制依靠的是強制，道德依靠的則是人們的自覺；法的制裁作用於犯罪之後，道德的教育則作用於人們行為之前，防範於未然；法制作用於人們的行為，道德則作用於人們的思想。兩者各有特點，各有其用，相互支持，相互補充，不可偏廢。

　　道德與法不可偏廢的道理，在我國歷史中有極好的證明。早在先秦時期，我國就有過一場關於德治與法治的大爭論。這場爭論從理論到實踐，在廣闊的領域裏展開，延續了數百年。孔子主張“為政以德”，把道德教化作為為政治國的基礎；法家則主張“不務德而務法”，厲行法制，完全忽視道德教化。在當時列強爭霸的形勢下，各國君主多採用法家政策，儒家德治的主張沒有得到當權者的採用。其結果雖取得了一時的富國強兵之效，秦始皇統一了中國，卻不能持久，秦王朝只15年就亡了。漢代總結了秦亡的教訓，轉而接受儒家的主張，以德教為主。以後的歷代王朝，都把道德教化当作治国的根本任务，由此而形成了重视道德教化的传统。这种传统对于维持社会稳定，起了重要的作用，也为我们赢得了"礼仪之邦"的美誉。社会道德风气对于社会稳定的极端重要意义，在中国古代历史中得到充分的证明。不过古代的"德治"也有它的问题。过分地强调道德教化，忽视了法制，甚至以为治乱全赖于在位者的道德修养，导致"人治"。这种"人治"的传统，与现代社会不相适应，其影响是值得重视的。

现在我们的现代化建设要求大力加强民主与法制的建设，也要求加强道德建设。我们在纠正和克服人治传统、依法治国方面做了大量的工作，取得了巨大的成绩。但在一部分人中间，产生了忽视道德建设的情况。有的以为市场经济是法制经济，一切可以用法来调节，而道德是软弱的，已经失去了作用；或认为守法就是道德，不必另外提出道德问题；甚至认为提倡道德会妨碍经济的发展。这些看法不利于道德建设，也不利于整个社会的健全发展。事实上，历史与现实都充分说明，市场经济不仅是法制经济，同时也是道德经济。健全的市场经济必须有健全的道德相配合。市场竞争的规则，法制的规范，必须有相应的商业道德、行政道德来作为思想基础。没有信用就不会有健全的市场经济，没有大公无私的行政道德也就不会有健全的法制。对于目前社会上存在的诸如坑蒙拐骗，抢劫走私，贪赃枉法，以权谋私等丑恶现象，无疑需要运用法律手段严厉打击；并且加强法制建设，进一朝，都把道德教化當作治國的根本任務，由此而形成了重視道德教化的傳統。這種傳統對於維持社會穩定，起了重要的作用，也為我們贏得了"禮儀之邦"的美譽。社會道德風氣對於社會穩定的極端重要意義，在中國古代歷史中得到充分的證明。不過古代的"德治"也有它的問題。過分地強調道德教化，忽視了法制，甚至以為治亂全賴於在位者的道德修養，導致"人治"。這種"人治"的傳統，與現代社會不相適應，其影響是值得重視的。

現在我們的現代化建設要求大力加強民主與法制的建設，也要求加強道德建設。我們在糾正和克服人治傳統、依法治國方面做了大量的工作，取得了巨大的成績。但在一部分人中間，產生了忽視道德建設的情況。有的以為市場經濟是法制經濟，一切可以用法來調節，而道德是軟弱的，已經失去了作用；或認為守法就是道德，不必另外提出道德問題；甚至認為提倡道德會妨礙經濟的發展。這些看法不利於道德建設，也不利於整個社會的健全發展。事實上，歷史與現實都充分說明，市場經濟不僅是法制經濟，同時也是道德經濟。健全的市場經濟必須有健全的道德相配合。市場競爭的規則，法制的規範，必須有相應的商業道德、行政道德來作為思想基礎。沒有信用就不會有健全的市場經濟，沒有大公無私的行政道德也就不會有健全的法制。對於目前社會上存在的諸如坑蒙拐騙，搶劫走私，貪贓枉法，以權謀私等醜惡現象，無疑需要運用法律手段嚴厲打擊；並且加強法制建設，進一步加强和完善监督机制。但只有这些还是不够的。社会上流行的"上有政策，下有对策"、"打擦边球"等现象生动地说明：只有法的规范和制裁，没有道德的配合，一些人总会千方百计找漏洞，钻法制的空子。没有良好的道德风气、精神文明作基础，法制再严，打击再力，也不能有效地遏制歪风邪气。而要树立新风，培养新人，建设新的精神文明，只有法制是不够的。只有法制建设与道德建设两相配合，才能保证我们社会的健康发展。

2001年1月20日《人民日报》

步加強和完善監督機制。但只有這些還是不夠的。社會上流行的
"上有政策，下有對策"、"打擦邊球"等現象生動地說明：
只有法的規範和制裁，沒有道德的配合，一些人總會千方百計找
漏洞，鑽法制的空子。沒有良好的道德風氣、精神文明作基礎，
法制再嚴，打擊再力，也不能有效地遏制歪風邪氣。而要樹立新
風，培養新人，建設新的精神文明，只有法制是不夠的。只有法
制建設與道德建設兩相配合，才能保證我們社會的健康發展。

2001年1月20日《人民日報》

词汇

法制	法制	fǎzhì	n.	legal system, legal institutions, legality
道德	道德	dàodé	n./adj.	morality, ethics; moral
调节	調節	tiáojié	v.	to regulate, to adjust
人际关系	人際關係	rénjì guānxì	n.	interpersonal relationships
维持	維持	wéichí	v.	to keep, to maintain, to preserve
稳定	穩定	wěndìng	adj.	stable, steady
基本	基本	jīběn	adj./adv.	basic, fundamental; basically, on the whole, in the main
规范	規範	guīfàn	n.	standard, norm
二者	二者	èrzhě	n.	two parties, two persons, two sides
功用	功用	gōngyòng	n.	function, use
同为	同為	tóng wéi		(formal) here means 都是
秩序	秩序	zhìxù	n.	order, sequence
保证	保證	bǎozhèng	v.	to ensure, to guarantee, to safeguard
正常	正常	zhèngcháng	adj.	normal, regular
手段	手段	shǒuduàn	n.	method, means, measure
性质	性質	xìngzhì	n.	nature, quality, character
制裁	制裁	zhìcái	v.	to sanction, to punish
违法	違法	wéifǎ	v.	to break the law, to be illegal
行为	行為	xíngwéi	n.	behavior, action, conduct
遵守	遵守	zūnshǒu	v.	to observe, to aide by, to comply with
自觉	自覺	zìjué	adj./adv.	on one's own initiative, conscientiously
依靠	依靠	yīkào	v.	to depend on, to rely on
强制	強制	qiángzhì	v.	to force, to compel, to coerce
犯罪	犯罪	fànzuì	v./n.	to commit a crime (or an offence); crime
防范于未	防範于未	fángfàn yú wèi		to take preventive

然	然	rán		measures, to provide against possible trouble
思想	思想	sīxiǎng	*n.*	thought, thinking, idea, ideology
特点	特點	tèdiǎn	*n.*	characteristic, distinguishing feature, trait
各有其用	各有其用	gè yǒu qí yòng		各自都有它特别的用处; each has its own utility
相互	相互	xiānghù	*adv.*	mutually, each other, reciprocal
补充	補充	bǔchōng	*v./adj.*	to replenish; to complement; to supplement; complementary; 例: ~规定/教材/一些意见; 对...进行~
偏废	偏廢	piānfèi	*v.*	to emphasize one thing at the expense of another
证明	證明	zhèngmíng	*v./n.*	to prove, to testify; certificate, testimonial, identification
先秦	先秦	xiānqín	*prop.*	the Pre-Qin era (i.e. before 221 B.C. when the First Emperor of Qin united China; usually referring to the Spring and Autumn Period and the Period of the Warring States)
德治	德治	dézhì	*v.*	to govern (or rule) by virtue
争论	爭論	zhēnglùn	*v./n.*	to debate, dispute; controversy, contention
理论	理論	lǐlùn	*n.*	theory, principle
实践	實踐	shíjiàn	*v./n.*	to put into practice, to carry out; practice
广阔	廣闊	guǎngkuò	*adj.*	vast, wide, broad
领域	領域	lǐngyù	*n.*	field, realm, domain, territory
展开	展開	zhǎnkāi	*v.*	to launch, to unfold, to develop
延续	延續	yánxù	*v./n.*	to continue, to go on, to

				last; extension
主张	主張	zhǔzhāng	*v./n.*	to advocate, to stand for; view, opinion
法家	法家	Fǎjiā	*prop.*	Legalists (a school of thought in the Spring and Autumn and Warring States Periods)
务	務	wù	*v.*	(formal) to be engaged in, to devote one's efforts to; 例：~农/工
厉行	厲行	lìxíng	*v.*	to strictly enforce; to rigorously enforce; to make great efforts to carry out; 例：~法制
忽视	忽視	hūshì	*v.*	to ignore, to neglect;, to overlook
教化	教化	jiàohuà	*v./n.*	(formal) to enlighten by education
列强	列強	lièqiáng	*n.*	(old) the Great Powers
争霸	爭霸	zhēngbà	*v.*	to contend (or struggle) for hegemony; to scramble (or strive) for supremacy
形势	形勢	xíngshì	*n.*	situation, circumstances
君主	君主	jūnzhǔ	*n.*	monarch, sovereign
采用	採用	cǎiyòng	*v.*	to adopt, to select and use
当权者	當權者	dāngquán zhě	*n.*	person in power
富国强兵	富國強兵	fùguó qiángbīng	*v.*	to make one's country rich and build up its military might
之效	之效	zhī xiào		...的效果
秦始皇	秦始皇	Qín shǐ huáng	*prop.*	the First Emperor of the Qin Dynasty (221-207 B.C.)
持久	持久	chíjiǔ	*adj.*	lasting, enduring, protracted
亡	亡	wáng	*v.*	to subjugate, to conquer, to lose, to be gone, to perish, to die, to decease
汉代	漢代	hàndài	*n.*	the Han Dynasty (206 B.C.-A.D. 220)
总结	總結	zǒngjié	*v.*	to sum up; to summarize;

				例：~经验/教训
教训	教訓	jiàoxùn	*n.*	lesson, moral precept
转而	轉而	zhuǎn' ér	*v.*	to change (one's stand) to…
历代	歷代	lìdài	*n.*	successive dynasties, past dynasties
王朝	王朝	wángcháo	*n.*	dynasty
治国	治國	zhìguó	*v.*	to administer (or run) a country
根本	根本	gēnběn	*adj. /adv.*	basic, fundamental, essential, cardinal; radically, at all; 例：~问题/不同意
任务	任務	rènwù	*n.*	task, mission, assignment
由此	由此	yóucǐ	*conj.*	from this, therefrom, hence, thus
形成	形成	xíngchéng	*v.*	to take shape, to form
重视	重視	zhòngshì	*v.*	to attach importance to, to pay attention to, to think highly of
赢得	贏得	yíngdé	*v.*	to win, to gain, to obtain
礼仪之邦	禮儀之邦	lǐyí zhī bāng	*n.*	land of ritual and propriety
美誉	美譽	měiyù	*n.*	good name, good reputation
风气	風氣	fēngqì	*n.*	general mood, atmosphere, common (or established) practice
极端	極端	jíduān	*adj./ adv.*	(formal) extreme; extremely, exceedingly; 例：~的行为/的想法
充分	充分	chōngfèn	*adv./ adj.*	as fully as possible; to the fullest; abundant; ample; 例：理由/条件~; ~发挥才能
过分	過分	guòfèn	*adv. /adj.*	excessively; excessive, undue, over
修养	修養	xiūyǎng	*n.*	accomplishment in self-cultivation, mastery self-possession
导致	導致	dǎozhì	*v.*	to lead to, to result in, to bring about, to cause

人治	人治	rénzhì	*v.*	to govern (or rule) by men
适应	適應	shì.yìng	*v.*	to suit, to adapt to, to adjust to, to conform to; 例：～环境/新生活
建设	建設	jiànshè	*v./n.*	to construct, to build, construction
大力	大力	dàlì	*adv.*	vigorously, energetically 例：～发展/支持
加强	加強	jiāqiáng	*v.*	to strengthen, to reinforce, to augment, to enhance
民主	民主	mínzhǔ	*n.*	democracy
纠正	糾正	jiūzhèng	*v.*	to correct, to put right, to redress; 例：～错误
依法	依法	yīfǎ		according to law;, in conformity with legal provisions; 例：～办事/ 严惩犯罪行为
巨大	巨大	jùdà	*adj.*	(formal) huge, tremendous, enormous, gigantic
成绩	成績	chéngjì	*n.*	result (of work or study), achievement, success
产生	產生	chǎnshēng	*v.*	to give rise to, to bring about, to emerge, to come into being
市场经济	市場經濟	shìchǎng jīngjì	*n.*	market economy
一切	一切	yíqiè	*n./adj.*	all, every; everything
调节	調節	tiáojié	*v.*	to regulate, to adjust
软弱	軟弱	ruǎnruò	*adj.*	weak, flabby, feeble
失去	失去	shīqù	*v.*	to lose, to be bereaved of
守法	守法	shǒufǎ	*v.*	to abide by (or observe) the law, to be law-abiding
提倡	提倡	tíchàng	*v.*	to advocate, to promote, to recommend
妨碍	妨礙	fáng'ài	*v.*	to hinder, to obstruct, to hamper, to impede; 例：～交通/别人

健全	健全	jiànquán	*adj.*	sound, perfect, healthy
现实	現實	xiànshí	*n.*	reality, actuality
说明	說明	shuōmíng	*v.*	to explain, to illustrate, to prove
配合	配合	pèihé	*v.*	to coordinate, to cooperate, to concert
竞争	競爭	jìngzhēng	*v./n.*	to compete, to contend; competition
规则	規則	guīzé	*n.*	rule, regulation
相应	相應	xiāngyìng	*adj./ adv.*	corresponding, relevant, appropriate; correspondingly
商业	商業	shāngyè	*n.*	business, commerce, trade
行政	行政	xíngzhèng	*n.*	administration
基础	基礎	jīchǔ	*n.*	foundation, basis
信用	信用	xìnyòng	*n.*	trustworthiness, credit
大公无私	大公無私	dàgōng wúsī	*adj.*	selfless, unselfish
诸如	諸如	zhūrú		(formal) such as
坑蒙拐骗	坑蒙拐騙	kēng mēng guǎi piàn	*v.*	to swindle
抢劫	搶劫	qiǎngjié	*v.*	to rob, to loot, to plunder
走私	走私	zǒusī	*v.*	to smuggle
贪赃枉法	貪贓枉法	tānzāng wǎngfǎ	*v.*	to take bribes and bend the law, to pervert justice for a bribe
以权谋私	以權謀私	yǐ quán móusī	*v.*	to seek personal gain by abusing one's position and authority
丑恶	醜惡	chǒu'è	*adj.*	ugly, repulsive, hideous
现象	現象	xiànxiàng	*n.*	phenomenon
无疑	無疑	wúyí	*adv.*	beyond doubt;, undoubtedly
运用	運用	yùnyòng	*v.*	to use, to apply, to wield
严厉	嚴厲	yánlì	*adj./ adv.*	stern, severe; sternly, severely
打击	打擊	dǎjī	*v.*	to hit, to strike, to attack
进一步	進一步	jìn yíbù	*adv.*	to go a step further; further

完善	完善	wánshàn	v./adj.	to make perfect; perfect, consummate
监督	監督	jiāndū	v.	to supervise, to superintend
机制	機制	jīzhì	n.	mechanism
对策	對策	duìcè	n.	countermeasure, the way to deal with a situation
擦边球	擦邊球	cābiān qiú	n.	(table tennis) edge ball, touch ball
生动	生動	shēngdòng	adj./adv.	lively, vivid; vividly
千方百计	千方百計	qiānfāng bǎijì	adv.	in a thousand and one ways, by every possible (or conceivable) means, by hook or by crook
漏洞	漏洞	lòudòng	n.	loophole, flaw
钻空子	鑽空子	zuān kòng.zi	v.	to avail oneself of loopholes (in a law, contract, etc.)
良好	良好	liánghǎo	adj.	good, well
有效	有效	yǒuxiào	adj./adv.	effective, valid, efficacious, effectively; 例：这种药对治病很~；~控制人口
遏制	遏制	èzhì	v.	(formal) to keep within limits, to contain, to restrain
歪风邪气	歪風邪氣	wāifēng xiéqì	n.	evil winds and noxious influences, unhealthy trends and evil practices
树立	樹立	shùlì	v.	to set up, to establish
新风	新風	xīnfēng	n.	new atmosphere, new trend
培养	培養	péiyǎng	v.	to foster, to train, to develop (a certain spirit, ability, etc.)

词语解释

1. 早在...   as early as….

◆ 早在先秦时期，我国就有过一场关于德治与法治的大争论。

  As early as the Pre-Qin period, there was a big debate concerning governing by virtue or governing by law.

1) 早在三千年以前，中国就出现了文字 。

2) 早在他出生之前，他的父母就已经决定了他将来的婚事。

3) 早在小学时，我就看过一些关于鬼怪的故事，觉得很新鲜。

2. 为政以德

出自孔子《论语》,意思是利用道德教训来进行统治。

3. 导致...   to cause; to lead to (bad consequence)

◆ 过分地强调道德教化，忽视法制，甚至以为治乱全赖于在位者的道德修养，于是导致"人治"。

  Placing too much emphasis on moral cultivation while disregarding legal processes, and even thinking that governing depends entirely on the moral cultivation of those who govern, will lead to lawless individuality (ruling by "men").

1) 那位医生不负责的态度导致了严重的医疗后果。

2) 在北京打工的外地人由于夫妻双方都要工作，而北京的学校又不愿意接收外地来的孩子，结果导致了外地人员子女上学困难的问题。

4. 不利于.../有利于...   disadvantageous to; beneficial to

◆ 这些看法不利于道德建设，也不利于整个社会的健全发展。

  Such opinions are disadvantageous to individual moral development, and are also disadvantageous to the healthy development of the whole society.

1) 孩子太早接触色情与暴力的东西不利于他们的成长。

2) 国家领导人之间的互相对话沟通有利于世界和平。

5. ...,同时...   meanwhile; at the same time

◆ 市场经济不仅是法制经济，同时也是道德经济。

  A market economy is not only a legal economy, but at the same time also a moral economy.

1) 这部电影主人公的悲剧不仅是个人性格的悲剧，同时也是社会的悲剧。

2) 政府在大力发展经济的同时，也应该重视教育 。

6. (如果)没有 ...就...　　　　　　if not... then...

◆ 没有信用就不会有健全的市场经济，没有大公无私的行政道德也就
　不会有健全的法制。

　If there is no trustworthiness, there will not be a healthy market economy; if
　there is no selflessness and impartiality in administrative ethics, there will
　not be a healthy legal system.

1) 没有共产党就没有新中国 。

2) 没有经历过困难，就往往不懂得珍惜自己已经拥有的东西。

练习

I.　Choose the correct answer.

1. 在这个国家无论警察在不在，人们都会＿＿＿＿＿＿遵守交通规则，所
　以交通秩序总是很好。

　　　a.自觉　　　　b.调节　　　　c.同为

2. 在大会上，来自各个国家的代表对怎样维持世界和平的问题进行了
　＿＿＿＿＿＿。

　　　a.理论　　　　b.实践　　　　c.争论

3. 中国历史上是一个重视农业的国家，＿＿＿＿＿＿形成了多子多福的观
　念。

　　　a.然而　　　　b.由此　　　　c.因为

4. 学这个专业虽然赚不了多少钱，可是可以＿＿＿＿＿＿发挥我的才能，所
　以我不打算换专业。

　　　a.极端　　　　b.充分　　　　c. 过分

5. 建设一个真正进步的社会就得＿＿＿＿＿＿加强法制和道德教育。

　　　a.大力　　　　b.巨大　　　　c.广阔

II.　Provide an appropriate noun in Chinese to make meaningful phrases.

　　例：改善 __生活__ ；快乐的 __笑容__

　　制裁＿＿＿＿＿＿＿　　赢得＿＿＿＿＿＿　　稳定的＿＿＿＿＿＿

　　妨碍＿＿＿＿＿＿＿　　展开＿＿＿＿＿＿　　正常的＿＿＿＿＿＿

　　克服＿＿＿＿＿＿＿　　适应＿＿＿＿＿＿　　持久的＿＿＿＿＿＿

　　夸大＿＿＿＿＿＿＿　　总结＿＿＿＿＿＿　　软弱的＿＿＿＿＿＿

III.　Make a new sentence, using the underlined expressions.

　1. <u>早在</u>先秦时期，我国就有过一场关于德治与法治的大争论。

　2. 这是一部<u>关于</u>当代中国城市生活<u>的</u>电影，我认为值得看。

3. 过分地强调道德教化，忽视法制，甚至以为治乱全赖于在位者的道德修养，会<u>导致</u>"人治"。

4. 这些看法<u>不利于</u>道德建设，也不利于整个社会的健全发展。

5. 市场经济不仅是法制经济，<u>同时</u>也是道德经济。

6. <u>没有</u>信用就不会有健全的市场经济，没有大公无私的行政道德也就不会有健全的法制。

IV. Choose the word (or phrase. that is closest to the meaning of the underlined word (or phrase. in the sentence.

1. 他提出的意见太极端了，我<u>根本</u>不能接受。

      a.基本   b.完全   c.偏颇

2. 现在在中国越来越多的人懂得利用法律<u>手段</u>来保护自己的利益。

      a.方式   b.规范   c.行为

3. 许多家长很重视独生子女的知识教育，却<u>忽视</u>了对孩子道德修养的培养，<u>导致</u>了一些孩子自私的习惯。

      a.尊重；产生   b.厉行；形成   c.不重视；造成

4. 在他当领导期间，他<u>利用自己的权利谋取了不少利益</u>。

      a.以权谋私   b.歪风邪气   c.大公无私

V. Answer the following questions with the words or phrases given.

1. 道德对我们的社会有什么作用？

   （有利于…/违法/行为/防范于未然）

2. 在做生意时不讲道德会引起什么后果？

   （商业/信用/坑蒙拐骗/无疑）

3. 对贪赃枉法、以权谋私这样的事情应该采取什么办法解决？

   （丑恶/现象/严厉/打击）

VI. Topics for discussion.

1. 有人说，在现代社会中，人们的道德水平越来越低了，你同意这种说法吗？

2. 有人说，律师(lawyer)得靠钻法律的空子来赚钱，这种看法有没有道理？

3. 如果你是公司领导，在有道德和有才华的两个申请工作者之间，你会选择哪一个？

谈谈孝道

任继愈

孝道是中华民族的两大基本道德行为准则之一，另一个基本道德行为准则是忠。几千年来，把忠孝视为天性，甚至作为区别人与禽兽的标志。忠孝是圣人提出来的，却不是圣人想出来的。它是中国古代长期社会实践的历史产物。

从秦汉开始，中国就建立了民族统一的大国，建成它并维护它要有两条保证。第一条，要保持对广土众民的大国高度集权的有效统治；第二条，要使生活在最基层的个体农民，安居乐业，从事生产。高度集中的政权与极端分散的农民双方要互相配合，减少对立，在统一的国家协调下，才能从事大规模跨地区的工程建设、文化建设，防止内战，抵御外患，救灾防灾。个体农民从中受到实惠，则天下太平。

农业生产是中国古代社会根据自然环境的合理选择。家庭是中国古代一家一户的基层生产组织，从而构成社会的基本细胞。小农生产的家庭对国家有纳税的义务，国家有保护小农的责任。

"国"与"家"的关系协调得好，则天下治，反之则乱。保证实现国家、君主有效统治的最高原则是"忠"；巩固基层社会秩序，增加乡党邻里和睦，父子孝慈的最高原则是"孝"。

相传古代圣王多是造福氏族的领袖。国家组织被看作氏族组

談談孝道

任繼愈

　　孝道是中華民族的兩大基本道德行為準則之一，另一個基本道德行為準則是忠。幾千年來，把忠孝視為天性，甚至作為區別人與禽獸的標誌。忠孝是聖人提出來的，卻不是聖人想出來的。它是中國古代長期社會實踐的歷史產物。

　　從秦漢開始，中國就建立了民族統一的大國，建成它並維護它要有兩條保證。第一條，要保持對廣土眾民的大國高度集權的有效統治；第二條，要使生活在最基層的個體農民，安居樂業，從事生產。高度集中的政權與極端分散的農民雙方要互相配合，減少對立，在統一的國家協調下，才能從事大規模跨地區的工程建設、文化建設，防止內戰，抵禦外患，救災防災。個體農民從中受到實惠，則天下太平。

　　農業生產是中國古代社會根據自然環境的合理選擇。家庭是中國古代一家一戶的基層生產組織，從而構成社會的基本細胞。小農生產的家庭對國家有納稅的義務，國家有保護小農的責任。

　　"國"與"家"的關係協調得好，則天下治，反之則亂。保證實現國家、君主有效統治的最高原則是"忠"；鞏固基層社會秩序，增加鄉黨鄰里和睦，父子孝慈的最高原則是"孝"。

　　相傳古代聖王多是造福氏族的領袖。國家組織被看作氏族組织的扩大。中国古代社会最基本细胞是家庭，因而，"忠""孝"二者相较，孝比忠更基本。

"五四"以来，有些学者没有历史地对待"孝"这一社会现象和行为，出于反对封建思想的目的，把"孝"说成罪恶之源，是不对的，因为它不符合历史实际。

孝道是古代社会历史的产物，不能看作是古代圣人想出来专门限制家庭子女的桎梏，当然也不是天经地义，永恒不变的。

古代农业社会，政府重农，把农民固定在土地上，安土重迁，所以有"父母在，不远游"的古训；古代职业世袭，有"三年无改于父之道"的训条。古人生活于家庭之内，子女对父母要"晨昏定省"。古代父母于子女地位不平等，是片面义务，所以"天下无不是的父母"。古代婚姻不考虑子女双方的感情因素，只凭父母之命即可组成婚配。

进入现代社会，中国社会结构正在转型过程中。社会老龄化现象对孝道研究提出了新课题。我国推行计划生育政策，出现了大量独生子女，子女有赡养父母的义务。而新型家庭一对夫妇要照顾双方的两对父母，因此传统观念规定的某些孝道行为规范，今天有孝心的子女难以照办。当前社会保障制度还不完善，无论对父母或子女，家庭仍然起着安全港湾的作用。

今天对孝道的理解和诠释正面临前所未有的新形势，把几千年来以家庭为基地培育起来的、深入到千家万户的传统观念，从織的擴大。中國古代社會最基本細胞是家庭，因而，"忠""孝"二者相較，孝比忠更基本。

"五四"以來，有些學者沒有歷史地對待"孝"這一社會現象和行為，出於反對封建思想的目的，把"孝"說成罪惡之源，是不對的，因為它不符合歷史實際。

孝道是古代社會歷史的產物，不能看作是古代聖人想出來專門限制家庭子女的桎梏，當然也不是天經地義，永恆不變的。

古代農業社會，政府重農，把農民固定在土地上，安土重遷，所以有"父母在,不遠遊"的古訓；古代職業世襲，有"三年無改于父之道"的訓條。古人生活于家庭之內，子女對父母要"晨昏定省"。古代父母于子女地位不平等，是片面義務，所以"天下無不是的父母"。古代婚姻不考慮子女雙方的感情因素，只憑父母之命即可組成婚配。

進入現代社會，中國社會結構正在轉型過程中。社會老齡化現象對孝道研究提出了新課題。我國推行計劃生育政策，出現了大量獨生子女，子女有贍養父母的義務。而新型家庭一對夫婦要照顧雙方的兩對父母，因此傳統觀念規定的某些孝道行為規範，今天有孝心的子女難以照辦。當前社會保障制度還不完善，無論對父母或子女，家庭仍然起著安全港灣的作用。

今天對孝道的理解和詮釋正面臨前所未有的新形勢，把幾千年來以家庭為基地培育起來的、深入到千家萬戶的傳統觀念，從理论到实践进行再认识，这一课题关系社会治乱，更关系到民族兴衰。

2001年7月24日《光明日报》

理論到實踐進行再認識，這一課題關係社會治亂，更關係到民族興衰。

2001年7月24日《光明日報》

词汇

孝道	孝道	xiào dào	n.	filial duty, filial piety, respect for parents
基本	基本	jīběn	adj./adv.	basic, fundamental, basically; on the whole; in the main 例：~原则/观点/同意
道德	道德	dàodé	n./adj.	morality, moral
行为	行為	xíngwéi	n.	behavior
准则	准則	zhǔnzé	n.	norm, standard, criterion
忠	忠	zhōng	adj./n.	loyal, devoted, honest; loyalty
视为	視為	shì wéi	v.	(formal) to regard as; to look upon as
天性	天性	tiānxìng	n.	natural instincts, human nature
区别	區別	qūbié	v./n.	to distinguish, distinction
禽兽	禽獸	qínshòu	n.	"birds and beasts"-non human
标志	標誌	biāozhì	n./v.	sign, mark, to indicate; to mark; to symbolize
圣人	聖人	shèng rén	n.	sage; wise man
提出(来)	提出（來）	tíchū (lái)	v.	to put forward, to advance, to suggest, to raise
长期	長期	chángqī	n./adj.	long-term; long-lasting, over a long period of time; 例：~实践/工作矛盾
实践	實踐	shíjiàn	v./n.	to put into practice, to carry out; practice; 例：生产/教育~
产物	產物	chǎnwù	n.	outcome, result, product
秦汉	秦漢	qín hàn	n.	the Qin (221-207 B.C.) and Han (206 B.C.-220 A.D.) Dynasties
建立	建立	jiànlì	v.	to establish, to set up, to found; 例：~组织/政权/一个国家/民主制度
民族	民族	mínzú	n.	nation; nationality; ethnic group

维护	維護	wéihù	v.	to safeguard; to defend; to uphold 例：~利益/和平
保证	保證	bǎozhèng	v.	to guarantee; to assure; to pledge; to ensure
保持	保持	bǎochí	v.	to keep, to maintain, to preserve (sth. good); 例：~很高的水平/进步/
广土众民	廣土眾民	guǎng tǔ zhòng mín	n.	vast territory and large population
高度	高度	gāodù	adj.	a high degree
集权	集權	jíquán	n.	centralization of state power
有效	有效	yǒuxiào	adj./ adv.	effective, valid, effectively
统治	統治	tǒngzhì	v.	to govern
基层	基層	jīcéng	n.	basic level, primary level, grassroots level 例：~组织/单位
个体	個體	gètǐ	n.	individual
安居乐业	安居樂業	ānjū lèyè	v.	to live and work in peace and contentment
从事	從事	cóngshì	v.	to be engaged in, to go for; 例：~生产/各种活动
生产	生產	shēngchǎn	v./n.	to produce, to manufacture; production
集中	集中	jízhōng	v.	to centralize, to concentrate, to put together
政权	政權	zhèngquán	n.	political power, regime
极端	極端	jíduān	adj./ adv.	extreme; extremely exceedingly 例：~的行为/想法；~热爱/重视
分散	分散	fēnsàn	adj./v.	scattered, dispersed, diverted; to scatter, to distract 例：~注意力/在各处
双方	雙方	shuāngfāng	n.	both sides, the two parties
互相	互相	hùxiāng	adv.	mutually, each other

配合	配合	pèihé	v.	to cooperate, to integrate
减少	減少	jiǎnshǎo	v.	to reduce, to decrease, to cut down
对立	對立	duìlì	v./adj.	to oppose; to be antagonistic to
协调	協調	xiétiáo	v.	to coordinate, to harmonize, to bring into line
规模	規模	guīmó	n.	scale, scope, extent, dimensions
跨地区	跨地區	kuà dìqū		cross-regional
工程	工程	gōngchéng	n.	project, engineering
建设	建設	jiànshè	v./n.	to build, to construct; construction
防止	防止	fángzhǐ	v.	to prevent
内战	內戰	nèizhàn	n.	civil war
抵御	抵禦	dǐyù	v.	to resist, to withstand
外患	外患	wàihuàn	n.	foreign aggression
救灾	救災	jiùzāi	v.	to provide disaster relief, to help the people tide over a natural disaster
防灾	防災	fángzāi	v.	to take precautions again natural calamities
从中	從中	cóngzhōng		out of, from among; therefrom; 例：～受益/谋利/反省
实惠	實惠	shíhuì	n.	material benefit
则	則	zé	conj.	thus; then (formal)
天下	天下	tiānxià	n.	all under heaven- the world
太平	太平	tàipíng	adj.	peaceful
根据	根據	gēnjù	prep.	on the basis of, according to, in the light of, in line with
合理	合理	hélǐ	adj.	reasonable, rational
选择	選擇	xuǎnzé	v.	to select, to make a choice
户	戶	hù	n.	household, family 例：一家一户/千家万户
组织	組織	zǔzhī	n./v.	organization, to organize

从而	從而	cóng'ér	*conj.*	thus; thereby *(formal)*
构成	構成	gòuchéng	*v.*	to constitute, to form, to compose, to make up
细胞	細胞	xìbāo	*n.*	cell
小农	小農	xiǎo nóng	*n.*	small farmer; 例：~经济 (small-scale peasant economy)
纳税	納稅	nàshuì	*v.*	to pay tax
义务	義務	yìwù	*n.*	duty, obligation
保护	保護	bǎohù	*v.*	to protect
责任	責任	zérèn	*n.*	responsibility
反之	反之	fǎn zhī	*conj.*	whereas, on the other hand, conversely *(formal)*
实现	實現	shíxiàn	*v.*	to realize
君主	君主	jūnzhǔ	*n.*	monarch, sovereign
原则	原則	yuánzé	*n.*	principle
巩固	鞏固	gǒnggù	*v.*	to solidify, to consolidate, to strengthen
秩序	秩序	zhìxù	*n.*	order, sequence
乡党	鄉黨	xiāngdǎng	*n.*	village communities, fellow villagers or townsmen *(old)*
邻里	鄰裏	línlǐ	*n.*	neighborhood, neighbors
和睦	和睦	hémù	*adj.*	harmonious, to be in concord, to be in accord
父子孝慈 (父慈子孝)	父子孝慈 (父慈子孝)	fùzǐ xiào cí		the father is affectionate, and the son shows filial obedience
相传	相傳	xiāngchuán		according to legend, tradition has it that…
圣王	聖王	shèng wáng	*n.*	the holy king
造福	造福	zàofú	*v.*	to bring benefit to, to benefit
氏族	氏族	shìzú	*n.*	family, clan
领袖	領袖	lǐngxiù	*n.*	leader
扩大	擴大	kuòdà	*v.*	to enlarge, to extend, to expand
因而	因而	yīn ér	*conj.*	thus, as a result, therefore
相较	相較	xiāng jiào	*v.*	to compare; =相比较

现象	現象	xiànxiàng	n.	phenomenon
出于	出於	chūyú	prep.	to start from, to stem from, to proceed from
封建	封建	fēngjiàn	adj./n.	feudal, feudalistic; feudalism
思想	思想	sīxiǎng	n.	thought, thinking, idea, ideology
目的	目的	mùdì	n.	goal, purpose
罪恶	罪惡	zuì'è	n.	sin, evil, travesty
...之源	...之源	zhī yuán		the source of, the cause of
符合	符合	fúhé	v.	to accord with, to tally with, to conform to 例：~标准/利益
实际	實際	shíjì	n./adj.	reality; realistic, actual
专门	專門	zhuānmén	adj./adv.	special, specialized; particularly
限制	限制	xiànzhì	v./n.	to limit, to restrict; limitation
桎梏	桎梏	zhìgù	n.	fetters (lit.)
天经地义	天經地義	tiānjīng dìyì	adj.	(in line with) the principles of heaven and earth-right and proper, perfectly justified
永恒	永恒	yǒnghéng	adj.	eternal, perpetual (lit.)
重农	重農	zhòng nóng	v.	to attach much importance to agriculture, to emphasize agriculture
固定	固定	gùdìng	v./adj.	to fix, to regularize; fixed regular
土地	土地	tǔdì	n.	earth, soil
安土重迁	安土重遷	ān tǔ zhòng qiān	v.	to love one's homeland and not wish to leave it, to hate to leave one's native land
古训	古訓	gǔxùn	n.	an ancient maxim (or adage)
职业	職業	zhíyè	n.	profession; occupation; vocation
世袭	世襲	shìxí	adj./n.	hereditary; inheritance practices

训条	訓條	xùntiáo	*n.*	instruction; maxim
于	於	yú	*prep.*	(here)在
晨昏定省	晨昏定省	chén hūn dìng xǐng	*v.*	to pay respects to one's parents in the morning and in the evening
片面	片面	piànmiàn	*adv./ adj.*	one-sided, lopsidedly
天下无不是的父母	天下無不是的父母	tiānxià wú búshì de fùmǔ		there are no faulty parents in the world
婚姻	婚姻	hūnyīn	*n.*	marriage
感情	感情	gǎnqíng	*n.*	emotion, passion, feeling
因素	因素	yīnsù	*n.*	element, factor
凭	憑	píng	*v./prep.*	to depend on, to rely on, to go by
父母之命	父母之命	fùmǔ zhī mìng	*n.*	parental commands
即	即	jí	*adv.*	就是
组成	組成	zǔchéng	*v.*	to constitute, to make up
婚配	婚配	hūnpèi	*n.*	marriage
结构	結構	jiégòu	*n.*	structure, composition
转型	轉型	zhuǎnxíng	*v.*	to change, to transform, to be in transition
老龄化	老齡化	lǎolíng huà	*v./n.*	old, outmoded ness, aging problem
课题	課題	kètí	*n.*	a question for study or discussion
推行	推行	tuīxíng	*v.*	to carry out, to pursue, to practice
独生子女	獨生子女	dúshēng zǐnǚ	*n.*	an only child
赡养	贍養	shànyǎng	*v.*	to support, to provide for (usu. for parents)
新型	新型	xīnxíng	*adj.*	new type, new pattern
照顾	照顧	zhàogù	*v.*	to take care of
规定	規定	guīdìng	*v./n.*	to stipulate, to prescribe; rule, regulation, stipulation
某些	某些	mǒuxiē	*adj.*	some
规范	規範	guīfàn	*n.*	standard, norm, modes, models

孝心	孝心	xiàoxīn	n.	filial devotion, filial sentiments
难以	難以	nányǐ		hard to, difficult to
照办	照辦	zhàobàn	v.	to act accordingly, to act upon, to comply with
当前	當前	dāngqián	n.	present, current
保障	保障	bǎozhàng	v.	to ensure, to guarantee, to safeguard
制度	制度	zhìdù	n.	system, institution
完善	完善	wánshàn	adj./n.	perfect, consummate, complete and good; to perfect
仍然	仍然	réngrán	adv.	still, yet
安全	安全	ānquán	adj.	safe
港湾	港灣	gǎngwān	n.	harbor
诠释	詮釋	quánshì	v./n.	to annotate, to give explanatory notes; annotation, explanation
面临	面臨	miànlín	v.	to be faced with, to be confronted with
前所未有	前所未有	qián suǒ wèi yǒu	adj.	never existed before, hitherto unknown, unprecedented
形势	形勢	xíngshì	n.	situation, circumstances
基地	基地	jīdì	n.	base
培育	培育	péiyù	v.	to bring up, to rear, to nurture and educate; 例：~人才/新品种
深入	深入	shēnrù	v./adv./adj.	to go deep into, to penetrate; deep, penetrating; deeply
传统	傳統	chuántǒng	n./adj.	tradition, traditional
观念	觀念	guānniàn	n.	concept, sense, idea
理论	理論	lǐlùn	n.	theory
进行	進行	jìnxíng	v.	to carry out, to conduct, to be in progress
再认识	再認識	zài rèn.shí	v.	to renew an understanding of
兴衰	興衰	xīngshuāi	n./v.	rise and decline; 例：国家的/电脑发展的~

词语解释

1. ...之一   one of...

◆ 孝道是中华民族的两大基本道德行为准则之一。

Filial piety is one of the two fundamental moral principles of the Chinese people.

1) 饺子是最出名的中国食物之一。

2) 听说那个女人又出去工作了，原因之一是她的丈夫失业了，另一个原因是她自己也不想整天呆在家里。

2. 把…视为/作为…   to regard sth. as;   to take sth. as...

◆ 几千年来，把忠孝视为天性，甚至作为区别人与禽兽的标志。

For thousands of years, loyalty and filial piety have been regarded as human nature, even as a sign to distinguish human beings and animals.

1) 世界上许多人都把自由女神作为美国的标志。

2) 这位音乐家把音乐创作视为自己的生命。

3. 在…的协调/帮助/影响/下   under (or through);   from...

◆ 在统一的国家协调下，才能从事大规模跨地区的工程建设、文化建设。

Only through the united coordination of the nation was it possible to be engaged in tremendous trans-regional engineering and cultural construction.

1) 在全社会的关心下，那个没有父母的孩子生活得很快乐。

2) 在现代化的影响下，传统的东西越来越少。

4. 出于...的目的   to be motivated by...

◆ 有些学者没有历史地对待"孝"这一社会现象和行为，出于反对封建思想的目的，把"孝"说成罪恶之源。

Some scholars did not treat filial piety as a historical social phenomenon and activity.　Driven by anti-feudal motives, they regarded filial piety as the cause of all sorts of sin.

1) 出于反对恐怖主义目的，这两个国家从敌人变成了朋友。

2) 出于个人的目的，每个来开会的人都尽量表现自己。

5. 父母在不远游。   （《论语·里仁》）

While his parents are alive, one dose not travel afar.

三年无改于父之道。   （《论语·里仁》）

For three years (after one's father dies, a man), (one) does not alter from the way of his father.

6. 凭 ...+VP.   (to do sth.) depending on

◆ 古代婚姻不考虑子女双方的感情因素，只凭父母之命即可组成婚
配。

Marriage, in former times, did not factor into consideration the feelings of a son or a daughter. Rather, whether one would be married, or whom one would marry, depended solely on the wishes of parents.

1) 从事科学工作不能只凭自己的想象，还得进行严密的论证。

2) 凭我的才华一定能成为有名的音乐家。

7. 难以 (想象/接受/相信)   difficult to   hard to...

◆ 传统观念规定的某些孝道行为规范，今天有孝心的子女难以照办。

These days it is difficult for filial sons and daughters to comply with certain modes of filial behavior encompassed by traditional attitudes.

1) 看着眼前这个又瘦又小的老人，我简直难以相信他曾经是个将军

2) 古时候人们的许多生活方式是我们现在难以想象的。

8. 起着...的作用   to have an effect of...

◆ 无论对父母或子女，家庭仍然起着安全港湾的作用 。

Whether it be for parents or children, the family, still serves as a safe haven.

1) 孩子对保持家庭的稳定往往起着相当大的作用。

2) 世界上几个大国之间的关系对国际形势起着很重要的作用。

练习

I. Choose the correct answer.

1. 他提出的那些看法我＿＿＿＿＿＿都不同意。

   a. 基础上　　b. 基本上　　c. 基地上

2. 在＿＿＿＿＿＿＿了一个新政府以后，最要紧的事是发展经济

   ＿＿＿＿＿。

   a. 建设；建立　　b. 建立；建设　　c. 防止；培养

3. 他是一个很＿＿＿＿＿＿的人，得不到＿＿＿＿＿＿的事往往不愿意

   做。

   a. 实际；实惠　　　　b. 实践；实际　　c. 实现；实惠

4. 离开家以前，我向父母＿＿＿＿＿＿＿过以后一定回来好好孝顺他

   们。

   a. 保持　　　b. 保护　　c. 保证

5. 现代中国的家庭往往是由父母和一个孩子＿＿＿＿＿＿的。

   a. 组成　　　b. 结构　　c. 组织

II. Provide an appropriate Chinese word to make meaningful phrases.

   从事＿＿＿＿＿　　　　互相＿＿＿＿＿＿

   防止＿＿＿＿＿　　　　合理的＿＿＿＿＿

   推行＿＿＿＿＿　　　　赡养＿＿＿＿＿

   符合＿＿＿＿＿　　　　面临＿＿＿＿＿

III. Make a new sentence using the underlined expressions.
   1. 孝道是中华民族的两大基本道德行为准则<u>之一</u>，<u>另一个</u>基本道德行为准则是忠 。
   2. <u>在</u>统一的国家协调<u>下</u>，才能从事大规模跨地区的工程建设、文化建设。
   3. 有些学者没有历史地对待孝这一社会现象和行为，<u>出于反对封建思想的目的</u>，把孝说成罪恶之源。
   4. 古代婚姻不考虑子女双方的感情因素， 只<u>凭</u>父母之命即可组成婚配。

IV. Choose the word that is closest in meaning to the underlined word in the sentence.

1. <u>当前</u>我国面临的最大问题是发展经济, 而不是改革政治。

    a. 面前   b. 当时   c. 目前

2. 当前社会保障制度还不完善, 无论父母或子女, 家庭<u>仍然</u>起着安全港湾的作用。

    a. 到底   b. 还是   c. 当然

3. 中国近十年来发生的快速变化可以说是历史上<u>前所未有</u>的。

    a. 从来没有   b. 永远没有   c. 以后没有

4. 孝道是古代社会历史的产物, 不是古代圣人想出来的<u>专门</u>限制家庭子女的桎梏。

    a. 特别   b. 统一   c. 不仅

5. 几千年来, 中国人把忠孝<u>视为</u>天性。

    a. 看作   b. 作用   c. 构成

V. Answer the following questions trying to use the words and patterns given.

    近年来, 在许多国家, 包括中国, 家庭的结构发生了很大的变化, 特别是许多家庭只有一个孩子, 甚至没有孩子, 而且单亲(single parent)家庭也越来越多。你认为这种情况会造成什么问题? 怎样解决这个问题?

(新型; 独生子女; 老龄化; 照顾; 赡养; 孝顺; 难以;面临; 限制; 推行; 观念; 保护; 互相;起着...的作用)

VI. Discussion Topics.

1. 你认为现代的子女还要不要讲孝道? 怎样做算是孝顺?

2. 在美国的文化中有没有"孝道"这样的观念? 能不能说美国的父母和子女之间的关系没有人情味?

3. 美国人一方面重视家庭生活, 另一方面离婚率又是世界上最高的, 这是不是一个矛盾?

VII. Composition.

1. 请你谈谈一个保持到现代的传统，为什么这个传统能保持下来，今后又可能有什么趋势呢？

2. 根据你的观察(observation)和想象，下一个世纪人们的家庭生活会产生么样的变化？这些变化有什么好处和坏处？

异中求同——用汉字写普通话

周质平

海峡两岸自从二十世纪 80 年代互通以来，两岸语言文字的异同成了一个热门的话题。但是谈这个题目的人大多是从"同中求异"的方向来讨论分析两岸的语文——在大同之中求小异，并进而强调、夸大这些小异。这使一些初通中文的外国人，甚至于不曾在两岸居住过的中国人产生一种错觉：以为海峡两岸说的是两种不同的语言，而写的是两种不同的文字。在我看来，这是一种以偏概全的误导。

大同之中有些小异

我丝毫无意于暗示两岸的语文是完全一致的。只要到彼岸走一趟，立刻就能发现大陆用简化字而台湾用繁体字，在日常用语中的小歧异更是随处可以听见、看见。如大家都知道的，在台湾及海外叫"先生、太太"，在大陆则以"爱人"取代；如大陆把"冷气机"叫做"空调"；把"计程车"叫做"出租汽车"等等。在此，应该指出的是：提出这些差异的中国人，很少是因为这些差异而引起了理解上的困难。提出这些差异来，与其说是为了理解，不如说是为了趣味或研究。换句话说，海峡两岸的人论这些问题，并不是因为沟通不了，而是觉得这些不同非常有趣。

所以，在讨论两岸语言文字异同之前，我首先必须强调：两

異中求同 —— 用漢字寫普通話

周質平

海峽兩岸自從二十世紀 80 年代互通以來，兩岸語言文字的異同成了一個熱門的話題。但是談這個題目的人大多是從 "同中求異" 的方向來討論分析兩岸的語文—在大同至中求小異，並進而強調、誇大這些小異。這使一些初通中文的外國人，甚至於不曾在兩岸居住過的中國人產生一種錯覺：以為海峽兩岸說的是兩種不同的語言，而寫的是兩種不同的文字。在我看來，這是一種以偏概全的誤導。

大同之中有些小異

我絲毫無意於暗示兩岸的語文是完全一致的。只要到彼岸走一趟，立刻就能發現大陆用簡化字而臺灣用繁體字，在日常用語中的小歧異更是隨處可以聽見、看見。如大家都知道的，在臺灣及海外叫 "先生、太太"，在大陸則以 "愛人" 取代；如大陸把 "冷氣機" 叫做 "空調"；把 "計程車" 叫做 "出租汽車" 等等。在此， 應該指出的是：提出這些差異的中國人，很少是因為這些差異而引起了理解上的困難。提出這些差異來，與其說是為了理解，不如說是爲了趣味或研究。換句話說，海峽兩岸的人討論這些問題，並不是因爲溝通不了，而是覺得這些不同非常有趣。

语文知识在大同之中，有些微小的差异。这个大同的基础是什么？是用汉字写普通话的历史事实。这个历史事实正如中国有多种方言，同样地不因个人政治信仰而有任何转移。这个事实不但是地理上的分布，而且也是历史上的发展，更是十几亿人天天做的听、说、读、写。

提倡国语——共同的认识

提倡国语是自晚清以来，中国知识分子共同的认识和努力的方向。用北京音为准的北方官话，来作为国语或普通话的这个认识，并不是二十世纪 20 年代"国语推行委员会"几个委员的决定，而是自长久以来被大家接受的事实。

在众多的方言中，选定"国语"时，一种方言使用人口的多少固然是一个重要的考虑，但并不是唯一的。一个方言能不能作为国语的另一个重要条件是：有没有用这个方言所写定的白话文学作品。当我们把这个标准提出来时，吴语（江浙话）、粤语（广东话）、闽语（福建话）区的人不得不承认：唐宋的传奇、话本、语录，元代的杂剧，明清的戏曲小说，绝大部分是以北方官话写定的。也正是在这个语言、历史和文学的基础上，当时的国语推行委员会选定了以北京音为标准的北方官话作为国语。

提出以上这一点是为了说明中国国语"有语有文"的这个事实。一个"有语无文"的语言，如中国的许多方言；和一个"有文无语"的文字如拉丁文，都不是成为"国语"或"国文"的好所以，在討論兩岸語言文字異同之前，我首先必須強調：兩岸語文知識在大同之中，有些微小的差異。這個大同的基礎是什麼？是用漢字寫普通話的歷史事實。這個歷史事實正如中國有多種方言，同樣地不因個人政治信仰而有任何轉移。這個事實不但是地理上的分佈，而且也是歷史上的發展，更是十幾億人天天做的聽、說、讀、寫。

提倡國語——共同的認識

提倡國語是自晚清以來，中國知識份子共同的認識和努力的方向。用北京音為准的北方官話，來作為國語或普通話的這個認識，並不是二十世紀 20 年代“國語推行委員會”幾個委員的決定，而是自長久以來被大家接受的事實。

在眾多的方言中，選定“國語”時，一種方言使用人口的多少固然是一個重要的考慮，但並不是唯一的。一個方言能不能作為國語的另一個重要條件是：有沒有用這個方言所寫定的白話文學作品。當我們把這個標準提出來時，吳語（江浙話）、粵語（廣東話）、閩語（福建話）區的人不得不承認：唐宋的傳奇、話本、語錄，元代的雜劇，明清的戲曲小說，絕大部分是以北方官話寫定的。也正是在這個語言、歷史和文學的基礎上，當時的國語推行委員會選定了以北京音為標準的北方官話作為國語。

提出以上這一點是為了說明中國國語“有語有文”的這個事實。一個“有語無文”的語言，如中國的許多方言；和一個“有文無語”的文字如拉丁文，都不是成為“國語”或“國文”的好选择，因为在推广时，会遇到不容易克服的困难。

汉字的局限

每个方言区的人多少都做过用汉字来记音的尝试。上海和香港用吴语和粤语刊行的报纸和小说，就是最好的例子。但是这些用汉字写的方言作品，几乎无一例外地被看作"民间"或"地方"的作品，在功用和流通上都有极大的局限性。

汉字和拼音文字最大的不同在于：汉字是表义的，而拼音文字是表音的。汉字受限于它表义的先天内涵，使它不能充分而忠实地反映任何方言。所谓汉字写普通话，其实这也只是就大体而言，这个普通话也只能止于相当正式的书面语，而不是地道的北京胡同里的"京片子"。换句话说，由于汉字和拼音文字先天条件的不同，中文口语和书面语的距离，是比英文要大的。

汉字台语化是走不通的

近几年来，在台湾经常听到"台语汉字化"或"汉字台语化"的呼声。在此，我不得不指出：这种努力和用心是可以同情的，也是可以理解的，但是这条路却是走不通的，即使走通了，也没有太大的意义。不只台语是这样，任何想把吴语、粤语、湘语……汉字化的努力都将是徒劳的。因为这不是一个政治问题，也不是一个感情问题，更不是一个种族问题，而是一个不折不扣的语言文字问题。也许因为当年国民党在台湾推行国语，有若干失当的措施，因而语言上的本土化有着一定政治上抗争的意义。

選擇，因為在推廣時，會遇到不容易克服的困難。

漢字的局限

每個方言區的人多少都做過用漢字來記音的嘗試。上海和香港用吳語和粵語刊行的報紙和小說，就是最好的例子。但是這些用漢字寫的方言作品，幾乎無一例外地被看作"民間"或"地方"的作品，在功用和流通上都有極大的局限性。

漢字和拼音文字最大的不同在於：漢字是表義的，而拼音文字是表音的。漢字受限於它表義的先天內涵，使它不能充分而忠實地反映任何方言。所謂漢字寫普通話，其實這也只是就大體而言，這個普通話也只能止於相當正式的書面語，而不是地道的北京胡同裏的"京片子"。換句話說，由於漢字和拼音文字先天條件的不同，中文口語和書面語的距離，是比英文要大的。

漢字台語化是走不通的

近幾年來，在臺灣經常聽到"台語漢字化"或"漢字台語化"的呼聲。在此，我不得不指出：這種努力和用心是可以同情的，也是可以理解的，但是這條路卻是走不通的，即使走通了，也沒有太大的意義。不只台語是這樣，任何想把吳語、粵語、湘語……漢字化的努力都將是徒勞的。因為這不是一個政治問題，也不是一個感情問題，更不是一個種族問題，而是一個不折不扣的語言文字問題。也許因為當年國民黨在臺灣推行國語，有若干失當的措施，因而語言上的本土化有著一定政治上抗爭的意義。

如果我们承认在广大中国人口之中，还有一个所谓"普通话"的存在，那么，在语言上过分地本土化，走回方言的道路，是自二十世纪初年以来，中国知识分子共同推行国语的一个反动。

说一种多数人说的语言不是屈服，更不是羞耻。语言上向多数靠拢是唯一的、也是必要的方向，是给人家方便，更是给自己方便。乡土情怀过分地表现在语言的本土化上是孤立自己，而不是壮大自己。

偏好自己的乡音是自然的。但偏好乡音并不应该意味着敌视普通话。敌视普通话是政治化了的情绪反映，是对客观事实的无知和逃避，也是画地自限。

海峡两岸语言和文化基本上的一致，是不容否认的。换句话说，"中国"这个概念不应该只是两个不同的政治体系；"中国"更深的含义与其说是政治的，不如说是文化的。一个中国人可以选择他自己的政治信仰，但却无法自外于"文化中国"。

如果我們承認在廣大中國人口之中，還有一個所謂"普通話"的存在，那麼，在語言上過分地本土化，走回方言的道路，是自二十世紀初年以來，中國知識份子共同推行國語的一個反動。

說一種多數人說的語言不是屈服，更不是羞恥。語言上向多數靠攏是唯一的、也是必要的方向，是給人家方便，更是給自己方便。鄉土情懷過分地表現在語言的本土化上是孤立自己，而不是壯大自己。

偏好自己的鄉音是自然的。但偏好鄉音並不應該意味著敵視普通話。敵視普通話是政治化了的情緒反映，是對客觀事實的无知和逃避，也是畫地自限。

海峽兩岸語言和文化基本上的一致，是不容否認的。換句話說，"中國"這個概念不應該只是兩個不同的政治體系；"中國"更深的含義與其說是政治的，不如說是文化的。一個中國人可以選擇他自己的政治信仰，但卻無法自外於"文化中國"。

词汇

异中求同	異中求同	yìzhōng qiútóng	v.	to seek similarity within dissimilarity
普通话	普通話	pǔtōnghuà	n.	Mandarin
海峡	海峽	hǎixiá	n.	strait
海峡两岸	海峽兩岸	hǎixiá liǎng'àn	n.	Mainland China and Taiwan (lit. "the two sides of the [Taiwan] Strait")
互通	互通	hùtōng	v.	to communicate with each other 例：~消息/语言
异同	異同	yìtóng	n.	differences and similarities
热门	熱門	rèmén	adj.	popular, arousing popular interest 例：~话题/专业
同中求异	同中求異	tóngzhōng qiúyì	v.	to seek dissimilarity from similarity
方向	方向	fāngxiàng	n.	direction
分析	分析	fēn.xī	v./n.	to analyze; analysis 例：~内容/问题/形势
进而	進而	jìnér	adv..	further, after that
强调	強調	qiángdiào	v.	to stress, to emphasize, to underline
夸大	誇大	kuādà	v.	to exaggerate, to overstate 例：~事实/病情
初通	初通	chūtōng	v.	just starting to understand (at an elementary level)
居住	居住	jūzhù	v.	to reside, to live, to dwell
产生	產生	chǎnshēng	v./n.	to bring about; to emerge; emergence
错觉	錯覺	cuòjué	n.	illusion, misconception, wrong impression
以偏概全	以偏概全	yǐpiān gàiquán	v.	can't see the forest for the tree
误导	誤導	wùdǎo	n./v.	misleading; to mislead 例：~观众；产生~
丝毫	絲毫	sīháo	adv.	a slight amount or degree, a bit (negative)
无意于	無意於	wúyìyú		without intention or purpose to
暗示	暗示	ànshì	v./n.	hint
一致	一致	yízhì	adj./adv.	consistent, same 例：~的

			adv.	意见；~同意/认为
彼岸	彼岸	bǐ àn	n.	the other side of the bank or shore
趟	趟	tàng	MW.	measure word for trips
大陆	大陸	dàlù	n.	mainland, continent
台湾	臺灣	Táiwān	prop.	Taiwan
简化字	簡化字	jiǎnhuàzì	n.	simplified characters
繁体字	繁體字	fántǐzì	n.	traditional characters
歧异	歧異	qíyì	n.	ambiguity and difference
随处	隨處	suíchù	n.	anywhere, everywhere
取代	取代	qǔdài	v.	to replace
冷气机	冷氣機	lěngqì jī	n.	air conditioner (Taiwan)
空调	空調	kōngtiáo	n.	air conditioner (Mainland)
计程车	計程車	jìchéngchē	n.	taxi (Taiwan)
出租汽车	出租汽車	chūzūqìchē	n.	taxi (Mainland)
在此	在此	zàicǐ	prep.	here 在这儿
差异	差異	chāyì	n.	difference, divergence
引起	引起	yǐnqǐ	v.	to cause 例：~差异/争端/火灾/注意/兴趣
趣味	趣味	qùwèi	n.	fun, interest
讨论	討論	tǎolùn	v./n.	to discuss; discussion
沟通	溝通	gōutōng	v.	to communicate, to link up
首先	首先	shǒuxiān	conj.	first of all, in the first place
微小	微小	wēixiǎo	adj.	small, little
基础	基礎	jīchǔ	n.	foundation, basis
事实	事實	shìshí	n.	fact, truth
正如	正如	zhèngrú	prep.	just as
方言	方言	fāngyán	n.	dialect
同样	同樣	tóngyàng	adv./adj.	similarly, similar, same
因	因	yīn	prep.	because, because of 因为
个人	個人	gèrén	n.	individual

信仰	信仰	xìnyǎng	*n.*	belief, faith, conviction
转移	轉移	zhuǎnyí	*v.*	to transfer, to change
地理	地理	dìlǐ	*n./adj.*	geography; geographic
分布	分佈	fēnbù	*n./v.*	distribution; to be distributed (over an area)
提倡	提倡	tíchàng	*v.*	to advocate, to promote
国语	國語	guóyǔ	*n.*	national speech
共同	共同	gòngtóng	*adj.*	common, shared
晚清	晚清	wǎnQīng	*n.*	late Qing Dynasty (late 19th century)
努力	努力	nǔlì	*v./adj.*	to make great efforts, to try hard; hard-working, diligent
知识分子	知識份子	zhīshífènzǐ	*n.*	intellectual
官话	官話	guānhuà	*n.*	official dialect; Mandarin
推行	推行	tuīxíng	*v.*	to carry out, to pursue, to practice
委员会	委員會	wěiyuánhuì	*n.*	committee
委员	委員	wěiyuán	*n.*	committee member
众多	眾多	zhòngduō	*adj.*	many; various
选定	選定	xuǎndìng	*v.*	to decide on
固然	固然	gùrán	*adv.*	admittedly, though of course, no doubt, it is true
考虑	考慮	kǎolǜ	*v./n.*	to consider, consideration
唯一	唯一	wéiyī	*adj./adv.*	only, sole
白话	白話	báihuà	*n.*	vernacular
写定	寫定	xiědìng	*v.*	to write down
作品	作品	zuòpǐn	*n.*	literary or artistic works
吴语	吳語	Wúyǔ	*prop.*	Wu dialect (Jiangsu dialect)
粤语	粵語	Yuèyǔ	*prop.*	Yue dialect (Canton dialect)
闽语	閩語	Mǐnyǔ	*prop.*	Min dialect (Fujian dialect)
区	區	qū	*n.*	district, region, area
不得不	不得不	bùdébù		have to, cannot but

承认	承認	chéngrèn	*v.*	to admit
唐	唐	Táng	*prop.*	the Tang Dynasty
宋	宋	Sòng	*prop.*	the Song Dynasty
传奇	傳奇	chuánqí	*n.*	tales of the marvelous (short stories written in the Tang-Song Period
话本	話本	huàběn	*n.*	printed versions of the prompt-books used by storytellers in the Song and Yuan dynasties
语录	語錄	yǔlù	*n.*	analects
元代	元代	Yuándài	*prop.*	the Yuan Dynasty
杂剧	雜劇	zájù	*n.*	a poetic drama created during the Yuan Dynasty
明	明	Míng	*prop.*	the Ming Dynasty
清	清	Qīng	*prop.*	the Qing Dynasty
戏曲	戲曲	xìqǔ	*n.*	traditional opera
小说	小說	xiǎoshuō	*n.*	novel, fiction
绝大部分	絕大部分	juédàbù.fen	*n.*	most, the overwhelming majority
拉丁文	拉丁文	Lādīngwén	*prop.*	Latin (language)
推广	推廣	tuīguǎng	*v.*	to popularize, to spread, to extend
遇到	遇到	yùdào	*v.*	to come across, to run into, to encounter
克服	克服	kèfú	*v.*	to overcome 例：~局限/困难/缺点
局限	局限	júxiàn	*v./n.*	to limit, to confine; limitation
记音	記音	jìyīn	*v.*	to record the pronunciation; to transcribe
尝试	嘗試	chángshì	*v./n.*	try
刊行	刊行	kānxíng	*v.*	to print and publish
报纸	報紙	bàozhǐ	*n.*	newspaper
无一例外	無一例外	wúyīlìwài	*adv.*	without exception
民间	民間	mínjiān	*n./adj.*	folk, non-governmental
地方	地方	dìfāng	*n./adj.*	locality; local

417

功用	功用	gōngyòng	*n.*	function
流通	流通	liútōng	*n./v.*	circulation; to circulate
拼音文字	拼音文字	pīnyīn wénzì	*n.*	alphabetic written language; Romanization system
表义	表義	biǎoyì	*adj./v.*	ideographic
表音	表音	biǎoyīn	*adj./v.*	phonographic
受限于	受限於	shòu xiàn yú	*prep.*	be limited by
先天	先天	xiāntiān	*adj.*	inborn, congenital 例：~疾病/条件/缺陷
内涵	内涵	nèihán	*n.*	connotation, intention
充分	充分	chōngfèn	*adj./adv.*	full, ample, abundant to the full; as fully as possible
忠实	忠實	zhōngshí	*adj./adv.*	truthful, loyal, faithful; truthfully, faithfully
反映	反映	fǎn.yìng	*v./n.*	to reflect; reflection
大体	大體	dàtǐ	*n./adv.*	overall (situation)
就大体而言	就大體而言	jiù dàtǐ ér yán		generally speaking
止于	止於	zhǐyú	*prep.*	limited to
书面语	書面語	shūmiànyǔ	*n.*	written language
地道	地道	dì.dào	*adj.*	genuine, pure, typical
胡同	胡同	hútòng	*n.*	lane, alley
京片子	京片子	jīngpiànzi	*n.*	authentic Beijing dialect
换言之	換言之	huànyánzhī		in other words 换句话说
走不通	走不通	zǒu.bùtōng	*v-c.*	won't do, won't work, will get nowhere
距离	距離	jùlí	*n.*	distance
呼声	呼聲	hūshēng	*n.*	cry, voice
用心	用心	yòngxīn	*n.*	intention, motive
意义	意義	yì.yì	*n.*	significance, meaning, sense
湘语	湘語	Xiāngyǔ	*prop.*	Hunan dialect
将	將	jiāng	*adv.*	be going to, will
徒劳	徒勞	túláo	*adj.*	futile, fruitless

种族	種族	zhǒngzú	n.	race
不折不扣	不折不扣	bùzhébúkòu	adj./adv.	one hundred percent, out-and-out
若干	若干	ruògān	n.	a few; some
失当	失當	shīdàng	adj.	inappropriate, improper
措施	措施	cuòshī	n.	measure, step
而今	而今	érjīn	n.	today, now
本土化	本土化	běntǔhuà	n./v.	localization
抗争	抗爭	kàngzhēng	v.	to take a stand against, to resist, to protest
广大	廣大	guǎngdà	adj.	vast; numerous
过分	過分	guòfèn	adj./adv.	excessive, overly, excessively
世纪	世紀	shìjì	n.	century
反动	反動	fǎndòng	n./adj.	reaction; reactionary
屈服	屈服	qūfú	v.	to subdue, to submit, to yield
羞耻	羞恥	xiūchǐ	n./adj.	shame; shameful
靠拢	靠攏	kàolǒng	v.	to draw close, to close up
乡土	鄉土	xiāngtǔ	n.	homeland
情怀	情懷	qínghuái	n.	feelings
孤立	孤立	gūlì	v./adj.	to isolate; isolated
壮大	壯大	zhuàngdà	v.	to grow in strength, to expand
偏好	偏好	piānhào	v.	to have a special fondness for something, to prefer
乡音	鄉音	xiāngyīn	n.	accent of one's native place, local accent
意味着	意味著	yìwèi.zhe	v.	to mean, to imply
敌视	敵視	díshì	v./adj.	to adopt a hostile attitude towards 例：~情绪/对方
情绪	情緒	qíngxù	n.	mood
客观	客觀	kèguān	adj.	objective
无知	無知	wúzhī	adj./n.	ignorant; ignorance
逃避	逃避	táobì	v.	to escape, to evade 例：~问题/现实

画地自限	畫地自限	huàdìzìxiàn	v.	to restrict someone's activities to a designated area of sphere
不容	不容	bùróng	v.	not to tolerate, not to allow
				例：~忽视/乐观/否认
否认	否認	fǒurèn	v./n.	to deny; denial
概念	概念	gàiniàn	n.	concept
体系	體系	tǐxì	n.	system
曾	曾	céng	n.	layer, stratum
涵义	涵義	hányì	n.	meaning, implication
选择	選擇	xuǎnzé	v./n.	to choose, to select; choice
自外于	自外於	zìwàiyú	prep.	to keep oneself outside of

词语解释

1. 与其(说是)A, 不如(说是)B   rather than A, it'd be better off B, B
     is better or more appropriate than A

◆ 提出这些差异来，与其说是为了理解，不如说是为了趣味或研究。

1) 与其选一个诚实但无能的总统，不如选一个有些缺点但很能干的总统。

2) 与其羡慕别人幸福，不如自己创造幸福。

2. 正如 (好象) ...   just as...

◆ 这个历史事实正如中国之有多种方言，同样的不因个人政治信仰而有任何转移。

1) 正如大家所预料的，经济危机使很多人失去了工作。

2) 正如中国有多种方言，中国菜也是各地有各地的特色。

3. 不因...而转移   not affected by..., independent of...

◆ 这个历史事实正如中国之有多种方言，同样的不因个人政治信仰而有任何转移。

1) 人总会死的，这并不因人的意志而转移。

2) 传统的东西越来越少，这种情况不会因人的愿望而转移。

4. 以...为准   take...as the standard

◆ 用北京音为准的北方官话，来作为国语或普通话...

1) 新闻应该以真实为准，而不应该夸大。

2) 中文的电视节目一般来说是以普通话为准的。

5. 多少...   to a greater or lesser extent

◆ 每个方言区的人多少都做过用汉字来记音的尝试。

1) 在生活中多少会有些烦恼。

2) 人受到批评都多少会有些不愉快。

6. 无一例外   with no exception

◆ 但是这些用汉字写的方言作品，几乎无一例外地被看作"民间"和"地方"的作品。

1) 看过这个电影的人无一例外地说好。

2) 我中学时代的朋友现在无一例外的出了国。

7. 就大体而言...   generally speaking, on the whole

◆ 所谓汉字写普通话，其实这也只是就大体而言。

1) 就大体而言，北京人都很关心国家大事。
2) 就大体而言，在国外，人很容易孤独。

8. 不得不   have to; there is no choice but to,
   ◆ 我不得不指出.   I must point out that...
1) 因为下岗，父亲不得不在街上摆摊卖小吃。
2) 他刚去香港的时候因为语言不通，不得不做一些工资很低的工作。

9. 意味着...   mean, imply
   ◆ 但偏好乡音并不应该意味着敌视普通话。
1) 中国正从计划经济走向市场经济，但这并不意味着经济不需要计划。
2) 离婚不该意味著永远失去幸福。

练习

I. Fill in the blanks with the Chinese characters of the given English words.

voice   futile   everywhere   measures

虽然政府采取了一系列 ＿＿＿＿＿＿ 来恢复经济发展，但好象都是

＿＿＿＿＿＿ 的。失业的人 ＿＿＿＿＿＿ 都可以看见，人们不满的

＿＿＿＿＿＿越来越高。

II. Provide an appropriate noun to make meaningful verb-object phrases.

选择＿＿＿＿＿＿＿＿　　逃避＿＿＿＿＿＿＿＿　　克服＿＿＿＿＿＿＿＿

推广＿＿＿＿＿＿＿＿　　推行＿＿＿＿＿＿＿＿　　提倡＿＿＿＿＿＿＿＿

产生＿＿＿＿＿＿＿＿　　分析＿＿＿＿＿＿＿＿　　夸大＿＿＿＿＿＿＿＿

III. Make a new sentence, using the underlined expressions.

1. 在台湾及海外叫"先生、太太"，在大陆则<u>以</u>"爱人"<u>取代</u>...

2. 提出这些差异来，<u>与其</u>说是为了理解，<u>不如</u>说是为了趣味或研究。

3. 这个历史事实<u>正如</u>中国之有多种方言，<u>同样</u>的不因个人政治信仰而有任何转移。

4. 所谓汉字写普通话，其实这也只是<u>就大体而言</u>。因为这<u>不是</u>一个政治问题，<u>也不是</u>一个感情问题，<u>更不是</u>一个种族问题，<u>是</u>一个不折不扣的语言文字问题。

5. 海峡两岸语言和文化基本上的一致，是<u>不容否认</u>的。

IV. Expand and rearrange the following groups of words into coherent sentences.

1. 屈服/羞耻/意味着/逃避

2. 唯一/过分/反映/差异

3. 暗示/沟通/趣味/尝试

V. Make a sentence with each of the following fixed phrases.

1. 无一例外

2. 以偏概全

3. 不折不扣

VI. Composition.

1. 你赞成推行普通话吗？世界是不是也应该有一个"普通话"？

2. 你看来，汉字有什么好处和坏处？

3. 如果你是一个台湾人，你同意作者的观点吗？为什么？

4. 加拿大也有一个法语区，你认为这是不是必要的？为什么？

中美关系中的台湾问题

古平

人类历史已跨入新世纪、新千年，作为世界上最大的发达国家美国和世界上最大的发展中国家中国，如何对中美关系中最重要、最敏感的核心问题---台湾问题，作出正确的定位和抉择，不仅关系到中美两国的未来，而且关系到亚太地区乃至世界的和平稳定和繁荣发展，它已成为世人关注的一个焦点。

一个中国的原则是和平解决台湾问题的基础和前提。任何形式的"台独"都是绝对不允许的。美国政府既然已经明确表示坚持一个中国的政策，不支持台湾独立，就应该执行一个中国的政策，恪守中美三个联合公报和美方的有关承诺。这样，台湾问题才能得到妥善解决，中美关系才能得到切实改善和发展。

历史的回顾

台湾自古就是中国的领土。虽然近代帝国主义国家曾侵略、霸占过台湾，但从国际法的角度来看，台湾一直是中国领土不可分割的一部分。1949年10月1日，中华人民共和国中央人民政府宣告成立，取代中华民国政府成为中国的唯一合法政府和在国际上的唯一合法代表，中华民国从此结束了它的历史地位。这是在同一国际法主体没有发生变化的情况下的政权替代，中国的主权和固有领土疆域并未因此而改变。中华人民共和国完全享有和行使

中美关系中的臺灣問題

古平

人類歷史已跨入新世紀、新千年，作為世界上最大的發達國家美國和世界上最大的發展中國家中國，如何對中美關係中最重要、最敏感的核心問題--臺灣問題，作出正確的定位和抉擇，不僅關係到中美兩國的未來，而且關係到亞太地區乃至世界的和平穩定和繁榮發展，它已成為世人關注的一個焦點。

一個中國的原則是和平解決臺灣問題的基礎和前提。任何形式的"台獨"都是絕對不允許的。美國政府既然已經明確表示堅持一個中國的政策，不支持臺灣獨立，就應該執行一個中國的政策，恪守中美三個聯合公報和美方的有關承諾。這樣，臺灣問題才能得到妥善解決，中美關係才能得到切實改善和發展。

歷史的回顧

臺灣自古就是中國的領土。雖然近代帝國主義國家曾侵略、霸佔過臺灣，但從國際法的角度來看，臺灣一直是中國領土不可分割的一部分。1949年10月1日，中華人民共和國中央人民政府宣告成立，取代中華民國政府成為中國的唯一合法政府和在國際上的唯一合法代表，中華民國從此結束了它的歷史地位。這是在同一國際法主體沒有發生變化的情況下的政權替代，中國的主權和固有領土疆域並未因此而改變。中華人民共和國完全享有和行使中国的主权，其中包括对台湾的主权。

就在1949年蒋家王朝覆灭之际，美国驻华大使意味深长地留在北京，并已经与共产党接触，当时，毛泽东主席曾有同美国建交的准备，美国国务院也曾召开远东问题专家圆桌会议，与会专家几乎一致承认了新中国。这本来是中美关系好转的一个历史机遇，但杜鲁门政府没有采纳专家们的真知灼见。美国还随即介入朝鲜战争，并把战火燃到鸭绿江边，企图把新生的中华人民共和国扼杀在摇篮里。由于美国政府的错误选择，不仅失去了中美关系好转的历史机遇，而且把中国推向了与美国交战的立场。

1950年8月28日，出任侵朝联合国军总司令的麦克阿瑟宣称："我们用我们和我们的盟友所占有的从阿留申群岛到马里亚那群岛形成的一个弧形的一条岛屿的锁链，把太平洋直到亚洲海岸加以控制。""台湾如果落在一个对美国不友好的国家手里，它就成了插入在这个防御圈正中央的一个敌对性的凸角……"台湾是"一艘不沉的航空母舰"。美国把一个不属于自己领土的台湾，赋予如此高的战略地位，过分夸大了台湾的作用，显然是受一种插手台湾、干涉中国内政的霸权心态所驱使。

正是基于这种错误的选择，美国政府在朝鲜战争爆发后就由"弃蒋"转为"扶蒋"。于是，美国第七舰队进入台湾海峡，第十三航空队进驻台湾，美国政府还抛出"台湾地位未定"等谬论，并与台湾当局签订了《共同防御条约》，将台湾置于美国军事保中國的主權，其中包括對臺灣的主權。

就在1949年蔣家王朝覆滅之際，美國駐華大使意味深長地留在北京，並已經與共產黨接觸，當時，毛澤東主席曾有同美國建交的準備，美國國務院也曾召開遠東問題專家圓桌會議，與會專家幾乎一致承認了新中國。這本來是中美關係好轉的一個歷史機遇，但杜魯門政府沒有採納專家們的真知灼見。美國還隨即介入朝鮮戰爭，並把戰火燃到鴨綠江邊，企圖把新生的中華人民共和國扼殺在搖籃裏。由於美國政府的錯誤選擇，不僅失去了中美關係好轉的歷史機遇，而且把中國推向了與美國交戰的立場。

1950年8月28日，出任侵朝聯合國軍總司令的麥克亞瑟宣稱："我們用我們和我們的盟友所佔有的從阿留申群島到馬里亞那群島形成的一個弧形的一條島嶼的鎖鏈，把太平洋直到亞洲海岸加以控制。""臺灣如果落在一個對美國不友好的國家手裏，它就成了插入在這個防禦圈正中央的一個敵對性的凸角……"臺灣是"一艘不沉的航空母艦"。美國把一個不屬於自己領土的臺灣，賦予如此高的戰略地位，過分誇大了臺灣的作用，顯然是受一種插手臺灣、干涉中國內政的霸權心態所驅使。

正是基於這種錯誤的選擇，美國政府在朝鮮戰爭爆發後就由"棄蔣"轉為"扶蔣"。於是，美國第七艦隊進入臺灣海峽，第十三航空隊進駐臺灣，美國政府還拋出"臺灣地位未定"等謬論，並與臺灣當局簽訂了《共同防禦條約》，將臺灣置於美國軍事保护之下，造成台湾海峡地区长期的军事对峙。

1972年，毛泽东主席与尼克松总统历史性的握手，打破了中美关系的坚冰。双方共同发表了使中美关系走向正常化的《上海公报》，美国承认中华人民共和国是中国唯一合法政府，只有一个中国，台湾是中国的一部分，解决台湾问题是中国人的事，要由中国人自己解决。在台湾问题上，美国同意"断交、废约、撤军"。美国还在1982年中美共同发表的《八一七公报》中承诺，美国对台军售将逐年减少，直至完全停止。然而，中美建交公报墨迹未干，美国就通过了《与台湾关系法》。正是在它的名义下，近20年来，美国向台湾出售了高达380多亿美元的高性能武器。数额之巨，在世界也是少见的。看来，美国某些人依然没有跳出冷战思维，还是把台湾看作美国的"军事前哨"。

支持"台独"是危险的

在国际反华势力的支持下，"台独"势力分裂祖国的活动加剧，一是"显性台独"，部分政客公开主张将"台湾"写入"宪法"，并企图以公民投票方式达到分裂祖国的目的；二是不宜公开的"隐性台独"，自称不宣布、也不改变"台独"，而台湾已拥有"事实上的独立"。这两类"台独"殊途同归，都是向一个中国的原则挑战。

美国在对待"台独"问题上的心态很复杂：既不愿台"制造麻烦"，进而使局势失控，更不愿中国大陆"加快统一进程"，護之下，造成臺灣海峽地區長期的軍事對峙。

1972年，毛澤東主席與尼克松總統歷史性的握手，打破了中美關係的堅冰。雙方共同發表了使中美關係走向正常化的《上海公報》，美國承認中華人民共和國是中國唯一合法政府，只有一個中國，臺灣是中國的一部分，解決臺灣問題是中國人的事，要由中國人自己解決。在臺灣問題上，美國同意"斷交、廢約、撤軍"。美國還在1982年中美共同發表的《八一七公報》中承諾，美國對台軍售將逐年減少，直至完全停止。然而，中美建交公報墨蹟未乾，美國就通過了《與臺灣關係法》。正是在它的名義下，近20年來，美國向臺灣出售了高達380多億美元的高性能武器。數額之巨，在世界也是少見的。看來，美國某些人依然沒有跳出冷戰思維，還是把臺灣看作美國的"軍事前哨"。

支持"台獨" 是危險的

在國際反華勢力的支持下，"台獨"勢力分裂祖國的活動加劇，一是"顯性台獨"，部分政客公開主張將"臺灣"寫入"法"，並企圖以公民投票方式達到分裂祖國的目的；二是不宜公開的"隱性台獨"，自稱不宣佈、也不改變"台獨"，而臺灣已擁有"事實上的獨立"。這兩類"台獨"殊途同歸，都是向一個中國的原則挑戰。

美國在對待"台獨"問題上的心態很複雜：既不願台"製造麻煩"，進而使局勢失控，更不願中國大陸"加快統一進程"，唯恐削弱美在亚太地区的战略地位；口头上说要"抑独"(压制独立)，骨子里却更注重"防统"(防止统一)；既要大幅度提升台湾当局军事实力，以增加中国大陆对台动武的困难，又想避免从根本上使中美关系逆转，出现正面对抗，行政当局既要利用国会亲台反华之举向中国大陆施压，又要适当约束国会不至于走得太远。

最近，美国多次出现了违反中美三个联合公报的原则，挑战一个中国原则的举动。例如：美国对台的军售实现了多重突破，在总额高达40亿美元的售台武器中，包含了高性能的进攻性武器。这是20年来第一次，其数量也是1992年以来最大宗的军事交易。

美国挑战一个中国的原则，就是挑战中国的主权和领土完整，挑战中国的根本国家利益。中国在这个问题上没有任何妥协的余地，也不惜付出最大的民族牺牲。美国在这方面的挑衅是极其危险的。如果美国在承认台湾、放弃一个中国的政策道路上越滑越远，那将会犯下历史性的错误。

美国在台湾问题上的一系列举动，实质上将置台湾于危地。无论从历史、文化或地理的角度，还是从政治、经济现实情况的角度，台湾未来的前途都在祖国大陆， 台湾的安全取决于两岸人民的密切联系和最终的和平统一。

事实上，选择"台独"就是选择战争。"台独"势力试图通过加强军备来"以武拒统，以武求独"(以武力抗拒统一，以武力寻求独立)，这必将把台湾拖入战争。尽人皆知，"台独"分子如

唯恐削弱美在亞太地區的戰略地位；口頭上說要"抑獨"(壓制獨
立)，骨子裏卻更注重"防統"(防止統一)；既要大幅度提升臺灣
當局軍事實力，以增加中國大陸對台動武的困難，又想避免從根
本上使中美關係逆轉，出現正面對抗，行政當局既要利用國會親
台反華之舉向中國大陸施壓，又要適當約束國會不至於走得太遠。

最近，美國多次出現了違反中美三個聯合公報的原則，挑戰
一個中國原則的舉動。例如：美國對台的軍售實現了多重突破，
在總額高達40億美元的售台武器中，包含了高性能的進攻性武
器。這是20年來第一次，其數量也是1992年以來最大宗的軍事交
易。

美國挑戰一個中國的原則，就是挑戰中國的主權和領土完
整，挑戰中國的根本國家利益。中國在這個問題上沒有任何妥協
的餘地，也不惜付出最大的民族犧牲。美國在這方面的挑釁是極
其危險的。如果美國在承認臺灣、放棄一個中國的政策道路上越
滑越遠，那將會犯下歷史性的錯誤。

美國在臺灣問題上的一系列舉動，實質上將置臺灣于危地。
無論從歷史、文化或地理的角度，還是從政治、經濟現實情況的
角度，臺灣未來的前途都在祖國大陸，臺灣的安全取決於兩岸人
民的密切聯繫和最終的和平統一。

事實上，選擇"台獨"就是選擇戰爭。"台獨"勢力試圖通
過加強軍備來"以武拒統，以武求獨"(以武力抗拒統一，以武力

果公然宣布"台湾独立",就会迫使中国政府不得已而采取武力方式解决台湾问题。台海战争一旦爆发,美国政府就将面临两难选择:"要么丢人地打退堂鼓",要么"就要与中国爆发一场结局悲惨的战争"。防卫台湾并非重大的美国安全利益,竭尽所能协助台湾的说法,已为美国制造了一个极端危险的情况。

东亚和太平洋地区是一个有巨大经济机会的地方。美国在这一地区有巨大的贸易和经济利益。双方贸易额高达近5000亿美元,即占美国总贸易额的1/3强。美国一旦卷入台海冲突,尽管能够在一定程度上促进美国的军火销售,但将会失去其在华甚至在东亚地区更大的经济利益。

同中国进行正面对抗,也不符合美国在亚太地区的安全利益。历史上,美国曾在亚洲与中国发生过两次正面对抗,其结果是众所周知的。观察家认为,台湾问题事关中国的核心国家利益,但并不是美国的核心国家利益,美国不必为台湾问题而引火烧身。如果台湾宣布独立而导致中共出兵台湾,美国将不会冒险进入战争。卷入台海冲突的选择,既得不到国内民众的理解,也得不到亚太国家的支持。

中国统一　大势所趋

海峡两岸自1987年打破隔绝状态以来,两岸民间的各种交流已成不可阻挡之势。到祖国大陆探亲、旅游、交流的台湾同胞已近2000万人次;两岸间接贸易总额超过1900亿美元,台商在祖国大尋求獨立)，這必將把臺灣拖入戰爭。盡人皆知，"台獨"分子如果公然宣佈"臺灣獨立"，就會迫使中國政府不得已而採取武力方式解決臺灣問題。台海戰爭一旦爆發，美國政府就將面臨兩難選擇："要麼丟人地打退堂鼓"，要麼"就要與中國爆發一場結局悲慘的戰爭"。防衛臺灣並非重大的美國安全利益，竭盡所能協助臺灣的說法，已為美國製造了一個極端危險的情況。

東亞和太平洋地區是一個有巨大經濟機會的地方。美國在這一地區有巨大的貿易和經濟利益。雙方貿易額高達近5000億美元，即占美國總貿易額的1/3強。美國一旦捲入台海衝突，儘管能夠在一定程度上促進美國的軍火銷售，但將會失去其在華甚至在東亞地區更大的經濟利益。

同中國進行正面對抗，也不符合美國在亞太地區的安全利益。歷史上，美國曾在亞洲與中國發生過兩次正面對抗，其結果是眾所周知的。觀察家認為，臺灣問題事關中國的核心國家利益，但並不是美國的核心國家利益，美國不必為臺灣問題而引火燒身。如果臺灣宣佈獨立而導致中共出兵臺灣，美國將不會冒險進入戰爭。捲入台海衝突的選擇，既得不到國內民眾的理解，也得不到亞太國家的支持。

中國統一 大勢所趨

海峽兩岸自1987年打破隔絕狀態以來，兩岸民間的各種交流已成不可阻擋之勢。到祖國大陸探親、旅遊、交流的臺灣同胞已陆投资的协议金额及实际到位金额超过了450亿美元与240亿美元。

中华民族繁衍生息在中国这块土地上,各民族互相融和,具有强大的凝聚力,形成了崇尚统一、维护统一的价值观念。五千年悠久历史和灿烂文化的熏陶,在中国人民心中深深地根植了一种强烈的民族意识:国家必须统一。任何维护中国统一和领土完整的个人和政治集团,都会受到人民的拥护和颂扬,名垂青史;任何制造中国分裂、出卖祖国领土完整的个人和政治集团,都会受到人民的唾弃,遗臭万年。中国政府坚持祖国统一理所当然,不要指望中国政府会在这个问题上后退半步,不要低估这个政府和这个民族完成祖国统一的决心、意志和力量。

应当指出,中美三个联合公报已为正确处理台湾问题确立了原则基础。但美国某些人把台湾当作"遏制"中国的一步棋,而台湾当局则挟洋自重,甘心当美国对付祖国大陆的一个"棋子"。这实际上是一着行不通的死棋。美国有识之士对此有较为清醒的认识。美国的对华政策既不应由台湾内部的政治发展来驱动,也不应被美国国内意识形态的争论所左右,采取遏制中国的战略将是错误的。中国不是一个想用武力来重塑亚洲的国家。而台湾的战略构想,原本是想要用压倒的经济优势取得对大陆的武器优势,使大陆无法渡海攻台。现在,台湾的整个战略构想正在被空洞化。说实话,美国之所以如此深深地介入台湾问题,就是因为它对其近2000萬人次；兩岸間接貿易總額超過1900億美元，台商在祖國大陸投資的協定金額及實際到位金額超過了450億美元與240億美元。

中華民族繁衍生息在中國這塊土地上，各民族互相融和，具有強大的凝聚力，形成了崇尚統一、維護統一的價值觀念。五千年悠久歷史和燦爛文化的薰陶，在中國人民心中深深地根植了一種強烈的民族意識：國家必須統一。任何維護中國統一和領土完整的個人和政治集團，都會受到人民的擁護和頌揚，名垂青史；任何製造中國分裂、出賣祖國領土完整的個人和政治集團，都會受到人民的唾棄，遺臭萬年。中國政府堅持祖國統一理所當然，不要指望中國政府會在這個問題上後退半步，不要低估這個政府和這個民族完成祖國統一的決心、意志和力量。

應當指出，中美三個聯合公報已為正確處理臺灣問題確立了原則基礎。但美國某些人把臺灣當作"遏制"中國的一步棋，而臺灣當局則挾洋自重，甘心當美國對付祖國大陸的一個"棋子"。這實際上是一著行不通的死棋。美國有識之士對此有較為清醒的認識。美國的對華政策既不應由臺灣內部的政治發展來驅動，也不應被美國國內意識形態的爭論所左右，採取遏制中國的戰略將是錯誤的。中國不是一個想用武力來重塑亞洲的國家。而臺灣的戰略構想，原本是想要用壓倒的經濟優勢取得對大陸的武器優勢，使大陸無法渡海攻台。現在，臺灣的整個戰略構想正在被空战略意义做了不适当的界定和延伸。冷战时期形成的错误界定在冷战后应该坚决扔掉了，中国的最终和平统一只会使亚太地区更安全、更和平。台湾与祖国大陆的统一是大势所趋、人心所向，是任何势力都无法阻挡的。

2001年7月23日《人民日报》

洞化。說實話，美國之所以如此深深地介入臺灣問題，就是因為它對其戰略意義做了不適當的界定和延伸。冷戰時期形成的錯誤界定在冷戰後應該堅決扔掉了，中國的最終和平統一只會使亞太地區更安全、更和平。臺灣與祖國大陸的統一是大勢所趨、人心所向，是任何勢力都無法阻擋的。

2001年7月23日《人民日報》

词汇

跨	跨	kuà	*v.*	to stride forward 例：~入大门/新世纪/电脑时代/新的一年
如何	如何	rúhé		how (formal) 怎么/怎样
敏感	敏感	mǐngǎn	*adj.*	sensitive
核心	核心	héxīn	*n.*	core, kernel, nucleus
定位	定位	dìngwèi	*v.*	to orientate, to locate
抉择	抉擇	juézé	*v.*	to choose
未来	未來	wèilái	*n.*	future
乃至	乃至	nǎizhì	*adv.*	and even
和平	和平	hépíng	*n.*	peace
稳定	穩定	wěndìng	*adj.*	stable 例：~的社会/的工作/的收入
繁荣	繁榮	fánróng	*adj.*	prosperous, flourishing, booming; 例：经济/市场/事业~；~的市场/的经济
关注	關注	guānzhù	*v.*	to pay close attention to, to follow with interest 例：~人口问题/世界和平
焦点	焦點	jiāodiǎn	*n.*	focus
原则	原則	yuánzé	*n.*	principle
基础	基礎	jīchǔ	*n.*	foundation, basis
前提	前提	qiántí	*n.*	premise, prerequisite
形式	形式	xíngshì	*n.*	form, shape
台独	台獨	táidú		Taiwan independence
绝对	絕對	juéduì	*adv.*	absolutely, definitely; 例：~放心/不允许/信任
允许	允許	yǔnxǔ	*v.*	to allow, to permit 例：~堕胎/自由恋爱
明确	明確	míngquè	*adj./adv.*	clear and definite, clear-cut, explicit; clearly; 例：~表示/~的目标
坚持	堅持	jiānchí	*v.*	to insist, to persist; 例：~原来的计划/自己的意见/

				执行人口政策
执行	執行	zhíxíng	*v.*	to implement, to carry out, to execute；例：~计划/法律/政策
恪守	恪守	kèshǒu	*v.*	to scrupulously abide by (treaty/promise/rule) 例：~条约/承诺
联合	聯合	liánhé	*v.*	to joint, to unite, to ally
公报	公報	gōngbào	*n.*	communiqué, bulletin
承诺	承諾	chéngnuò	*v./n.*	to promise; promise
妥善	妥善	tuǒshàn	*adj./ adv.*	appropriate, proper, well-arranged; properly, appropriately 例：~处理/安排/解决
切实	切實	qièshí	*adj.*	conscientiously, in real earnest; 例：~解决问题/改正错误
改善	改善	gǎishàn	*v.*	to improve；例：~生活/环境/关系/工作条件
回顾	回顧	huígù	*v.*	to look back, to review；例：~历史
自古	自古	zìgǔ	*adv.*	since ancient times, from time immemorial
领土	領土	lǐngtǔ	*n.*	territory
侵略	侵略	qīnlüè	*v.*	to invade, to intrude
霸占	霸佔	bàzhàn	*v.*	to forcibly occupy, to seize
不可分割	不可分割	bùkěfēngē	*adj.*	inseparable
宣告	宣告	xuāngào	*v.*	to proclaim, to declare
成立	成立	chénglì	*v.*	to establish, to found; 例：~国家/组织
取代	取代	qǔdài	*v.*	to replace, to substitute
合法	合法	héfǎ	*adj.*	legal, lawful
代表	代表	dàibiǎo	*n./v.*	delegate, representative, deputy; to represent
从此	從此	cóngcǐ	*conj.*	since then, from then on
主体	主體	zhǔtǐ	*n.*	main body, principal part
替代	替代	tìdài	*v.*	substitute for, to replace; to supersede

固有	固有	gùyǒu	adj.	intrinsic, inherent, innate
疆域	疆域	jiāngyù	n.	territory, domain
享有	享有	xiǎngyǒu	v.	to enjoy (rights, prestige) 例：~权利/主权
行使	行使	xíngshǐ	v.	to exercise, to perform 例：~主权/权利
主权	主權	zhǔquán	n.	sovereignty, sovereign rights
包括	包括	bāokuò	v./prep.	to include; including
蒋家王朝	蔣家王朝	jiǎngjiā wángcháo		the Jiang Dynasty
覆灭	覆滅	fùmiè	v.	to completely collapse
...之际	...之際	zhījì		at the time of...=...的时候 例：覆灭/危难/临别/分手/毕业~
驻华大使	駐華大使	zhùhuá dàshǐ	n.	ambassador to China
意味深长	意味深長	yìwèi shēncháng	adj.	having deep meaning, of profound significance 例:~的故事/的笑容/的话；~地说
接触	接觸	jiēchù	v.	to come into contact with, to get in touch with
建交	建交	jiànjiāo	v.	to establish diplomatic relations
国务院	國務院	guówùyuàn	n.	the State Council, the State Department of U.S.
召开	召開	zhàokāi	v.	to convene, to convoke
远东	遠東	yuǎndōng	n.	the Far East
圆桌会议	圓桌會議	yuánzhuō huìyì	n.	round-table conference
与会	與會	yǔhuì	v.	(lit.) to participate the conference or meeting
专家	專家	zhuānjiā	n.	expert, scholar, specialist
一致	一致	yízhì	adv./adj.	showing no difference, unanimous, consistent; unanimously; 例：~的意见；观点~;~同意/努力
承认	承認	chéngrèn	v.	to admit

440

好转	好轉	hǎozhuǎn	v.	to take a turn for the better, to take a favorable turn; 例: 关系/病情~
机遇	機遇	jīyù	n.	opportunity, favorable circumstance
杜鲁门	杜魯門	Dùlǔmén		Truman (former president of the U.S.)
采纳	採納	cǎinà	v.	to accept, to adopt (opinion/suggestion /request) 例: ~建议/意见
真知灼见	真知灼見	zhēnzhī zhuójiàn	n.	real knowledge and deep insight, penetrating judgment
介入	介入	jièrù	v.	to intervene, to interpose, to get involved
朝鲜	朝鮮	cháoxiǎn	n.	North Korea
战争	戰爭	zhànzhēng	n.	war
战火	戰火	zhànhuǒ	n.	flames of war
燃	燃	rán	v.	(fire) to burn, to light, to ignite
鸭绿江	鴨綠江	yālùjiāng	prop.	a river at the border of China and North Korea
企图	企圖	qǐtú	v.	to attempt, to seek, to try (derogatory)
新生	新生	xīnshēng	adj./n.	new-born
扼杀	扼殺	èshā	v.	to strangle, to smother, to throttle 例: ~生命/新事物
摇篮	搖籃	yáolán	n.	cradle
交战	交戰	jiāozhàn	v.	to fight, to be at war, to wage war
立场	立場	lìchǎng	n.	standpoint
出任	出任	chūrèn	v.	to take up the post of
总司令	總司令	zǒngsīlìng	n.	commander in chief
宣称	宣稱	xuānchēng	v.	to assert, to declare, to profess
盟友	盟友	méngyǒu	n.	ally
占有	佔有	zhànyǒu	v.	to own, to possess, to have
阿留深群岛	阿留深群島	Aliúshēn qúndǎo	prop.	an archipelago in the Pacific

441

马里亚那群岛	馬裏亞那群島	Mǎlǐyànà qúndǎo	*prop.*	an archipelago in the Pacific
弧形	弧形	húxíng	*n.*	arc, curve
岛屿	島嶼	dǎoyǔ	*n.*	island
锁链	鎖鏈	suǒliàn	*n.*	chain, shackles
太平洋	太平洋	tàipíngyáng	*prop.*	the Pacific Ocean
海岸	海岸	hǎi'àn	*n.*	seacoast, seashore
加以	加以	jiāyǐ	*v.*	(used before a disyllabic verb to indicate that the action is directed to something or someone mentioned earlier in the sentence) 例：~控制/宣传/美化
插入	插入	chārù	*v.*	to insert
防御圈	防禦圈	fángyùquān	*n.*	defense circle
敌对	敵對	díduì	*adj.*	hostile, antagonistic
凸角	凸角	tūjiǎo	*n.*	a protruding angle
艘	艘	sōu	*MW.*	例：一~军舰/轮船
航空母舰	航空母艦	hángkōng mǔjiàn	*n.*	aircraft carrier
赋予	賦予	fùyǔ	*v.*	to entrust (an important task) to someone
战略	戰略	zhànlüè	*n.*	strategy
过分	過分	guòfèn	*adj./ adv.*	excessive, going too far, undue; excessively 例：~强调/夸大; ~的要求
夸大	誇大	kuādà	*v.*	to exaggerate, to overstate, to magnify
显然	顯然	xiǎnrán	*adj./ adv.*	obvious; obviously
插手	插手	chāshǒu	*v.*	to have a hand in, to meddle in
内政	內政	nèizhèng	*n.*	domestic affairs
霸权	霸權	bàquán	*n.*	super power
心态	心態	xīntài	*n.*	thought, state of mind
驱使	驅使	qūshǐ	*v.*	to order about, to prompt, to spur on

基于	基於	jīyú	*prep.*	because of, in view of, based upon
爆发	爆發	bàofā	*v.*	to erupt, to burst, to break out
弃蒋	棄蔣	qìjiǎng	*v.*	to give up the Chiang Kai-Shek government
扶蒋	扶蔣	fújiǎng	*v.*	to support the Chiang Kai-Shek government
舰队	艦隊	jiànduì	*n.*	fleet, naval force
海峡	海峽	hǎixiá	*n.*	strait, channel
进驻	進駐	jìnzhù	*v.*	to enter and be stationed in, to enter and garrison
抛出	抛出	pāochū	*v.*	to throw out, to cast out
谬论	謬論	miùlùn	*n.*	fallacy, false (or absurd) theory, nonsense
签订	簽訂	qiāndìng	*v.*	to sign (treaty/contract)
条约	條約	tiáoyuē	*n..*	treaty, pact
置于	置於	zhìyú	*v.*	to place at, to put at…
军事	軍事	jūnshì	*n./adj.*	military affairs; military
对峙	對峙	duìzhì	*v.*	to stand facing each other, to confront each other
主席	主席	zhǔxí	*n.*	chairman
尼克松	尼克松	níkèsōng	*prop.*	Nixon (former U.S. president)
总统	總統	zǒngtǒng	*n.*	president
握手	握手	wòshǒu	*v.*	to shake hands
坚冰	堅冰	jiānbīng	*n.*	firm ice
正常化	正常化	zhèngchánghuà	*v.*	to normalize
断交	斷交	duànjiāo	*v.*	to sever (or break off) diplomatic relations
废约	廢約	fèiyuē	*v.*	to abolish a treaty
撤军	撤軍	chèjūn	*v.*	to withdraw military force
军售	軍售	jūnshòu	*n.*	munitions sale
逐年	逐年	zhúnián	*adv.*	year by year
墨迹未干	墨蹟未乾	mòjì wèigān		before the ink is dry
名义	名義	míngyì	*n.*	name
性能	性能	xìngnéng	*n.*	function (of a machine,

				etc.); performance
武器	武器	wǔqì	*n.*	weapon, arms
数额	數額	shù'é	*n.*	a definite amount, a fixed number
巨	巨	jù	*adj.*	huge 巨大
依然	依然	yīrán	*adv.*	still, as before
冷战	冷戰	lěngzhàn	*n.*	cold war
思维	思維	sīwéi	*n.*	thought, mode of thinking
前哨	前哨	qiánshào	*n.*	outpost, advance guard
反华	反華	fǎnhuá	*v.*	anti-China
势力	勢力	shìlì	*n.*	force, power, influence
分裂	分裂	fēnliè	*v.*	to split, to break up
加剧	加劇	jiājù	*v.*	to aggravate, to intensify, to exacerbate
显性	顯性	xiǎnxìng	*adj.*	dominant (character, etc.)
政客	政客	zhèngkè	*n.*	(derog.) politician
公开	公開	gōngkāi	*adj./v. /adv.*	pubic, overt, open, to make public
主张	主張	zhǔzhāng	*v.*	to advocate, to stand for
宪法	憲法	xiànfǎ	*n.*	constitution
公民	公民	gōngmín	*n.*	citizen
投票	投票	tóupiào	*v.*	to vote
达到	達到	dádào	*v.*	to reach, to achieve, to attain
不宜	不宜	bùyí	*adj./ adv.*	not suitable, inadvisable
隐性	隱性	yǐnxìng	*adj.*	recessive
自称	自稱	zìchēng	*v.*	to call oneself, to claim to be
宣布	宣佈	xuānbù	*v.*	to declare, to proclaim, to announce
拥有	擁有	yōngyǒu	*v.*	to possess, to have, to own
殊途同归	殊途同歸	shūtú tóngguī	*v.*	to reach the same goal by different routes (idiom)
挑战	挑戰	tiǎozhàn	*v./n.*	to challenge; challenge
制造	製造	zhìzào	*v.*	to make, to manufacture, to create, to fabricate; 例：~

				麻烦/问题；中国~
进而	進而	jìn'ér	*adv.*	and then, after that
失控	失控	shīkòng	*v.*	to lose control, to be out of control
加快	加快	jiākuài	*v.*	to accelerate, to speed up, to quicken
				例：~进程/速度
进程	進程	jìnchéng	*n.*	process, course, progress
压制	壓制	yāzhì	*v.*	to suppress, to stifle, to inhibit；例：~思想/不同的 意见/言论自由/独立
骨子里	骨子裏	gǔzilǐ	*n.*	in the bones-beneath the surface, in one's innermost nature
注重	注重	zhùzhòng	*v.*	to lay stress on, to pay attention to, to attach importance to；例：~形象/ 教育/实力
防止	防止	fángzhǐ	*v.*	to prevent, to guard against, to forestall
幅度	幅度	fúdù	*n.*	range, scope, extent
提升	提升	tíshēng	*v.*	to promote, to hoist, to elevate
当局	當局	dāngjú	*n.*	the authorities
实力	實力	shílì	*n.*	actual strength
动武	動武	dòngwǔ	*v.*	to use force, to start a fight, to come to blows
逆转	逆轉	nìzhuǎn	*v.*	to take a turn for the worse, to reverse, to deteriorate
正面	正面	zhèngmiàn	*adj./ adv.*	front, frontage, facade
对抗	對抗	duìkàng	*v./n.*	to resist, to oppose; antagonism; confrontation
行政	行政	xíngzhèng	*n./adj.*	administration, administrative
亲台	親台	qīntái	*v.*	to be close to Taiwan; to be on intimate terms with Taiwan
…之举	…之舉	zhījǔ	*n.*	the behavior, the activity of, the action of
施压	施壓	shīyā	*v.*	to put pressure on

约束	約束	yuēshù	v.	to keep with bound, to restrain, to bind
违反	違反	wéifǎn	v.	to violate, to transgress 例：～原则/规定/政策/纪律
挑战	挑戰	tiǎozhàn	v./n.	to challenge; challenge 例：～原则/利益/记录/结论；对…进行～
举动	舉動	jǔdòng	n.	movement, act, activity
多重	多重	duōchóng	n.	in several respects
突破	突破	tūpò	v.	to break through, to make a breakthrough
总额	總額	zǒng'é	n.	total (amount of money)
进攻性	進攻性	jìngōngxìng	adj./n.	offensive (weapon) 例：～武器；具有～
大宗	大宗	dàzōng	n.	staple, a large amount or quantity
交易	交易	jiāoyì	n.	trade, business, deal, transaction
根本	根本	gēnběn	adj./ adv.	basic, fundamental, essential; (usu. used in the negative) at all, simply, thoroughly, radically
妥协	妥協	tuǒxié	v.	to compromise
余地	餘地	yúdì	n.	leeway, margin, latitude, room
不惜	不惜	bùxī	v.	not to stint, not to spare, not to hesitate (to do something), not to scruple (to do something) 例：～(付出)一切代价/牺牲生命
付出	付出	fùchū	v.	to pay, to extend, 例：～代价/生命/努力/劳动
牺牲	犧牲	xīshēng	v./n.	to sacrifice; sacrifice
挑衅	挑釁	tiǎoxìn	v.	to provoke
极其	極其	jíqí	adv.	extremely, to the highest degree
放弃	放棄	fàngqì	v.	to give up, to abandon, to renounce

滑	滑	huá	*v.*	to slip, to slide
一系列	一系列	yíxìliè	*n.*	a series of
实质上	實質上	shízhìshàng	*adv.*	in substance, essentially, virtually
危地	危地	wēidì	*n.*	a dangerous area
地理	地理	dìlǐ	*n.*	geography
角度	角度	jiǎodù	*n.*	angle, point of view
前途	前途	qiántú	*n.*	future, prospect
取决于	取決於	qǔjuéyú		to be decided by, to hinge on, to depend on
密切	密切	mìqiè	*adj.*	close, intimate
试图	試圖	shìtú	*v.*	to attempt to, to try to
寻求	尋求	xúnqiú	*v.*	to seek; to explore; to go in request of
拖入	拖入	tuōrù	*v.*	to drag in(to), to pull in(to)
尽人皆知	盡人皆知	jìnrénjiēzhī	*adj.*	to be known to all, to be common knowledge
迫使	迫使	pòshǐ	*v.*	to force, to compel
不得已	不得已	bùdéyǐ	*adj./ adv.*	to have to, to have no choice (or option)
采取	採取	cǎiqǔ	*v.*	to adopt, to assume, to take
一旦	一旦	yídàn	*adv.*	once, in case, now that
面临	面臨	miànlín	*v.*	to be faced with, to be confronted with;
两难	兩難	liǎngnán	*adj.*	facing a difficult choice, to be in a dilemma
丢人	丟人	diūrén	*v.*	to lose face, to be disgraced
打退堂鼓	打退堂鼓	dǎ tuìtánggǔ	*v.*	to retreat, to withdraw
爆发	爆發	bàofā	*v.*	to explode, to break out, to erupt 例：~战争/冲突/矛盾
悲惨	悲慘	bēicǎn	*adj.*	miserable, tragic
并非	並非	bìngfēi		actually not, definitely not
竭尽所能	竭盡所能	jiéjìn suǒnéng	*v.*	to spare no effort, to do one's uttermost, to do all one can
极端	極端	jíduān	*adj./ adv.*	extreme, extremely, exceedingly

巨大	巨大	jùdà	*adj.*	huge, tremendous
贸易	貿易	màoyì	*n.*	trade, business
尽管	儘管	jǐnguǎn	*conj.*	even though, in spite of, despite
促进	促進	cùjìn	*v.*	to advance, to promote, to accelerate 例：~两国关系/发展
符合	符合	fúhé	*v.*	to accord with, to tally with, to conform to, to be in keeping with
观察家	觀察家	guānchájiā	*n.*	observer (a pseudonym used by a political commentator)
事关	事關	shìguān		to concern, to be related to
引火烧身	引火燒身	yǐnhuǒ shāoshēn	*v.*	to draw fire against oneself-to make self-criticism, to invite criticism from others (idiom)
导致	導致	dǎozhì	*v.*	to lead to, to bring about, to cause, to result in
冒险	冒險	màoxiǎn	*v.*	to take a risk, to take chances
大势所趋	大勢所趨	dàshìsuǒqū	*n.*	(lit.) the trend of the times, the general trend, the general course of development
隔绝	隔絕	géjué	*v.*	to cut off; to separate, to obstruct;
状态	狀態	zhuàngtài	*n.*	state, condition, state of affairs
民间	民間	mínjiān	*n./adj.*	among the people, popular, folk
交流	交流	jiāoliú	*v.*	to exchange, to interflow, to interchange
阻挡	阻擋	zǔdǎng	*v.*	to stop, to obstruct, to resist
探亲	探親	tànqīn	*v.*	to go home to visit one's family, or to go to visit one's relatives
同胞	同胞	tóngbāo	*n.*	fellow countryman, compatriot
人次	人次	réncì	*MW.*	person-time
台商	台商	táishāng	*n.*	businessman or investor from Taiwan

投资	投資	tóuzī	*v.*	to invest
协议	協議	xiéyì	*n.*	agreement
金额	金額	jīn'é	*n.*	amount or sum of money
超过	超過	chāoguò	*v.*	to outstrip, to surpass, to exceed
繁衍	繁衍	fányǎn	*v.*	to multiply, to increase in number or quantity
生息	生息	shēngxī	*v.*	to live, to exist, to procreate
融和	融和	rónghé	*v.*	to mix together, to fuse, to merge
凝聚力	凝聚力	níngjùlì	*n.*	cohesion, cohesiveness
崇尚	崇尚	chóngshàng	*v.*	to uphold; to advocate
维护	維護	wéihù	*v.*	to safeguard, to defend, to uphold
价值观念	價值觀念	jiàzhí guānniàn	*n.*	values
悠久	悠久	yōujiǔ	*adj.*	long, long-standing, age-old
灿烂	燦爛	cànlàn	*adj.*	magnificent, brilliant, splendid
熏陶	薰陶	xūntáo	*v.*	to exert a gradual, uplifting influence on, to nurture; to edify
根植	根植	gēnzhí	*v.*	to root
强烈	強烈	qiángliè	*adj.*	strong, intense, violent
意识	意識	yì.shí	*n.*	consciousness, awareness
集团	集團	jítuán	*n.*	group, clique, bloc, group
拥护	擁護	yōnghù	*v.*	support; uphold; endorse
颂扬	頌揚	sòngyáng	*v.*	to sing praises of, to eulogize
名垂青史	名垂青史	míngchuí qīngshǐ	*v.*	to go down in history, to be crowned with eternal glory (idiom)
出卖	出賣	chūmài	*v.*	to sell (abstract), to betray
唾弃	唾棄	tuòqì	*v.*	to cast aside, to spurn
遗臭万年	遺臭萬年	yíchòu wànnián	*v.*	to leave a name that will stink to eternity (idiom)

理所当然	理所當然	lǐsuǒ dāngrán	adj./ adv.	as a matter of course, naturally (idiom)
指望	指望	zhǐwàng	v.	to look to, to count on, to hope
低估	低估	dīgū	v.	to underestimate, to underrate
指出	指出	zhǐchū	v.	to point out
确立	確立	quèlì	v.	to establish
遏制	遏制	èzhì	v.	to keep within limits, to contain
挟洋自重	挾洋自重	xiéyáng zìzhòng	v.	to take the advantage of foreign power and overrate one's abilities
甘心	甘心	gānxīn	v.	to be ready and willing, to be reconciled to, to be content with, to resign oneself to 例: ~失败/付出一切; ~为 someone 服务
对付	對付	duì.fù	v.	to deal with; to counter, to cope with
棋子	棋子	qízǐ	n.	chessman, piece (in a board game)
死棋	死棋	sǐqí	n.	a dead piece in a game of chess, a hopeless case, stupid move
有识之士	有識之士	yǒushí zhīshì	n.	a person with breadth of vision, a man of insight
清醒	清醒	qīngxǐng	adj.	clear-headed, sober
驱动	驅動	qūdòng	v.	to drive, to motivate
意识形态	意識形態	yì.shí xíngtài	n.	ideology
争论	爭論	zhēnglùn	v./n.	controversy, debate, dispute
左右	左右	zuǒyòu	v.	to master, to control 例: ~形势/别人
重塑	重塑	chóngsù	v.	to remodel, to re-portray
构想	構想	gòuxiǎng	n.	idea, conception, concept
压倒	壓倒	yādǎo	v.	to overwhelm, to overpower, to prevail
优势	優勢	yōushì	n.	advantage
渡海	渡海	dùhǎi	v.	to cross the strait

攻台	攻台	gōngtái	v.	to attack Taiwan
空洞	空洞	kōngdòng	adj.	hollow, empty, devoid of content
之所以	之所以	zhī suǒyǐ		the reason why…
界定	界定	jièdìng	v.	to set a boundary, to divide
延伸	延伸	yánshēn	v.	to extend
坚决	堅決	jiānjué	adj./adv.	firm, resolute, determined; firmly; 例：~拥护/反对/支持；态度~
人心所向	人心所向	rénxīn suǒxiàng	n.	popular sentiment; the feelings of the people

词语解释

1. 关系到   to concern; to affect; to have a bearing on

◆ 如何对中美关系中最重要、最敏感的核心问题--台湾问题，作出正确的定位和抉择，不仅关系到中美两国的未来，而且关系到亚太地区乃至世界的和平稳定和繁荣发展。

The problem of how to adopt a right position and choices on the Taiwan issue-the most critical and sensitive core issue in China-U.S. relations-concerns not only the future of the two nations, but also the peaceful, stable and prosperous development of the Asia-Pacific region, and even that of the whole world.

1) 人们的经济地位往往关系到他们的社会地位。

2) 父母的价值观在一定程度上关系到孩子的成长 。

2. 从...的角度来看   from the perspective of; to see from the angle of

◆ 从国际法的角度来看，台湾一直是中国领土不可分割的一部分。

From the perspective of international law, Taiwan has always been an inseparable part of Chinese territory .

1) 从历史的角度来看，这位总统对国家的贡献是巨大的。

2) 从老百姓的角度来看，高楼大厦取代传统的四合院对生活并没有什么不好的影响。

3. 一致+VP.   unanimously; consistently

  (VP.: 同意/通过//承认/赞成/肯定/批评/反对/认为…)

◆ 与会专家几乎一致承认新中国。

The experts who attended the meeting almost unanimously recognized the New China unanimously.

1) 中国改革开放的成果得到了国际上的一致肯定。

2) 全世界都一致反对发动这次战争，而这个国家的政府却一意孤行。

4. 本来...但(是)   originally... but...

◆ 这本来是中美关系好转的一个历史机遇，但杜鲁门政府没有采纳专家们的真知灼见。

This could have been a historical opportunity for the improvement of China-U.S. relations, but the Truman government did not adopt the wise insights and judgments of the experts.

1) 他本来不想卷入政治的，但是为了保护自己的利益，他不得不参加政治活动。

2) 本来这个国家的经济状况就不好，但是政府还是坚持战争的计划 。

5. 基于+NP.　　　　　　　　　　because of; in view of; based on

　　　　　　　　　　　　　　　　(NP.: 选择/考虑/原则/决定/认识…)

◆ 正是基于这种错误的选择，美国政府在朝鲜战争爆发后就由"弃蒋"转
　为"扶蒋"。

Precisely because of making such wrong choices, the American government turned from
"giving up the Chiang Kai-Shek government "to" backing up the Chiang Kai-Shek government"
after the eruption of the Korean war.

1) 基于对身体情况的考虑，这位老干部提前退休了。

2) 基于一些错误的认识，有的美国人对移民采取了敌视的态度。

6. 在...的名义下　　　　　　　　　under the name of; in the name of

◆ 正是在它的名义下，近20年来，美国向台湾出售了大量高性能武器。

Precisely in the name of such a thing, in the last 20 years, the U.S. has sold a large quantity of advanced weapons to Taiwan.

1) 在帮助贫困儿童上学的名义下，一些官员利用捐款帮助了自己。

2) 不幸的是，在反恐怖主义的名义下，移民在很多方面受到了歧视。

7. 口头上…骨子里…　　　　　　　in words…, while in the bones…

◆ 美国政府口头上要"抑独"，骨子里却更注重"防统"。

On its lips the American government suggested "restraining independence,"
in its bones, however, it cared more about "avoiding unity".

1) 他们口头上表示支持公司的决定，骨子里其实很不满。

2) 不幸的是，总统这些口头上的承诺并没有真正实现过。

8. 有/没有+NP的余地　　　　　　there is (no) room for…

　　(the nouns here can also be used as verbs: 例如：妥协/讨论/商量/改
　　变…)

◆ 中国在这个问题上没有任何妥协的余地。

To China, there is absolutely no room for compromise on this issue.

1) 这个计划虽然已经决定了，但还有改变的余地。

2) 对不起，我已经下定决心从事这个危险的行业，没有商量的余地了。

9. 取决于　　　　　　　　　　　to depend on; to be decided by

◆ 台湾的安全取决于两岸人民的密切联系和最终和平统一。

The safety of Taiwan depends on the close relationship between the people from both sides of the strait, and on their eventual peaceful unification.

1) 有人说婚姻的幸福取决于两人的文化背景，跟钱没关系，我不同意这种说法。

2) 这件事的结果取决于你的态度。

10.尽人皆知(众所周知)　　　　　　　　as everybody knows; to be known to all

◆ 尽人皆知，"台独"分子如果公然宣布"台湾独立"，就会迫使中国政府不得已而采取武力方式解决台湾问题。
As everyone knows, if "Taiwan Independence" elements announce "Taiwan Independence" to the public, they will push the Chinese government to resolve the Taiwan problem by employing military means.

1) 尽人皆知，成功的恋爱并不一定意味着成功的婚姻。

2) 尽人皆知，制定法律是一回事，推行法律又是一回事。
As everyone knows, it's one thing to establish a law, but to implement it is another thing altogether.

11.要么...要么...　　　　　　　　　　either...　or...

◆ 美国政府将面临两难选择："要么丢人地打退堂鼓"，要么"就要与中国爆发一场结局悲惨的战争"。
The U.S. government will face a dilemma: either withdraw with shame, or " to erupt into a war with China that will have tragic results."

1) 许多中国人认为一个好工作要么稳定轻松，要么能赚大钱。

2) 要么同意，要么不同意，你们怎么都不说话呢？

12.一旦　　　　　　　　　　　　　once; now that; in case

尽管　...但（是）...　　　　　　although/despite..., (however)...

◆ 美国一旦卷入台海冲突，尽管能够在一定程度上促进美国的军火销售，但将会失去其在华甚至在东亚地区更大的经济利益。
If the U.S. should get entangled in Taiwan Strait conflict, although its selling business on military weapons might be accelerated to some extent, it will, however, suffer the greater loss of economical benefits in China, and even in the East Asian region.

1) 老人必须特别注意身体，因为一旦生病，往往就不容易恢复健康。

2) 一旦世界上出现战争，遭受痛苦最多的总是老百姓。

13.说实话　　　　　　　　　　　　frankly speaking; to tell the truth

◆ 说实话，美国之所以如此深深地介入台湾问题，就是因为它对其战略意义做了不适当的界定和延伸。
Frankly speaking, the reason why the U.S. has gotten so deelpy involved in the Taiwan issue is because it has inappropriately defined and extended

Taiwan's strategic importance.

1) 说实话，虽然他是现在最出名的流行歌星，我却不喜欢他的歌。

2) 广东点心虽然好吃，但是，说实话，并不健康。

练习

I. Select the appropriate phrases and fill in the blanks.

1. 科技时代的到来使大量新的事物取代了旧的事物，这是 _____。
（意味深长，大势所趋 ）

2. 一个 _____ 的历史人物在当时并不一定知道自己的历史地位这么重要。（名垂青史，不可分割 ）

3. 努力和机遇是一个人成功所 _____ 的两方面。
（不可分割，引火烧身 ）

4. 在讨论会上他发表了一系列 _____，得到大家的一致拥护。
（真知灼见，遗臭万年）

5. 你们千万别介入他们家的事，不然会 _____，给自己惹麻烦。
（引火烧身，妥善解决）

II. Provide an appropriate noun to make meaningful verb-object phrases, then make a sentence with the V-O phrase.

例：拥护政策: 人民坚决拥护政府的计划生育政策。

执行 _____	失去 _____	解决 _____
召开 _____	爆发 _____	改善 _____
采纳 _____	签订 _____	付出 _____
介入 _____	采取 _____	形成 _____

III. Make a new sentence using the underlined expressions.

1. "隐性台独"和"显性台独"这两类"台独"是殊途同归，都是向一个中国的原则挑战。

2. 正是在它的名义下，近20年来，美国向台湾出售了大量高性能武器。

3. 从国际法的角度来看，台湾一直是中国领土不可分割的一部分。

4. 这本来是中美关系好转的一个历史机遇，但杜鲁门政府没有采纳专家们的真知灼见。

5. 台湾的安全取决于两岸人民的密切联系和最终和平统一。

6. 尽人皆知(众所周知)，"台独"分子如果公然宣布"台湾独立"，就会迫使中国政府不得已而采取武力方式解决台湾问题。

7. 说实话，美国之所以如此深深地介入台湾问题，就是因为它对其战略意义做了不适当的界定和延伸。

8. 美国政府将面临两难选择："要么丢人地打退堂鼓"，要么"就要与中国爆 发一场结局悲惨的战争"。

IV. Answer the following questions with the given words or expressions.

1. 中国政府会不会同意在联合国讨论西藏的问题？

（有/没有…的余地；把…看作/当作…）

2. 如果你是台湾总统，你会怎样处理台湾跟大陆的关系？

（口头上…行动上…；在…的支持/帮助下；挑战）

3. 你跟你的同学认为美国应该不应该插手台湾问题？

（基于…的认识/想法/情况；一致…）

V. Expand and rearrange the following groups of words into coherent sentences.

1. 分裂/制造/极其/导致

2. 关注/焦点/和平/未来/稳定

3. 敏感/意味深长/显然/握手/

4. 探亲/理所当然/争论/

5. 清醒/优势/对付/遏制

6. 试图/迫使/妥协/对抗

7. 在一定程度上/冒险/最终

VI. Composition.

1. 我看台湾问题。

2. 美国对当今世界的影响。

3. 战争在人类历史上的作用。

VII. Discussion questions.

1. 你认为战争可以分为正义和不正义的两类吗？

2. 你认为解决台湾问题的办法是什么？

3. 你认为美国该不该插手台湾问题？

4. 如果台湾宣布独立，你认为中国政府会不会不惜一切牺牲来攻打台湾？

5. 因为历史上台湾是中国的一部分，所以现在台湾还是中国的一部分，你对这种看法怎么看？

6. 在你的印象中，台湾人是不是中国人？

7. 在美国历史上，有没有类似台湾这样的问题？

经济发展会带来道德进步吗?

何怀宏

我相信，今天，在"以经济建设为中心"这一口号下，可以集合起最多的中国人。今天不再是某一种宗教、社会哲学或意识形态风靡和席卷世界的时代。

但是，也可能正是因为聚集到这一口号下的人最多，他们的动机却是不尽相同的。一些人想的是:"经济上去了，政权自然会稳"；另一些人想的是"经济上去了，民主自然会来"；更多的人则不想那么多、那么远，而是最直接、最实际地想"经济上去了，生活自然会好"。而所有这些想法都汇聚到一点："无论如何，先把经济搞上去再说。"

一个不能不想的问题

"先把经济搞上去"，这确实代表了大多数人的共识，也是很有道理的见识。问题在于：我们在以主要精力致力于经济发展的时候，是否考虑过要如何照管我们的精神，关心我们的道德水准？而精神与道德生活的内容和水准对于人的生命及其幸福的意义是决不可低估的。比方说，今年春节我回南方的老家，发现许多人赚了钱（当然更多的人仍未挣钱），说起话来口气大多了，但奇怪的是，就是在这些赚了钱的人们中，也并不总是洋溢着一

經濟發展會帶來道德進步嗎？

何懷宏

我相信，今天，在"以經濟建設為中心"這一口號下，可以集合起最多的中國人。今天不再是某一種宗教、社會哲學或意識形態風靡和席捲世界的時代。

但是，也可能正是因為聚集到這一口號下的人最多，他們的動機卻是不盡相同的。一些人想的是："經濟上去了，政權自然會穩"；另一些人想的是"經濟上去了，民主自然會來"；更多的人則不想那麼多、那麼遠，而是最直接、最實際地想"經濟上去了，生活自然會好"。而所有這些想法都滙聚到一點："無論如何，先把經濟搞上去再說。"

一個不能不想的問題

"先把經濟搞上去"，這確實代表了大多數人的共識，也是很有道理的見識。問題在於：我們在以主要精力致力於經濟發展的時候，是否考慮過要如何照管我們的精神，關心我們的道德水準？而精神與道德生活的內容和水準對於人的生命及其幸福的意義是決不可低估的。比方說，今年春節我回南方的老家，發現許多人賺了錢（當然更多的人仍未掙錢），說起話來口氣大多了，但奇怪的是，就是在這些賺了錢的人們中，也並不總是洋溢著一种快活的气氛,相反,我却听到了种种抱怨和不安。未赚到钱的人抱怨不足为奇,但这些赚了钱的人的抱怨有时看来还更多。他们抱怨市场上的不讲信用、"坑蒙拐骗"、社会上的治安不好,以权谋私等等,他们说到自己常常"被宰",而从别人的口风和他们所表现的隐隐不安也还可以看出,他们自己也时常是"宰人者"。而我相信,只要一个人天良没有泯灭,他对自己以不正当方式得来的财产就不会完全心安理得。"心安"虽然不是很高、很强烈的正面的感觉,但一切快乐和幸福要想可靠和持久地建立,却都必须以"心安"为根基。

富裕并不等于幸福,更不等于人生。如果我们不照管我们生活的其它方面 — 那常常是人之为人更重要的方面,即使我们有一天也这样豪富,甚至更富又怎么样呢?且不说我们离这个目标仍然有不少路。

所以,那些虽然同样赞成优先发展经济,但在心里也滋生起一种忧虑和警惕的人们,提出下面的问题也是很自然和有道理的:"经济发展是否会带来道德进步?是否能带来人的精神生活的全面丰富,甚至是否至少能使人们生活得更加快乐?"我们不能不想这类问题,它是一个我们决不能忽视的问题。

市场经济中与道德相关的两个因素

当然,当我们问到"经济发展是否会带来道德进步"时,并種快活的氣氛，相反，我卻聽到了種種抱怨和不安。未賺到錢的人抱怨不足為奇，但這些賺了錢的人的抱怨有時看來還更多。他們抱怨市場上的不講信用、"坑蒙拐騙"、社會上的治安不好，以權謀私等等，他們說到自己常常"被宰"，而從別人的口風和他們所表現的隱隱不安也還可以看出，他們自己也時常是"宰人者"。而我相信，只要一個人天良沒有泯滅，他對自己以不正當方式得來的財產就不會完全心安理得。"心安"雖然不是很高、很強烈的正面的感覺，但一切快樂和幸福要想可靠和持久地建立，卻都必須以"心安"為根基。

富裕並不等於幸福，更不等於人生。如果我們不照管我們生活的其他方面 — 那常常是人之為人更重要的方面，即使我們有一天也這樣豪富，甚至更富又怎麼樣呢？且不說我們離這個目標仍然有不少路。

所以，那些雖然同樣贊成優先發展經濟，但在心裏也滋生起一種憂慮和警惕的人們，提出下面的問題也是很自然和有道理的："經濟發展是否會帶來道德進步？是否能帶來人的精神生活的全面豐富，甚至是否至少能使人們生活得更加快樂？"我們不能不想這類問題，它是一個我們決不能忽視的問題。

市場經濟中與道德相關的兩個因素

當然，當我們問到"經濟發展是否會帶來道德進步"時，並不是说经济发展要以道德进步为唯一的目的，也不是说用道德进步作为经济发展是否正当合理的唯一标准（虽然道德也确实是目的之一、标准之一）。我们现在所考虑的是目前中国的经济发展是否对社会的道德水平有一种有益的、促进的、使它提高的作用，在这两者之间是否能建立一种良性的相互影响的关系。

我们的经济目前被正名为"社会主义市场经济"，那么，在这种市场经济中与道德相关的因素主要是什么呢？主要有两个方面：一是其参与者追求利益、利润的目的、动机和欲望；一是其实现这一目的的手段，简单地说就是竞争。我们所说的"道德"又是指什么呢？对经典的"道德"定义，有许多人提出了疑问和批评，因此，我们试着把它调整为："道德是有关善恶正邪的、调整人与他人及个人与社会之间关系的行为规范的体系。"

为了我们的论题，可以再把道德规范体系区分为两个层面：一个层面是人们很容易看到的公共生活中的行为规则。尤其是礼仪、礼貌、社交惯例和习俗等等；另一个层面则是要往较深处观察才能发现的这一社会的基本道德原则和主要规范，这些原则规范构成这一社会的道德的主体部分。

那么，在说明了"经济"和"道德"两方面的意思之后：我们现在就来分析经济发展是否能自然而然地对道德产生积极的影响。

不是說經濟發展要以道德進步為唯一的目的，也不是說用道德進步作為經濟發展是否正當合理的唯一標準（雖然道德也確實是目的之一、標準之一）。我們現在所考慮的是目前中國的經濟發展是否對社會的道德水平有一種有益的、促進的、使它提高的作用，在這兩者之間是否能建立一種良性的相互影響的關係。

我們的經濟目前被正名為"社會主義市場經濟"，那麼，在這種市場經濟中與道德相關的因素主要是什麼呢？主要有兩個方面：一是其參與者追求利益、利潤的目的、動機和欲望；一是其實現這一目的的手段，簡單地說就是競爭。我們所說的"道德"又是指什麼呢？對經典的"道德"定義，有許多人提出了疑問和批評，因此，我們試著把它調整為："道德是有關善惡正邪的、調整人與他人及個人與社會之間關係的行為規範的體系。"

為了我們的論題，可以再把道德規範體系區分為兩個層面：一個層面是人們很容易看到的公共生活中的行為規則。尤其是禮儀、禮貌、社交慣例和習俗等等；另一個層面則是要往較深處觀察才能發現的這一社會的基本道德原則和主要規範，這些原則規範構成這一社會的道德的主體部分。

那麼，在說明了"經濟"和"道德"兩方面的意思之後：我們現在就來分析經濟發展是否能自然而然地對道德產生積極的影響。

　　首先看市场经济发展的目的动机，这种动机本身是一种道德的动机吗？或者，在它后面，有一种崇高的精神支持着它吗？如果不是这样，我们就不能指望它自己突然发生一种大转变，即人们突然由求利变为求德。我们至少在亚洲可以看到，工业起飞、经济飞速发展的最主要动力并不是道德的，或者宗教性质的，而是道德上中性的求利欲望。所以，到这种起飞的原因中去寻找纯洁的源泉、崇高的动力，总让人怀疑是找错了地方。这种求利欲望有两个特点：一是它的无穷扩大、难以满足的性质，一是它的互相冲突、难以兼顾的倾向。50 年代，美国社会已成为一个富裕社会，但 60 年代以后的美国人却似乎变得比以前更勤劳、更辛苦、工作时间更长了，因为他们要努力满足他们新的更高欲望。

　　再看市场经济发展的手段和方式。这一手段主要是自由的竞争。虽然在现实中总不可能达到完全的竞争，但贯穿市场经济的活动确实主要是竞争，而不是统筹的安排、有意的关怀、合作和礼让。这种竞争常常是很无情、甚至是很残酷的。这种竞争也很容易诱发人们以某些不正当的手段去争取竞争的胜利。所以，这种手段本身也不是道德的手段，竞争在道德上也是中性的，它是否合乎道德要依它是否遵循一定的规则及这些规则的性质而定。期望它本身自然而然地发生朝向道德的转变也是不现实的，而相反的转向倒是更有可能。

　　首先看市場經濟發展的目的動機,這種動機本身是一種道德的動機嗎?或者,在它後面,有一種崇高的精神支持著它嗎?如果不是這樣,我們就不能指望它自己突然發生一種大轉變,即人們突然由求利變為求德。我們至少在亞洲可以看到,工業起飛、經濟飛速發展的最主要動力並不是道德的,或者宗教性質的,而是道德上中性的求利欲望。所以,到這種起飛的原因中去尋找純潔的源泉、崇高的動力,總讓人懷疑是找錯了地方。這種求利欲望有兩個特點:一是它的無窮擴大、難以滿足的性質,一是它的互相衝突、難以兼顧的傾向。50年代,美國社會已成為一個富裕社會,但60年代以後的美國人卻似乎變得比以前更勤勞、更辛苦、工作時間更長了,因為他們要努力滿足他們新的更高欲望。

　　再看市場經濟發展的手段和方式。這一手段主要是自由的競爭。雖然在現實中總不可能達到完全的競爭,但貫穿市場經濟的活動確實主要是競爭,而不是統籌的安排、有意的關懷、合作和禮讓。這種競爭常常是很無情、甚至是很殘酷的。這種競爭也很容易誘發人們以某些不正當的手段去爭取競爭的勝利。所以,這種手段本身也不是道德的手段,競爭在道德上也是中性的,它是否合乎道德要依它是否遵循一定的規則及這些規則的性質而定。期望它本身自然而然地發生朝向道德的轉變也是不現實的,而相反的轉向倒是更有可能。

　　而在中国，尤其有理由使我们忧虑市场经济发展的动机与手段是否能带来道德的进步。在动机方面，由于这种动机受到了长期的压抑，又因传统的被破坏，旧的已去，新的没来，而得不到崇高精神的引导，它经常表现得是那样的不遮掩，那样的急迫，那样的贪婪，甚至那样的短见，使人觉得它似乎要把多少年的损失一起补回来。在手段方面，由于市场机制尚不健全，各种有效的制度和政策还是在确立乃至摸索过程中，也由于政治权力的纠缠，尤其是由于许多人还没有建立起遵守法律与道德规则的观念和习惯，竞争就常常不是公平、合理的竞争，一些人就常常"无所不用其极"。所以，中国目前在这两方面的情况都可以说是不容乐观，甚至严峻的。

市场经济的发展将对道德状况产生的影响

　　那么，在这样的情况下，市场经济的发展将对道德产生什么样的影响呢？这里需要分析：积极影响在一定的方面必然会发生，经济的繁荣将促进公共生活中某些直接与物质生活水平有关的规范得到改善，比方说，由于交通工具的充分提供和享有，人们将不必再去挤车。"高薪养廉"在一定意义上也是有道理的。中国古人常说要使人们"不忍"、"不敢"、"不能"犯罪。在现代新加坡的经验中则还加上了一条，即提供优裕的生活条件而使人"不必"去犯某些罪恶。

　　而在中國，尤其有理由使我們憂慮市場經濟發展的動機與手段是否能帶來道德的進步。在動機方面，由於這種動機受到了長期的壓抑，又因傳統的被破壞，舊的已去，新的沒來，而得不到崇高精神的引導，它經常表現得是那樣的不遮掩，那樣的急迫，那樣的貪婪，甚至那樣的短見，使人覺得它似乎要把多少年的損失一起補回來。在手段方面，由於市場機制尚不健全，各種有效的制度和政策還是在確立乃至摸索過程中，也由於政治權力的糾纏，尤其是由於許多人還沒有建立起遵守法律與道德規則的觀念和習慣，競爭就常常不是公平、合理的競爭，一些人就常常"無所不用其極"。所以，中國目前在這兩方面的情況都可以說是不容樂觀，甚至嚴峻的。

市場經濟的發展將對道德狀況產生的影響

　　那麼，在這樣的情況下，市場經濟的發展將對道德產生什麼樣的影響呢？這裏需要分析：積極影響在一定的方面必然會發生，經濟的繁榮將促進公共生活中某些直接與物質生活水平有關的規範得到改善，比方說，由於交通工具的充分提供和享有，人們將不必再去擠車。"高薪養廉"在一定意義上也是有道理的。中國古人常說要使人們"不忍"、"不敢"、"不能"犯罪。在現代新加坡的經驗中則還加上了一條，即提供優裕的生活條件而使人"不必"去犯某些罪惡。

这也就是《管子·牧民篇》所说的"仓廪实则知礼节,衣食足则知荣辱。"我们不能否认"礼节"、"荣辱"也是道德,不能否认"仓廪实"、"衣食足"有助于道德,但这"礼节"、"荣辱"并不是道德的主体,更不是道德的全部。我们必须指出,那些直接由经济发展促进的规范,还是只占社会道德规范体系中较小的一部分,也是较表面的属于公共礼仪的一部分。而正因为它们是较表面的,所以容易使人看到这方面的进步,从而也夸大这方面的进步。津津乐道于"有了很多公共汽车或出租车、私家车,人们就不会再去挤车了"的人们很容易忘记这一道理:确实,人们不会再去挤车了,甚至养成偶尔车少也不再挤车的习惯,但是,如果他们在道德水准上没有真正的提高,公共汽车虽然够了,却还有其它很多更重要的不够的东西,而在那些不够的东西上,人们是否也能不互相排挤,不互相践踏呢?

积极影响在一定的方面可能发生也可能不发生。这方面可以分三点来说:1. 经济发展可以确保温饱,及至提供一种体面的、像样的生活,从而撤去有可能威胁道德甚至造成道德与社会生活崩溃的直接生存压力,这是很重要的。2. 经济发展可以带来国家实力的增加,从而有可能因此促进政体的改善;3. 经济发展可以给人们带来从事各种精神文化活动的物质条件及闲暇等,但是,是否人们将以这些条件和闲暇从事高尚有益的活动及是否人们将

　　這也就是《管子·牧民篇》所說的"倉廩實則知禮節，衣食足則知榮辱。"我們不能否認"禮節"、"榮辱"也是道德，不能否認"倉廩實"、"衣食足"有助於道德，但這"禮節"、"榮辱"並不是道德的主體，更不是道德的全部。我們必須指出，那些直接由經濟發展促進的規範，還是只占社會道德規範體系中較小的一部分，也是較表面的屬於公共禮儀的一部分。而正因為它們是較表面的，所以容易使人看到這方面的進步，從而也誇大這方面的進步。津津樂道於"有了很多公共汽車或出租車、私家車，人們就不會再去擠車了"的人們很容易忘記這一道理：確實，人們不會再去擠車了，甚至養成偶爾車少也不再擠車的習慣，但是，如果他們在道德水準上沒有真正的提高，公共汽車雖然夠了，卻還有其他很多更重要的不夠的東西，而在那些不夠的東西上，人們是否也能不互相排擠，不互相踐踏呢？

　　積極影響在一定的方面可能發生也可能不發生。這方面可以分三點來說：1.經濟發展可以確保溫飽，及至提供一種體面的、像樣的生活，從而撤去有可能威脅道德甚至造成道德與社會生活崩潰的直接生存壓力，這是很重要的。2.經濟發展可以帶來國家實力的增加，從而有可能因此促進政體的改善；3.經濟發展可以給人們帶來從事各種精神文化活動的物質條件及閒暇等，但是，是否人們將以這些條件和閒暇從事高尚有益的活動及是否人們將真的能促成政体的改善也还是说不定的，这里还需要一些别的条件。

市场经济对于道德的消极影响亦必须明确指出：1. 参与者的动机一般来说并不是道德的（当然也不是不道德的），而是道德上中性的，是对物质利益的追求。我们已经指出，这种利欲有一种无限发展和相互冲突的倾向，这些倾向将很可能带来道德问题乃至道德危机；2. 在市场上的激烈竞争中，若不建立一套公正的竞争规则并使竞争者普遍养成遵守它的习惯，就可能是灾难性的；3. 如果道德秩序趋于解体，那么，当政治秩序一旦出现严重危机或经济秩序一旦出现严重混乱时，就再也没有任何约束了，从而酿成一场社会的大灾难。

然而，说到这里，我们必须提醒一句，这只是客观地描述经济发展自然而然将对道德产生的影响，只是描述如果人们不去注意人文和道德的建设而只致力于经济发展，自然而然将会得到什么。然而，不要忘了，我们还可以把我们的意志、理性、感情的因素加进去，把我们的道德理性、崇高追求加进去，把我们的敬义、明理、恻隐、仁爱、诚信、忠恕等主观因素加进去，构成经济发展与道德建设关系中的有力一环。人不仅是经济活动的主体，更是精神文化，包括道德活动的主体。拥有深厚精神和文化传统的中国人会愿意被称为"经济动物"吗？中国人会满足于仅仅做真的能促成政體的改善也還是說不定的，這裏還需要一些別的條件。

市場經濟對於道德的消極影響亦必須明確指出：1.參與者的動機一般來說並不是道德的（當然也不是不道德的），而是道德上中性的，是對物質利益的追求。我們已經指出，這種利欲有一種無限發展和相互衝突的傾向，這些傾向將很可能帶來道德問題乃至道德危機；2.市場上的激烈競爭中，若不建立一套公正的競爭規則並使競爭者普遍養成遵守它的習慣，就可能是災難性的；3.如果道德秩序趨於解體，那麼，當政治秩序一旦出現嚴重危機或經濟秩序一旦出現嚴重混亂時，就再也沒有任何約束了，從而釀成一場社會的大災難。

然而，說到這裏，我們必須提醒一句，這只是客觀地描述經濟發展自然而然將對道德產生的影響，只是描述如果人們不去注意人文和道德的建設而只致力於經濟發展，自然而然將會得到什麼。然而，不要忘了，我們還可以把我們的意志、理性、感情的因素加進去，把我們的道德理性、崇高追求加進去，把我們的敬義、明理、惻隱、仁愛、誠信、忠恕等主觀因素加進去，構成經濟發展與道德建設關係中的有力一環。人不僅是經濟活動的主體，更是精神文化，包括道德活動的主體。擁有深厚精神和文化傳統的中國人會願意被稱為"經濟動物"嗎？中國人會滿足於僅

"世界之富商"吗？

　　我们最后的结论是：道德就其主要部分而言，肯定是不会随着经济的发展而自然而然地提高的，但是，道德还是有可能随着经济的发展而得到提高的——如果我们加进这一因素：人们对经济与道德的关系有足够清醒的认识，对道德规范与精神价值有足够的尊重以及在生活实践中有相应的持之不懈的努力。

1994 年 1 月《东方》

僅做"世界之富商"嗎?

我們最後的結論是:道德就其主要部分而言,肯定是不會隨著經濟的發展而自然而然地提高的,但是,道德還是有可能隨著經濟的發展而得到提高的 ——如果我們加進這一因素:人們對經濟與道德的關係有足夠清醒的認識,對道德規範與精神價值有足夠的尊重以及在生活實踐中有相應的持之不懈的努力。

1994年1月《東方》

词汇

建设	建設	jiànshè	n./v.	development 例：经济~; 思想~, ~有中国特色的社会主义；~民主政治
口号	口號	kǒuhào	n.	slogan
集合	集合	jíhé	v.	to gather, to rally together 例：学生一点在学校门口集合。
哲学	哲學	zhéxué	n.	philosophy
意识形态	意識形態	yì.shìxíngtài	n.	ideology
风靡	風靡	fēngmǐ	v.	to be fashionable 例：~世界/全国/一时
席卷	席捲	xíjuǎn	v.	to sweep across 例：经济危机~整个世界。
聚集	聚集	jùjí	v.	to gather
动机	動機	dòngjī	n.	motive, intention
政权	政權	zhèngquán	n.	political power; regime
稳	穩	wěn	adj.	stable, steady
民主	民主	mínzhǔ	n.	democracy
汇聚	彙聚	huìjù	v.	to converge, to gather
搞上去	搞上去	gǎo.shàng.qù	v.	to effect an upswing (in economy); to advance 例：把学习~
确实	確實	quèshí	adv.	indeed, really
共识	共識	gòngshí	n.	consensus 例：取得~
见识	見識	jiàn.shí	n.	experience and knowledge 例：~广；长~
在于	在於	zàiyú	v.	to lie within 例：事物发展的原因~其内 部矛盾。
精力	精力	jīnglì	n.	energy, strength
致力于	致力於	zhìlìyú	v.	to devote oneself to 例：他~科研工作。
水准	水準	shuǐzhǔn	n.	standard 例：道德~
内容	內容	nèiróng	n.	content

及	及	jí	*conj.*	and 例：工人，农民，~知识分子
决	决	jué	*adv.*	definitely, certainly 例：决无此事
低估	低估	dīgū	*v.*	to underestimate, to underrate
仍	仍	réng	*adv.*	still, yet 例：这个问题~未解决。
口气	口氣	kǒuqì	*n.*	tone, air, manner (in speaking) 例：他说话的~很大。
洋溢	洋溢	yángyì	*v.*	to be permeated, to be stuffed with 例：教室里~着友好的气氛
气氛	氣氛	qì.fēn	*n.*	atmosphere; air 例：热烈的~/紧张的~/友好的~
不安	不安	bù'ān	*adj.*	uneasy, anxious, edgy
不足为奇	不足為奇	bùzúwéiqí	*ph.*	have nothing to be surprised about
信用	信用	xìn.yòng	*n.*	credit
坑蒙拐骗	坑蒙拐骗	kēngmēng guǎipiàn	*ph.*	做各种骗人的坏事 坑: to entrap, 蒙: to deceive, 拐: to abduct, to kidnap, 骗: to cheat, to fool
治安	治安	zhì'ān	*n.*	public security
以权谋私	以權謀私	yǐquánmóusī	*ph.*	to abuse one's power to seek personal gain
宰	宰	zǎi	*v.*	to rip off, to slaughter, to kill 例：我被~了。I got ripped off. 我把猪宰了。I killed the pig.
口风	口風	kǒufēng	*n.*	one's intention as revealed in what one says
隐隐不安	隱隱不安	yǐnyǐn.bù'ān	*ph.*	indistinct uneasiness
天良	天良	tiānliáng	*n.*	conscience
泯灭	泯滅	mǐnmiè	*v.*	to extinguish, to disappear
正当	正當	zhèngdàng	*adj.*	legitimate, proper, reasonable 例：~理由/收入/要求
心安理得	心安理得	xīn'ānlǐdé	*ph.*	having that peace of mind which comes from having

				done something perfectly justifiable 心: heart, 安: peace, 理: truth, ethics, 得: to get, to obtain
心安	心安	xīn'ān	n.	peace of mind
正面	正面	zhèngmiàn	adj.	positive
可靠	可靠	kěkào	adj.	reliable, trustworthy
持久	持久	chíjiǔ	adj.	lasting, permanent
建立	建立	jiànlì	v.	to set up, to establish 例：~外交关系/新的经济秩序/联系
根基	根基	gēnjī	n.	basis, foundation
富裕	富裕	fùyù	adj.	prosperous
人生	人生	rénshēng	n.	life
为人	為人	wéirén	v./n.	to behave oneself, to conduct oneself 例：他~很好。
豪富	豪富	háofù	adj.	powerful and wealthy
目标	目標	mùbiāo	n.	goal 例：我天天跑步。在全校跑第一是我追求的目标。
赞成	贊成	zànchéng	v.	to approve of, to be in favor of 例：我~你的看法。
优先	優先	yōuxiān	adv.	having priority 例：中国~发展经济。
滋生	滋生	zīshēng	v.	to cause, to provoke, to bread
忧虑	憂慮	yōulǜ	n.	worry, anxiety
警惕	警惕	jǐngtì	n.	vigilance
有道理	有道理	yǒudàolǐ		making sense, reasonable
全面	全面	quánmiàn	adj.	comprehensive
丰富	豐富	fēngfù	adj.	abundant, rich, plentiful
因素	因素	yīnsù	n.	factor, element
唯一	唯一	wéiyī	adj.	the only one, sole 例：~的朋友/办法/~的朋友
目的	目的	mù.dì	n.	goal 例：我天天跑步的目的在于锻炼身体。
合理	合理	hélǐ	adj.	reasonable, justifiable

标准	標準	biāozhǔn	*n.*	standard
有益	有益	yǒuyì	*adj.*	beneficial, useful
促进	促進	cùjìn	*v.*	to promote, to help advance
良性	良性	liángxìng	*adj.*	favorable, beneficial, positive
正名	正名	zhèngmíng	*v.*	to be named as
社会主义	社會主義	shèhuìzhǔyì	*n.*	socialism
参与	參與	cānyǔ	*v.*	to participate in
追求	追求	zhuīqiú	*v.*	to pursue 例：~幸福/知识/地位
利益	利益	lì.yì	*n.*	benefit
利润	利潤	lìrùn	*n.*	monetary profit
欲望	欲望	yùwàng	*n.*	desire
实现	實現	shíxiàn	*v.*	to achieve, to accomplish
手段	手段	shǒuduàn	*n.*	means
竞争	競爭	jìngzhēng	*n.*	competition
经典	經典	jīngdiǎn	*n.*	classics 例：~作品
定义	定義	dìngyì	*n.*	definition
疑问	疑問	yíwèn	*n.*	doubt, question
批评	批評	pīpíng	*n./v.*	criticism
调整	調整	tiáozhěng	*v.*	to adjust
善	善	shàn	*n.*	good; kind
恶	惡	è	*n.*	wickedness, evil
正	正	zhèng	*n..*	righteousness
邪	邪	xié	*n..*	evil
行为	行為	xíngwéi	*n.*	behavior
规范	規範	guīfàn	*n.*	standard, norm
体系	體系	tǐxì	*n.*	system, hierarchy
论题	論題	lùntí	*n.*	topic (of discussion or thesis)
区分	區分	qūfēn	*v.*	to differentiate
层面	層面	céngmiàn	*n.*	level
公共生活	公共生活	gōnggòng shēnghuó	*n.*	public life

规则	規則	guīzéi	*n.*	rules, regulation
礼仪	禮儀	lǐyí	*n.*	etiquette
礼貌	禮貌	lǐmào	*n.*	courtesy
社交惯例	社交慣例	shèjiāoguànlì	*n.*	social convention
习俗	習俗	xísú	*n.*	custom
深处	深處	shēnchù	*n.*	depths, recesses
观察	觀察	guānchá	*v.*	to observe
原则	原則	yuánzé	*n.*	principle
主体部分	主體部分	zhǔtǐbù.fen	*n.*	main part
分析	分析	fēn.xī	*v.*	to analyze
自然而然	自然而然	zìrán'érrán		naturally, automatically
积极	積極	jījí	*adj.*	positive; active
本身	本身	běnshēn	*n.*	itself; in itself 例：事物~/动机~
崇高	崇高	chónggāo	*adj.*	lofty, sublime
指望	指望	zhǐwàng	*v.*	to look to, to count on
突然	突然	tūrán	*adv.*	suddenly
转变	轉變	zhuǎnbiàn	*n.*	transition, shift 例：中国经济体制发生了很大的~.
求利	求利	qiúlì	*v-o.*	追求利润
求德	求德	qiúdé	*v-o.*	追求道德
工业	工業	gōngyè	*n.*	industry
起飞	起飛	qǐfēi	*n.*	takeoff
飞速	飛速	fēisù	*adv.*	at full speed 例：~发展
寻找	尋找	xúnzhǎo	*v.*	to seek, to search for
纯洁	純潔	chúnjié	*adj.*	pure, honest
源泉	源泉	yuánquán	*n.*	source
特点	特點	tèdiǎn	*n.*	characteristic
无穷	無窮	wúqióng	*adj.*	infinite, boundless, endless
扩大	擴大	kuòdà	*v.*	to expand
满足	滿足	mǎnzú	*v.*	to satisfy 例：~学生的要求。我~于目前的生活条件。

冲突	衝突	chōngtū	n..	conflict
兼顾	兼顧	jiāngù	v.	to give consideration to two or more things 例：工作和孩子，她不能两头~。
倾向	傾向	qīngxiàng	n.	tendency
勤劳	勤勞	qínláo	adj.	diligent; hardworking
辛苦	辛苦	xīnkǔ	adj.	toilsome, laborious
贯穿	貫穿	guànchuān	v.	to run through
活动	活動	huódòng	n.	activity
统筹安排	統籌安排	tǒngchóu'ānpái		to make overall arrangement or consideration 统筹: to plan as a whole,安排: to plan
有意关怀	有意關懷	yǒuyì guānhuái		to show loving care intentionally 有意: intentionally, deliberately, 关怀: to show loving care for
合作	合作	hézuò	n.	cooperation
礼让	禮讓	lǐràng	n.	giving precedence to someone out of courtesy or thoughtfulness
无情	無情	wúqíng	adj.	merciless, ruthless, heartless
残酷	殘酷	cánkù	adj.	cruel
诱发	誘發	yòufā	v.	to induce, to bring about
争取	爭取	zhēngqǔ	v.	to strive for, to endeavor to
胜利	勝利	shènglì	n.	victory
合乎	合乎	héhū	v.	to conform to, to correspond to
遵循	遵循	zūnxún	v.	to adhere to; to faithfully follow 例：~中国共产党提出的政策/原则/道路/规律
期望	期望	qīwàng	v.	to hope, to expect
现实	現實	xiànshí	adj.	realistic
转向	轉向	zhuǎnxiàng	n.	to change (political) direction, to turn to
压抑	壓抑	yāyì	v.	to be oppressed, to be overbearing

破坏	破壞	pòhuài	v.	to destroy, to wreck
引导	引導	yǐndǎo	v.	to give guidance to
遮掩	遮掩	zhēyǎn	v.	to cover, to conceal, to hide
急迫	急迫	jípò	adj.	urgent
贪婪	貪婪	tānlán	adj.	greedy
短见	短見	duǎnjiàn	adj.	shortsighted, shallow (in knowledge)
损失	損失	sǔnshī	n.	loss
补	補	bǔ	v.	to compensate, to make up for
机制	機制	jīzhì	n.	mechanism 例：经济~
尚	尚	shàng	adv.	(书) still; yet ＝还 例：问题~未解决。
健全	健全	jiànquán	adj.	perfect, having integrity
确立	確立	quèlì	v.	to establish 例：~地位/理论 学说/世界观
乃至	乃至	nǎizhì	adv.	and even 例：他精通英语， 日语，俄语，~世界语。
摸索	摸索	mōsuǒ	v.	to grope, to try to find out
权力	權力	quánlì	n.	power, authority
纠缠	糾纏	jiūchán	n.	to be entangled with
遵守	遵守	zūnshǒu	v.	to abide by 例：~法律/学校 的制度/交通规则/上课时间/ 社会秩序
无所不用 其极	無所不用 其極	wúsuǒbú yòngqíjí	ph.	by any means necessary
不容	不容	bùróng	v.	not allow ＝ 不许，不让
乐观	樂觀	lèguān	adj.	optimistic
严峻	嚴峻	yánjùn	adj.	severe, critical
繁荣	繁榮	fánróng	n.	prosperity
享有	享有	xiǎngyǒu	v.	to enjoy having (power or prestige), to possess (power or prestige) ?
高薪养廉	高薪養廉	gāoxīnyǎng lián		用高薪培养廉洁的品德 A high salary will foster honesty or integrity.

				高: high, 薪= 薪水: salary, 养: to form, to cultivate (habit), 廉=廉洁: honesty
忍	忍	rěn	*v.*	to bear, to tolerate
敢	敢	gǎn	*v.*	to dare
犯罪	犯罪	fànzuì	*v.*	to commit a crime
优裕	優裕	yōuyù	*adj.*	affluent, abundant
罪行	罪行	zuìxíng	*n.*	crime 例：他犯了很严重的 ~。
管子	管子	GuǎnZǐ	*n.*	管仲, 春秋时期(770-476 B.C.) 的政治家。
仓廪实则 知礼节	倉廩實則 知禮節	cānglǐnshízé zhīlǐjié	*ph.*	Courtesy flows when the granary is full. 仓廪: granary, 实: solid, 则: as a result, 知=知道, 礼节: etiquette
衣食足则 知荣辱	衣食足則 知榮辱	yīshízúzé zhīróngrǔ	*ph.*	People care about the honor and shame when they get enough food and clothes. 衣: clothes, 食: food, 足: enough, 则: as a result, 知=知道, 荣: honor, 辱: disgrace
有助于	有助於	yǒuzhùyú	*v.*	to be helpful; to be conducive to 例：运动~身体健康。
夸大	誇大	kuādà	*v.*	to exaggerate
津津乐道	津津樂道	jīnjīnlèdào	*v.*	to indulge in, to be delighted in talking about
排挤	排擠	páijǐ	*v.*	to make someone unfavorable to the person in power
践踏	踐踏	jiàntà	*v.*	to trample
确保	確保	quèbǎo	*v.*	to ensure, to guarantee
温饱	溫飽	wēnbǎo	*adj.*	adequately fed and clothed 温: warm, 饱: full (from eating)
体面	體面	tǐmiàn	*adj.*	decent
像样	像樣	xiàngyàng	*adj.*	decent, presentable

撤	撤	chè	v.	to remove, to take away
崩溃	崩潰	bēngkuì	v.	to break down, to collapse; to fall apart
生存	生存	shēngcún	v.	to survive, to exist; to live
实力	實力	shílì	n.	strength 例：经济/政治/国家~
政体	政體	zhèngtǐ	n.	system of government 政治体制
闲暇	閒暇	xiánxiá	n.	leisure, free time
高尚	高尚	gāoshàng	adj.	noble, lofty
消极	消極	xiāojí	adj.	negative;
亦	亦	yì	adv.	（书）也；也是
明确	明確	míngquè	adj.	clear, definite, explicit
利欲	利欲	lìyù	n.	利益和欲望
无限	無限	wúxiàn	adj.	infinite, limitless, unlimited
若	若	ruò	conj.	如果　例：若不是他引导，我就迷路了。
公正	公正	gōngzhèng	adj.	fair, impartial
灾难	災難	zāinàn	n.	catastrophe
秩序	秩序	zhìxù	n.	law and order 例：社会~
趋于	趨於	qūyú	v.	to tend to become
解体	解體	jiětǐ	v.	to disintegrate, to break apart
一旦	一旦	yídàn	conj.	once
混乱	混亂	hùnluàn	n.	chaos, disorder
约束	約束	yuēshù	v.	to restrain
酿成	釀成	niàngchéng	v.	to lead to, to bring on (坏事) 例：~灾祸/火灾/危机, to brew (wine, honey) 例：~酒/蜜
提醒	提醒	tíxǐng	v.	to remind
描述	描述	miáoshù	v.	to describe
人文	人文	rénwén	n.	humanities
意志	意志	yìzhì	n.	will
理性	理性	lǐxìng	n.	reason

感情	感情	gǎnqíng	n.	emotion, feeling
敬义	敬義	jìngyì	n.	respects the righteousness
明理	明理	mínglǐ	n.	明白做人的道理 universal ethics understanding
恻隐	惻隱	cèyǐn	n.	sympathy, compassion, pity
仁爱	仁愛	rén'ài	n.	benevolence
诚信	誠信	chéngxìn	n.	honesty and reliability
忠恕	忠恕	zhōngshù	n.	conscientiousness and altruism
主观因素	主觀因素	zhǔguānyīnsù	n.	subjective factor
构成	構成	gòuchéng	v.	to constitute
有力	有力	yǒulì	adj.	powerful 例：~竞争对手/证明
环	環	huán	n.	link
包括	包括	bāokuò	v.	to include
拥有	擁有	yōngyǒu	v.	to possess, to own
深厚	深厚	shēnhòu	adj.	deep, profound
结论	結論	jiélùn	n.	conclusion
清醒	清醒	qīngxǐng	adj.	clear-headed, sober
以及	以及	yǐjí	conj.	as well as, along with
实践	實踐	shíjiàn	n.	practice
持之不懈	持之不懈	chízhībúxiè	ph.	persevere 持: to hold, 之: it, 不: not, 懈: slack, lax

词语解释

1. 以...为中心　　　　　　　　to be centered round ...
◆ 今天, 在"以经济建设为中心"这一口号下, 可以集合起最多的中国人。
1) 目前中国政府的工作是以经济建设为中心的。
2) 这篇文章是以宣传中国的改革开放为中心的。

2. 无论如何　　　　　　　　no matter what, ...
◆ 无论如何, 先把经济搞上去再说。
1) 无论如何, 你得帮我这个忙。
2) 无论如何, 我们也得在老师规定的时间内把功课作完。

3. （问题, 原因）在于...　　　　(problem, reason) lies in
◆ 问题在于: 我们在以主要精力致力于经济发展的时候, 是否考虑过要如何照管我们的精神?
1) 我期末考试没考好, 根本的原因在于我没好好复习。
2) 美国学生学中文最大的困难在于发音。

4. 洋溢着...气氛　　　　　　to be permeated with (a certain atmosphere)
◆ 在这些赚了钱的人们中, 也并不总是洋溢着一种快活的气氛, 相反, 我却听到了种种抱怨和不安。
1) 江泽民和克林顿在北京举行了会谈。会谈中洋溢着亲切友好的气氛。
2) 圣诞节前的大街上挂满了彩灯, 到处都洋溢着节日的气氛。

5. 以...方式来　　　　　　　by means of
◆ 只要一个人天良没有泯灭, 他对自己以不正当方式得来的财产就不会完全心安理得。
1) 传统的中国人会以一种很委婉的方式来表示拒绝。
2) 我会以一种直接的方式来说明自己的看法。

6. 以...手段去　　　　　　　by means of (typically underhanded) of
1) 现在的商人以种种不正当的手段去赚钱。
2) 有些人常常以不可告人的手段去做伤天害理的事情。

7. A 以 B 为根基 （手段, 标准, 目的, 快乐, 幸福,） A is based on B
◆ 一切快乐和幸福要想可靠和持久地建立, 都必须以"心安"为根基。
1) 大学的知识以中学的知识为根基。
2) 作家以写作为谋生的手段。

8. ..., 且不说...　　　　　　　　A, let alone B

◆ 即使我们有一天也这样豪富，甚至更富又怎么样呢？且不说我们离这个目标仍然有不少路。

1) 即使有钱也并不等于幸福，且不说我根本没钱。

2) 如果你没有良好的健康，即使你成绩很好，甚至每次都考100分，又怎么样呢？且不说你不可能每次都考100分。

9. A, 即 B... ＝A, 就是说 B　　　　　namely

◆ 如果不是这样，我们就不能指望它自己突然发生一种大转变，即人们突然由求利变为求德。

1) 这条铁路连接两个城市，即北京与上海。

2) 今年的1月二十一号是春节，即农历新年。

10. 依...而定　　　　　　　　　　to be determined by

◆ 竞争是否合乎道德要依它是否遵循一定的规则及这些规则的性质而定。

1) 四年级的中文班分几个班得依学生人数而定。

2) 中国的经济体制是依中国具体的国情而定的。

11. (原因), 从而(结果)　　　　　(cause), as a result (result)

◆ 正因为它们是较表面的，所以容易使人看到这方面的进步，从而也夸大这方面的进步。

1) 由于交通事业的快速发展，从而为城市和农村的交流提供了有利的条件。

2) 物质条件的丰富使人们有了闲暇，从而使人们有时间从事有益的活动。

12. 一旦...就...　　　　　　　　once..., then...

◆ 如果道德秩序趋于解体，当政治秩序一旦出现严重危机或经济秩序一旦出现严重混乱时，就再也没有任何约束了，从而酿成一场社会的大灾难。

1) 信心在我们的生活里是十分重要的。一旦没有了信心，就什么事都做不好了。

2) 这个地方的房子的质量很差，一旦发生地震，就会对人们的生命有很大的威胁。

13. 满足于　　　　　　　　　　to be content with

◆ 中国人会满足于仅仅做"世界之富商"吗？

1) 我们决不可只满足于书本知识，更应该把书本知识跟实践结合起来.

2) 你不应该只满足于已有的成绩和地位，应该继续努力。

14. 就 A 而言,...   taking A into consideration,....

◆ 道德就其主要部分而言, 肯定是不会随着经济的发展而自然而然地提高的.

1) 就他的中文水平而言, 他是个很一般的学生, 可是, 就他的学习热情而言, 班里其他的学生都比不上他。

2) 就经济体制而言, 中国被称为"社会主义市场经济。"

练习

I. Make a sentence using the underlined expression.

1. 问题<u>在于</u>：我们在以主要精力致力于经济发展的时候，是否考虑过要如何照管我们的精神？

2. 即使我们有一天也这样豪富，甚至更富又怎么样呢？<u>且不说</u>我们离这个目标仍然有不少路。

3. 竞争是否合乎道德要<u>依</u>它是否遵循一定的规则及这些规则的性质<u>而定</u>。

4. 正因为它们是较表面的，所以容易使人看到这方面的进步，<u>从而</u>也夸大这方面的进步。

5. 当政治秩序<u>一旦</u>出现严重危机或经济秩序一旦出现严重混乱时，<u>就</u>再也没有任何约束了，从而酿成一场社会的大灾难。

6. 道德<u>就</u>其主要部分<u>而言</u>，肯定是不会随着经济的发展而自然而然地提高的。

II. Based on the text, please answer the following questions using the words provided.

1. 说说目前中国的经济体制和经济情况。

（机制，健全，以权谋私，忧虑，严峻，短见，压抑，贪婪，破坏，损失，补，摸索，遵守，不容乐观）

2. 在中国目前的经济体制下生活的人们心情如何？ 为什么？

（洋溢…气氛，隐隐不安，心安理得，以…方式来，正当，不等于，照管，全面丰富，快乐，幸福）

3. 请你从市场经济的目的和动机以及市场经济发展的手段和方式这两个方谈谈中国经济的发展对社会道德水平的提高起什么作用？

（动力，飞速发展，欲望，无穷扩大，冲突，兼顾，勤劳，满足，自由竞争，无情，残酷，争取胜利，以…手段去，现实）

4. 举例说明"高薪养廉"，"仓廪实则知礼节"，"衣食足则知荣辱"是什么意思？ 这跟提高人们道德水平有什么关系？

（温饱，体面，威胁，国家的实力，改善，物质条件，闲暇，有益）

5. 在中国的经济体制下，如何减少市场经济对道德所带来的消极因素？

（引导，公正，竞争制度，养成…习惯，趋于解体，一旦…就，酿成，清醒，认识，实践，持之不懈）

III. Read the following paragraph and summarize it in Chinese.

In present-day society, wealth is a measurable yardstick of worldly success. What you are and what the world thinks of you depends, to a large extent, on what you have. According to one study, the wealthy are happier not only because of their comfortable bank balances but also from the quality of life they can afford and how successful they perceive themselves to be. The benefits derived from money are both tangible as well as intangible. Intangible benefits, like a sense of freedom, security, well-being, self-sufficiency and self-esteem, are easier to identify and appreciate. The benefits derived from tangible assets are also important, insofar as they contribute to increasing the intangible benefits. For example: owning a house may bring a sense of security; a vacation may lower stress levels; donation to a charity may give a sense of having made a difference; and indulgence in a hobby may bring a sense of fulfillment. However, constant compulsion to possess the biggest, latest and best can lead to unhappiness. A charge made against money is that it is never enough. In addition, yesterday's luxuries have a way of becoming today's necessities. Modernisation also has a tendency to push the price tag of happiness just a few notches higher. The people who are the happiest are the ones who use their money to do what they want and not to impress others.

IV. Discussion questions.

1. 要是你今天比昨天多赚了十万块钱, 你会不会比昨天更快乐? 为什么?

2. 简单说说美国的 Enron 案件。这些高级企业执行官 (CEO)每人的年薪都在几百万美元以上, 可是, 他们还是以权谋私。你认为这是钱多的过错还是道德的问题? 钱多了会带来道德水平的下降吗?

3. "高薪养廉", "仓廪实则知礼节", 和"衣食足则知荣辱"这样的说法你同意不同意? 这种说法跟 Enron 案件中所出现的情况是不是有矛盾? 为什么?

4. 竞争都是残酷的, 辛辛苦苦地工作不能赚大钱, 所以, 要想成功就不能有道德。你同意这种说法吗? 为什么?

5. 美国从 50 年代到现在, 经济日益发展, 人们的道德水平是不是提高了? 请你举例说明。

6. 中国的经济政治体制跟美国有什么不同? 在"发展经济的同时提高人们道德水平"这个问题上, 中国的发展道路跟美国会有什么不同?

V. Composition.

1. 金钱能不能给人们的生活带来快乐跟幸福。

2. 钱多是福还是祸?

3. 经济发展会不会带来道德水平的提高?

Pinyin Index
拼音索引

The entries are in *pinyin* and arranged in alphabetical order. the number following each entry indicates the page on which it appears.

本索引以汉语拼音检索，按字母顺序排列。各词条后的数字为该词条出现的页码。

A

Aliúshēn qúndǎo, 阿留深群岛, *prop.*, an archipelago in the Pacific, 442

àihù, 爱护, *v.*, cherish, to take good care of , 185

àiguózhě, 爱国者, *n.*, patriot, 265

àiqíng, 爱情, *n.*, love, 94

āndìng, 安定, *adj. /v.*, stable, settled; stabilize , 59

àn, 按, *v.*, according to, 129

ànlì, 案例, *n.*, example of a case , 347

ànshì, 暗示, *v./n.*, hint, 415

ànshā, 暗杀, *v.* , assassinate, 228

ángguì, 昂贵, *adj.*, expensive; costly, 143

B

B chāo, B 超, *n.*, ultrasound, 76

bàquán, 霸权, *n.*, super power, 443

bàzhàn, 霸占, *v.*, forcibly occupy, seize, 439

bǎwò, 把握, *v.*, seize , 158

báigōng, 白宫, *prop.*, the White House, 213

báihuà, 白话, *n.*, vernacular, 416

báihuàwén, 白话文, *n.*, vernacular Chinese, 364

Bǎishì kělè, 百事可乐, *prop.*, Pepsi Cola, 327

bàibǐ, 败笔, *n.*, failure, 169

bàihuài, 败坏, *v.*, corrupt , ruin , 61

bǎixìng, 百姓, *n.*, people, 345

bàn, 办, *v.*, do, manage, 8

bànfǎ, 办法, *n.*, way, method, 128

bànlǚ, 伴侣, *n.*, companion (for life), 118

bànsuí, 伴随, *v.* , accompany, 129

bàngqiú, 棒球, *n.*, baseball, 328

bǎo, 宝, *n.*, treasure, 244

bāobiǎn, 褒贬, *v.*, praise and criticize, 92

bāozhuāng, 包装, *n./v.*, wrapping, cover; wrap, 45

bāozhuāng, 包装, *v./n.*, pack, package, 326

bāokuò, 包括, *v./ prep.*, include; including, 291,440

bāokuò… zàinèi, 包括…在内, *v.*, include in/within, 276

bǎo'ān, 保安, *n.*, public security , 184

bǎocún, 保存, *v.*, preserve , 244

bǎochí, 保持, *v.*, keep, maintain, preserve, 395

bǎoliú, 保留, *v.* , preserve, 47,244

bǎozhàng, 保障, *v./n.*, ensure, guarantee, 94

bǎozhèng, 保证, *v.*, guarantee, assure, 378,395

bǎohù, 保护, *v./n.*, protect, protection, 78,185

bǎoguì, 宝贵, *adj.*, precious, valuable , 47

bàodào, 报导, *v.*, report, 142

bàogào, 报告, *v.*, report, 280

bàoyè, 报业, *n.*, newspaper industry, 102

bàozhǐ, 报纸, *n.*, newspaper, 417

bàofā, 爆发, *v.*, erupt, break out, 443,447

bàofāxìng, 爆发性, *n.*, with the nature of sudden eruption, 155

bàolì, 暴利, *n.*, sudden huge profits , 63

bàoyuàn, 抱怨, *v.*, complain, 329

bēicǎn, 悲惨, *adj.*, miserable, tragic, 448

bēiguān, 悲观, *adj.*, pessimistic, 105

Běiyáng jūnfá, 北洋军阀, *n.*, The Northern Warlords, 264

bèishìwéi, 被视为, *v.*, be regarded as, 166

bèihòu, 背后, *n.*, behind, at the back, 63

bèijǐng, 背景, *n.*, background, 143

bèizēng, 倍增, *v.*, double, 20

běnfǎ, 本法, *n.*, this law, 276

běnkē, 本科, *n.*, bachelor's degree, major, 293

běnlǐng, 本领, *n.* , skill, capability, ability, 227

běnshēn, 本身, *n.*, itself, 62,93

běnzhìshàng, 本质上, *adv.*, essentially, fundamentally, 75

běntǔhuà, 本土化, *n./v.*, localization, 419

běnwèi, 本位, *n.*, basic unit, standard, 326

bēngkuì, 崩溃, *v.*, break down, to collapse, 482

bǐ, 笔, *MW.*, sum (of money) , 6

bǐzhě, 笔者, *n*, author, 6,346

bǐbǐjiēshì, 比比皆是, *v.*, ubiquitous , 290

bǐlì, 比例, *n.*, proportion, 91

bǐlín, 比邻, *adj./v.*, next to, near; neighbor, 329

bǐyù, 比喻, *v./n/*, compare , 167

bǐzhòng, 比重, *n.*, proportion, 103

bǐ àn, 彼岸, *n.*, the other side of the bank or shore, 415

bìrán, 必然, *adj./ adv.*, inevitable; certainly , 156,292

bìyào, 必要, *n.*, necessity, 47,32

bìxūpǐn, 必需品, *n.*, necessities , 155

bìyè, 毕业, *v.*, graduate, 128

biǎnzhí, 贬值, *v.*, devaluate, 186

biàndòng, 变动, *n.*, change, 154

biànqiān, 变迁, *n.*, change, transition, 167

biànlùn, 辩论, *n./v.*, debate; to debate, 326

biànlì , 便利 , *n./ adj.*, convenience; convenient , 34,60

biànbiélì, 辨别力, *n.*, ability differentiate , 62

biāobǎng, 标榜, *v.* , boast, excessively praise, 226

biāochǐ, 标尺, *n.*, standard , 350

biāozhǔn, 标准, *n.*, standard, 45,48

biāozhǔn, 标准, *n.*, standard, 477

biāozhì, 标志, *n.*, symbol, mark, 30,394

biǎoshì, 表示, *v.*, show, indicate, express, 8

biǎomiàn, 表面, *n.*, surface, appearance, 102

biǎoxiàn, 表现, *v.* , show, display, manifest, 229

biǎoyì, 表义, *adj./v.*, ideographic, 418

biǎoyīn, 表音, *adj./v.*, phonographic, 418

biǎomíng, 表明, *v.*, make known, indicate, 91

biēfēng, 憋疯, v., cannot hold angry or secret any longer and feel despaired , 348

bīnzhì rúguī, 宾至如归, ph., guests feel at home; , 328

bǐng, 柄, MW., measure word for sword, 31

bìngdú, 病毒, n., virus , 61

bìngfēi, 并非, , actually not, definitely not, 243,448

bìngqì, 摒弃, v., abandon, get rid of , 94

bōdòng, 波动, n., unstable situation; undulation, 265

bōyīnyuán, 播音员, n., broadcaster, 45

búdàng, 不当, adj., improper, inappropriate; , 214

búduàn, 不断, adv., continuously, constantly, 304

bǔ, 补, v., compensate, to make up for , 480

bù, 部, MW., measure word for 法律, 44,366

bùfen, 部分, n., part, portion, 90

bùmén, 部门, n., department, 64,78

bù'ān, 不安, adj., uneasy, anxious, edgy, 475

bǔchōng, 补充, n./ v., supplement; complementary , 262,379

bǔcháng, 补偿, n./v., compensation; to compensate, 310

bùdébù, 不得不, , have to, cannot but, 417,447

bùfá, 不乏, v., there is no lack of, 169

bùfǎzhītú, 不法之徒, n., outlaw, rebel, 64

bùhé, 不和, adj., not get along very well, 352

bùjiǔ, 不久, adv., not long ago, 18

bùjǐn, 不仅, conj., not only , 104

búlì, 不利, adj., be unfavorable,, 21,263

bùliáng, 不良, adj., bad, harmful, 20,32

bùmíng, 不明, adj., unclear, 61

bùrán, 不然, v., not so, 226

bùróng, 不容, v., not tolerate, not allow , 129,276

bùshí, 不时, adv., frequently, at any time, 31

bùtóngyú, 不同于, v., be different from, 277

bùwú, 不无, v., not without, 32

bùxī, 不惜, v., not to spare, not to hesitate, 446

bùyí, 不宜, adj./ adv., not suitable, inadvisable, 444

bùyīng, 不应, v., should not , 18

bùzhōng, 不忠, adj., disloyal, unfaithful , 346

búyuàn, 不愿, v., be not willing to do sth., 309

bùjǐngqì, 不景气, adj., be in recession , 33

bùrónghuíbì, 不容回避, , be unavoidable , 304

bùshēng bùxiǎng, 不声不响, adv., quietly , 345

bùyán'éryù, 不言而喻, adv., it goes without saying, 21

búzài shǎoshù, 不在少数, v., more than a few , 31

bùzé shǒuduàn, 不择手段, ph., by fair means or foul, 228

bùzhébúkòu, 不折不扣, adj./ adv., one hundred percent, 419

bùzúwéiqí, 不足为奇, ph., have nothing to be surprised about, 475

bùzúzhīchù, 不足之处, n., deficiencies, shortcomings, 156

bùkěfǒurèn, 不可否认, v., undeniable, 243

bùkěfēngē, 不可分割, adj., inseparable, 439

bùkěsīyì, 不可思议, ph., beyond comprehension, 116

bùkě yírì huò quē, 不可一日或缺, 一天也不能缺少, 327

bùfá, 步伐, n., pace, 307

bùzhòu, 步骤, n., measure, 279

C

cābiān qiú, 擦边球, n., edge ball, touch ball, 384

cāxǐqìchē, 擦洗汽车, n., car wash, 183

cāi, 猜, v., guess, 352

cāiyí, 猜疑, n./v., be suspicious, have misgivings , 348

cáichǎn, 财产, n., property, 7

cáizhèng shōurù, 财政收入, n. , financial revenue, 200

cáihuá chūzhòng, 才华出众, ph., exceptionally gifted, 117

cáiyuán, 裁员, v., reduce staff, 33

cǎijí, 采集, v., collect, put together , 348

cǎinà, 采纳, v., adopt (a method) , 46

cǎiqǔ, 采取, v., adopt (policies, etc.), 130

cǎiyòng, 采用, v., adopt, 380

cānyǔ, 参与, v., participate in, 477

cānyìyuàn, 参议院, n., Senate , 212

cānyǐnyè, 餐饮业, n., food and beverage industry, 183

cánkù, 残酷, adj., cruel, 479

cànlàn, 灿烂, adj., magnificent, splendid, 449

cānglǐnshízé zhīlǐjié, 仓廪实则知礼节, ph., Courtesy flows when the granary is full. , 481

cāozuò, 操作, v., operate (machinery, etc.), 292

cāozuòxìng, 操作性, n., having the nature of being enforceable, 308

cǎochǎng, 草场, n., meadow, 245

cèhuǎngjī, 测谎机, n., lie detector , 353

cèshì, 测试, v./n., test; test, 353

cèyǐn, 恻隐, n., sympathy, compassion, pity, 483

céng, 曾, n., layer, stratum, 116,420

céngjīng, 曾经, adv., ever, 30

céngcì, 层次, n., levels, 156

céngmiàn, 层面, n., layer, aspect, 327,477

céngchū bùqióng, 层出不穷, v., emerge one after another , 18

chārù, 插入, v., insert, 442

chāshǒu, 插手, v., have a hand in, 443

chāyì, 差异, n., difference, divergence , 21

chājù, 差距, n., gap, disparity, 157,306

chǎnshēng, 产生, v., bring about, emerge, 102,382

chǎnwù, 产物, n., outcome, result, product, 394

chǎnqián, 产前, adj., prenatal , 77

chǎnyè, 产业, n., industry, 129,243

chuánzōngjiēdài, 传宗接代, *ph.,* have a son to carry on the family name, 116,185

chuāngkǒu, 窗口, *n.,* window, 61

chuàngzào, 创造, *v.,* create, 293

chuàngxīn, 创新, *n,* innovation, 242

chuàngzào, 创造, *v.,* create , 184,264

chuàngzuò, 创作, *v.,* create literary works, 367

chūnjié, 春节, *n.,* Chinese new year, 344

chuòxué, 辍学, *v.,* drop out, 130

cǐcì, 此次, *n.,* this time, 75

cǐjǔ, 此举, *n.,* this move, 59

cìjī, 刺激, *adj.,* exciting , 119

cìyào, 次要, *adj.,* less important, secondary, 365

cōngming, 聪明, *adj.,* smart , 352

cóngcháng yuǎnláikàn, 从长远来看,, from a long-term point of view, 76

cóngcǐ, 从此, *adv.,* from this moment on, henceforth, 352

cóng' ér, 从而, *conj.,* thus, thereby (lit.), 397

cóngcǐ, 从此, *conj.,* since then, from then on, 440

cóngshēng, 丛生, *v.,* grow thickly, 347

cóngshì, 从事, *v.,* be engaged in, 367,395

cóngzhōng, 从中, *prep.,* out of, therefrom, 396

cóngcháng yuǎnshuō, 从长远说, *ph.,* see or consider from a long term point of view, 103

cóngshàng dàoxià, 从上到下, *ph.,* from top to bottom, 105

còugòu, 凑够, *v.-c.,* pool together, 7

cū, 粗, *adj.,* wide (in diameter), thick, 63

cūhuà, 粗话, *n.* , vulgar language, 228

cuìruò, 脆弱, *adj.,* fragile, weak , 349

cùjìn, 促进, *v.,* promote; accelerate, 74,168

cùxiāo, 促销, *v.,* sales promotion, 20

cúnzài, 存在, *n./v.,* existence; exist, 91,213

cuòjué, 错觉, *n.,* illusion, misconception, 414

cuòshī, 措施, *n.,* measure; step, 279,294

cuòzhé, 挫折, *n.,* frustration, setback, 145

D

dāyìng, 答应, *v.,* agree, answer, 264

dá'àn, 答案, *n.,* answer, 346

dá, 达 , *v.,* reach (amount, degree) , 61

dádào, 达到, *v.,* achieve , 48,91

dǎjī, 打击, *v.,* strike, hit , 58,228

dǎzào, 打造, *v.* , establish, build , 166

dǎyā, 打压, *v.,* suppress, 186

dǎxiǎng, 打响, *v.,* make known, 19

dǎgōng, 打工, *v.,* do odd jobs, 128

dǎcuò, 打错, *v.-c.,* type (sth.) wrong , 61

dǎ tuìtánggǔ, 打退堂鼓, *v.,* retreat, withdraw, 447

dǎzìyuán, 打字员, *n.,* typist, 293

dàfán, 大凡, *conj.,* in most cases, generally, 20

dàfú, 大幅, *adv.,* drastically , 33

dàlì, 大力, *adv.,* vigorously, energetically, 382

dàlù, 大陆, *n.,* the mainland China, 262,277

dàpào, 大炮, *n.,* cannon, 329

dàpī, 大批 , *adj.* , large number of, 226

dàsài, 大赛, *n.,* big competition, contest , 18

dàshǐ, 大使, *n.,* ambassador, 20

dàshì, 大事, *n.,* big goal, big thing, 78

dàxuǎn, 大选, *n.* , general election, 227

dàzhì, 大致, *adv.,* generally , 346

dàzhòng, 大众, *n.,* people; the masses, 18

dàzhònghuà, 大众化, *v.,* popularize, 31

dàgēdà, 大哥大, *n.,* cell phone, 30

dàzhuān, 大专, *n.,* college, university, 291

dàzhuān shēng, 大专生, *n.,* undergraduate, 293

dàbáiyú tiānxià, 大白于天下, *ph.,* come out to the open , 351

dàchǎo yìchǎng, 大吵一场, *v.,* have a big quarrel with sb. , 347

dàbǎiyànxí, 大摆宴席, *ph.,* have a big banquet, 118

dàgōng wúsī, 大公无私, *adj.,* selfless, unselfish, 383

dàkuàirénxīn, 大快人心, *ph.,* give all a lift of the heart , 59

dàzuò xuānchuán, 大作宣传, *v.-o.,* advertise intensely, 18

dàshìsuǒqū, 大势所趋, *n.,* the trend of the times (lit.), 448

dàtǐ, 大体, *adv.,* generally, mostly, 91,418

dàyè, 大业, *n.,* great undertaking, 277

dàzōng, 大宗, *n.,* a large amount or quantity, 446

dàzhì, 大致, *adv.,* generally, basically, 75

dàzáyuànr, 大杂院, *n.,* big courtyard occupied by several families, 182

dàzhòngjiàoyù, 大众教育, *n.,* public education, 307

dài, 带, *v.,* bring up or care for the young, 6

dàidòng, 带动, *v.,* lead, to inspire, 155

dàixīnchǎnjià, 带薪产假, *n.,* paid maternity leave, 309

dài, 戴, *v.,* put on, to wear , 117

dài, 代, *n.,* generation, 20

dàibiǎo, 代表, *v./n.,* represent, representative, 30,440

dàijià, 代价, *n.,* price, 242

dàibiǎoxìng, 代表性, *n.,* representativeness , 65

dàiyánrén, 代言人, *n.,* spokesperson, 20

dàikuǎn, 贷款, *v./n.,* grant a loan; loan, 7

dàiyù, 待遇, *n.,* salary, pay, treatment, 75,292

dān píng, 单凭, *v.,* rely upon only one thing, 94

dānyī, 单一, *adj.,* unitary, 182

dānwèi, 单位, *n.,* working unit, 6

dānshēn, 单身, *adj.,* single, 76

dānwèi fēnfáng, 单位分房, *n.,* housing allotment system , 182

E

F

G

gǎoshàng.qù, 搞上去, v., effect an upswing (in economy), 474

gǎohuó, 搞活, v., stimulate(the economy), 262

gēsòng, 歌颂, v., eulogize , 368

gēshǒu, 歌手, n., singer, 291

gēwǔtīng, 歌舞厅, n., cabaret, nightclub, 290

géjú, 格局, n., structure, pattern; setup, 103

géjué, 隔绝, v., cut off, separate, 448

géwài, 格外, adv., particularly, extremely, 104

gèrén, 个人, n., individual, 416

gètǐ, 个体, n., individual, 395

gèxìng, 个性, n., individuality, 169,182

gèjièrénshì, 各界人士, n., professionals in each field, 265

gè yǒu qí yòng, 各有其用, , each has its own utility, 379

gèjí, 各级, adj., each and every level, 105

gēnběn, 根本, adj., essential; fundamental, 276,381

gēnjù, 根据, v./n., base on; basis , 263,276

gēnjī, 根基, n., basis, foundation, 476

gēnzhí, 根植, v., to root, 449

gēnzōngqì, 跟踪器, n., tracker, 32

gēntiě, 跟帖, n., follow-up comment , 59

gēnshàng, 跟上, v., keep up with, 34

gèngjiā, 更加, adv., much more, 66

gōnghài, 公害, n., public nuisance, 30

gōngmín, 公民, n., citizen, 46

gōngwù, 公务, adj./n., official (business), 47

gōngyòng, 公用, adj., public, 32

gōngkāi, 公开, adj./v./adv., pubic, overt, open, make public, 444

gōngzhèng, 公正, adj., fair, impartial , 75

gōngbào, 公报, n., communiqué, bulletin, 439

gōngdí, 公敌, n., public enemy, 215

gōngfáng, 公房, n., state-owned house, 185

gōngmín, 公民, n., citizen, 444

gōngzhèng, 公正, adj., fair, impartial, 482

gōngwùyuán, 公务员, n., government official, 46

gōngbù zhīrì, 公布之日, n., the day of the announcement , 280

gōnggòng shēnghuó, 公共生活, n., public life, 477

gōnggòng chǎnghé, 公共场合, n., public place, 33

gōngyǒu chǎnquán, 公有产权, n. , public property, 185

gōngjù, 工具, n., tool, 34

gōngxīn, 工薪, n., wage , 348

gōngzī, 工资, n., wages, 292

gōngchéng, 工程, n., project, engineering, 396

gōngyè, 工业, n., industry, 478

gōngzī, 工资, n., wages, 7

gōngzuò yǔyán, 工作语言, n., working language, 44

gōngzuòliàng, 工作量, n., workload , 345

gōngzuòrì, 工作日, n., working day, 344

gōngnóngbīng, 工农兵, n., workers, peasants, and soldiers, 368

gōngshāng jiè, 工商界, n., industrial and commercial circles, 260

gōngzuò dānwèi, 工作单位, n., work place, 119

gōngzuògǎngwèi, 工作岗位, n., job, 309

gōngdàyúqiú, 供大于求, ph., supply is larger than demand , 307

gōngjī, 攻击, n., accusation, attack, 242

gōngtái, 攻台, v., attack Taiwan, 451

gōngnéng, 功能, n., function, 105

gōngyòng, 功用, n., function, 378,418

gǒnggù, 巩固, v., solidify, consolidate, strengthen, 397

gòngmíng, 共鸣, n., sympathetic response, the same opinion, 242

gòngshí, 共识, n., common consensus , 168,474

gòngtóng, 共同, adj., mutual, common , 277,416

gōutōng, 沟通, v./n., connect; communication , 31,415

gòuchéng, 构成, v., constitute, to form, 397

gòuchéng, 构成, v., constitute, 483

gòuxiǎng, 构想, n., idea, concept, 263,451

gòumǎi, 购买, v., purchase, buy , 20

gūsuàn, 估算, n./v., estimation; estimate, 129

gūlì, 孤立, v./adj., isolate; isolated, 215,419

gūéryuàn, 孤儿院, n., orphanage, 143

gǔ.zi lǐ, 骨子里, n., in one's bones, at heart, 367

gǔguó, 古国, n., ancient country, 169

gǔjì, 古迹, n., historical site, ancient relic, 47

gǔjīn, 古今, n., ancient and modern, 170

gǔlǎo, 古老, adj., ancient , 170

gǔrén, 古人, n., the ancient, forefather, 65

gǔxùn, 古训, n., an ancient maxim (or adage), 399

gǔlì, 鼓励, v., encourage , 66,144

gǔ, 股, MW., measure word for 力量, 145

gǔpiào, 股票, n., stocks, 33

gǔzilǐ, 骨子里, n., in the bones, in one's innermost nature, 445

gùyòng, 雇用, v. , employ, hire, 226

gùdìng, 固定, v./adj., fix; fixed, regular, 398

gùrán, 固然, adv., admittedly, it is true…, 214

gùyǒu, 固有, adj., intrinsic, inherent, innate, 440

gùlǜ, 顾虑, n., concern , 347

gùwèn, 顾问, n., consultant, 265

guà, 挂, v., hang, 144

guǎimài, 拐卖, v., kidnap and sell , 76

guān, 关, v., turn off, close, 61

guānyuán, 官员, n., government official, 105

guānhuà, 官话, n., official dialect; Mandarin, 416

guānchá, 观察, v., observe, 478

guānchájiā, 观察家, n., observer, 448

J

K

M

N

O

P

qīngguǐ, 轻轨, n., light trail, 184

Qīng, 清, prop., Qing Dynasty, 417

qīngxǐng, 清醒, adj., clear-headed, sober, 450

qīngxǐng, 清醒, adj., clear-headed, sober, 483

qīngzàngtiělù, 青藏铁路, n., Qinghai-Tibet Railroad, 246

qíngdiào, 情调, n., sentiment, 118

qínghuái, 情怀, n., feelings, 419

qíngxù, 情绪, n., mood, 419

qíngxù, 情绪, n., morale; feeling; mood, 212

qīngxiàng, 倾向, n., tendency, 479

qìngzhù, 庆祝, v., celebrate, 105

qiúdé, 求德, v-o., 追求道德, 478

qiúlì, 求利, v-o., 追求利润, 478

qiúzhí, 求职, v-o., look for a job, 304

qūzhé, 曲折, n., turn, curve, twist, 265

qū, 区, n., district, region, area, 417

qūbié, 区别, v./n., distinguish, distinction, 394

qūfēn, 区分, v., differentiate , 182,477

qūyù, 区域, n., area, district, 262

qūfēn kāilái, 区分开来, v., distinguish, 364

qūbiéduìdài, 区别对待, , treat different people (things) differently, 308

qūfú, 屈服, v., subdue, submit, 419

qūshǐ, 驱使, v., order about, prompt, 443

qūdòng, 驱动, v., drive, compel , 63

qūshì, 趋势, n., trend, tendency, 10

qūyú, 趋于, v., tend to become, 482

qǔdì, 取缔, v., ban (violation), prohibit, 58

qǔdài, 取代, v., replace, 415,439

qǔxiāo, 取消, v., cancel, call something off , 142

qǔjuéyú, 取决于, , be decided by, 447

qǔqī, 娶妻, v., marry a woman, 6

qùchú, 去除, v., dispel (doubt, bad thought), drive away, eliminate , 351

qùwèi, 趣味, n., fun, interest, 415

quánlì, 权利, n., right, 308

quánlì, 权力, n., power, authority, 480

quányì, 权益, n., right, 280

quán, 全, adj., whole , 74

quánmiàn, 全面, adv./ adj., all-out, comprehensive , 44

quánqiú, 全球, n., the whole world, 30

quánmín, 全民, n., the whole people, 131

quánpán, 全盘, adv./ adj., total, completely, 326

quántào, 全套, n. , full set , 245

quánqiúhuà, 全球化, v./n., globalize; globalization, 102

quánfāngwèi, 全方位, adj./adv, overall,all-round, comprehensive, 103

Quánguó rénmín dàibiǎo dàhuì, 全国人民代表大会, n., National People's Congress, 276

quánshì, 诠释, v./n., annotate; annotation, 400

quēfá, 缺乏, v., lack , 308

quēshī, 缺失, n., deficiency, lack , 350

què, 确, adv., indeed, 243

quèbǎo, 确保, v., ensure, to guarantee, 481

quèdìng, 确定, v./adj., Determine, conform, verify; definite, 36,364

quèlì, 确立, v., establish, 450,480

quèshí, 确实, adv., indeed, really, 18,474

qúntǐ, 群体, n., group (in sociology), 128,156

qúnzhòng, 群众, n., the masses, 58,215

qúnzhòngjīchǔ, 群众基础, n., public consensus , 186

R

rán, 燃, v., burn, ignite (lit.), 441

rè'ài, 热爱, v. , ardently love, 246

rèdiǎn, 热点, n., hot topic , 155

rèmén, 热门, adj., hot, popular, 92,414

rèqíng, 热情, n. , enthusiasm, ardor, zeal, 186

réncì, 人次, MW., person-time, 449

réncái, 人才, n., person of ability or talent, 291

réndào, 人道, n./adj., humanity, humane, 212

rénshēng, 人生, n., life, 476

rénwén, 人文, n., humanities, 166,482

rénxīn, 人心, n., popular support, people's will, 262

rényuán, 人员, n., personnel; staff , 278

rénzhì, 人治, v., govern (or rule) by men, 382

rénqún, 人群, n., people, the masses , 345

rénwéi.de, 人为地, adv., intentionally, artificially, 307

rénshìbù, 人事部, n., human resource, 47

rénmínbì, 人民币, n., the Chinese currency (RMB), 103

rénmínwǎng, 人民网, n., The People .com , 58

rénkǒu jízhōng, 人口集中, adj., populated, 130

rénxīn suǒxiàng, 人心所向, n., popular sentiment; the feelings of the people, 451

rénjūn guómín shōurù, 人均 GDP, n., national per capita income , 154

rénjì guānxì, 人际关系, n. , interpersonal relationships, 378

rénlún dàodé, 人伦道德, n., ethical principles of human relations, 328

rénmíndài biǎodàhuì, 人民代表大会, n., the People's Congress, 262

rénshǒuyíbù, 人手一部, , everyone has one, 32

rénshòu bǎoxiǎn yǒuxiàngōngsī, 人寿保险 有限公司, n., life insurance limited company (Ltd), 117

rénfēi shèngxiánshúnéngwúguò, 人非圣贤 孰能无过, ph., err is human , 352

rén'ài, 仁爱, n., benevolence , 483

rěn, 忍, v., bear, to tolerate, 481

rènqīng, 认清, v., see clearly, 158

S

shēnggāo, 升高, v., go up, rise , 75

shēngcún, 生存, v., live, survive, 78

shēngchǎn, 生产, v., produce, manufacture , 30,156

shēngchǎnlì, 生产力, n., productivity, 76

shēngchǎnfāngshì, 生产方式, n., mode of production, 245

shēngdòng, 生动, adj., lively, vivid, 60

shēngfù, 生父, n., biological father , 346

shēngpà, 生怕, adv., fear that , 352

shēngyù, 生育, v., give birth to; to bear , 117,309

shēngyù guān, 生育观, n., the opinion of give birth and raise a child, 77

shēngyùfèi yòng, 生育费用, n., expenses related to giving birth, 309

shēngcún, 生存, v., survive, to exist; to live, 482

shēngdòng, 生动, adj./ adv., lively, vivid; vividly, 384

shēnglǐ, 生理, n., physiology, 309

shēngxī, 生息, v., live, procreate, 449

shēngzǐ, 生子, v., have a child, 6

shēngjí, 升级, v., upgrade, 155

shēngshì, 声势, n., momentum , 79

shēngyuè, 声乐, n., vocal music, 290

shěng, 省, n., province, 78

shèng rén, 圣人, n., sage; wise man, 394

shèng wáng, 圣王, n., the holy king, 397

shènglì, 胜利, n., victory, 479

shīgē, 诗歌, n., poetry, 368

shīkòng, 失控, v., lose control, 445

shīdàng, 失当, adj., inappropriate, improper, 419

shīqù, 失去, v., lose, be bereaved of, 382

shīhéng, 失衡, v., be unbalanced, out of balance, 74

shīyè, 失业, v., lose one's job, 290

shībài, 失败, n./v., failure; fail, 131

shīzī, 师资, n., qualified teachers, 131

shījiā, 施加 , v., apply (pressure) , 119

shīxíng, 施行, v., put in force, implement, 44

shīyā, 施压, v., impose pressure on, 145

shídài, 时代, n., times, age, era, 290

shízhuāng, 时装, n., fashionable dress or costume, 18

shímáo, 时髦, adj., fashionable, 166

shíshàng, 时尚, n., vogue, trend, fashion, 9,30

shízhìjīnrì, 时至今日, , this day, 157

shíhuì, 实惠 , n., material benefit, 396

shíjì, 实际, n./adj., Reality; realistic, actual, practical, 92,306

shíjìshàng, 实际上, adv., realistically, 245

shíjiàn, 实践, v./n., put into practice, 379,394

shílì, 实力, n., strength, 118,445

shíshìqiúshì, 实事求是, v., seek truth from facts, 261

shíxíng, 实行, v., put into practice; to implement , 261,310

shíxiàn, 实现, v., achieve, accomplish,, 105,263

shíshī, 实施, v., implement , 79

shízhìshàng, 实质上, adv., in substance, essentially, 447

shǐjìn, 使劲, adv., exert all one's strength , 351

shǐmìnggǎn, 使命感, n., sense of mission, 366

shǐzhōng, 始终, adv., from beginning to end, 246

shì, 试, v., try, 128

shì wéi, 视为 , v., regard as (formal), 394

shìbì, 势必, adv., definitely; inevitably, certainly will, 34,131

shìlì, 势力, n., force, power, influence, 276,444

shìbiàn, 事变, n., incident, 279

shìguān, 事关, v., concern, be related to, 448

shìlì, 事例, n., example, 263

shìshí, 事实, n., truth, fact, 104,157

shìwù, 事务, n., affairs, 261

shìyè, 事业, n., career, industry, 103

shìjiàn, 事件 , n., incident, event, 228

shìqián, 事前, adv., beforehand, 145

shìwù, 事物, n., thing, stuff , 65

shìxiàng, 事项, n., item, individual matter , 344

shìchǎng, 市场, n., market, 102

shìchǎngjīngjì, 市场经济, n., market economy, 244,382

shìchǎngjīzhì, 市场机制, n., market mechanism, 308

shìfǒu, 是否, , whether it is..., 102

shìhūn, 试婚, v.-o., trial marriage, 90

shìtú, 试图, v., attempt to, try to, 447

shìdiǎn, 试点, n., pilot point, 78

shìtàn, 试探, adv., attempt to ask (cautiously), 347

shì.yìng, 适应, v., adapt to, adjust to, 328,382

shìhé, 适合, adj., appropriate, suitable, 309

shìlíng, 适龄, adj., of the right age, 128

shìdàng, 适当, adj., appropriate, suitable, 144

shìjì, 世纪, n., century, 264,419

shìxí, 世袭, adj./n., hereditary, 399

shìmào dàlóu, 世贸大楼, prop., World Trade Center, 212

Shìmàozǔzhī, 世贸组织, n., World Trade Organization, 102

shìshìdàidài, 世世代代, n., generation after generation, 244

Shìjièxiǎojiě, 世界小姐, n., Miss Universe, 19

shìzú, 氏族 , n., family, clan, 398

shōurù, 收入, n., income, 19

shǒuduàn, 手段 , n. , means, method, trick, artifice, 64,227

shǒujī, 手机, n., cell phone, 30

shǒushù, 手术, n., surgery, 21

shǒufǎ, 手法, n., trick, gimmick, 264,366

shǒuxù, 手续, n., procedure, 8

T

tóng wéi, 同为 , both are…, 378

tóngbāo, 同胞, *n.*, compatriot, fellow citizen, 243,277

tóngděng, 同等, *adj.*, of the same class (rank), on an equal basis , 305

tónghuà, 同化, *v./n.*, assimilate; assimilation, 142

tóngjū, 同居, *v.*, cohabit, 90

tóngqíng, 同情, *v.*, sympathize with, 367

tóngrén, 同仁, *n.*, fellow members of an industry, 242

tóngshǔ, 同属, *v.*, both belong to , 276

tóngshí, 同时, *adv.*, at the same time, 280

tóngyàng, 同样, *adv./ adj.*, similarly, similar, same, 415

tóngzhōng qiúyì, 同中求异, *v*, seek dissimilarity from similarity, 414

tóngyàng, 同样, *adv.*, same, similar, 62

tóngyàng rúcǐ, 同样如此, *adv.*, same, similarly , 65

tǒng.zilóu , 筒子楼, *n.*, building common in 1980s. , 182

tǒngyī, 统一, *adv./ n.*, centralized, unified; unite , 79

tǒngchóu'ānpái, 统筹安排,, make overall arrangement , 479

tǒngjìjú, 统计局, *n.*, Bureau of Statistics, 154

tǒngyī, 统一, *v./ adj.*, unite; united, 263,277

tǒngzhì, 统治, *v.*, govern, 365

tòngkū, 痛哭, *v.*, cry one's heart out , 348

tòngkǔ, 痛苦, *adj./n.*, suffering, pain, 215

tōutōu, 偷偷, *adv.*, stealthily, secretly, 348

tóupò xiěliú, 头破血流, *ph.*, have one's head broken and bleeding, 8

tóufà, 头发, *n.*, hair , 349

tóupiào, 投票, *v.* , vote, 228

tóuzī, 投资, *v./n.*, invest, investment , 32

tóuzīzhě, 投资者, *n.*, investor, 167

tòuguò, 透过, *prep./v.*, through, go through, 366

tūchū, 突出, *adj.*, Prominent, outstanding, 158,243

tūpò, 突破, *v.*, break through, 446

tūrán, 突然, *adv.*, suddenly, 478

tǔdì, 土地, *n.*, earth, soil, 398

tǔyǔ, 土语, *n.*, local dialect, vernacular, 46

tūjiǎo, 凸角, *n.*, a protruding angle, 442

túláo, 徒劳, *adj.*, futile, fruitless, 419

túpiàn, 图片, *n.*, picture, 61

tuánjié, 团结, *v.*, unite, rally, 213

tuántǐ, 团体, *n.*, group, 144

tuīdòng, 推动, *v.*, give impetus to, to impel , 102,184

tuīguǎng, 推广, *v.*, popularize, spread, 417

tuīchū, 推出, *v.*, present the public, 20

tuījìn, 推进, *v.*, advance, progress in development, 78

tuīxíng, 推行, *v.*, promote, advocate, 44,399

tūndiào, 吞掉, *v.*, annex, gobble, 263

tuōrù, 拖入, *v.*, drag in(to), pull in(to), 447

tuǒshàn, 妥善, *adj./ adv.*, appropriate, proper , 439

tuǒxié, 妥协, *v.*, compromise, 446

tuòqì, 唾弃, *v.*, cast aside, spurn, 450

W

wā , 挖 , *v.* , dig, 228

wǎfáng, 瓦房, *n.*, roofed house, 245

wāifēng xiéqì, 歪风邪气, *n.*, evil winds and noxious influences, 384

wàibù, 外部, *adj.*, outside, external , 120

wàidì, 外地, *n.*, non-local, other places, 6

wàihuàn, 外患, *n.*, foreign aggression, 396

wàijiè, 外界, *n.*, outside world, 117

wàitān, 外滩, *n.*, Waitan, Shanghai's downtown district, 327

wàizài, 外在, *adj.*, external , 119

wàizī, 外资, *n.*, foreign capital, 262

wàibiǎo, 外表, *n.*, appearance (of body), 20

wàiyù, 外遇, *v.*, have an extra-marital affair , 350

wánshàn, 完善, *v./adj.*, make perfect; perfect, 384,400

wánchéng, 完成, *v.*, finish, 366

wánměi, 完美, *adj.*, perfect, flawless, 94

wánzhěng, 完整, *adj.*, integrated; complete, 276

wánnòng, 玩弄, *v.*, engage in (practices), , 263

wǎnhuí, 挽回, *v.*, reverse a situation, 93

wǎnjiù, 挽救, *v.*, save, rescue, 93

wǎnjiān, 晚间, *n.*, in the evening, 213

wǎnqīng, 晚清, *n.*, the late Qing period, 264

wáng, 亡, *v.*, perish, die, 380

wángguó, 亡国, *v.*, subjugate a nation, 365

wángcháo, 王朝, *n.*, dynasty, 381

wǎng, 往, *v.*, go (old), 215

wǎnglái, 往来, *v.*, come and go; contact, 278

wǎngnián, 往年, *n.*, former years, 345

wǎngqiú, 网球, *n.*, tennis, 183

wǎngzhàn, 网站, *n.*, website, 58,142

wǎngzhǐ, 网址, *n.*, website address, 61

wǎngluò, 网络, *n.*, internet, 60

wǎngmín, 网民, *n.*, netizen , 61

wǎngyǒu, 网友, *n.*, netizen; internet friends, 59

wǎngdú měngyúhǔ, 网毒猛于虎, *ph.*, a harsh and oppressive government is more ferocious than even a tiger, 58

wàng, 望, *v.*, look over, 168

wēixiǎo, 微小, *adj.*, small, little, 415

wēixié, 威胁, *n./v.*, threat; to threaten, 365

wéi, 喂, *v.*, hello, 344

wéi, 为, *v.*, is , 349

wéirén, 为人, *v./n.*, behave oneself, to conduct oneself , 476

wéishùbùshǎo, 为数不少, *adv.*, not a few, quite a few , 344

X

zǒuxiàng, 走向, *v.*, move wards, 91,131

zǒu.bùtōng, 走不通, *v-c.*, won't do, won't work, 418

zǒusī, 走私, *v.*, smuggle, 383

zūjīn, 租金, *n.*, rent, 7

zúyì, 族裔, *n.*, tribe, race, 145

zújiàn, 足见, *v.*, suffice illustrate, 59

zǔchéng, 组成, *v.*, form, compose, 90,226

zǔzhī, 组织, *v./n.*, organize; organization, 79,143

zǔdǎng, 阻挡, *v.*, stop, obstruct, resist, 448

zǔguó, 祖国, *n.*, motherland; homeland, 276

zuān kòng.zi, 钻空子, *v.*, avail oneself of loopholes, 242

zuìzhōng, 最终, *adv.*, eventually, ultimately, 242

zuìjiā, 最佳, *adj.*, the best, the optimal, 242

zuì'è, 罪恶, *n.*, sin, evil, travesty, 398

zuìxíng, 罪行, *n.*, crime , 242

zuǒ, 左, *n./ adj.*, left; of leftist deviations, 261

zuǒyòu, 左右, *v.*, master, control, 450

zuòpǐn, 作品, *n.*, literary or artistic works, 364,416

zuòwéi, 作为, *v.*, be as, 242

zuòyòng, 作用, *v.*, act on, to affect; effect, 306,364

zuò shǒujiǎo, 做手脚, *v.-o.* , cheat, 242

zuòtōng, 做通, *v.*, get (job, plan) done , 242

zuòtán, 座谈, *n./v.*, have an informal discussion, 213

English Index
英文索引

The entries are in English and arranged in alphabetical order. the number following each entry indicates the page on which it appears.

本索引以英文词汇检索，按字母顺序排列。各词条后的数字为该词条出现的页码。

A

a hopeless case, 死棋, sǐqí, n., 450

a few; some, 若干, ruògān, n., 419

large amount or quantity, 大宗, dàzōng, n., 446

a period or stage of transition, 过度时期, guòdùshíqī, n., 265

a series of, 一连串, yìliánchuàn, adj., 353

a series of, 一系列, yíxìliè, n., 76,263

a slight amount or degree, 丝毫, sīháo, adv., 414

a way out, 出路, chūlù, n., 263

abandon, get rid of, 摒弃, bìngqì, v., 94

abandon; forsake, 遗弃, yíqì, v., 143

abide by, 遵守, zūnshǒu, v., 378

abide by (or observe) the law, 守法, shǒufǎ, v., 382

ability differentiate, 辨别力, biànbiélì, n., 62

able kill without bloodshed, 杀人不见血, shārén bújiànxiě, ph., 62

able to afford, 住上, zhù.shàng, v.-c., 7

abnormal, unusual, 异常, yìcháng, adj., 74

abolish a treaty, 废约, fèiyuē, v., 444

about, approximately, 约, yuē, adv., 62

about, with regard to, 关于, guānyú, prep., 167

above-mentioned, 上述, shàngshù, adj., 74

abroad, overseas, 海外, hǎiwài, adj., 143

absolutely not, 绝不, juébù, adv., 65,277

absolutely, definitely, 绝对, juéduì, adv., 103,438

abundant, rich, plentiful, 丰富, fēngfù, adj., 171,476

abuse, misuse, 滥用, lànyòng, v./n, 31

accent of one's native place, local accent, 乡音, xiāngyīn, n., 419

accept after a screening, 录取, lùqǔ, v., 292

accept, adopt, 采纳, cǎinà, v., 441

accept, take, 接受, jiēshòu, v., 90,309

accidental, chance, 偶然, ǒurán, adj., 306

accommodate, 容纳, róngnà, v., 265

accompany, 伴随, bànsuí, v., 129

accomplishment in self-cultivation, 修养, xiūyǎng, n., 381

accord with the state of a country, 合国情, hé guóqíng, v.-o., 59

according to, 按, àn, v., 129

according to legend, 相传, xiāngchuán,, 397

according to the law, 依法, yīfǎ, v.-o., 279,382

account for, to constitute, 占, zhàn, v., 92,304

accumulate, 积累, jīlěi, v., 169

accusation, attack, 攻击, gōngjī, n., 242

achieve, 达到, dádào, v., 48,91

achieve, accomplish,, 实现, shíxiàn, v., 105,263

achievements in one's official career, 政绩, zhèngjì, n., 229

act (jointly) together, 联手, liánshǒu, v., 119

act accordingly, 照办, zhàobàn, v., 400

act on impulse, 一时冲动, yìshí chōngdòng, ph., 116

act on, to affect; effect, 作用, zuòyòng, v., 306,364

action, movement, 举动, jǔdòng, n., 116

action; take action, 行动, xíngdòng, n./v., 58,78

activate, 激活, jīhuó, v., 170

active, energetically, 积极, jījí, adj./adv., 9,58,145

activity, 活动, huódòng, n., 479

actor or actress, 演员, yǎnyuán, n., 45

actually not, definitely not, 并非, bìngfēi,, 243,448

adapt to, adjust to, 适应, shì.yìng, v., 293,328,382

additional; moreover, 另外, lìngwài, adj./adv., 6

address, 地址, dìzhǐ, n., 61

address, call, 称, chēng, v., 60

adequately fed and clothed, 温饱, wēnbǎo, adj., 481

adhere, 附着, fùzhuó, v., 21

adhere to; to faithfully follow, 遵循, zūnxún, v., 479

adjust, regulate, 调整, tiáozhěng, v./n., 130,328

administer (or run) a country, 治国, zhìguó, v., 381

administration department, 管理司, guǎnlǐsī, n., 46

administrative; administration, 行政, xíngzhèng, adj./n., 104,383

administrator, director, 管理者, guǎnlǐzhě, n., 166

admirable, 可佩, kěpèi, adj., 330

admire, 佩服, pèi.fú, v., 7,330

admit, 承认, chéngrèn, v., 417,441

admittedly, it is true…, 固然, gùrán, adv., 214

adopt, 采用, cǎiyòng, v., 380

adopt (a child), 领养, lǐngyǎng, v., 142

adopt (policies, etc.), 采取, cǎiqǔ, v., 46,130

adopt a hostile attitude towards, 敌视, díshì, v./adj., 419

adopted children, 养子女, yǎngzǐnǚ, n., 143

adult, 成年人, chéngniánrén, n., 62

advance, progress in development, 推进, tuījìn, v., 78

advanced, 先进, xiānjìn, adj., 34

advantage, benefit, 好处, hǎochù, n., 31

advantage; superiority, 优势, yōushì, n.., 309,451

advertise intensely, 大作宣传, dàzuò xuānchuán, v.-o., 18

advertisement, 广告, guǎnggào, n., 103

advertiser, sponsor, 广告商, guǎnggào shāng, n., 213

advice, to advise, 建议, jiànyì, n./v., 46

advocate, support, back, 拥护, yōnghù, v., 265

advocate, promote, 提倡, tíchàng, v., 367,382

advocate, stand for, 主张, zhǔzhāng, v., 93,444

affairs, 事务, shìwù, n., 261

affiliated, related, 相关, xiāngguān, adj., 63

affirmative, 肯定, kěndìng, adj., 346

affluent, abundant, 优裕, yōuyù, adj., 481

aforesaid clause, 前款, qiánkuǎn, n., 279

B

C

concealed, disguised, 隐蔽, yǐnbì, *adj.*, 58

concept, 概念, gàiniàn, *n.*, 93,156,293

concept of running the country, 执政观念, zhízhèng guānniàn, *n.*, 185

concept, sense, idea, 观念, guānniàn, *n.*, 116,246

concern, 顾虑, gùlù, *n.*, 347

concern, be related to, 事关, shìguān,, 448

conclusion, 结论, jiélùn, *n.*, 92,483

concrete; specific, 具体, jùtǐ, *adj.*, 261,242

condemn, condemnation, 谴责, qiǎnzé, *v./n.*, 213

condescending (attitude), 居高临下, jūgāolínxià,, 367

condition, 状况, zhuàngkuàng, *n.*, 90,156

condone, tolerate, 容忍, róngrěn, *v.*, 60

conference hall, 会议厅, huìyìtīng, *n.*, 31

conflict, clash, 冲突, chōngtū, *n./v.*, 214,479

conflict, contradictory, 矛盾, máodùn, *n.*, 145

conflict, dispute, 争端, zhēng duān, *n.*, 263

conform, 符合, fúhé, *v.*, 94,216

conform to, to correspond to, 合乎, héhū, *v.*, 479

confront each other, 对峙, duìzhì, *v.*, 443

connect; communication, 沟通, gōutōng, *v./n.*, 31,415

connotation, 内涵, nèihán, *n.*, 170,418

conscience, 天良, tiānliáng, *n.*, 475

conscientiously, in real earnest, 切实, qièshí, *adj./adv.*, 439

conscientiousness and altruism, 忠恕, zhōngshù, *n.*, 483

consciousness, awareness, 意识, yìshí, *n.*, 20,170,449

consequence or result, 后果, hòuguǒ, *n.*, 32

consider oneself to be, 以…自居, yǐ … zìjū, *v.*, 226

consideration, 考虑, kǎolù, *n./v.*, 46

constitute, form, 构成, gòuchéng, *v.*, 21,397

constitution, 宪法, xiànfǎ, *n.*, 130,276

construct, construction, 建设, jiànshè, *v./n.*, 166,183

construct the city, 建城, jiànchéng, *v.*, 167

consult and discuss, 协商, xiéshāng, *v.*, 279

consult, inquire, 咨询, zīxún, *v./n.*, 344

consultant, 顾问, gùwèn, *n.*, 265

consume, 消费, xiāofèi, *v./n.*, 19,290

consumer, 消费者, xiāofèizhě, *n.*, 184

contain; restrain, 遏制, èzhì, *v.*, 276,384

contemporary, modern, 当代, dāngdài, *n./adj.*, 368

contend for hegemony, 争霸, zhēngbà, *v.*, 380

content, 内容, nèiróng, *n.*, 118,186

continue, proceed, 继续, jìxù, *v.*, 128

continue, go on, 延续, yánxù, *v./n.*, 379

continue, persist , 持续, chíxù, *v.*, 76

continuously, constantly, 不断, búduàn, *adv.*, 304

contrast, 反差, fǎnchā, *n.*, 291,349

control, 管制, guǎnzhì, *v.*, 200

control, 控制, kòngzhì, *v./n.*, 104

convene, convoke, 召开, zhàokāi, *v.*, 440

convenience; convenient, 便利, biànlì, *n./ adj.*, 34,60

conveniently, by the way, 顺便, shùnbiàn, *adv.*, 326

convention, usual practice, 惯例, guànlì, *n.*, 329

converge, to gather, 汇聚, huìjù, *v.*, 474

conversely speaking, 反过来说, fǎnguòláishuō, *ph.*, 245

convince; persuade, 说服, shuōfú, *v.*, 326

cooperate, integrate, 配合, pèihé, *v.*, 383,396

cooperation, 合作, hézuò, *n.*, 479

coordinate, harmonize, 协调, xiétiáo, *v.*, 79,167,396

core, center, 核心, héxīn, *n.*, 262,438

correct, put right, 纠正, jiūzhèng, *v.*, 382

correspond with, correspondence, 通信, tōngxìn, *v./n.*, 32

corresponding, relevant; correspondingly, 相应, xiāngyìng, *adj./adv.*, 46,383

corrupt, ruin, 败坏, bàihuài, *v.*, 61

corruption; corrupt, 腐败, fǔbài, *n./ adj.*, 105

cost, 成本, chéngběn, *n.*, 31,308

cost, 要, yào, *v.*, 6

cost, expense, 费用, fèiyòng, *n.* , 143,227

counsel, 辅导, fǔdǎo, *n./ v.*, 144

count, 计, jì, *v.*, 129

count (the ballot), 计票, jìpiào, *v.-o.*, 228

count, be valid, 算数, suànshù, *v.*, 261

countermeasure, 对策, duìcè, *n.*, 384

county, 县, xiàn, *n.*, 78

couple, 两口子, liǎngkǒuzi, *n.*, 7

courage and insight, 胆识, dǎnshí, *n.*, 215

course (of struggle), journey (of life), 历程, lìchéng, *n.*, 157

course, process, 过程, guòchéng, *n.* , 229

court, 相恋, xiānglìan, *v.*, 118

Courtesy flows when the granary is full, 仓廪实则知礼节, cānglǐnshízé zhīlǐjié, *ph.*, 481

courthouse, 法院, fǎyuàn, *n.*, 7

cover, to conceal, to hide, 遮掩, zhēyǎn, *v.*, 480

coward, weakling, 懦夫, nuòfū, *n.*, 213

crack, 断裂, duànliè, *n./v.*, 144

cradle, 摇篮, yáolán, *n.*, 441

crash, 死机, sǐjī, *v.*, 61

craze for beauty contest, 选美热, xuǎnměirè, *n.*, 21

create, 创造, chuàngzào, *v.*, 184,264

create literary or artistic works, 创作, chuàngzuò, *v.*, 367

create, bring about, 造就, zàojiù, *v.*, 351

credit, 信用, xìnyòng, *n.*, 475

crime, 犯罪, fànzuì, *n.*, 278,378

crime, 罪行, zuìxíng, *n.*, 242

crisis, 危机, wēijī, *n.*, 131,212

criticize, criticism, 批评, pīpíng, *v./n.*, 47,477

D

F

follow-up comment, 跟帖, gēntiě, *n.*, 59

food and beverage industry, 餐饮业, cānyǐnyè, *n.*, 183

foolish, fatuous, 愚昧, yúmèi, *adj.*, 9

for example, such as, 如, rú, *prep.*, 309

for light, lamp, etc., 盏, zhǎn, *MW.*, 327

for this, 为这, wèizhè,, 347

force one's way (in or out of marriage), 挤, jǐ, *v.*, 120

force, compel, 迫使, pòshǐ, *v.*, 447

force, compel, 强制, qiángzhì, *v.*, 378

force, power, influence, 势力, shìlì, *n.*, 276,444

forces of production, 生产力, shēngchǎnlì, *n.*, 243,262

forcibly occupy, seize, 霸占, bàzhàn, *v.*, 439

foreign affairs or business, 洋务, yángwù, *n.*, 326

foreign aggression, 外患, wàihuàn, *n.*, 396

foreign capital, 外资, wàizī, *n.*, 262

foreign land, 异域, yìyù, *n.*, 118

forensic medicine department, 法医学系, fǎyīxuéxì, *n.*, 345

foresight, insight, 眼光, yǎn'guāng, *n.*, 170

forget completely, 抛在脑后, pāozài nǎohòu, *v.*, 229

form, compose, 组成, zǔchéng, *v.*, 90,226

form; shape, 形式, xíngshì, *n.*, 47,364,438

formal; formally, 正式, zhèngshì, *adj./ adv.*, 44

former years, 往年, wǎngnián, *n.*, 345

formulate (law), 制定, zhìdìng, *v.*, 63,261,276

forum, 论坛, lùntán, *n.*, 131

foster parents, 养父母, yǎngfùmǔ, *n.*, 142

foster, bring up, 扶养, fúyǎng, *v.*, 145

foster, cultivate, 培育, péiyù, *v.*, 169,243

foster, train, 培养, péiyǎng, *v.*, 384

foundation, 基金会, jījīnhuì, *n.*, 74

foundation, base, 基础, jīchǔ, *n.*, 129,277

foundation, essence, 根本, gēnběn, *n.*, 63

fragile, weak, 脆弱, cuìruò, *adj.*, 349

frankly speaking, 说穿了, shuō chuānle, *v.-c.*, 326

free port, 自由港, zìyóugǎng, *n.*, 260

freedom of speech, 言论自由, yánlùn zìyóu, *n.*, 212

French fry, 炸薯条, zháshǔtiáo, *n.*, 327

frequently, at any time, 不时, bùshí, *adv.*, 31

from, 自, zì, *prep.*, 280

from a long-term point of view, 从长远来看, cóngcháng yuǎnláikàn,, 76

from beginning to end, 始终, shǐzhōng, *adv.*, 246

from this moment on, henceforth, 从此, cóngcǐ, *adv.*, 352

from this, therefore, thus, 由此, yóucǐ, *conj.*, 31,381

from top to bottom, 从上到下, cóng shàng dào xià,, 105

frustration, setback, 挫折, cuòzhé, *n.*, 145

full set, 全套, quántào, *n.*, 245

fun, interest, 趣味, qùwèi, *n.*, 415

function, 功能, gōngnéng, *n.*, 105

function, 功用, gōngyòng, *n.*, 378,418

function; performance, 性能, xìngnéng, *n.*, 444

fund, capital, 资金, zījīn, *n.*, 118,170

further, after that, 进而, jìn'ér, *adv.*, 414

futile, fruitless, 徒劳, túláo, *adj.*, 419

future, 未来, wèilái, *n.*, 265,438

future, prospect, 前途, qiántú, *n.*, 447

G

game, 游戏, yóuxì, *n.*, 227

gap, disparity, 差距, chājù, *n.*, 157,306

garbage culture, 垃圾文化, lājī wénhuà, *n.*, 60

gather, 聚集, jùjí, *v.*, 474

gather, to rally together, 集合, jíhé, *v.*, 474

gender, 性别, xìngbié, *n.*, 304

general atmosphere, 风气, fēngqì, *n.*, 381

general election, 大选, dàxuǎn, *n.*, 227

generally, 大致, dàzhì, *adv.*, 346

generally speaking, 就大体而言, jiù dàtǐ éryán, 418

generally, basically, 大致, dàzhì, *adv.*, 75

generally, mostly, 大体, dàtǐ, *adv.*, 91,418

generation, 代, dài, *n.*, 20

generation after generation, 世世代代, shìshìdàidài, *n.*, 244

genetics, generic; to pass on to the next generation 345, 遗传, yíchuán, *n./v.*, 345

gentleman, 绅士, shēnshì, *n.*, 228

genuine, pure, authentic, 道道地地, dào.dào dì.dì, *adj.*, 327

genuine, pure, typical, 地道, dì.dào, *adj.*, 418

geography; geographic, 地理, dìlǐ, *n./adj.*, 416,447

get together, 聚会, jùhuì, *v./n.*, 144

get (job, plan) done, 做通, zuòtōng, *v.*, 242

get a job, 就业, jiùyè, *v.*, 183,304

get along, 相处, xiāngchǔ, *v.*, 170

get excited, be impetuous, 冲动, chōngdòng, *v./n.*, 263

get involved, 介入, jièrù, *v.*, 441

get married, 结婚, jiéhūn, *v.*, 91

get married, to combine, 结合, jiéhé, *v.*, 94

get people's will, 得民心, dé mínxīn, *v.-o.*, 59

get the news, 闻讯, wénxùn, *v.-o.*, 351

girl, 女孩, nǚhái, *n.*, 78

give (death sentence), impose (penalty), 处以, chǔyǐ, *v.*, 64

give a speech, make a lecture, 演讲, yǎnjiǎng, *v.*, 226

give all a lift of the heart, 大快人心, dàkuàirénxīn, *ph.*, 59

give birth to; to bear, 生育, shēngyù, *v.*, 117,309

give consideration to two or more things, 兼顾, jiāngù, *v.*, 479

give financial assistance, 资助, zīzhù, *v.*, 6

H

L

N

O

oppress; oppression, 压迫, yāpò, v./n., 212

optimistic, 乐观, lèguān, adj., 480

or, 或者, huòzhě, conj., 279

or so, 余, yú, n., 74,128

order about, prompt, 驱使, qūshǐ, v., 443

orderly, 有序, yǒuxù, adj., 94

organization, organ, 机构, jīgòu, n., 75

organization, working unit, 单位, dānwèi, n., 130

organize; organization, 组织, zǔzhī, v./n., 79,143

orientate, to locate, 定位, dìngwèi, v., 438

original, 原有的, yuányǒu.de, adj., 310

original name, 原名, yuánmíng, n., 367

original site, 原址, yuánzhǐ, n., 167

orphanage, 孤儿院, gū'éryuàn, n., 143

otherwise, 否则, fǒuzé, conj., 264

out of (concern), 出于, chūyú, v., 45

out of the ordinary, 与众不同, yǔzhòng bùtóng, adj., 169

out of, therefrom, 从中, cóngzhōng, prep., 396

outcome, result, product, 产物, chǎnwù, n., 394

outlaw, rebel, 不法之徒, bùfǎzhītú, n., 64

outmoded, obsolete, 陈旧, chénjiù, adj., 293

outpost, advance guard, 前哨, qiánshào, n., 444

outside world, 外界, wàijiè, n., 117

outside, external, 外部, wàibù, adj., 120

outstanding; excellent, 优秀, yōuxiù, adj., 278

overall, 总体, zǒngtǐ, adv., 91

overall, all-round, comprehensive, 全方位, quánfāngwèi, adj./adv, 103

overlook, neglect, 忽视, hūshì, v., 128,380

overseas Chinese, 海外华人, hǎiwàihuá rén, n., 167

overwhelm, prevail, 压倒, yādǎo, v., 451

own, possess, 占有, zhànyǒu, v., 442

P

pace, 步伐, bùfá, n., 307

pace back and forth, hesitate, 徘徊, páihuái, v., 353

pack, package, 包装, bāozhuāng, v./n., 326

paid maternity leave, 带薪产假, dàixīnchǎnjià, n., 309

painting, art, 绘画, huìhuà, n., 368

pan-, cross-, 跨, kuà, n., 145

parent and children, 亲子, qīnzǐ, n., 344

parental commands, 父母之命, fùmǔ zhī mìng, n., 399

parents, 家长, jiāzhǎng, n., 59

parliament, congress, 国会, guóhuì, n., 212

part, portion, 部分, bùfen, n., 90

participate in, 参与, cānyǔ, v., 477

particular, specific, 特殊, tèshū, adj., 128,309

particularly, extremely, 格外, géwài, adv., 104

party committee, 党委, dǎngwěi, n., 79

Party-owned, 党有化, dǎngyǒuhuà,, 104

pass for (the genuine), 假冒, jiǎmào, v./ adj., 351

pass through, approve, 通过, tōngguò, v., 262

passion, enthusiasm, 激情, jīqíng, n., 186

passive, 消极, xiāojí, adj., 9,482

patriot, 爱国者, àiguózhě, n., 265

pattern (of a society or economy), 形态, xíngtài, n., 156

pattern of consumption, 消费结构, xiāofèi jiégòu, n., 155

pave, 铺, pū, v. , 227

pay, 交, jiāo, v., 6

pay back, return, 还, huán, v., 7

pay close attention, 关注, guānzhù, v., 79,129,304

pay off (a debt), 还清, huánqīng, v.-c., 7

pay respects to one's parents in the morning and in the evening, 晨昏定省, chén hūn dìng xǐng, v., 399

pay tax, 纳税, nàshuì, v., 397

pay, extend, 付出, fùchū, v., 243,446

peace, 和平, hépíng, n., 276

peace of mind, 心安, xīn'ān, n., 476

peaceful, 太平, tàipíng, adj., 396

people, 百姓, bǎixìng, n., 345

People care about the honor and shame when they get enough food and clothes., 衣食足则知荣辱, yīshízúzé zhīróngrǔ, ph., 481

people of a different clan, 异类, yìlèi, n., 117

people who participate in a conference, 与会人员, yùhuìrényuán, n., 129

people who work for government, 公务员, gōngwùyuán, n., 185

people, the masses, 人群, rénqún, n., 345

people; the masses, 大众, dàzhòng, n., 18

Pepsi Cola, 百事可乐, Bǎishì kělè, prop., 327

perfect, consummate, 完善, wánshàn, adj. , 226

perfect, flawless, 完美, wánměi, adj., 94

perform (a right), 行使, xíngshǐ, v., 260,440

perimeter, 周边, zhōubiān, n., 184

periodically; regular, 定期, dìngqī, adv./ adj., 144

perish, die, 亡, wáng, v., 380

permeate, penetrate, 渗透, shèntòu, v., 327

permit; permission, 允许, yǔnxǔ, v./n., 213,262

perplex; puzzle; trouble, 困扰, kùnrǎo, v./ n., 326

persevere, 持之不懈, chízhībúxiè, ph., 483

person in power, 当权者, dāngquán zhě, n., 380

person name, 邓亚军, Dèng Yàjūn, n., 346

person name, 胡适, Hú Shì, prop., 366

person name, 徐伟, Xú Wěi, n, 128

person of ability or talent, 人才, réncái, n., 291

person of foresight, 先知, xiānzhī, n., 367

person owning property, 有产者, yǒuchǎnzhě, n., 184

person's name, 陈爱华, Chén Aìhuá, n., 93

Q

R

S

T